TECHNOLOGIES D'ASSAINISSEMENT
ET PRÉVENTION DE LA POLLUTION

CÉGEP DE ROSEMONT
6400 · 16e AVENUE
MONTRÉAL. QUÉBEC
H1X 2S9

Les photos sont une gracieuseté de :
Professeur Joël de la Noüe, Université Laval.
Ministère de l'Environnement et de la Faune du Québec.

Photo de la page couverture :
Algues microscopiques.
Les microalgues sont utilisées pour le traitement des eaux usées.

N Raul

TECHNOLOGIES D'ASSAINISSEMENT ET PRÉVENTION DE LA POLLUTION

Pierre Chevalier
et collaborateurs

Télé-université
Sainte-Foy (Québec) Canada
1997

Collection
SCIENCES DE L'ENVIRONNEMENT
dirigée par Yves Jean Ph.D., professeur à la Télé-université.

Ouvrages déjà parus

INTRODUCTION À LA GESTION DES RESSOURCES NATURELLES
Yves Jean

GESTION DES RESSOURCES RENOUVELABLES
Pierre Chevalier

GESTION DE L'ENVIRONNEMENT EN MILIEUX URBAIN ET INDUSTRIEL
Pierre Chevalier

ENVIRONNEMENT, ÉCONOMIE ET ENTREPRISE
Paul Lanoie, Benoît Laplante, Michel Provost et Raymond Brulotte

LA COMMUNICATION ENVIRONNEMENTALE :
DE LA PROBLÉMATIQUE À L'ÉVALUATION
Alain Laramée

Ce document est utilisé dans le cadre du cours
Technologies d'assainissement et prévention de la pollution (ENV 4014)
offert par la Télé-université.

Tous les droits de reproduction, de traduction et d'adaptation,
en tout ou en partie, par quelque moyen que ce soit, sont réservés.

© Télé-université, 1996

ISBN 2-7624-0870-9 (réimpression 1997)

Dépôt légal – 1er trimestre 1996

Bibliothèque nationale du Québec
Bibliothèque nationale du Canada

Imprimé au Québec, Canada

Édité par :
Télé-université
2600, boulevard Laurier
Tour de la Cité, 7e étage
Case postale 10700
Sainte-Foy (Québec) Canada
G1V 4V9

Distribué par :
Presses de l'Université du Québec
2875, boulevard Laurier
Sainte-Foy (Québec) Canada
G1V 2M3
Tél. : (418) 657-4390
Télécopieur : (418) 657-2096

Remerciements

Je tiens d'abord à remercier très sincèrement le professeur *Joël de la Noüe*, D.Sc., de l'Université Laval, pour la lecture critique du manuscrit. Malgré une imposante charge de travail, le professeur de la Noüe a aimablement accepté de faire ce travail essentiel. Je remercie aussi madame *Danielle Paquette*, spécialiste en sciences de l'éducation à la Télé-université, qui a revu le texte afin d'en assurer la qualité et la cohérence pédagogique.

Il importe aussi de souligner le travail de plusieurs personnes qui ont directement contribué à la préparation de cet ouvrage. Je remercie donc :
- le professeur *Christian Bouchard*, Ph.D., du département de génie civil de l'Université Laval (chapitre 3);
- monsieur *Réjean Samson*, Ph.D., titulaire principal de la Chaire industrielle CRSNG en bioprocédés d'assainissement des sites, de l'École polytechnique de Montréal (chapitre 5);
- monsieur *Raynald Brulotte*, ing., directeur de la direction du milieu atmosphérique au ministère de l'Environnement et de la Faune du Québec (sections 6.1 à 6.6);
- monsieur *Denis Rho*, Ph.D., chercheur dans le groupe Génie de l'environnement à l'Institut de recherche en biotechnologie, Montréal (section 6.7);
- le professeur *Roger Guay*, Ph.D., du département de microbiologie de la Faculté de médecine de l'Université Laval, ainsi que monsieur *André Paquet*, ing., du ministère des Ressources naturelles du Québec (chapitre 7).

De plus, je tiens à mentionner l'apport de quelques personnes qui, au regard de leur spécialité, ont aimablement et gracieusement accepté de faire un travail de première importance en vérifiant le contenu de certains chapitres. Je souligne donc la contribution du professeur *Paul Lessard* du département de génie civil de l'Université Laval, de messieurs *Benoît Bernier* et *Pierre Vallée* du ministère de l'Environnement et de la Faune du Québec, et de messieurs *Gerardo Buelna* et *Denis Potvin* du groupe technologie de l'environnement du Centre de recherche industrielle du Québec.

Finalement, je remercie les membres du comité de programme en sciences de l'environnement de la Télé-université, dont son responsable le professeur Yves

Jean, pour la confiance qu'ils m'ont accordée dans la réalisation de cet ouvrage. Je souligne plus particulièrement la contribution des professeurs qui ont fait une lecture critique du manuscrit. Je désire aussi souligner le travail de mesdames *Sylvie Denis* et *Suzie Roy* au traitement de texte, *Sandra Prévost* à la réalisation des tableaux et des figures, *Marie O'Neill* à la correction de montage ainsi que de messieurs *André Cloutier* à la révision linguistique et *Bernard Lépine* à la conception graphique de l'ouvrage.

Pierre Chevalier
professeur

Table des matières

CHAPITRE 8 Les déjections animales

Par **Pierre Chevalier**

Liste des tableaux et des figures

Quand le dernier arbre sera abattu,
la dernière rivière empoisonnée,
le dernier poisson capturé,
alors seulement vous vous apercevrez
que l'argent ne se mange pas.

Prophétie d'un Indien Cree

Introduction

Depuis l'avertissement servi par Rachel Carson en 1962 sur les dangers des pesticides, dans son livre *Printemps silencieux*, le message est clair et constant : il n'y a, dans un avenir prévisible, qu'une seule planète sur laquelle l'espèce humaine peut vivre. Le livre de Carson a d'abord suscité autant d'admiration que de mépris, mais quelques années plus tard la plupart des pays industrialisés créaient des ministères ou des agences voués à la protection de l'environnement. Depuis cette époque, des milliers d'entreprises, spécialisées dans la dépollution ou dans la protection de l'environnement, ont été mises en place. Cette industrie, dite de l'environnement, génère annuellement des revenus de plusieurs dizaines de milliards de dollars.

Les actions à prendre face à la pollution peuvent être de trois types qui, par ordre de préférence, seraient : des modifications aux priorités sociales, des mesures préventives, puis des mesures correctrices. À l'heure actuelle, les mesures de correction sont les plus importantes, compte tenu qu'il faut impérativement dépolluer les milieux naturels souillés par les activités urbaines, industrielles et agricoles. Quant aux mesures préventives, elles sont de plus en plus employées et elles prennent la forme de bonnes pratiques industrielles ou de modifications technologiques qui permettent d'engendrer moins de pollution. Finalement, des modifications aux priorités sociales suggèrent de repenser les besoins de consommation. On peut, dès lors, se poser la question suivante : a-t-on besoin de toute une panoplie de biens de consommation éphémères dont la production engendre une pollution notable?

Le propos de cet ouvrage est cependant restreint aux aspects préventifs et correctifs, les questions d'ordre social n'étant pas discutées ici. Il ne faudrait toutefois pas les oublier car, à terme, elles risquent d'avoir un effet plus important que toutes les innovations technologiques. C'est d'ailleurs en grande partie à cause des pressions sociales que depuis 20 ans la majorité des grandes entreprises ont mis de l'avant des programmes de dépollution. On doit donc être conscient de la force de changement que la volonté collective peut imposer.

Ce document décrit donc l'essentiel des méthodes préventives et correctrices employées pour la protection de l'environnement et ce, dans les secteurs d'activités les plus importants. Cependant, compte tenu de la complexité et de la multitude des technologies existantes, la plupart ne sont décrites que succinctement. Dans chaque chapitre on présente d'abord les approches préventives qui devraient prendre de l'ampleur au point de devenir la norme durant le 21e siècle. Puis, on met l'accent sur les technologies d'assainissement proprement dites.

Le premier chapitre fait un tour d'horizon des aspects économiques de l'industrie de la protection de l'environnement. Le deuxième est consacré à un important problème, celui de la pollution des eaux usées urbaines, car d'ici une ou deux décennies, la majorité des villes de la planète devraient traiter leurs eaux usées. Le chapitre 3 fait état du traitement des effluents industriels, plus particulièrement des eaux de procédés plus ou moins contaminées. Il est ensuite question du traitement des déchets industriels (chapitre 4), constitués des résidus semi-liquides ou solides, qui ne sont pas évacués par le réseau d'égout. Le chapitre 5 est consacré à un important problème que connaissent actuellement les pays industrialisés, soit la décontamination des sols pollués par diverses substances dangereuses ou toxiques. Le chapitre suivant, le 6, traite de la dépollution des émissions atmosphériques, par les gaz et les particules. L'avant-dernier chapitre est consacré au secteur minier. L'industrie minière, compte tenu du volume de matériel qu'elle engendre et de la proportion qui est rejetée (habituellement plus de 90 %), peut causer des dégâts environnementaux considérables. On a donc développé des approches de prévention ou de dépollution particulières à ce secteur industriel. Dans le dernier chapitre on s'intéresse à un tout autre secteur en examinant diverses techniques de prévention et d'assainissement en rapport avec l'élevage des animaux. On comprendra ici que ce chapitre vise plus particulièrement les élevages de type industriel qui engendrent une pollution souvent plus importante que celle produite par les humains.

Cet ouvrage se veut surtout descriptif et factuel. Il s'appuie sur l'ensemble des données scientifiques connues et présentées dans divers ouvrages spécialisés ou apportées par les personnes ayant collaboré à la rédaction des textes. Les situations présentées sont, dans une certaine mesure, celles qui existent dans les pays industrialisés, mais les principes sous-jacents sont parfaitement applicables dans l'ensemble des pays, quelle que soit la situation géographique. Toutefois, à cause de considérations sociales, culturelles et financières, des technologies d'assainissement ayant un fondement scientifique solide peuvent se révéler inapplicables.

Chapitre 1

L'industrie de la protection de l'environnement

Pierre Chevalier

A vec la prise de conscience environnementale des années 1970 et 1980, une nouvelle catégorie d'industrie s'est développée, soit celle de la protection de l'environnement. Cette industrie est actuellement bien implantée dans les pays industrialisés et, au cours de la présente décennie, elle devrait occuper une place de plus en plus importante dans les pays en développement. Dans la première partie de ce chapitre, on trace le portrait socio-économique de l'industrie de la protection de l'environnement et, dans un deuxième temps, on traite brièvement du rôle qu'y jouent les biotechnologies.

1.1 Caractéristiques et profil socio-économique de l'industrie

L'origine de l'industrie de la protection de l'environnement remonte à la période de la prise de conscience publique des problèmes environnementaux, à la fin des années 1960. Déjà, à cette époque, quelques entreprises pionnières avaient perçu l'existence d'un marché fort intéressant dans ce domaine, mais les conséquences économiques de la crise pétrolière de 1973 et la récession de 1982 ont fait passer temporairement à l'arrière-plan le souci de la protection de l'environnement. La reprise économique du milieu des années 1980, la mise en évidence de problèmes environnementaux planétaires (les pluies acides, la destruction de la couche d'ozone, l'effet de serre), ainsi que l'émergence des mouvements « verts » ayant un pouvoir politique tangible ont rendu incontournable la protection de l'environnement. Cette deuxième prise de conscience, face à la dégradation de l'environnement et à la menace qu'elle fait peser sur la santé et la sécurité humaines, ne devrait pas être éphémère. L'industrie de la protection de l'environnement a un avenir brillant devant elle (Anderson et Blackhurst, 1992).

1.1.1 Définition et caractéristiques

Il existe de multiples définitions similaires de l'industrie de la protection de l'environnement, chacune d'elles étant susceptible d'inclure ou d'exclure tel ou tel type d'activité. On peut choisir d'en donner la définition suivante :

> L'industrie de la protection de l'environnement englobe les entreprises de produits et services qui exercent une ou plusieurs activités contribuant à analyser, réduire, récupérer, transporter, recycler, traiter, valoriser ou éliminer les matières qui peuvent entraîner des dommages pour l'environnement... (CRIQ, 1993).

Afin de réduire la dégradation de l'environnement, on doit s'appuyer, d'une part, sur l'industrie de la protection de l'environnement, notamment constituée des technologies d'assainissement et, d'autre part, sur l'adoption de nouvelles méthodes de gestion ou d'un savoir-faire particulier, c'est-à-dire des approches préventives. Les possibilités offertes par les approches préventives ne pourront cependant pas régler tous les problèmes à court terme. Au cours des prochaines décennies, en effet, il faudra surtout compter sur les technologies d'assainissement. Par la suite, les approches préventives devraient prendre le pas.

Aspects économiques

La structure économique des sociétés développées n'est pas étrangère à l'apparition de la pollution et, conséquemment, de l'industrie de la protection de l'environnement. De plus, de nombreux problèmes environnementaux ne sont pas encore circonscrits parce que les « services » fournis par la nature ne sont pas nécessairement comptabilisés dans le bilan économique industriel. Cette situation est notamment due au fait que certaines ressources naturelles sont du domaine public et également parce qu'il est très onéreux de faire respecter les droits de la propriété collective. À qui appartiennent l'air que l'on respire, la couche d'ozone ou les océans? L'absence de droits de propriété concrets et de moyens adéquats de les faire respecter fait en sorte que des ressources naturelles sans valeur commerciale, mais essentielles à la vie sur Terre, sont exposées à toutes sortes d'atteintes sans qu'il soit facile d'en imputer les dommages à un utilisateur en particulier (Anderson et Blackhurst, 1992).

Dès l'émergence des premiers mouvements favorables à la protection de la nature, on a perçu l'économie et l'environnement comme des réalités antagonistes. Les activités économiques, par leur rationalité propre qui vise l'utilisation et la transformation des ressources naturelles, sont à l'origine d'une bonne part des dégâts causés à l'environnement. Cette exploitation de la nature et la pollution qui en résulte, s'ils ne sont pas inclus dans les coûts de production des biens et des services, sont qualifiés d'*externalités* (coûts externes). Par exemple, la pollution d'une rivière par une industrie engendre des externalités si aucune dépollution n'est faite ou, encore, si d'autres intervenants en assument les coûts. Dans le nouvel ordre environnemental des années 1990, la difficulté demeure toujours la même, c'est-à-dire internaliser les coûts externes dans le bilan économique des entreprises. Jusqu'à maintenant on s'entend pour dire qu'aucun pays n'est parvenu à procéder à cette internalisation de manière satisfaisante. Dans les années à venir l'internalisation des coûts devra être systématisée (Crousse, 1992).

Il n'est pas exagéré de dire qu'au début des années 1970, la presque totalité des entreprises et des industries étaient réfractaires à l'internalisation des coûts environnementaux. Que ce soit par la mise en place de technologies d'assainissement ou de mesures préventives, on trouvait toutes les raisons imaginables pour remettre à plus tard ce qu'il y avait à faire. Le choc pétrolier de 1973, tout en provoquant un accroissement significatif des coûts, a cependant favorisé l'émergence de nouvelles technologies visant à économiser l'énergie ou à trouver des sources énergétiques de remplacement. Dans d'autres cas, des modifications du comportement des industriels ou de la population ont entraîné une prise en compte des externalités environnementales dans les coûts de production des biens et des services.

Au milieu des années 1990, le choix est clair et sans équivoque : plus rien ne justifie la résistance systématique ou une bataille d'arrière-garde dénonçant les coûts environnementaux (Johnson, 1993). Jusqu'à la fin des années 1980, la plupart des industriels considéraient encore le respect de l'environnement comme un coût supplémentaire diminuant les profits. Cette vision est de moins en moins présente parce que la protection de l'environnement permet maintenant de diminuer les coûts de fabrication et d'augmenter la productivité de l'entreprise. Cela tient bien souvent à l'adoption de nouveaux procédés de production qui sont plus performants et qui occasionnent moins de pollution. L'intégration des coûts environnementaux est de plus en plus perçue comme une activité compatible avec la logique économique fondée sur les lois du marché (Crousse, 1992; Ferrand, 1993).

Dans l'ensemble des pays de l'OCDE (Organisation de coopération et de développement économique), le total des frais rattachés au contrôle et à la réduction de la pollution, dans les années 1980, ne représentait que 1,5 % du produit national brut (PNB) des pays ayant les réglementations environnementales les plus strictes, comme l'Allemagne ou les États-Unis. Vers 2000, ce pourcentage devrait être de l'ordre de 2 %. En ce qui concerne les investissements que les industries doivent consacrer à la protection de l'environnement, on estime qu'ils ne représentent pas plus de 2,5 à 3 % du chiffre d'affaires. Toutefois, certains types d'industries plus polluantes doivent consacrer jusqu'à 5 % de leur chiffre d'affaires à la dépollution. Dans ce cas, une bonne partie de l'investissement pourra être utilisée à la mise en place de procédés de production plus performants, ce qui constitue tout de même un investissement rentable à moyen ou à long terme (CCME, 1993).

Une des craintes associées à l'imposition de normes environnementales est le déménagement des industries vers des pays que l'on peut qualifier de paradis de la pollution. S'il est vrai que certaines entreprises fuient les pays ayant des normes environnementales sévères, des études ont révélé que presque toutes les industries s'adaptent aux règlements. On constate même que des industries potentiellement fort polluantes s'installent dans des pays où la réglementation est parfois contraignante (CCME, 1993).

L'industrie de l'environnement et ses secteurs d'activités

Le marché des biens et des services « écologiques », dans lequel s'intègre l'industrie de l'environnement, peut être divisé en quatre grands segments. Le premier est celui des technologies, des *produits et des services* liés à la protection de l'environnement. Il s'agit typiquement de l'industrie de l'assainissement qui existe depuis les années 1970, mais qui s'est rapidement développée depuis le milieu des années 1980. Il en sera abondamment question dans ce document. Le deuxième segment touche les *biens de consommation et les services non dommageables pour l'environnement.*

On retrouve essentiellement dans cette catégorie des biens de consommation (nourriture, parfums, vêtements) qui ont été produits avec des méthodes ayant un minimum d'effets négatifs sur l'environnement. Le recyclage des déchets (papier, plastique, métal) fait aussi partie de cette catégorie. Le troisième segment est constitué par ce que l'on appelle *l'écologie industrielle*. Il s'agit typiquement de la réutilisation de déchets d'un type d'entreprise par d'autres secteurs industriels. Par exemple, des sous-produits de la fabrication de bière peuvent être utilisés pour préparer des aliments pour les animaux; des résidus de glucose provenant de l'industrie de la mise en boîte des fruits peuvent servir à fabriquer des jus; des cendres peuvent être utilisées dans la fabrication de blocs de béton légers. Le concept de la réutilisation (réemploi) et de la valorisation des déchets industriels est une démarche très prometteuse qui est appelée à se développer à un rythme rapide dans les prochaines années. Le dernier segment du marché des biens et des services écologiques est principalement constitué des *procédés industriels non polluants*. C'est dans cette catégorie que s'insère le concept des *options préventives* visant à limiter ou à prévenir la pollution plutôt que de la traiter *à posteriori*. Les bonnes pratiques industrielles et les technologies propres sont incluses dans ce segment (CCME, 1993; IST, 1991).

En ce qui concerne plus particulièrement le secteur des biens et des services liés à la protection de l'environnement, on y trouve des entreprises fabriquant des équipements antipollution et produisant un éventail de produits et de services destinés à la protection ou à la gestion de l'environnement. C'est un secteur industriel fort diversifié qui n'a cependant pas fait l'objet d'une classification statistique précise (OCDE, 1992). Quoi qu'il en soit, ce secteur industriel peut être subdivisé en cinq catégories : les fournisseurs d'équipements et d'instruments pour la réduction de la pollution et du nettoyage des lieux contaminés; la construction de systèmes de traitement des rejets (les usines d'épuration d'eaux usées, par exemple); les entreprises de services et de génie-conseil; les laboratoires d'analyse et les fournisseurs d'équipements de laboratoires; le secteur du ramassage et du traitement des déchets solides domestiques, industriels et dangereux; les fournisseurs d'équipements d'échantillonnage et d'analyse (Ernst & Young, 1992a).

À l'heure actuelle, la fourniture de biens utilisés pour la réduction de la pollution et le nettoyage des lieux contaminés représente plus de 75 % des activités de l'industrie de la protection de l'environnement. Les secteurs de la gestion des eaux usées, des déchets urbains, de l'air et des sols contaminés sont à l'origine des dépenses les plus importantes dans le domaine de la fourniture de biens. Le reste des activités (25 %) est plutôt associé aux divers services liés à la protection de l'environnement. Les paragraphes qui suivent présentent une description sommaire des types de biens et de services associés à l'industrie de l'environnement. Les différents points abordés seront repris plus en détail dans les autres chapitres de ce document.

La production d'équipements de *traitement de l'eau potable et des effluents*, est un marché parvenu à maturité où les techniques appliquées ont fait leurs preuves. Sa position dominante dans l'industrie de l'environnement tient à l'importance des dépenses publiques consacrées aux installations municipales de traitement de l'eau potable et des eaux usées... On distingue les équipements de traitement primaire (filtres, clarificateurs) destinés à enlever les particules solides, les équipements de traitement secondaire (traitement biologique) destinés à éliminer les micro-organismes et les équipements de traitement tertiaire (osmose, floculation) visant à éliminer certains composés chimiques. Les équipements de traitement de l'eau mettent généralement en œuvre des procédés mécaniques (grilles à râteaux, dégrillage, séparateurs par gravité, dessableurs, bassins de décantation, flottation) ou physico-chimiques (centrifugation, neutralisation, précipitation, adsorption)... Les équipements de surveillance en continu de la qualité de l'eau et des nappes souterraines ainsi que l'utilisation de produits chimiques pour le traitement des eaux sont des segments de marché importants. Parmi les équipements auxiliaires, on peut citer les pompes, les canalisations, les réservoirs et les dispositifs de manutention. (OCDE, 1992.)

La *gestion des déchets* englobe les produits et les services destinés à assurer la collecte, le transport, le traitement et l'évacuation des déchets domestiques, municipaux, commerciaux et industriels. Il s'agit notamment des équipements utilisés pour la gestion des déchets solides (camions tasseurs, méthodes de séparation), des déchets liquides (camions citernes, produits de traitement) et des déchets toxiques ou dangereux (mise en décharge, incinération). On inclut aussi le recyclage des déchets dans ce secteur. Les produits destinés à la collecte et au transport des déchets solides dominent ce secteur, suivis par les équipements d'incinération et de mise en décharge des déchets toxiques et, en dernier lieu, par le matériel de recyclage. Les stations centrales de traitement chimique et thermique des déchets solides, des boues ou des déchets dangereux, avant leur mise en décharge, constituent un segment de marché de petite taille mais dynamique. Des techniques plus récentes sont élaborées pour le traitement physico-chimique des déchets dangereux, notamment la neutralisation, la détoxification et l'évaporation. Les produits auxiliaires de gestion des déchets comprennent les broyeurs, les dispositifs de tri, les convoyeurs et les équipements de manutention. (OCDE, 1992.)

Les équipements de *contrôle de la qualité de l'air*, qui représentent environ 15 % des produits de l'industrie de l'environnement, sont destinés à éliminer les polluants d'une émission gazeuse ou à les transformer en produits non polluants ou moins polluants, avant leur rejet dans l'atmosphère. Ces polluants comprennent des particules solides (poussières), des gaz (monoxyde de carbone, oxydes d'azote, bioxyde de soufre) et des liquides ou des vapeurs (acide sulfurique, composés organiques volatils – COV). Les équipements antipollution atmosphérique peuvent donc s'appliquer aux émissions de particules (filtres en tissu, précipitateurs électrostatiques, collecteurs mécaniques), aux émissions acides des centrales électriques thermiques et autres grandes installations de combustion (épurateurs, installations de réduction catalytique) ainsi qu'aux émissions de gaz et de vapeurs (désulfuration, oxydation, adsorption sur charbon activé). On estime que les collecteurs d'émissions de particules représentent 60 % environ de la valeur des équipements de lutte contre la pollution de l'air. Certaines techniques de contrôle de la qualité de l'air prennent une importance croissante, notamment la mise en œuvre d'épurateurs et de filtres biologiques pour traiter les émissions gazeuses, l'utilisation de charbon activé et de catalyseurs afin de réduire les émissions de composés organiques volatils (COV) ainsi que les méthodes électrostatiques qui combinent la collecte des particules et la lutte contre les émissions de gaz acides. Les produits auxiliaires comprennent les ventilateurs, les hottes, les conduites, les cheminées et les équipements de manutention et de stockage. (OCDE, 1992.)

Les principales autres catégories d'équipements antipollution sont les produits utilisés pour la *régénération des sols* et pour la *lutte contre le bruit*. Les premiers sont essentiellement des équipements destinés à l'assainissement, à la régénération ou à la remise en état des sols pollués ainsi qu'à l'évacuation, au transport et au stockage de la terre contaminée. Les techniques de régénération des sols mettent en œuvre des méthodes d'étanchéification de la surface, de lavage du sol, de stabilisation, d'enrobage et de traitement biologique, thermique et chimique. Les activités spécifiques d'amélioration des sols comprennent notamment les systèmes de contrôle du ruissellement. Les produits antibruit sont conçus pour éliminer la source du bruit, soit pour isoler celle-ci ou amortir le bruit. Il s'agit notamment d'enceintes intégrées, de produits d'insonorisation, d'isolants phoniques et d'amortisseurs pour équipements industriels. Les produits auxiliaires sont des instruments de mesure du bruit, les chambres d'essais acoustiques et des dispositifs antivibration. (OCDE, 1992.)

Les *services liés à l'environnement* en général, qui représentent près d'un quart de la valeur totale de la production de l'industrie de l'environnement, sont en grande partie constitués des services d'études et de conseil destinés à résoudre des problèmes particuliers. On distingue trois grands types d'activités de services liées à l'environnement : 1) les études techniques (évaluation des sites, conception de procédés, caractérisation des méthodes de lutte, gestion des projets); 2) les services de conseil en environnement (études d'impact, audits d'environnement, surveillance de l'environnement, gestion des risques); 3) les services de gestion (systèmes experts, analyse financière, gestion de bases de données). Les sociétés de services agissent en qualité d'experts pour le compte des entreprises afin de résoudre leurs problèmes de pollution, de leur donner des conseils sur les meilleures techniques de lutte, de suivre les résultats obtenus en matière de conformité aux normes et de tester l'effet de produits et de procédés sur l'environnement. Parmi les services de gestion de l'environnement, on compte actuellement plus d'une centaine de programmes informatiques ou de systèmes experts applicables à diverses tâches de protection de l'environnement, telles qu'estimer les coûts de différents types d'installations, effectuer des études d'impact sur l'environnement ou évaluer les répercussions écologiques de procédés industriels. (OCDE, 1992.)

Structure de l'industrie[1]

L'industrie de la protection de l'environnement se compose de petites et de grandes entreprises, ces dernières assurant environ 50 % de la production des biens et services dans tous les segments de marché. Les petites entreprises sont réellement de taille réduite, la majorité comptant moins de 50 employés. Toutefois, en Amérique du Nord et au Japon, ce secteur industriel est largement dominé par la grande entreprise de type multinationale. Au total, dans l'ensemble des pays industrialisés, on estime

---

1. D'après OCDE, 1992.

qu'il y a quelque 60 000 entreprises de toutes tailles qui œuvrent dans la protection de l'environnement.

La *diversification* dans l'offre des services et la production d'équipements est considérée comme un facteur de succès par de nombreuses firmes, surtout les grandes entreprises. Plusieurs sont actives simultanément dans des secteurs aussi divers que la gestion des déchets solides urbains, la production d'équipements de laboratoire ou le traitement de l'eau. Les *fusions et les acquisitions* d'entreprises servent aussi à rationaliser ce secteur industriel relativement récent. La consolidation des entreprises et l'achat de petites firmes par des multinationales servent à créer des sociétés mieux placées pour tirer parti des différents marchés tout en réduisant les coûts d'exploitation.

Si l'on examine la structure de l'industrie selon les divers champs d'intervention, on constate que les entreprises qui sont actives dans le traitement de l'eau potable et des eaux usées sont le plus souvent des fournisseurs de systèmes importants, compte tenu des besoins complexes de ce secteur. Les plus grandes entreprises de ce secteur sont européennes, les deux plus importantes étant Alfa Laval de Suède et Bilfinger & Berger d'Allemagne, avec un chiffre d'affaires d'environ trois milliards de dollars chacun[2]. Du côté de la gestion des déchets, c'est d'abord un secteur de services plutôt qu'un secteur de production d'équipements. Ce secteur est fragmenté, quelques multinationales côtoyant des milliers de petites entreprises d'élimination des déchets. Les géants de ce secteur sont états-uniens : d'abord Waste Management (4,5 milliards $ de chiffre d'affaires), puis Browning-Ferris (2,2 milliards $). L'entreprise qui se classe au troisième rang est canadienne; il s'agit de Laidlaw Transport (2,0 milliards $). Dans le secteur de la fabrication d'équipements de lutte contre la pollution de l'air, les plus grandes entreprises sont japonaises, le Japon ayant développé une expertise particulière dans ce domaine depuis deux décennies; Mitsubishi et Hitachi sont les deux firmes dominantes avec, chacune, un chiffre d'affaires supérieur à trois milliards de dollars par an. Le domaine des services liés à l'environnement est dominé par les firmes de génie-conseil qui fournissent des services d'études techniques ou de construction. Les plus importantes se retrouvent au Royaume-Uni, en Allemagne et aux États-Unis, la plus grande étant Foster Wheler (600 millions $ de chiffre d'affaires en 1990).

---

2. Les chiffres d'affaires mentionnés ici sont de 1990.

1.1.2 **Le marché mondial et la situation dans les pays de l'OCDE**[3]

Dans cette section nous faisons d'abord état de la demande de biens et de services dans le secteur de la protection de l'environnement à l'échelle de la planète. Par la suite, nous examinons plus en détail les besoins et l'offre dans les pays membres de l'Organisation de coopération et de développement économique (OCDE)[4]. En ce qui concerne le cas de l'Amérique du Nord, la situation mexicaine sera traitée à la section 1.1.3 et une analyse de la situation canadienne est présentée à la section 1.1.4.

Le marché mondial de la demande pour les produits et services liés à la protection de l'environnement était évalué, au début des années 1990, à 200 milliards de dollars US. En ce qui concerne l'emploi, cette industrie procurait du travail à environ 1,7 million de personnes en 1992, dont 800 000 aux États-Unis et 600 000 en Europe (250 000 en Allemagne seulement). Avec une croissance annuelle variant entre 4 % et 7 % on croit que ce marché serait d'au moins 300 milliards de dollars en 2000. Au début des années 1990, le secteur du traitement de l'eau accaparait la plus grande part de ce marché, soit 75 %.

Le tableau 1.1 montre la répartition du marché selon les secteurs d'activités en 1990; sur la base des taux de croissance de 1992, on a aussi projeté l'état du marché en l'an 2000 si chacun des secteurs garde une part de marché constante d'ici la fin du siècle.

---

3. Les informations de cette section sont tirées de CCME, 1993; CRIQ, 1993; Ernst & Young, 1992; Gouvernement du Canada, 1994; OCDE, 1992; Niro, 1993.

4. L'OCDE comprend l'ensemble des pays de l'Europe de l'Ouest, le Canada, les États-Unis, le Japon, l'Australie et la Nouvelle-Zélande.

TABLEAU 1.1   ÉVOLUTION PRÉVUE DU MARCHÉ DE L'ENVIRONNEMENT
(BASE DE 1990) SELON LES DIFFÉRENTS SECTEURS D'ACTIVITÉS

	Marché (en milliards de $)		Taux de croissance (en pourcentage)
	1990	**2000**	
Équipements	152	220	5,0
Traitement de l'eau et des effluents	60	83	4,0
Gestion des déchets	40	63	6,4
Contrôle de la qualité de l'air	30	42	4,4
Autres	22	32	5,1
Services	48	80	7,4
Total	200	300	5,5

Source : OCDE, 1992.

Compte tenu de l'évolution très rapide du secteur de la protection de l'environnement, une nouvelle évaluation, effectuée en 1993, prévoyait plutôt un marché de 380 milliards $ en 1997 (tableau 1.2). Cette réévaluation a tenu compte de l'émergence de nouveaux marchés dans certaines régions du monde où les besoins en matière de protection de l'environnement sont importants. Ces régions sont notamment l'Europe de l'Est (les anciens pays à économie planifiée), le Mexique, l'Amérique latine ainsi que l'Asie du Sud-Est (tableau 1.2). Cependant, quel que soit l'accroissement des besoins des pays en développement ou de ceux de l'Europe de l'Est, la production et la demande de biens et de services en Amérique du Nord et en Europe de l'Ouest représentera, dans un avenir prévisible, plus de 85 % du marché mondial.

Le marché des équipements de traitement de l'eau, potable et usée, est celui dont la croissance devrait être la plus lente d'ici 2000, compte tenu de sa situation dominante sur le marché et de la maturité des techniques employées. Les domaines qui devraient connaître la plus forte croissance dans ce secteur sont les appareillages informatisés ainsi que les systèmes de traitement secondaire et tertiaire des eaux usées. Par ailleurs, la gestion des déchets est le segment de marché où l'expansion devrait être la plus rapide d'ici la fin du siècle. De nouvelles réglementations, la surveillance plus sévère de l'évacuation des déchets, l'opposition croissante des citoyens à la mise en décharge non contrôlée (dépotoirs) sont autant de facteurs qui contribuent à la croissance de ce marché. Tout le domaine de la gestion des déchets toxiques ou dangereux devrait représenter une part grandissante du marché. De plus, compte tenu des objectifs de réduction du volume des déchets, les activités liées à la récupération et au recyclage devraient connaître une forte expansion. Dans le secteur du contrôle de la qualité de l'air, on devrait constater une croissance modérée dans les prochaines années. Les techniques existantes sont éprouvées et l'accroissement de ce marché devrait être consécutif à l'apparition de nouvelles normes réglementaires dans les pays de l'OCDE. Un secteur appelé à se développer fortement dans la plupart des pays de l'OCDE est celui du traitement des sols contaminés. En effet, l'importance de la contamination dans plusieurs régions est telle que des dizaines de milliards de dollars devront être consacrés à la seule tâche de la remise en état de ces milieux. Finalement, le marché des services liés à l'environnement devrait prendre le pas sur celui de la fabrication des équipements à mesure que les techniques de dépollution seront intégrées aux procédés industriels. Quant au marché des services-conseils, il a réellement commencé à se développer à la fin des années 1980 et il devrait connaître une croissance importante, d'environ 7,4 % par an, au cours des années 1990.

TABLEAU 1.2   MARCHÉS MONDIAUX, PAR RÉGION GÉOGRAPHIQUE, DES BIENS ET SERVICES DE L'INDUSTRIE DE LA PROTECTION DE L'ENVIRONNEMENT

Pays	1992 (en milliards de $)	1997 (en milliards de $)	Taux de croissance (en pourcentage)
États-Unis	134	180	6
Europe de l'Ouest	94	132	9
Europe de l'Est	14	27	14
Canada	11	17	10
Asie du Sud-Est	6	13	15
Amérique latine	6	12	12
Mexique	1	1,5	15

Source : Gouvernement du Canada, 1994.

Le marché de la Communauté européenne (CE)

Le marché de l'industrie de l'environnement de la CE était de près de 100 milliards de dollars en 1992 et il devrait passer à plus de 130 milliards au tournant du siècle. L'Allemagne, avec ses politiques environnementales strictes[5], représentait 30 % du marché de la CE, suivi du Royaume-Uni, de l'Italie et de la France. Par ailleurs, dans les pays de l'Europe du Sud, soit la Grèce, le Portugal et l'Espagne, c'est seulement au début des années 1990 que l'on a mis en vigueur des directives environnementales similaires à celles existant dans les pays de l'Europe du Nord. Dans ces États, où les contrôles sont récents, les technologies utilisées sont surtout celles qui traitent la pollution « en bout de tuyau ». Dans le cas du traitement des eaux usées municipales, par exemple, on était à l'étape de l'introduction du traitement primaire au début des années 1990. On estime que cette région accuse une quinzaine d'années de retard sur d'autres pays européens. On peut donc prévoir une forte croissance du marché au cours des années 1990, compte tenu de l'harmonisation des normes environnementales à la grandeur de l'Europe.

Le segment qui occupe la plus grande part des investissements est celui du traitement de l'eau potable et des eaux usées, qui représente entre 35 % et 50 % du marché selon les pays. La gestion des déchets requiert environ 35 % des investissements alors que le contrôle de la pollution de l'air mobilise de 25 % à 35 % des dépenses totales. On prévoit que pour la décennie 1990, la croissance des investissements sera de 138 % dans le secteur des déchets et de 87 % dans celui de l'eau. La croissance sera forte dans les pays du sud, mais l'Allemagne continuera de dominer le marché de la protection de l'environnement tout au long de la décennie.

Parmi les mesures qui sont susceptibles de favoriser le marché de l'environnement en Europe, mentionnons l'existence d'une directive sur le traitement des eaux ainsi qu'un programme d'action sur l'environnement. Dans le premier cas, on prévoit que toutes les villes ayant une population supérieure à 15 000 personnes devront avoir un système de traitement secondaire (traitement biologique) des eaux usées au plus tard en 2000;

---

5. On entend ici surtout l'ancienne République fédérale allemande (Allemagne de l'Ouest). En ce qui concerne l'ancienne République démocratique allemande (Allemagne de l'Est), la situation environnementale était semblable à celle des autres pays de l'Europe de l'Est. Toutefois, la réunification des deux Allemagne au début des années 1990 permettra à l'ancienne RDA d'investir des sommes importantes dans la dépollution.

les villes ayant entre 2 000 et 15 000 habitants ont jusqu'en 2005 pour se conformer à cette directive. Les coûts associés à ce travail sont estimés à environ 60 milliards de dollars. On prévoit aussi que plusieurs pays adopteront des mesures obligeant l'enlèvement des matières nutritives (azote et phosphore) présentes dans les eaux usées. Quant aux programmes d'action environnementale, ils constituent la base d'une entente cadre sur l'environnement qui touchera tous les pays de la Communauté européenne dans tous les domaines : secteur manufacturier, énergie, transport, agriculture et tourisme. Des mesures aussi diverses que l'imposition d'une taxe sur le carbone (visant à réduire l'émission de gaz carbonique, CO_2, pour limiter l'effet de serre) ou des politiques de conservation des sols en agriculture devraient favoriser l'expansion de l'industrie de l'environnement.

Le marché européen pourra donc offrir des possibilités d'investissements pour les entreprises œuvrant dans la protection de l'environnement. Cependant, il faut composer avec le protectionnisme européen, les pays de ce continent ayant tendance à favoriser les entreprises contrôlées par des intérêts nationaux. Toutefois, des pays comme l'Allemagne et le Royaume-Uni sont ouverts à des échanges et à des projets de partenariat.

Les États-Unis[6]

Au début des années 1990, les dépenses étatsuniennes en matière de protection de l'environnement étaient estimées à 120 milliards de dollars, montant qui devrait être de l'ordre de 180 à 200 milliards de dollars en 2000. C'est le plus grand marché national pour l'industrie de la protection de l'environnement. Cette situation peut s'expliquer en partie par le niveau d'industrialisation du pays, qui a engendré une dégradation considérable des milieux naturels, mais aussi par l'existence de plusieurs dispositions législatives comme le *Ressource Conservation and Recovery Act*, qui codifie notamment la gestion des déchets et le nettoyage des lieux contaminés, le *Clean Water Act* ainsi que le *Clean Air Act*. Mentionnons ici qu'il y a, aux États-Unis, environ 70 000 lois, textes réglementaires, normes, directives ou politiques qui régissent la protection de l'environnement. Cet aspect contribue autant à accentuer la complexité du marché qu'à justifier l'existence de plus de 62 000 entreprises qui œuvrent dans le secteur de l'environnement.

---

6. Certaines informations concernant les États-Unis sont tirées de Miller, 1992.

Dans le domaine du traitement de l'eau, on estime que les entreprises et les municipalités devront investir quelque 60 milliards $ afin de se plier au *Clean Water Act*; au début des années 1990, plus des deux tiers des unités de traitements des eaux usées ne respectaient pas les normes. Un taux de croissance annuel d'environ 5 % est prévu dans ce secteur. Le traitement des effluents industriels contaminés par des substances toxiques ou dangereuses devrait aussi connaître une croissance importante au cours de la décennie. Quant aux services-conseils, ils sont bien implantés dans ce secteur, puisque, en 1990 plus de 3 milliards $ ont été investis dans les cabinets de consultants et les entreprises de génie-conseil. Mentionnons aussi que des 62 000 entreprises qui sont actives dans la protection de l'environnement, 24 000 sont impliquées dans le traitement de l'eau.

En ce qui a trait à la prévention de la pollution de l'air, l'implantation du *Clean Air Act* en 1993 devrait stimuler la demande pour la production de plusieurs systèmes de traitement des émissions gazeuses ou particulaires. Le secteur des services aura aussi sa part de marché, puisque le contrôle informatisé des émissions polluantes, l'inspection et l'entretien des divers systèmes nécessitera l'intervention de plusieurs firmes de génie-conseil. Globalement, on pense que le respect des normes devrait se traduire par des investissements de 90 milliards $, sur une période de plusieurs années, alors que les législations sur les précipitations acides pourraient entraîner des dépenses de 80 milliards $ au cours des années 1990.

La gestion des déchets solides et urbains est un secteur en pleine expansion aux États-Unis. En 1991, 180 millions de tonnes de ces déchets ont été générées, ce qui a entraîné des dépenses de 32 milliards $ pour collecter, enfouir ou incinérer les déchets de toute nature. La plupart des lieux d'enfouissement sanitaire devant être fermés entre 1995 et 2005, on devra gérer autrement les déchets. Dans ce contexte, on planifie la construction de dizaines d'incinérateurs, mais l'activité la plus prometteuse est celle du recyclage, qui devrait connaître un taux de croissance de l'ordre de 20 % à 30 % par an. En ce qui concerne les déchets dangereux, dont la gestion fait l'objet de règlements de plus en plus sévères, plus de 6,5 milliards $ ont été investis dans leur gestion en 1991; en l'an 2000, le montant annuellement consacré à ce travail sera au moins deux fois plus important. À court terme, le traitement de ces déchets fait surtout appel à des technologies simples comme la mise en barils ou la mise en décharge dans des conditions contrôlées. Toutefois, à moyen et long terme on fera appel à des solutions de restauration utilisant les biotechnologies, la stabilisation chimique ou la destruction thermique.

Le secteur qui, théoriquement du moins, pourrait engendrer les plus importantes dépenses est celui du nettoyage des lieux contaminés par les déchets dangereux ou toxiques et, dans ce domaine, le travail à faire est énorme. On peut en juger par le fait qu'il existe entre 130 000 et 425 000 lieux contenant des déchets dangereux aux États-Unis. Le coût de nettoyage de ces lieux varie de quelques millions de dollars à deux milliards de dollars pour les plus contaminés et les plus importants. Si les Étatsuniens souhaitent nettoyer tous ces lieux, ils devraient investir mille milliards (un trillion) de dollars; de manière plus réaliste, on avance cependant le chiffre de 400 milliards $. On n'inclut cependant pas dans ces chiffres les possibilités du marché de l'environnement à court terme, puisque certains lieux ne seront pas décontaminés avant 25 ans. À plus court terme, l'Agence de protection de l'environnement des États-Unis (*Environnemental Protection Agency* – EPA) a identifié 1 200 lieux prioritaires alors que 30 000 autres sont sur une liste d'attente. Le nettoyage des lieux contaminés a mobilisé 3,5 milliards de dollars en 1991, montant qui devrait être de l'ordre de 8 milliards $ en 2000.

Le marché étatsunien de la protection de l'environnement semble donc offrir d'intéressantes possibilités d'investissements, tant pour les entreprises de ce pays que pour celles d'ailleurs. Toutefois, de nombreux obstacles guettent les fournisseurs étrangers, notamment la complexité du marché, la forte concurrence et le protectionnisme de ce pays. Dans ce dernier cas, il faut tenir compte du *Buy America Act*, une politique d'achat préférentiel favorisant les entreprises et les fournisseurs étatsuniens; notons que cette politique n'est pas régie par les dispositions de l'Accord de libre-échange nord-américain (ALENA).

1.1.3 **Les marchés en émergence : le Mexique et l'Europe de l'Est**

Les pays industrialisés ont été les premiers à mettre en place des mesures d'assainissement de l'environnement parce qu'ils en avaient les moyens financiers et technologiques, mais aussi parce que leur richesse a permis à leurs populations et à leurs dirigeants d'être plus sensibles à la dégradation de l'environnement. Toutefois, dans les années 1990, et probablement au delà de l'an 2000, la majorité des pays en développement qui s'industrialisent devront obligatoirement se tourner vers les technologies d'assainissement. Déjà, certains d'entre eux ont un environnement naturel passablement dégradé et des mesures s'imposent à très court terme. Par ailleurs, les anciens pays du bloc soviétique, qui étaient déjà fortement industrialisés, ont toujours négligé de protéger leur milieu naturel et de graves problèmes de santé affectent maintenant la population de ces pays, découlant de la contamination de l'environnement.

Le Mexique[7]

Le Mexique est un pays qui souffre de graves problèmes environnementaux. Une population en croissance presque exponentielle et, jusqu'à récemment, l'absence de réglementations environnementales ou le laxisme dans leur application ont créé une situation que l'on peut qualifier de désastreuse dans plusieurs régions (encadré 1.1).

ENCADRÉ 1.1   LA POLLUTION AU MEXIQUE

Ce qui symbolise le mieux l'état de l'environnement au Mexique est sans nul doute la pollution de l'air de sa capitale, Mexico (23 millions d'habitants en 1993). Les trois millions de véhicules automobiles, la grande majorité n'ayant pas de convertisseur catalytique, qui utilisent encore de l'essence avec du plomb sont responsables de 85 % de cette pollution. De plus, la ville étant située à 2 000 mètres d'altitude, le réglage de la combustion des moteurs n'est pas nécessairement adéquat. Le monoxyde de carbone, les oxydes d'azote, le plomb et l'ozone au sol (troposphérique) atteignent des concentrations inégalées dans les pays industrialisés. De plus, la ville compte 15 000 sources de pollution industrielle, dont seulement 30 % sont munies de systèmes antipollution. Il résulte de cette pollution la fermeture régulière des écoles ou la fermeture permanente de certaines entreprises. En 1991 le gouvernement fédéral a ordonné la fermeture de la plus importante raffinerie de pétrole du pays, créant du coup 5 000 chômeurs. Mentionnons également que près de la moitié des enfants nés dans les années 1980 souffrent de problèmes respiratoires à divers degrés.

La pollution de l'eau pose, elle aussi, un problème majeur. À Mexico plusieurs usines rejettent leurs eaux usées non traitées dans un canal qui traverse la ville. C'est un total de 4,2 milliards de tonnes d'eaux usées que la ville génère annuellement, la plus grande partie n'étant pas traitée. Vingt-cinq rivières du pays sont considérées comme extrêmement polluées.

---

7. D'après CCME, 1993; CRIQ, 1993; Ernst & Young, 1992a; Niro, 1993; Hufbauer et Schott, 1992; State of Texas, 1993.

Les déchets solides urbains et les déchets dangereux constituent, eux aussi, une importante source de dégradation du milieu naturel et de la santé humaine. La ville de Mexico produit 19 millions de tonnes d'ordures par année, dont 65 % sont déversées dans des dépotoirs sans aménagement particulier. Par ailleurs, l'industrie mexicaine produit 3,4 millions de tonnes de déchets dangereux par année, dont 10 % seulement étaient traitées ou enfouies correctement dans un seul lieu accrédité en 1992. (CRIQ, 1993; Ernst & Young, 1992a.)

L'état de l'environnement a incité le gouvernement fédéral mexicain à mettre sur pied, au début des années 1990, toute une série de mesures législatives et réglementaires pour corriger la situation. Déjà en 1989, des initiatives importantes ont été prises afin de limiter la pollution de l'air à Mexico, comme l'interdiction d'utiliser les véhicules une journée sur deux. De plus, on exige maintenant que tous les nouveaux véhicules soient munis d'un convertisseur catalytique. Les industries doivent aussi se doter de systèmes antipollution. Entre 1989 et 1991, les industriels ont investi quelque 150 millions de dollars étatsuniens tandis que le budget du ministère de l'Environnement était porté de 5 à 39 millions de dollars, ce qui était toutefois fort peu (à titre de comparaison, le budget du ministère de l'Environnement du Québec à la même époque était de 500 millions de dollars, pour une population 10 fois moindre). D'autres investissements ont aussi été faits le long de la frontière avec les États-Unis afin de régler un important contentieux environnemental.

Jusqu'à maintenant, les sommes d'argent investies ont toutefois été nettement insuffisantes pour régler l'essentiel du problème. La demande mexicaine en matière de protection de l'environnement n'était que de 3 milliards de dollars en 1993, mais elle devrait atteindre 10 milliards en 2000, ce qui est encore peu. Le manque d'argent a des répercussions sur le choix des technologies. Dans ce contexte, il ne peut être question d'installer partout des systèmes de haute technologie. On doit plutôt penser à des systèmes de traitement faisant appel à des procédés simples, voire naturels, comme la filtration des eaux dans le sol ou la biofiltration avec de la tourbe ou du compost.

On ne peut pas parler de l'environnement mexicain sans faire état de la situation qui existe le long de la frontière avec les États-Unis, plus particulièrement dans la région du Rio Grande, le fleuve qui sépare le Mexique du Texas. De part et d'autre des 1 400 kilomètres de frontière entre le

Mexique et le Texas, on compte 3,6 millions d'habitants et des centaines d'industries, particulièrement au Mexique. Les graves problèmes de pollution qui existent à cet endroit sont dus à la présence de *maquilladoras*, des entreprises étatsuniennes installées au Mexique dans les années 1970 et 1980 à cause de l'absence de réglementations environnementales. Cela a provoqué une grave pollution du Rio Grande, notamment à cause des rejets liquides et de l'accumulation de déchets dangereux non traités dans divers lieux non sécurisés. Le Rio Grande reçoit quelque 36 milliards de litres d'eaux usées par année provenant du Mexique. Il en résulte de graves problèmes de santé pour les Mexicains habitant cette région; on a aussi détecté des pourcentages de cancer anormalement élevés chez des Texans habitant dans certains secteurs proches du Rio Grande.

Le gouvernement de l'État du Texas évalue à 4,2 milliards de dollars les besoins en matière de protection de l'environnement le long de la frontière, des dépenses qui devraient être partagées également par les deux pays. C'est dans le secteur du traitement des eaux usées que les investissements devraient être les plus importants, soit 2,5 milliards $, suivi de l'approvisionnement en eau potable, qui nécessiterait des investissements de 1,3 milliard $. Précisons ici que du côté mexicain, 23 % des centres urbains situés près du Rio Grande ne peuvent pas garantir un approvisionnement approprié en eau potable. Des discussions sont en cours depuis plusieurs années et des ententes intergouvernementales entre le Texas et le Mexique ont été signées afin de régler la situation. En 1992, le gouvernement mexicain a adopté un programme triennal de 500 millions $US pour l'amélioration des conditions environnementales le long de la frontière avec les États-Unis.

L'Europe de l'Est

Après la déroute des gouvernements communistes dans les pays de l'Est européen, on s'est vite aperçu à quel point l'environnement était dégradé et menaçait directement la santé de plusieurs centaines de milliers de personnes (encadré 1.2).

ENCADRÉ 1.2   LA DÉGRADATION DE L'ENVIRONNEMENT EN EUROPE DE L'EST

L'industrialisation rapide d'après-guerre et un laxisme évident dans l'application des normes environnementales ont mené plusieurs régions des anciens pays du bloc communiste dans un véritable désastre écologique. Les émissions *per capita* de bioxyde de soufre (SO_2) et d'oxydes d'azote (NO_x) sont bien au-dessus de celles des pays de l'OCDE, et la situation est particulièrement dramatique en Pologne. Des décennies de laisser-faire conjuguées à l'utilisation d'un charbon noir et peu énergétique comme principale source d'énergie (la lignite), génèrent des polluants en quantités importantes. À titre de comparaison, les émissions polonaises de SO_2 en 1988 étaient de 4,2 millions de tonnes alors qu'elles étaient de 0,19 millions de tonnes en Californie. La ville de Cracovie est enveloppée, en moyenne 135 jours par année, par un nuage acide qui ronge les monuments et les poumons des citoyens. La fonderie Lénine de cette ville émet à elle seule 400 000 tonnes de monoxyde de carbone par an et 50 000 tonnes de SO_2, responsables de la formation des précipitations acides. Le risque de développer un cancer du poumon dans cette ville est deux fois plus élevé qu'ailleurs en Pologne. Dans le sud du pays, en Silésie, la situation était catastrophique au début des années 1990. À cause de la pollution de l'air, 85 % des arbres étaient affectés dans certains secteurs. Dans cette région, le nombre d'enfants souffrant de malformations congénitales est anormalement élevé, 10 % des naissances contre 1,5 % à 3 % ailleurs en Pologne. En fait, les malformations congénitales sont la première cause de mortalité infantile et 40 % des grossesses sont difficiles.

La qualité de l'eau est, elle aussi, dans un état pitoyable. Le fleuve Vistule, qui traverse le pays, est tellement contaminé qu'il ne peut plus être employé pour des usages industriels. La situation n'est pas meilleure dans les autres pays de l'Est. Dans l'ancienne Tchécoslovaquie, 70 % des cours d'eau sont considérés comme biologiquement morts. Quant à la ville de Léningrad, en Russie, elle rejette un million de tonnes d'eaux usées non traitées par jour; cette eau se retrouve dans la baie de Finlande. Des fleuves comme le Danube ou des mers comme la mer Noire et la mer Caspienne sont de véritables déserts biologiques.

Les habitants de ces pays souffrent, à divers degrés, de problèmes d'intoxication aux métaux lourds, ces derniers s'incorporant dans les fruits et les légumes. En ce qui concerne les déchets dangereux, on parle de millions de tonnes de résidus, éparpillés ici et là dans la nature ou au cœur même des villes. Dans certains pays, comme la Russie, le recyclage des déchets urbains est inexistant et leur gestion est inadéquate; on compte de nombreux incinérateurs sans systèmes antipollution alors que les cendres forment parfois des montagnes atteignant 300 mètres de hauteur.

La dégradation de l'environnement est telle, dans certaines régions de la Pologne, que l'espérance de vie est de 6 ans moindre que dans les pays d'Europe de l'Ouest. De plus, toujours en Pologne, l'espérance de vie des hommes de 40 à 60 ans a régressé comparativement à ce qu'elle était en 1952 (Campagna et Lefebvre, 1993; Gillespie et Zamparutti, 1994; Pierce, 1993; Wesolowski *et al.*, 1992.)

Les politiques de subventions gouvernementales, en vigueur dans les pays à économie planifiée jusqu'à la fin des régimes socialistes, ont indirectement favorisé la pollution. Les bas prix du charbon de piètre qualité et le fait que les usines polluantes et non rentables pouvaient continuer de fonctionner avec des subventions sont des exemples de causes de dégradation de l'environnement. À l'heure actuelle, les nouveaux dirigeants de ces pays comptent beaucoup sur les exigences de l'économie de marché pour assainir l'environnement. L'augmentation des prix réels des ressources énergétiques et des matières premières, de même que la suppression des subventions à l'égard des entreprises non performantes, sont des mesures qui devraient assurer une réduction de la pollution. On préconise aussi l'utilisation de taxes à la pollution et l'application du principe du pollueur-payeur. On compte aussi sur l'aide monétaire des pays de l'Europe de l'Ouest. En plus de favoriser une certaine uniformisation des normes à l'échelle européenne, certains pays sont tentés d'investir à l'Est afin de prévenir la pollution transfrontalière; c'est le cas de l'Allemagne et des pays scandinaves qui sont affectés par les polluants provenant des pays de l'Est.

Dans la foulée de la réforme économique en cours, les pays de l'Est ont aussi créé des ministères de l'environnement. Certains pays ont annoncé d'ambitieux programmes d'investissements environnementaux, comme la Pologne qui propose la construction de 3 000 stations de traitement des eaux usées et la fermeture des 80 plus importants pollueurs industriels s'ils ne respectent pas les normes environnementales (Campagna et Lefebvre, 1993).

On constate cependant qu'il y a loin de la coupe aux lèvres. En Pologne, on évalue à 260 milliards de dollars les coûts de la dépollution entre 1990 et 2020; en d'autres termes, cela signifie un investissement annuel de 8 milliards de dollars. Toutefois, au début des années 1990, seulement 10 % du montant annuel prévu était réellement dépensé (Gillespie et Zamparutti, 1994).

Bien que les besoins de l'industrie de la protection de l'environnement soient égaux ou supérieurs à 100 milliards de dollars dans plusieurs des pays de l'Est (montant étalé sur deux décennies), on doit s'attendre à un certain délai avant que ces pays n'optent pour une réduction sensible de leur niveau de pollution. Les investisseurs étrangers intéressés par ce marché devraient cependant s'associer avec des partenaires situés dans les pays de l'Europe de l'Ouest ou avec des organismes de financement, comme la Banque mondiale, afin de faciliter le transfert technologique et percer le marché.

1.1.4 **La situation au Canada**[8]

Au Canada, la demande de biens et de services dans le secteur de la protection de l'environnement est influencée par les lois et les règlements établis par les divers ordres de gouvernement (fédéral, provincial et municipal). Le gouvernement fédéral a déposé en 1990 son « Plan Vert », qui vise l'atteinte de dizaines d'objectifs avant l'an 2000 dans tous les secteurs d'activités; à titre d'exemples, mentionnons ici la stabilisation des émissions de CO_2 et autres gaz à effet de serre, la réduction de 50 % des déchets solides, la disparition des lieux d'enfouissement de déchets toxiques, etc. Chaque province a aussi un droit de juridiction sur la qualité du milieu naturel et la plupart d'entre elles ont un ministère de l'environnement. L'Ontario, le Québec et la Colombie-Britannique sont celles qui sont les plus actives et qui ont les mesures législatives les plus complètes à cet égard.

Enfin, plusieurs municipalités, ou regroupements de municipalités, utilisent les délégations de pouvoir des parlements provinciaux afin de régir la protection de l'environnement. Au Québec, par exemple, la Communauté urbaine de Montréal (CUM) gère l'épuration des eaux et fait observer les règlements provinciaux en matière de qualité de l'air.

En 1991, le marché canadien de l'industrie de la protection de l'environnement se situait entre 5 et 7 milliards de dollars (tableau 1.3). Le traitement de l'eau générait la plus grande activité, suivi de la gestion des déchets solides puis du contrôle de la qualité de l'air. Environ 40 % des activités étaient localisées en Ontario, 20 % au Québec, 20 % dans les provinces des Prairies, 15 % en Colombie-Britannique et le reste (5 %) dans les provinces de l'Atlantique.

---

8. D'après CCME, 1993; CRIQ, 1993; Gouvernement du Canada, 1994; IST, 1991.

TABLEAU 1.3   DÉPENSES EN BIENS ET SERVICES DESTINÉES À
LA PROTECTION DE L'ENVIRONNEMENT AU CANADA EN 1990

Classes	Marché en 1990 (en millions de dollars)
• Construction de systèmes environnementaux	359
• Matériel, équipements, instrumentation et fournitures	456
• Experts-conseils et autres consultations	98
• Services analytiques et laboratoires	17
• Gestion déchets solides et dangereux	743
Total	1 673

Source : IST, 1991.

À court et à moyen terme (la décennie 1990), au Canada, les municipalités constituent le plus gros client de l'industrie de l'environnement.
C'est dans le secteur du traitement des eaux usées que les investissements
municipaux sont les plus importants, compte tenu qu'un grand nombre de
villes n'ont pas encore de système d'épuration des eaux. De plus, un
grand nombre de municipalités devront améliorer les stations d'épuration
existantes de manière à respecter des normes plus sévères, notamment
en ce qui concerne l'enlèvement des substances nutritives (azote et phosphore). Les sommes engagées dans la gestion des déchets solides constituent l'autre secteur de dépenses importantes pour les municipalités.

L'industrie des pâtes et papiers est le secteur industriel qui devrait
investir le plus dans la protection de l'environnement au cours des années 1990. Le vieillissement des usines et une attitude de laisser-faire
dans les années 1970 et 1980 ont fait apparaître d'importants problèmes
de pollution, surtout en milieu aquatique. Les gouvernements, fédéral et
provinciaux, ont donc mis en vigueur une réglementation restrictive qui
s'est appliquée graduellement entre 1990 et 1995. C'est principalement
au chapitre de la construction de stations de traitement secondaire des
eaux usées que les investissements se sont faits. En 1994, l'industrie des
pâtes et papiers du Québec annonçait des investissements reliés à la protection de l'environnement de près de un milliard de dollars.

Compte tenu de l'évolution rapide du marché, de nouvelles évaluations
estimaient à près de 11 milliards $ le marché canadien de l'industrie de

l'environnement en 1994. Avec une croissance annuelle prévue de 10 %, le marché de l'an 2000 est estimé à près de 22 milliards $. Il faut noter qu'en 1994, 37 % du marché était satisfait par les importations, dont 80 % provenaient des États-Unis. Une partie du marché intérieur échappe donc aux entreprises canadiennes à cause du manque de sensibilisation des utilisateurs et des entreprises produisant des biens et des services environnementaux. De plus, une part du marché canadien est déjà dominée par de grandes entreprises multinationales étrangères fortement implantées au pays (Gouvernement du Canada, 1994).

Quoi qu'il en soit, le marché des produits et des services liés à la protection de l'environnement est en pleine croissance. Toutefois, afin de rester présentes et compétitives dans ce secteur, les entreprises devraient élaborer des stratégies qui tiennent compte de certains aspects :
- s'informer de l'évolution des lois sur la protection de l'environnement, notamment aux États-Unis et en Europe;
- être à l'écoute des besoins des utilisateurs potentiels et modifier en conséquence la gamme de produits et de services offerts;
- consulter les entreprises de services-conseils en environnement qui jouent un rôle encore plus important dans la prise de décision;
- créer et maintenir des liens avec les gouvernements qui établissent les normes et planifient des projets de recherche et développement (R & D).

Les ressources humaines[9]

En 1992, il y avait au Canada environ 3 000 entreprises qui fournissaient des services et des biens dans le secteur de la protection de l'environnement. La majorité de ces entreprises étaient de petites compagnies dont le chiffre d'affaires était inférieur à 10 millions $. Environ 65 000 personnes étaient employées par ces entreprises et par certains organismes publics ou parapublics œuvrant dans ce secteur. La manutention des déchets était la principale source d'emploi, occupant près de 60 % du marché.

L'industrie de l'environnement emploie cependant un large éventail de travailleurs ayant des formations ou des professions variées. Plusieurs personnes sont des professionnels ou des scientifiques ayant une maîtrise ou un doctorat en environnement, mais on compte encore plus d'ingénieurs et de techniciens dont la formation de base est commune à d'autres

---

9. D'après Ernst & Young, 1992b.

secteurs industriels (techniciens de laboratoire, dessin industriel, etc.). On compte évidemment une très grande proportion d'emplois non spécialisés. Dans le secteur de la fabrication d'équipements, on embauche surtout des assembleurs et des manœuvres, qui représentent 37 % de la main-d'œuvre de ce secteur. Dans les entreprises de services-conseils, on emploie surtout des ingénieurs et des scientifiques (40 % de la main-d'œuvre) ainsi que des technologues (30 %).

Les nouveaux besoins seront centrés sur des emplois spécialisés, le travail de manœuvre ne devant pas connaître d'accroissement. La formation de la main-d'œuvre et la mise sur pied de programmes de perfectionnement se révèlent être des aspects prioritaires pour assurer la compétitivité des entreprises de ce secteur. On propose donc « une collaboration étroite entre l'industrie et le milieu de l'enseignement afin d'élaborer des programmes qui prépareront des étudiants à travailler dans l'industrie de l'environnement » (Ernst & Young, 1992b). On précise aussi que « les enseignants devraient apprendre à mieux connaître les nouvelles industries, telles que celle de l'environnement, et adapter leurs programmes en conséquence » (*op. cit.*).

Ces observations n'étonnent pas puisqu'elles sont similaires à celles faites pour d'autres secteurs d'activités. Elles ne font que refléter la réalité d'une société qui s'informatise, se spécialise, bref, qui se transforme.

1.1.5 État de la recherche et du développement

Malgré la reconnaissance de l'existence des problèmes environnementaux, et malgré certains progrès réalisés localement, la qualité de l'environnement n'a pas cessé de se détériorer à l'échelle planétaire. Paradoxalement, on doit constater que les investissements de R & D (recherche et développement) dans le domaine de la protection de l'environnement sont relativement faibles, comparés à ceux que l'on fait dans l'industrie militaire ou dans le domaine pharmaceutique. L'humanité semble encore incapable de saisir les bienfaits à long terme des investissements reliés à l'environnement; par exemple, dans un environnement plus sain on devrait assister à une baisse de diverses pathologies et, conséquemment, à une diminution des frais médicaux.

Parmi les divers problèmes que rencontre la recherche en environnement, on peut noter la fragmentation des connaissances qui rend difficile

CÉGEP DE ROSEMONT

la coordination des travaux dans le sens de la plus grande efficacité possible. De plus, les politiques scientifiques ainsi que le comportement des divers intervenants (chercheurs, autorités politiques et monde de l'éducation) sont des obstacles qu'il est parfois difficile de surmonter. Parmi certains problèmes, on peut mentionner le manque de coopération entre les diverses disciplines scientifiques, le décalage entre la formation universitaire et les besoins de l'industrie ainsi que le manque de vision à long terme dans l'élaboration des stratégies de recherche. Les milieux de la recherche, comme ceux de la politique, sont parfois dans une situation d'incertitude qui peut mener à l'inaction. Pourtant, la situation impose malgré tout l'action, quelles que soient les carences et les difficultés. Le coût de l'inaction serait énorme et cela pourrait mener l'humanité à des situations de non-retour en ce qui concerne les dommages environnementaux (Crousse, 1992). On retiendra aussi que la perception des problèmes environnementaux et leur analyse doit passer par une analyse tant des besoins humains que techniques. La dimension uniquement technique ne suffit pas et il faut intégrer des dimensions appartenant aux sciences humaines (socio-économie, comportements individuels, psychologie collective, etc.), une attitude encore peu fréquente chez les professionnels des sciences « dures » (ingénieurs, chimistes, biologistes, agronomes et autres). En fait, une perception adéquate des problèmes environnementaux exige un « humanisme scientifique ».

Dans la plupart des pays de l'OCDE, les dépenses de R & D consacrées à l'environnement ont augmenté depuis le milieu des années 1980, mais elles restent encore faibles par rapport aux autres axes de recherche. Les sommes de R & D consacrées à l'environnement par les pouvoirs publics représentent, en moyenne, 2 % du total des dépenses publiques de recherche et de développement, ce qui correspondait à un montant évalué à 2 milliards de dollars dans les pays de l'OCDE en 1991. Les pays consacrant à la recherche environnementale la plus forte proportion de leur budget de R & D sont européens : Pays-Bas (3,8 %), Allemagne (3,4 %), Danemark (3 %), Norvège (2,7 %) et Suède (2,5 %). À titre de comparaison, en 1989, le Canada consacrait 1,6 % de son budget de R & D à la recherche en environnement et les États-Unis seulement 0,5 % (OCDE, 1992).

La position canadienne en cette matière n'est pas surprenante, puisque, de manière plus globale, le Canada ne se situe pas parmi les leaders technologiques en matière de R & D. Des pays comme les États-Unis, le Japon, le France, l'Allemagne et la Grande-Bretagne consacrent entre

2 % et 3 % de leur PIB (produit intérieur brut) à la R & D en général. Le Canada y consacrait, en 1990, 1,42 % de son PIB, ce qui se compare à des pays comme l'Italie, l'Australie et l'Autriche. Ces nations sont tout de même qualifiées de pays de haute technologie, comparativement à ceux que l'on dit à moyenne intensité technologique qui consacrent entre 0,5 % et 1,0 % de leur PIB à la recherche et au développement (Irlande, Espagne, Portugal, Turquie et Grèce) (MESS, 1993).

Jusqu'au début des années 1990, les dépenses publiques en R & D dans le domaine de l'environnement étaient surtout consacrées à la connaissance des problèmes : études sur les écosystèmes, les ressources naturelles, la biodiversité, le climat, etc. Toutefois, depuis 1990 on accorde de plus en plus d'importance à la recherche sur les technologies de la dépollution. De plus en plus de programmes de recherche en environnement visent le transfert technologique depuis les laboratoires universitaires ou gouvernementaux vers l'industrie ou les utilisateurs potentiels. On pense que les pays qui ont des politiques de R & D ne favorisant pas les sciences de l'environnement pourraient se retrouver avec d'importants déficits commerciaux dans ce domaine. Les pouvoirs publics qui considèrent l'industrie de l'environnement sous un angle plus stratégique sont mieux placés pour tirer parti des avantages économiques découlant de la protection de l'environnement. On devrait considérer que le développement de l'industrie de l'environnement influe sur la position concurrentielle d'autres secteurs industriels, comme l'industrie chimique, celle des pâtes et papiers et même celle de l'électronique (OCDE, 1992).

Dans l'ensemble des pays de l'OCDE, 80 % de la R & D en environnement est financée par les industries de l'environnement elles-mêmes, soit une somme de quelque 8 milliards de dollars. La situation est toutefois différente au Canada, où les dépenses privées ne représentent que 53 % des dépenses totales de R & D en environnement. On pense que la petite taille des entreprises canadiennes dans ce secteur pourrait expliquer cet état de fait et que les actions de ces entreprises sont généralement articulées autour du développement d'une technologie qui leur est propre. Plusieurs de ces entreprises n'ont pas les ressources voulues en ingénierie ou les capacités techniques nécessaires pour acquérir, développer ou appliquer continuellement de nouvelles technologies. Cela les empêche évidemment d'être des joueurs majeurs sur les marchés mondiaux et même sur le marché intérieur. En 1991, le Conseil des Sciences du Canada faisait remarquer que « les politiques, les priorités et les dépenses des secteurs public et privé relatives à l'essor et à l'utilisation de la science et de la technologie n'ont pas encore beaucoup contribué à atténuer la détérioration de l'environnement » (CSC, 1991). Signalons cependant qu'il existe de nombreux programmes, fédéraux et provinciaux, dont l'objectif est d'aider l'industrie de l'environnement. En 1992, le gouvernement fédéral canadien a investi environ 435 millions de dollars dans la R & D en environnement (CRIQ, 1993; Gouvernement du Canada, 1994).

1.2 Le rôle des biotechnologies

L'assainissement du milieu (traitement des eaux, des sols contaminés, des résidus miniers, des déjections animales, etc.) repose en grande partie sur l'action de micro-organismes, notamment sur celle des bactéries et des champignons microscopiques. Il est donc nécessaire de souligner l'importante contribution de la microbiologie ou des biotechnologies dans l'industrie de la protection de l'environnement.

Il ne saurait être question, dans ce document, de décrire en détail toutes les applications des biotechnologies ou d'expliquer les concepts biochimiques et microbiologiques sous-jacents à ces applications, les ouvrages traitant spécifiquement de ces aspects étant nombreux. Dans un premier temps, il importe cependant de cerner la nature et le rôle des biotechnologies; ce que nous ferons par une description de l'évolution historique des connaissances dans ce domaine. Pour compléter ces informations, nous présenterons brièvement les principales applications des biotechnologies dans les secteurs de la santé, de l'agroalimentaire et de la foresterie. Dans un deuxième temps, il sera question des domaines d'intervention spécifiques à la protection de l'environnement.

1.2.1 Bref historique et utilisations actuelles[10]

Comme les sciences de l'environnement, les biotechnologies ne peuvent pas être définies comme une science unique; d'ailleurs l'utilisation du pluriel plutôt que du singulier en témoigne. Elles relèvent de diverses

---

10. Les informations de nature historique sont tirées de Bud, 1993; Gros, 1992; Prave *et al.*, 1987.

disciplines qui incluent les techniques et les procédés d'intervention sur le monde vivant. La biologie et plusieurs de ses champs d'activités sont évidemment concernés; la microbiologie, la biologie moléculaire, la génétique et la physiologie végétale sont des exemples de disciplines dans lesquelles les biotechnologies prennent leurs racines. Signalons ici que bien que le mot biotechnologie, d'origine allemande, ait été proposé au tout début du siècle, son utilisation courante est relativement récente, ne datant que des années 1970; antérieurement on préférait parler de microbiologie appliquée.

C'est à l'époque des premières civilisations grecques et égyptiennes, il y a quelque 5 000 ans, que l'on peut retracer les premières applications empiriques de la microbiologie. L'action des micro-organismes sur des substances comme le lait mena naturellement à l'apparition de produits que nos ancêtres appréciaient, par exemple les laits fermentés comme le yaourt ou le kéfir. Ces substances pouvaient se conserver plus longtemps que le lait cru, à cause de l'acidité du milieu qui empêchait la croissance de micro-organismes pathogènes ou détériorant la qualité du produit. On savait donc que du lait frais inoculé avec une portion de lait fermenté transformait le lait frais en lait fermenté. Par ailleurs, la fabrication du pain, des bières et du vin remonte aussi à une période lointaine, il y a plus de 5 000 ans. Sans connaître l'existence des micro-organismes, on savait utiliser certaines techniques permettant d'obtenir les produits désirés. Ainsi, on savait que certaines « taches » apparaissant sur les raisins (en fait des levures croissant naturellement sur les vignes) pouvaient transformer le jus de raisin en vin. Quant à la bière, breuvage apprécié depuis l'Antiquité, elle a été développée et raffinée il y a déjà quelques milliers d'années par les Babyloniens, les Égyptiens et les Celtes.

Un événement marquant, qui allait éventuellement donner naissance à la microbiologie, est l'invention du microscope; en 1680, Antonie Van Leeuwenhoek observe pour la première fois la présence de micro-organismes au microscope. C'est toutefois Pasteur qui doit être considéré comme le « père » de la microbiologie moderne. Chargé d'expliquer pourquoi la bière allemande était meilleure que la bière française, il démontra en 1864 le rôle essentiel des micro-organismes dans divers processus de fermentation. Par la suite, on ne tarda pas à comprendre l'importance des micro-organismes dans l'obtention de nombreux produits, alimentaires ou non. Ainsi, en 1893, on déposa un brevet pour la fabrication industrielle de l'acide citrique et on isola, pour la première fois, la toxine responsable de la diphtérie.

En 1918, le terme allemand « biotechnologie » est présenté pour la première fois, sans toutefois passer dans le langage scientifique de l'époque. Par ailleurs, durant cette période les techniques microbiologiques sont largement utilisées pour la fabrication d'armements. Ainsi, pendant la Première Guerre mondiale les Allemands avaient besoin de glycérol pour fabriquer des explosifs; en reprenant d'anciens travaux de Pasteur on découvrit donc que l'ajout de bisulfite de sodium dans une cuve où avait lieu une fermentation alcoolique provoquait la formation de glycérol plutôt que celle d'éthanol. De leur côté, les Britanniques avaient besoin d'acétone pour fabriquer des munitions et l'on découvrit que l'on pouvait aisément obtenir cette substance par fermentation. L'industrie des fermentations et la microbiologie industrielle prirent alors leur plein essor. C'est aussi à cette époque que l'on mit en évidence le procédé d'assainissement des eaux usées connu sous le nom de « boues activées ».

Une autre étape majeure dans le développement de la microbiologie appliquée est la découverte des antibiotiques. En 1928, le microbiologiste Alexander Flemming découvrit les propriétés antibactériennes d'une molécule sécrétée par une moisissure, la pénicilline. À l'aube de la Seconde Guerre mondiale on isola une forme stable de pénicilline et, en 1943, on put en produire à l'échelle industrielle. Cela permit de sauver la vie de milliers de soldats alliés dont les blessures s'étaient infectées. Après la guerre, on fit aussi d'importantes découvertes en biologie moléculaire et en génétique microbienne; rappelons par exemple qu'en 1953 deux chercheurs mirent en évidence la structure intime des gènes, soit l'acide désoxyribonucléique (ADN). Par ailleurs, on produisait de plus en plus de nouvelles substances par fermentation industrielle : les vitamines, les acides aminés et la cortisone sont des exemples de produits ainsi obtenus dans les années 1960.

En 1973, une découverte majeure allait marquer le développement de la microbiologie moderne et donner naissance à ce que l'on appelle maintenant les biotechnologies. Un groupe de chercheurs publia des résultats qui mirent en évidence une nouvelle technique, le génie génétique, c'est-à-dire la manipulation des gènes et de leurs constituants. Par diverses techniques on peut maintenant, par exemple, faire exprimer des gènes animaux dans une bactérie ou un autre micro-organisme (on parle alors d'organismes transgéniques). Des bactéries sont ainsi reprogrammées pour produire des protéines ou des enzymes qu'elles ne synthétisent pas normalement. À titre d'exemple, mentionnons qu'une partie de l'insuline que les diabétiques utilisent actuellement provient de fermentations dans lesquelles des bactéries synthétisent cette protéine typiquement animale.

Caractéristiques des biotechnologies modernes[11]

Depuis le début des années 1980, on a donné plusieurs définitions aux biotechnologies. À l'heure actuelle, même si chaque pays ou chaque organisation peut avoir sa propre définition, il existe un consensus sur les éléments qui doivent y apparaître. Nous utiliserons ici la définition retenue par le gouvernement du Québec :

> Les biotechnologies sont l'ensemble des méthodes, des procédés et des techniques qui, appliqués à des micro-organismes, cellules humaines, animales ou végétales ou à des fractions de celles-ci, visent à concevoir, développer et produire de nouvelles molécules et cellules, de nouveaux organismes et procédés ou encore à améliorer ceux déjà existants, en vue d'une exploitation industrielle, soit la production ou l'amélioration de biens et services et leur mise en marché. (CST, 1991.)

Afin de comprendre le sens de cette définition et pour décrire brièvement les domaines d'application des biotechnologies, voyons quelques extraits d'un avis du Conseil de la science et de la technologie.

Grâce aux percées scientifiques qui ont permis de comprendre le fonctionnement de l'organisme vivant, les biotechnologies ouvrent de nouveaux horizons. Elles permettent d'améliorer, entre autres, les techniques thérapeutiques, les techniques diagnostiques, les techniques de reproduction et de sélection des animaux et des végétaux ainsi que les techniques de production de biens.

Elles commencent à donner naissance à une gamme de nouveaux produits et de procédés, notamment dans les domaines de la santé humaine et animale, de l'agriculture, de la sylviculture et de l'alimentation. De plus, des applications nouvelles se développent dans d'autres domaines; par exemple, on utilise des organismes vivants pour extraire des métaux, pour décontaminer les sols et les eaux polluées par de multiples produits toxiques. (CST, 1991.)

---

11. D'après CST, 1991.

Dans tous les pays où les biotechnologies sont présentes, le *secteur de la santé* humaine et animale est celui où il y a les plus importantes retombées économiques. En effet, le plus haut niveau d'investissement en recherche et développement ainsi que le plus grand nombre de produits commercialisés sont, jusqu'à aujourd'hui, effectués dans ce secteur. Malgré cela, les percées des biotechnologies sont toutes récentes et contrairement aux attentes d'il y a dix ans, les succès commerciaux sont encore relativement peu nombreux. Cependant, beaucoup de nouveaux produits sont au stade des essais cliniques. (CST, 1991.)

Le *secteur agroalimentaire* englobe à la fois la production, animale et végétale, et la transformation des aliments. Le champ des applications biotechnologiques est vaste et il s'adresse tout autant aux techniques de reproduction, de sélection et de croissance des animaux et des végétaux, à l'horticulture, aux fertilisants, à l'aquaculture qu'aux techniques de transformation des aliments ainsi qu'à la valorisation des résidus issus de la transformation des aliments. C'est un vaste champ où les biotechnologies sont traditionnellement implantées et où, en corollaire, les progrès rapides des connaissances scientifiques sont appelées à modifier profondément ces secteurs.

En agriculture, les biotechnologies permettent de produire en grand nombre des plantes et des animaux transgéniques; les modifications génétiques visent à produire des variétés nouvelles plus résistantes aux maladies ou encore donnant un meilleur rendement de croissance. [...] Les biotechnologies dans le domaine agroalimentaire sont dans le champ et dans l'usine. Par exemple, la micropropagation, ou culture *in vitro*, permet de produire un plant de fraisier génétiquement amélioré pour pousser plus rapidement et mieux résister au froid. Les biofertilisants promettent d'être plus efficaces et surtout écologiques. Enfin, dans le domaine de la transformation alimentaire, les procédés de fermentation seront révolutionnés par des levures plus performantes et les techniques d'utilisation de ces levures permettent déjà de réduire les coûts de production en améliorant l'efficacité des procédés et le contrôle de la qualité. (CST, 1991.)

Les biotechnologies offrent aussi des possibilités intéressantes dans le domaine de la *foresterie,* qui regroupe essentiellement deux sous-secteurs d'activité économique : l'exploitation forestière et la transformation des produits du bois, comme la fabrication de papiers. La tendance est toutefois d'associer les biotechnologies uniquement aux procédés de régénération des forêts et de protection contre les insectes. Pourtant, les biotechnologies peuvent être à l'origine de procédés originaux de transformation et ils sont utiles dans la valorisation des résidus du bois. Ainsi, on peut blanchir le papier en utilisant un enzyme produit par un champignon microscopique. Dans le secteur de l'exploitation forestière, on peut produire de nouvelles variétés d'arbres plus résistants aux parasites et aux insectes. On développe aussi des biopesticides qui sont plus spécifiques et moins dommageables aux organismes non nuisibles; l'utilisation du *Bacillus thuringiensis* (B.T.) contre la tordeuse des bourgeons de l'épinette en est un exemple typique.

En 1985, le marché mondial des produits issus des biotechnologies était de quelque 2,5 milliards $US. En l'an 2000, ce marché pourrait atteindre 65 milliards $, ce qui correspond à une croissance annuelle de 24 %. Les produits utilisés dans le domaine de la médecine devraient représenter 68 % du marché mondial, le secteur agroalimentaire représentant 21,5 % de ce marché alors que seulement 3 % des investissements seraient consacrés à la protection de l'environnement. À la fin des années 1970, de grands espoirs ont été mis dans l'industrie biotechnologique, sur la base des promesses faites notamment en vue de la mise au point de nouveaux produits pharmaceutiques et l'amélioration des méthodes de production dans le secteur agroalimentaire. Bien qu'il soit vrai que les biotechnologies recèlent un potentiel indéniable, les espoirs de la fin des années 1970 allaient au delà des capacités scientifiques et techniques du moment. En 1981, on prévoyait que les biotechnologies représenteraient 10 % du chiffre d'affaires de l'industrie pharmaceutique en 1990; en réalité, cette part n'était à cette époque que de 1 %. Plusieurs groupes ont alors retiré leur financement et de nombreuses petites entreprises de biotechnologies sont disparues ou ont été achetées par des compagnies multinationales. Il ne faut cependant pas penser que les promesses ne seront pas tenues. De récentes applications, comme la thérapie génétique, nous indiquent sans nul doute que les biotechnologies vont modifier considérablement les orientations de la recherche dans les sciences de la vie (CST, 1991; Joly, 1991).

1.2.2 Contribution à la protection de l'environnement

Malgré la faible utilisation des biotechnologies dans le domaine de l'assainissement, il ne faut pas en déduire que leur rôle est mineur. On utilise maintenant les micro-organismes pour traiter des effluents industriels, des sols contaminés par des substances toxiques, pour filtrer les émissions gazeuses des industries ou encore pour composter les déchets. Ces traitements correspondent en fait à l'application de principes écologiques élémentaires, les micro-organismes ont naturellement un rôle important dans la transformation des déchets de toute nature; en les décomposant sous leur forme la plus simple, soit en minéraux (azote, phosphore, potassium, etc.), en acides aminés, en sucres simples (comme le glucose) et, ultimement, en bioxyde de carbone (gaz carbonique ou CO_2) et en eau. À la fin des années 1970, peu d'environnementalistes entrevoyaient le rôle important des biotechnologies dans l'assainissement du milieu. Toutefois, dès les premières années de la décennie suivante, on s'est rendu compte que les biotechnologies étaient essentielles à l'assainissement du milieu.

Précisons ici que l'on peut facilement induire la biodégradation microbienne de composés organiques existant dans la nature depuis longtemps, ce qui n'est pas le cas pour les substances qualifiées de « xénobiotiques » (ainsi appelées parce qu'elles sont d'origine exclusivement anthropique et qu'elles sont présentes dans l'environnement depuis seulement quelques dizaines d'années), comme les polychlorobiphényles (PCB) et l'ensemble des pesticides de synthèse. Les micro-organismes présents dans l'environnement n'étant pas en contact depuis très longtemps avec de telles substances, ils ont plus de difficulté à les biodégrader. C'est pourquoi dans certains domaines d'application des biotechnologies, comme le traitement des sols contaminés et celui des effluents industriels contenant des composés xénobiotiques, plusieurs laboratoires se sont lancés dans une course à la sélection de micro-organismes plus efficaces ou capables de s'attaquer à ces substances, qualifiées de réfractaires.

L'utilisation des biotechnologies environnementales joue un rôle majeur dans certains types de traitement, là où les techniques physico-chimiques seraient inutilisables ou nécessiteraient des investissements majeurs. Ainsi, lorsque des millions de mètres cubes de sols sont contaminés par des hydrocarbures, « l'ensemencement » du milieu par des micro-organismes se révèle une approche plus pratique que l'emploi de technologies physico-chimiques. Les micro-organismes s'adaptent au milieu ambiant, se reproduisent et migrent dans le sol, favorisant ainsi le traitement. Par ailleurs, dans les pays ayant peu de moyens financiers, le recours à la biofiltration pour le traitement des eaux est beaucoup plus simple que l'utilisation de technologies sophistiquées. De plus, alors que l'emploi de technologies physiques ou chimiques vise habituellement à neutraliser ou à détruire les résidus, les techniques biologiques peuvent générer des substances utilitaires à partir des déchets. Le compostage des matières organiques, la production d'éthanol, de méthane ou d'autres substances utiles à partir de certains résidus sont des exemples de traitements doublement efficaces; il y a « destruction » des déchets et production de composés que l'on peut valoriser. Ces procédés s'inscrivent dans la filière dite de la « biomasse », sujet qui ne sera cependant que brièvement abordé dans ce document.

L'utilisation de micro-organismes ouvre un nouvel espace technologique qui pourrait connaître une expansion considérable. Ainsi, l'emploi de bactéries pour le traitement des sols contaminés est un secteur qui pourrait connaître un accroissement annuel de 20 à 30 % au cours de la décennie 1990 alors que l'utilisation des bactéries dans le secteur des déchets miniers (désulfuration du charbon ou récupération des métaux précieux) pourrait entraîner des investissements majeurs vers 1998.

Pour terminer ce chapitre, nous verrons rapidement une dizaine d'applications des biotechnologies environnementales. La plupart des thèmes présentés ici seront cependant repris dans les chapitres subséquents de l'ouvrage[12].

Le traitement des *eaux usées municipales* est l'une des plus anciennes applications des biotechnologies, car ce type de traitement requiert fréquemment une étape biologique afin d'obtenir une épuration appropriée. Le traitement aérobie est bien connu et utilisé depuis longtemps; il permet à la fois l'enlèvement des composés organiques, notamment certaines substances toxiques, et des substances nutritives comme l'azote et phosphore. Le traitement anaérobie des eaux usées, plus récent, devrait être de plus en plus employé pour répondre à certains besoins particuliers. Depuis quelques années, on assiste aussi au développement de biofiltres qui répondent à des besoins spécifiques. Précisons que l'on peut aussi employer le traitement biologique pour obtenir de l'*eau potable*. Dans ce cas, des micro-organismes associés à des filtres de charbon activé permettent d'enlever les matières organiques présentes dans l'eau.

Les biotechnologies sont utiles pour le traitement des effluents de l'*industrie agroalimentaire* en général. Que ce soit des effluents d'abattoirs,

---

12. Les informations qui suivent sont principalement tirées de Pouliot et de la Noüe, 1987. D'autres informations sont puisées dans Flandroy, 1991; Verstraete *et al.*, 1991; Oppeneau, 1993.

de fromageries ou de confiseries, par exemple, l'utilisation de procédés tant aérobies qu'anaérobies permet de rejeter des eaux usées beaucoup plus propres et moins malodorantes. Certains *grands secteurs industriels* peuvent aussi mettre à profit la présence de micro-organismes pour épurer leurs eaux. Dans les années 1990, l'industrie des pâtes et papiers utilisera grandement les traitements biologiques afin de réduire la présence de matières organiques ou toxiques et se conformer ainsi aux normes gouvernementales.

La biofiltration des *émissions atmosphériques* est un domaine d'application relativement récent des biotechnologies. Plusieurs micro-organismes sont capables de désulfurer, de dénitrifier ou d'éliminer les composés organiques volatils (COV) des rejets de gaz polluants. En plus de rendre moins polluantes certaines émissions, la transformation microbienne peut aussi désodoriser les rejets malodorants. On peut prévoir que ce type de traitement sera de plus en plus utilisé pour le biotraitement des émissions contenant des substances toxiques.

Le biotraitement des *sols contaminés* est un secteur qui devrait connaître une forte expansion, comme on l'a mentionné précédemment. La capacité d'adaptation des micro-organismes fait d'eux des outils essentiels pour la décontamination de grands volumes ou de grandes superficies de sols devenus impropres à toute utilisation. Qu'il s'agisse d'hydrocarbures ou de pesticides, le métabolisme microbien est capable de transformer ultimement ces substances en eau et en CO_2. Ce n'est toutefois pas une tâche facile, puisque pour que le travail soit fait efficacement, il faut souvent rechercher les souches microbiennes ayant les meilleures capacités, les sélectionner et les cultiver en laboratoire. On doit ensuite préparer un inoculum qui sera injecté dans le sol; il faut cependant s'assurer que les micro-organismes sélectionnés pourront se reproduire et rester efficaces pendant un certain temps.

Le traitement des *déchets solides municipaux* peut être facilité par la présence de micro-organismes. De manière naturelle, tout lieu d'enfouissement sanitaire ou toute décharge de déchets est le siège d'une intense activité microbienne qui génère notamment du biogaz riche en méthane que l'on peut utiliser dans l'industrie. Afin de mieux contrôler ce processus naturel, on peut cependant provoquer une méthanisation contrôlée. Le compostage des déchets riches en matières organiques est une autre avenue qui, effectuée de manière appropriée, réduit le volume de déchets tout en permettant une utilisation ultérieure du compost produit.

D'autres types de déchets solides peuvent aussi être adéquatement traités ou valorisés par les micro-organismes. On pense ici aux *résidus forestiers* et aux *déchets de l'industrie agroalimentaire*. Ce sont des substances riches en matières cellulosiques (sous-produits de la coupe forestière ou de l'exploitation agricole, comme la paille ou les rafles de maïs), en sucres (rejets de fruits et de légumes) ou en substances protéiques (déchets de la pêche ou des abattoirs). Ces substances peuvent être valorisées en produits alimentaires, comme le sirop de glucose ou la nourriture animale, ou énergétiques (éthanol, méthane). Sans être typiquement une technologie de dépollution ou d'assainissement, la valorisation de la biomasse contribue à la protection de l'environnement en détournant diverses matières des lieux d'enfouissement et en permettant une utilisation plus rationnelle des ressources naturelles.

Parmi les déchets solides, il faut aussi inclure les *boues produites par les stations de traitement des eaux usées* urbaines ou industrielles. Ces sous-produits sont essentiellement composés de matières particulaires et de biomasses microbiennes, générées lors du traitement biologique des eaux. Si de telles boues ne contiennent pas de substances toxiques (métaux lourds, pesticides, hydrocarbures), on pourra les épandre sur des terres agricoles ou sur des sols en régénération forestière.

Les boues d'épuration provenant des stations de traitement des effluents de l'industrie des pâtes et papiers seraient particulièrement appropriées à une telle valorisation. Si cela n'est pas possible, on peut penser à la détoxification microbienne (comme on le fait pour les sols), à la biodégradation accélérée ou encore au compostage. Dans tous les cas, on vise la dégradation des substances toxiques et la réduction du volume des boues.

Les biotechnologies sont aussi utiles dans la gestion des *déjections animales*, essentiellement les fumiers et les lisiers. Que ce soit pour composter, fermenter ou désodoriser les déjections, les micro-organismes facilitent leur manipulation tout en augmentant leur valeur fertilisante. Toutefois, l'action des micro-organismes ne permet pas de réduire la charge polluante globale des matières nutritives. En effet, la quantité d'azote présente dans un fumier frais ou un fumier composté est habituellement la même, à moins qu'il y ait eu dispersion atmosphérique de cet azote; on assiste alors à un transfert de pollution plutôt qu'à une véritable dépollution.

On ne peut toutefois pas dire que l'utilisation des biotechnologies permet de régler tous les problèmes environnementaux sans difficultés.

En fait, l'utilisation des biotechnologies pour l'assainissement du milieu comporte aussi certains désavantages (Secor, 1989) :

– Les micro-organismes ne peuvent pas être actifs à des températures près ou au-dessous du point de congélation. Cela signifie que dans les pays nordiques froids certains traitements ne peuvent pas se faire en hiver. La sélection de micro-organismes issus des milieux arctiques pourrait toutefois constituer un créneau de recherche intéressant dans ce contexte.

– Certains polluants ne sont pas biodégradés adéquatement s'ils sont trop concentrés. Par exemple, des sols fortement contaminés par des polychlorobiphényles peuvent difficilement être traités avec des micro-organismes.

– Il faut généralement utiliser un mélange (parfois appelé consortium) de micro-organismes pour attaquer un groupe de polluants puisque le métabolisme bactérien, ou celui des champignons microscopiques, est relativement spécifique, ne pouvant s'attaquer qu'à des groupes relativement restreints de polluants.

– L'utilisation des biotechnologies provoque souvent le syndrome de la « boîte noire », parce que l'on ne connaît pas nécessairement l'ensemble des réactions biochimiques mises en cause. Les interactions étant nombreuses, il est parfois difficile, voire impossible, de maîtriser le processus et d'intervenir efficacement en cas de problème.

– Les consortiums microbiens utilisés pour traiter les polluants sont en fait des écosystèmes relativement fragiles qui peuvent être perturbés par des changements brusques des conditions physico-chimiques du milieu.

Lors d'une enquête du groupe Secor, effectuée en 1989, les biotechnologies occupaient le quatrième rang pour ce qui est du choix des technologies à employer pour assainir l'environnement. La préférence des intervenants consultés allait d'abord aux traitements physiques (absorption sur résines, filtration, centrifugation, solidification, électrodialyse, etc.), aux traitements chimiques (oxydation, réduction, précipitation, neutralisation, etc.) ainsi qu'à différentes méthodes d'entreposage ou de confinement (lieux d'enfouissement, entreposage en contenants hermétiques, etc.). Seuls les traitements thermiques étaient considérés moins intéressants que les traitements biotechnologiques. En fait, on considérait les biotechnologies comme des traitements d'appoint complétant les autres approches (Secor, 1989).

Quoi qu'il en soit, l'évolution des connaissances biotechnologiques se fait à un rythme rapide et de nouvelles applications sont constamment proposées. À titre d'exemple, en 1985, on ne pensait pas sérieusement utiliser des biofiltres pour traiter les émissions atmosphériques polluantes. En 1995, cette technologie fait l'objet de recherches intensives et elle est même utilisée dans une large mesure par certaines industries. Sans mettre de côté les technologies physiques, chimiques ou thermiques, on doit laisser les biotechnologies prendre toute la place nécessaire en se rappelant que des technologies qui sont inspirées des processus écologiques sont généralement moins dommageables et, à long terme, plus performantes.

Références bibliographiques

ANDERSON, K. et BLACKHURST, R. (éditeurs) (1992). *Commerce mondial et environnement.* Paris, Economica.

BUD, R. (1993). *The Uses of Life : A History of Biotechnology.* Cambridge, UK, Cambridge University Press, 299 p.

CAMPAGNA, A. et LEFEBVRE, J.F. (1993). « Crise environnementale en Pologne ». *Contretemps,* 28 : 34-37.

CCME (1993). *Commerce, compétitivité et environnement.* Winnipeg, Canada, Conseil canadien des ministres de l'Environnement (CCME), document n° CCME-SOC-64F, 56 p.

CRIQ (1993). *L'industrie québécoise de la protection de l'environnement, profil et perspectives.* Sainte-Foy, Centre de recherche industrielle du Québec (CRIQ), 229 p. + annexes.

CROUSSE, B. (1992). « L'industrie de l'environnement ». *Problèmes économiques,* n° 2.278, 3 juin : 16-23

CSC (1991). *Prendre les devants : état de la politique scientifique et technologique au Canada en 1991.* Ottawa, Conseil des sciences du Canada (CSC), 127 p.

CST (1991). *Les biotechnologies : un choix stratégique pour le Québec.* Conseil de la science et de la technologie (CST), Gouvernement du Québec, 91 p.

ERNST & YOUNG (1992a). *Study of the Ontario Environmental Protection Industry.* Ontario Ministry of the Environment, 202 p. + annexes, PIBS 1966E.

ERNST & YOUNG (1992b). *Les ressources humaines dans l'industrie de l'environnement.* Préparé pour Emploi et Immigration Canada, Sommaire, 37 p.

FERRAND, D. (1993). « Plus vert que la peinture verte? ». *Entreprendre,* vol. 6, n° 2 : 21-22.

FLANDROY, L. (1991). « International Symposium on Environmental Biotechnology – 1991 ». *BFE,* 8 : 479-489.

GILLESPIE, B. et ZAMPARUTTI, A. (1994). « Est : un cadre pour l'environnement ». *L'Observateur de l'OCDE,* 185 : 16-20.

GOUVERNEMENT DU CANADA (1994). *Stratégie pour l'industrie canadienne de l'environnement : document de consultation.* Industrie Canada, Environnement Canada, 60 p.

GROS, F. (1992). « Histoire des biotechnologies ». Dans G. Jorland (éditeur), *Des technologies pour demain,* collection Points Sciences, Paris, Seuil, p. 31-43.

HUFBAUER, G.C. et SCHOTT, J.J. (1992). *North American Free Trade : Issues and Recommendations.* Washington D.C., Institute for International Economics, 369 p.

ISTC (1991). *Le marché canadien de produits et services liés à la protection de l'environnement.* Industrie, Sciences et Technologie Canada (ISTC), 11 p.

JOHNSON, P.M. (1993). « Le virage vert des entreprises ». *Entreprendre,* vol. 6, n° 2 : 19.

JOLY, P.B. (1991). « Biotechnologies, révolution silencieuse ou rendez-vous manqué? ». Dans N. Witkowski (éditeur), *L'état des sciences et des techniques.* Paris, Boréal-La Découverte, p. 214-216.

MESS (1993). *Indicateurs de l'activité scientifique : compendium 1993.* Ministère de l'Enseignement supérieur et de la Science (MESS), Gouvernement du Québec, 216 p.

MICST (1994). *Stratégie de développement de l'industrie de la protection de l'environnement : le modèle québécois.* Ministère de l'Industrie, du Commerce, de la Science et de la Technologie (MICST), Gouvernement du Québec, 133 p. + annexes.

NIRO, P. (1993). « Éco-industrie : quel avenir pour l'industrie québécoise de l'environnement? ». *Envirotech,* juin : 8-11.

OCDE (1992). *L'industrie de l'environnement dans les pays de l'OCDE : situation, perspective et politiques gouvernementales.* Paris, Organisation de coopération et de développement économiques (OCDE), 39 p. OCDE/GD (92)1.

OPPENEAU, J.C. (1993). « Biotechnologie et environnement ». *Biofutur,* n° 129 : 6-10.

PIERCE, N. (1993). « Waste management challenges in Russia, Ukraine, and Estonia ». *Waste Age,* June : 194-202.

POULIOT, Y. et DE LA NOÜE, J. (1987). *Bilan et perspective des biotechnologies environnementales au Québec* (version abrégée). Rapport produit pour le ministère de l'Environnement du Québec et le Centre québécois de valorisation de la biomasse (CQVM), Bionov CNP et Université Laval, 28 p.

PRAVE, P., FAUST, U., SITTIG, W. et SUKATSCH, D.A. (1987). *Basic Biotechnology.* Allemagne, VCH Verlagsgesellschaft, 344 p.

SECOR (1989). *Strategies Industry Analysis : Biotechnology in the Waste Treatment Industry.* Document préparé par le groupe Secor pour Industrie, Sciences et Technologie Canada, 139 p.

STATE OF TEXAS (1993). *Environmental Infrastructure along the US-Mexico Border in Texas and Mexico.* Office of the Governor, Spring, 14 p.

VERSTRAETE, W., HUYSMAN, F. et TOP, E. (1991). « How can biotechnology solve the environmental problems of modern society? ». *BFE*, 8 : 496-498.

WESOLOWSKI, J.J., JEDRYCHOWSKI, W. et FLAK, E. (1992). « Human exposure to pollutants in Polland ». *Journal of Exposure Analysis and Environmental Epidemiology*, 2 : 323-339.

Chapitre 2

Les eaux usées urbaines

Pierre Chevalier

L'eau est la ressource la plus précieuse de la planète car sans elle la vie ne pourrait pas exister sur la Terre. L'eau douce n'est cependant pas abondante puisque 97,2 % de la ressource hydrique est constituée d'eau salée. La majeure partie de l'eau douce, 2,8 %, est emprisonnée aux pôles, dans les glaciers ou dans les nappes souterraines. En fait, l'eau douce continentale de surface, contenue dans les fleuves, les rivières et les lacs, ne représente que 0,01 % de toute la masse hydrique planétaire. Voilà une statistique qui justifie amplement de considérer l'eau douce comme un bien précieux. En absence de traitement des effluents qui sont pollués par les activités humaines, les eaux de nombreux lacs et rivières peuvent devenir infectes et inutilisables. Ce chapitre est consacré au traitement des eaux usées urbaines des grandes municipalités ainsi que des eaux usées domestiques provenant des petites localités ou des résidences isolées.

2.1   Rappel de la nature des eaux polluées

On dit que l'eau est polluée si elle subit des « modifications néfastes causées par l'ajout de substances susceptibles d'en changer la qualité, l'aspect esthétique et son utilisation à des fins humaines » (Champoux et Toutant, 1988). Les agents polluants peuvent être de nature physique, chimique ou biologique d'origine naturelle ou anthropique. La pollution naturelle provient de l'érosion du roc ou des sols de même que de la présence de substances telles que les tannins ou les acides organiques d'origine végétale. De plus, la prolifération de certains organismes, comme les bactéries et certaines algues (« fleuraisons », « bloom » d'algues toxiques), peut engendrer une pollution. Toutefois, la pollution d'origine humaine est généralement beaucoup plus importante et plus néfaste pour l'environnement. On sait que les substances toxiques peuvent empoisonner tous les maillons de la chaîne alimentaire, depuis les organismes aquatiques microscopiques jusqu'aux super-prédateurs, tels les oiseaux de mer, les mammifères aquatiques (baleines, phoques) et même l'humain. Quant aux substances nutritives (azote et phosphore), elles sont responsables de l'eutrophisation des lacs et des cours d'eau, c'est-à-dire une prolifération excessive d'algues ou de plantes aquatiques qui « étouffent » le milieu.

Les matières polluantes subissent normalement une biodégradation par les micro-organismes. Normalement, ce processus est oxydatif et il s'effectue dans des conditions aérobies. Pour quantifier la consommation d'oxygène par les micro-organismes qui dégradent la matière organique, on a introduit le concept de *demande biologique en oxygène* (DBO), qui se définit comme la quantité d'oxygène requise pour oxyder la matière organique biodégradable dans l'eau. Le test de laboratoire utilisé pour cette mesure demande, de manière standardisée, cinq jours; on emploie conséquemment l'expression DBO_5.

La DBO est habituellement exprimée en milligrammes d'oxygène consommé par litre d'eau (mg/L). On peut aussi exprimer la charge polluante en disant que tant de grammes ou de kilogrammes de DBO sont produits par tel ou tel procédé industriel ou par tel organisme vivant. Ainsi, dans les pays industrialisés chaque citadin génère une pollution quotidienne variant entre 50 à 75 grammes de DBO_5; dans les pays en développement cette valeur oscille entre 35 et 40 g/jour, les activités polluantes étant habituellement moins importantes. Il faut toutefois noter que la consommation d'eau des pays développés est de deux à quatre fois plus importante (de 250 à 350 litres par personne par jour contre moins de 100 litres); conséquemment, la charge polluante (grammes de DBO par litre d'eau consommée par jour) est similaire dans l'une ou l'autre des régions (Tebbutt, 1992; Valiron, 1989).

Une DBO élevée signifie qu'il y a beaucoup de matière organique dans l'eau, les micro-organismes s'activant à son oxydation. En d'autres termes, plus la DBO est élevée, plus le milieu est pollué. Dans une eau usée municipale typique, la DBO_5 varie habituellement entre 100 et 300 mg/L. Afin de comprendre la signification de ces valeurs, mentionnons que la DBO_5 ne devrait pas dépasser 3 mg/L pour permettre la survie des poissons les plus sensibles à la pollution (Chevalier, 1995).

2.2 La nécessité de traiter les eaux souillées : introduction aux technologies d'assainissement

L'importance de préserver l'eau de la contamination n'est pas une préoccupation datant du 20ᵉ siècle. Des fouilles archéologiques ont révélé l'existence de latrines et de canalisations destinées à évacuer les eaux usées il y plus de 4 000 ans. Ce sont toutefois les Romains qui, il y a 2 000 ans, ont véritablement développé un réseau de canalisations et d'infrastructures destinées à l'approvisionnement en eau potable de même qu'à l'évacuation des eaux souillées; ils ont construit des aqueducs dont certains s'étendaient sur 50 km. Après la décadence de l'Empire romain, les autres civilisations semblent toutefois avoir oublié l'importance des questions sanitaires en matière d'approvisionnement en eau. Il faut attendre 1847 pour qu'un premier gouvernement, celui de Londres, oblige le déversement des eaux usées dans des canalisations appropriées. Cela n'a cependant pas empêché le déclenchement d'épidémies puisque les eaux étaient déversées sans traitement et que l'approvisionnement en eau potable se faisait sans précaution. C'est finalement dans les premières décennies du 20ᵉ siècle que l'on a construit les premières stations de traitement des eaux usées dans les plus grandes villes des pays industrialisés. Toutefois, en 1975, 80 % des populations rurales et 25 % des populations urbaines de la planète n'avaient pas encore accès à un approvisionnement sûr en eau potable (Tebbutt, 1992).

Les deux objectifs généralement fixés pour le traitement des eaux usées sont :
- l'évacuation rapide et sans risque de tous les déchets susceptibles de donner naissance à des odeurs ou représentant un risque pour la santé;
- la protection du milieu naturel récepteur afin d'éviter des effets écologiques néfastes (Valiron, 1989).

Il est techniquement possible de construire des installations de traitement permettant de répondre adéquatement à ces deux objectifs et ce, dans presque tous les pays. Toutefois, comme les bénéfices sociaux ou économiques du traitement des eaux usées n'apparaissent pas toujours évidents, des contraintes économiques sont alors imposées, c'est-à-dire que les décideurs limitent le nombre ou l'envergure des traitements qu'une station d'épuration possède. Les ingénieurs et les biologistes qui travaillent sur de tels projets doivent alors composer avec cette réalité et parfois mettre en opération des stations de traitement incomplètes (Horan, 1990).

Avant de présenter sommairement les divers types de traitement des eaux usées, il importe de distinguer entre l'assainissement collectif et l'assainissement autonome ou individuel. L'*assainissement collectif* est habituellement destiné aux collectivités ou aux villes qui ont au moins quelques centaines d'habitants; il n'y a cependant pas de règle, chaque pays ou chaque collectivité déterminant ses besoins. En assainissement collectif, les eaux usées sont évacuées par un système d'égouts collecteurs qui peut être de type unitaire ou séparé. Un *système unitaire* récolte tant les eaux domestiques (sanitaires, commerciales) que les eaux pluviales provenant de la surface (eaux de pluie, de lavage des rues, etc.). Dans un tel système on a généralement prévu l'existence de déversoirs de trop-pleins qui rejettent sans traitement une partie des eaux usées directement dans les cours d'eau en cas de périodes pluvieuses. Jusque dans les années 1950, la presque totalité des systèmes d'égout étaient de ce type; cela signifie donc que les parties les plus anciennes des villes sont desservies par des égouts unitaires. À partir des années 1950 on a installé des *réseaux d'égout séparatifs*. Dans ce cas, les eaux usées domestiques, commerciales et industrielles sont acheminées vers la station de traitement par un réseau d'égout dit sanitaire alors qu'un réseau pluvial véhicule les eaux de pluie ou de ruissellement qui ne sont généralement pas traitées. Un système séparatif permet de traiter en tout temps les eaux domestiques ou industrielles, puisqu'il n'y a pas de situation de trop-plein; toutefois les eaux pluviales, qui peuvent être parfois fortement contaminées, ne sont habituellement pas traitées (Lavallée et Lessard, 1984; Valiron, 1989).

Les eaux usées qui arrivent à la station de traitement contiennent plusieurs types de polluants qui se présentent sous diverses formes :
- les débris flottants de grande dimension (morceaux de bois, de plastique, de tissu, etc.);
- les débris en suspension de petite taille (sable, argile, micro-organismes, etc.);
- les substances dissoutes (acides organiques, sels minéraux, matières nutritives azotées et phosphorées, métaux, pesticides, etc.);
- les gaz dissous (hydrogène sulfuré, méthane, bioxyde de carbone et autres);
- les liquides non miscibles à l'eau qui forment habituellement une mince couche à la surface (huiles et graisses).

Afin d'éliminer le maximum de polluants, on emploie des méthodes physiques, chimiques et biologiques. Les propriétés physiques des matières indésirables (masse, densité, dimension) déterminent les types de traitements physiques applicables, comme le dégrillage, la sédimentation ou la filtration. Les propriétés chimiques des polluants (réactivité, capacité de polymérisation, etc.) sont à l'origine de divers traitements comme la coagulation et la précipitation. Les procédés biologiques font appel aux réactions biochimiques permettant d'éliminer notamment les polluants organiques; les enzymes microbiens transforment les polluants selon les voies biochimiques habituelles (glycolyse, catabolisme des acides aminés, etc.) (Tebbutt, 1992).

Un traitement collectif typique des eaux usées comprend plusieurs étapes dans lesquelles on applique une ou plusieurs des méthodes mentionnées ci-haut. Ces étapes peuvent être incluses dans des procédés dits *conventionnels* ainsi que dans des procédés *complémentaires* ou *spéciaux*; cette division a été retenue dans le présent texte. Les procédés conventionnels comprennent le *prétraitement* (traitement préliminaire) qui vise l'enlèvement des matières flottantes, ou denses (sable, gros débris), le *traitement primaire* (élimination des matières décantables inertes ou organiques) ainsi que certains types de *traitements secondaires* (enlèvement de la pollution organique biodégradable). Les procédés complémentaires comprennent habituellement les *traitements tertiaires* alors que parmi les procédés spéciaux on compte des procédés physico-chimiques ou biologiques moins courants comme la désinfection par ozonation, ou par les rayons ultraviolets, ainsi que l'enlèvement des matières nutritives tels les nitrates et les phosphates. Certaines techniques, appartenant surtout aux traitements secondaires et tertiaires, font actuellement l'objet d'un intense développement et elles sont conséquemment considérées comme des traitements en émergence.

2.3 Les procédés conventionnels[1]

Comme nous venons de le mentionner, les procédés conventionnels regroupent généralement le prétraitement et le traitement primaire de même que certains traitements secondaires. Le prétraitement comprend habituellement le dégrillage et le dessablage alors que le traitement primaire

---

1. L'essentiel des informations relatives à cette section est tiré des ouvrages suivants : Forster, 1985; Horan, 1992; Metcalf & Eddy, 1991; Tebbutt, 1992; Valiron, 1989.

est essentiellement un processus de décantation; le déshuilage et le dégraissage peuvent être associés tant au prétraitement qu'au traitement primaire. Il faut préciser que tous les traitements décrits dans les sous-sections qui suivent ne sont pas systématiquement utilisés dans une station de traitement. Des choix sont faits en fonction des besoins locaux, des budgets et du degré de performance visé.

2.3.1 **Le prétraitement (traitement préliminaire)**

Le prétraitement consiste d'abord à enlever les débris grossiers, qui flottent ou non dans l'eau, dont la taille est supérieure à 15 ou 25 mm; c'est le dégrillage. On inclut aussi dans le prétraitement l'enlèvement du gravier et du sable, étape appelée dessablage. Le prétraitement peut aussi inclure une étape de déshuilage ou de dégraissage.

Le *dégrillage* est essentiel car il sert notamment à faciliter le fonctionnement des étapes ultérieures de traitement, la présence de gros débris pouvant sérieusement perturber le fonctionnement des équipements du traitement primaire et secondaire. Lors du dégrillage, les divers débris sont arrêtés par une série de barreaux entre lesquels se déplace un râteau qui les entraîne vers un convoyeur; les débris peuvent alors être compactés ou déchiquetés avant d'être transportés vers un lieu d'enfouissement sanitaire ou un incinérateur.

La distance entre les barreaux du dégrilleur peut être importante, jusqu'à 5 cm, mais l'espacement standard varie entre 1,0 et 2,5 centimètres. Un deuxième dégrilleur, dont les barreaux sont moins espacés, peut être placé en aval du premier. La vitesse optimale de circulation de l'eau à travers les barreaux doit se situer entre 0,3 – 0,5 mètre/seconde (m/s) et 0,9 m/s. Une vitesse trop basse peut faire sédimenter le sable, ce qui n'est pas souhaitable à cette étape, alors qu'une vitesse trop importante peut déloger les débris retenus entre les barreaux. On estime qu'un espacement entre les barreaux de 2,5 cm retient de 60 à 70 % des débris.

Le *dessablage* est une autre étape importante qui s'effectue habituellement par le passage de l'eau dans une chambre de tranquillisation où la vitesse est réduite. Il en résulte la sédimentation des grains de sable, et d'autres particules relativement denses, au fond d'un bassin. De tels bassins sont en mesure d'éliminer 95 % des particules ayant un diamètre supérieur à 0,2 mm si la vélocité de l'eau est inférieure à 0,3 m/s. Il est à noter que peu de matières organiques sont enlevées à cette étape, leur densité n'étant pas suffisante; le matériel retenu est donc majoritairement composé de substances inorganiques. Des racleurs circulent dans le fond de ces bassins afin de ramasser les particules sédimentées.

Le prétraitement peut aussi comprendre d'autres traitements comme le déshuilage et le dégraissage. Ces traitements consistent à séparer de l'eau les liquides flottants comme les huiles et les graisses. Ces systèmes sont habituellement simples, l'eau circulant lentement dans des bassins à la surface desquels se déplace, à contre-courant, un racleur qui ramène les huiles et les graisses flottantes vers une extrémité du bassin.

2.3.2 Le traitement primaire

Les eaux usées soumises à un prétraitement sont débarrassées de la presque totalité des particules inorganiques de grande dimension ou de densité élevée. Il reste toutefois à enlever une importante quantité de matières en suspension (MES) dont la taille varie de 0,05 mm à 1,0 mm. Ces particules, dont la vitesse de sédimentation est plus lente, sont en partie constituées de matière organique. Le traitement primaire est conçu pour enlever environ 70 % des matières en suspension décantables, ce qui contribue à éliminer environ 40 % de la demande biologique en oxygène (DBO). Précisons que plusieurs stations d'épuration ayant un traitement secondaire de type boues activées ne possèdent pas de traitement primaire, les eaux usées étant directement envoyées dans le bassin du traitement secondaire.

L'essentiel du traitement primaire consiste en une décantation qui s'effectue dans un ouvrage bétonné de forme rectangulaire ou circulaire appelé décanteur. Les particules sédimentées forment la boue primaire qui est raclée ou aspirée par le fond. De plus, les ouvrages comprennent habituellement un racleur de surface qui sert à évacuer les matières flottantes ou l'écume. Le temps de rétention[2] permettant d'atteindre une performance d'assainissement adéquate est de l'ordre de une à deux heures.

---

2. Les décanteurs primaires, tout comme la presque totalité des ouvrages d'assainissement, fonctionnent en continu, c'est-à-dire qu'il y a toujours une entrée et une sortie d'eau. Le temps de rétention correspond à la durée statistique de séjour d'un volume d'eau donné ou d'une molécule d'eau dans le bassin, entre le moment de son entrée et celui de sa sortie. De manière pratique on ne calcule pas précisément ce temps et on utilise la formule suivante : volume du bassin/débit.

Si toutes les matières en suspension étaient de taille et de densité égales, la sédimentation ne serait dépendante que de la surface du bassin de décantation ainsi que du temps de rétention. Toutefois, étant donné la nature diversifiée des MES, la forme du bassin et son fonctionnement mécanique jouent un rôle important sur l'efficacité du processus. Mentionnons aussi que dans les régions froides, la température de l'eau modifie le temps de sédimentation; pour une particule donnée, le temps de décantation est 1,6 fois plus long à 4 °C qu'à 20 °C. Mentionnons finalement que la charge hydraulique varie habituellement de 30 à 50 mètres cubes d'eau usée par mètre carré de surface de bassin par jour (m^3/m^2.d); c'est la charge hydraulique.

Il existe principalement deux types de bassins de décantation primaire, soit les décanteurs horizontaux (rectangulaires) ou circulaires. Un *décanteur horizontal* a habituellement une forme rectangulaire (figure 2.1a) dont les dimensions typiques sont les suivantes : une longueur de 25 à 40 mètres, une largeur de 5 à 10 mètres et une profondeur moyenne de 3,5 mètres. L'eau à traiter arrive par une extrémité du bassin et sort par l'autre. Les boues décantées sont reprises par des racleurs de fond et pompées. De plus, un racleur de surface est habituellement prévu afin d'évacuer les matières flottantes et les écumes. Les *décanteurs circulaires* (figure 2.1b) sont dits à flux radial, l'eau à traiter étant injectée au centre et vers le haut pour se diriger par la suite vers la périphérie avant d'être évacuée. Il en résulte une plus grande vélocité de l'eau vers le centre et une vitesse réduite en périphérie, ce qui favorise la sédimentation des particules plus fines. Le fond du bassin a une forme conique inversée, de sorte que la boue raclée est dirigée vers le centre d'où elle est pompée. La profondeur moyenne est d'environ 4 mètres alors que le diamètre peut varier de 12 à 45 mètres.

2.3.3 **Le traitement secondaire (biologique)**[3]

L'objectif du traitement biologique est de permettre l'enlèvement de la matière organique non décantable ou qui n'a pas été retenue par le traitement primaire. Le terme « biologique » s'applique à juste titre aux

---

3. Pour la section sur les traitements biologiques, des informations complémentaires sont tirées de Drapeau et Jankovic, 1977.

procédés utilisés puisqu'ils dépendent entièrement de l'action de divers organismes vivants, notamment les bactéries. Avant d'aborder les différents procédés utilisés, rappelons brièvement quelques notions fondamentales.

a) Horizontal

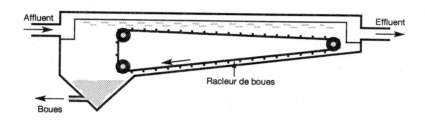

b) Circulaire

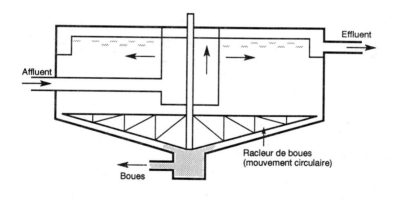

Source : Traduit et adapté de Tebbut, 1992.

FIGURE 2.1   DEUX TYPES DE DÉCANTEURS PRIMAIRES

Afin de croître et de se reproduire, les organismes impliqués dans le traitement secondaire, comme tous les organismes vivants d'ailleurs, ont besoin d'une source d'énergie ainsi que d'éléments nutritifs, principalement le carbone, l'azote, le phosphore, le soufre, le potassium, le calcium et le magnésium. Des organismes qualifiés d'*hétérotrophes* utilisent principalement de la matière organique comme substrat nutritif alors que ceux qui utilisent principalement le gaz carbonique (CO_2) comme source carbonée sont dits *autotrophes* (tableau 2.1). Dans chacune de ces catégories on retrouve des bactéries, des champignons microscopiques ainsi que des protozoaires et des rotifères. En ce qui concerne les sources d'énergie, les micro-organismes qui utilisent la lumière, via la photosynthèse, sont appelés *phototrophes*; ce sont principalement les algues et des bactéries photosynthétiques. Ceux qui oxydent la matière organique pour obtenir de l'énergie sont qualifiés de *chémotrophes*. Dans ce dernier groupe, on distingue entre les chémo-autotrophes, qui tirent leur énergie de matières inorganiques (ammoniaque, nitrate, sulfures), et les chémo-hétérotrophes, qui oxydent des composés organiques pour en tirer de l'énergie (tableau 2.1). Les bactéries nitrifiantes, qui jouent un rôle crucial dans l'enlèvement de l'azote, sont des chémo-autotrophes, mais l'ensemble des bactéries et des champignons actifs dans l'épuration sont plutôt des chémo-hétérotrophes.

TABLEAU 2.1   CLASSIFICATION DES ORGANISMES IMPLIQUÉS DANS LE TRAITEMENT BIOLOGIQUE EN FONCTION DES SOURCES NUTRITIVES ET ÉNERGÉTIQUES UTILISÉES

Désignation	Source d'énergie	Source nutritive
Autotrophes		
Photo-autotrophes	Lumière	CO_2
Chémo-autotrophes	Matière inorganique	CO_2
Hétérotrophes		
Photo-hétérotrophes	Lumière	Carbone organique
Chémo-hétérotrophes	Matière organique	Carbone organique

Source : Metcalf & Eddy, 1991.

L'oxydation des matières organiques donne théoriquement, comme produits finaux, du gaz carbonique (CO_2) et de l'eau. Puisque environ le tiers de la matière organique initialement présente dans l'eau usée se transforme en biomasse microbienne mais que les deux autres tiers sont transformés en énergie, il en résulte théoriquement une diminution importante de la masse des polluants organiques; la matière carbonée est « brulée » par le métabolisme microbien. Cependant, la biomasse microbienne qui s'accroît constamment doit être partiellement éliminée du système d'épuration par des lavages ou des vidanges périodiques, selon le type de traitement. Une étape de décantation doit donc être mise en place après le traitement secondaire afin de récolter cette biomasse sous forme de flocs (Scriban, 1993).

Les hétérotrophes (surtout les chémo-hétérotrophes) sont les organismes qui jouent le plus grand rôle, puisque les eaux usées urbaines contiennent principalement de la matière organique. Quant aux phototrophes, ils ne sont généralement pas impliqués dans les procédés conventionnels de traitement des eaux; par contre, ils sont fort actifs dans certains types de traitements tertiaires (voir les sections 2.5.2 et 2.5.3). L'importance des divers organismes microscopiques est compréhensible dans le mesure où le traitement biologique est calqué sur les processus naturels d'autoépuration tels qu'ils existent dans les lacs ou les cours d'eau; le design des équipements d'assainissement permet toutefois d'optimiser ce processus.

Les méthodes de traitement secondaire peuvent se diviser en plusieurs catégories, selon divers critères. On peut faire une première distinction entre les procédés *aérobies* et *anaérobies* mais, en assainissement urbain, on utilise presque exclusivement des procédés aérobies. Ce sont des traitements dont le processus biologique doit se faire en présence d'oxygène; le processus anaérobie s'effectue en absence d'oxygène, un autre élément (le soufre, par exemple) étant utilisé comme accepteur ultime d'électrons dans le processus de biodégradation. On préfère toutefois séparer les traitements secondaires en procédés à *biomasse fixée* ou à *biomasse en suspension*.

Dans le premier cas, les procédés traditionnels regroupent surtout les lits bactériens et les disques biologiques, dont il sera question à la sous-section suivante. Une deuxième génération de procédés à biomasse fixée est constituée de divers biofiltres qui sont présentés à la section 2.5.1, car ce sont actuellement des procédés émergents (ils ne le seront toutefois plus au tournant du siècle). En ce qui concerne les procédés à biomasse en suspension, le cas type de procédé traditionnel est celui des boues activées, que nous verrons un peu plus loin; d'autres procédés à biomasse en suspension sont aussi présentés, soit les chenaux d'aération et les techniques de lagunage.

...océdés à biomasse fixée

L'expression « biomasse fixée » signifie que les micro-organismes impliqués dans la biodégradation sont immobilisés sur un support solide. Parmi les procédés employés on examinera les deux plus importants, soit les lits bactériens et les disques biologiques.

Les lits bactériens[4]

Les lits bactériens appartiennent à la première génération de traitement secondaire par biomasse fixée; la deuxième génération, regroupant les biofiltres, est présentée à la section 2.5.1. Le premier lit bactérien fut mis en opération en Grande-Bretagne en 1893 et cette technologie constitue aujourd'hui la méthode de traitement à biomasse fixée la plus utilisée. Bien que le principe soit toujours le même cent ans plus tard, la technologie a évolué de manière à rendre le processus plus efficace. Le lit bactérien moderne est principalement constitué d'une enceinte bétonnée, habituellement circulaire mais parfois rectangulaire, contenant un matériau de remplissage servant de support à la biomasse microbienne (figure 2.2 a et b). Traditionnellement, ce matériau de remplissage est constitué de pierres, de 2,5 à 10 cm de diamètre, mais on peut aussi utiliser des scories, du charbon, des blocs d'ardoise ou encore des granules faits de matières synthétiques; l'épaisseur moyenne du matériau de remplissage est d'environ 1,8 mètre. Au delà de cette épaisseur le procédé peut devenir anaérobie par manque d'oxygène. Mentionnons aussi que le diamètre typique des lits bactériens circulaires varie de 4 à 12 mètres, et que certains ont jusqu'à 40 mètres de diamètre. Au-dessus du bassin se trouve un bras pivotant qui distribue uniformément l'eau usée à la surface du matériau de remplissage. Au fond du lit bactérien des drains servent à évacuer l'eau traitée vers un décanteur qui permet de clarifier l'effluent et de récolter la plus grande partie des boues.

---

4. Information complémentaire puisée dans Pineau, 1993.

a)

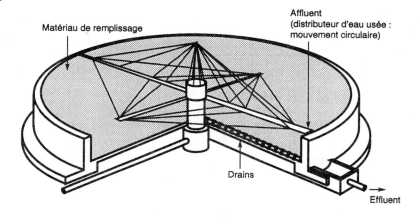

Matériau de remplissage

Affluent
(distributeur d'eau usée :
mouvement circulaire)

Drains

Effluent

b)

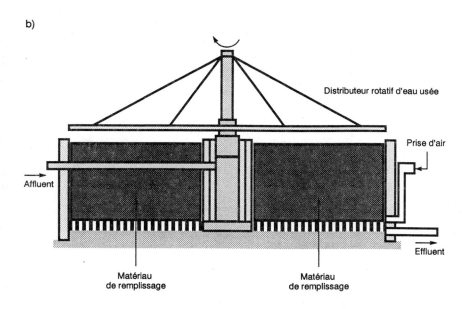

Distributeur rotatif d'eau usée

Prise d'air

Affluent

Effluent

Matériau
de remplissage

Matériau
de remplissage

Source : Metcalf & Eddy, 1991; Tebbutt, 1992.

FIGURE 2.2   DEUX VUES D'UN LIT BACTÉRIEN

⌐ ⌐ficacité d'un lit bactérien dépend de la *colonisation* du matériau de remplissage par les micro-organismes. À mesure que l'eau usée circule, les micro-organismes colonisent la surface des particules du matériau de remplissage, formant ce que l'on appelle un film biologique (figure 2.3). La sécrétion de biopolymères extracellulaires, habituellement des polysaccharides, facilite la rétention des micro-organismes sur leur support. Dans la partie supérieure du filtre on retrouve surtout des bactéries hétérotrophes qui oxydent la matière organique et rejettent du bioxyde de carbone alors que plus en profondeur les bactéries autotrophes sont en plus grand nombre puisque la concentration en matière organique est réduite; les autotrophes utilisent plutôt les composés inorganiques (azote ammoniacal, nitrate, phosphate, etc.) libérés par les hétérotrophes. Bien que l'essentiel du travail de biodégradation soit effectué par les bactéries, les champignons microscopiques jouent aussi un rôle. Quant aux protozoaires, ils ne dégradent pas la matière organique, mais ils contrôlent les populations bactériennes. Bien que le temps de contact entre un volume d'eau donné et la biomasse soit relativement court, parfois entre 20 et 30 secondes seulement, ce temps est suffisant pour permettre la transformation de la matière organique en biomasse microbienne ou en énergie[5]. Puisque les micro-organismes sont en croissance constante, la biomasse s'accroît et il peut en résulter un colmatage du lit. Il est donc essentiel que le design du lit filtrant et les caractéristiques du matériau de remplissage soient bien adaptés afin d'éviter le développement de zones anaérobies ainsi que le colmatage du système.

---

5. Le biofilm est le lieu où s'opère le transfert de masse, c'est-à-dire le transfert (et la transformation) des polluants de la phase aqueuse vers les micro-organismes. Ce transfert est un phénomène complexe qui obéit à divers phénomènes qui se déroulent à l'interface eau/biomasse. Le transfert de masse est un phénomène universel que l'on observe tant en assainissement de l'eau que dans celui des sols contaminés ou de la dépollution de l'air.

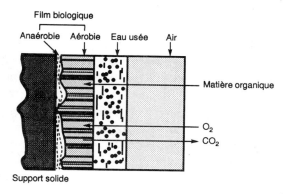

Source : Pineau, 1993.

FIGURE 2.3   REPRÉSENTATION SCHÉMATIQUE DES PROCESSUS MICROBIENS DANS UN LIT FILTRANT

La charge hydraulique imposée à un lit à faible charge est générale-ment de l'ordre de 1 000 à 4 000 litres d'eau usée par mètre carré de surface par jour (L/m^2.d). Il est cependant possible d'accroître la charge hydraulique de plusieurs manières, par exemple en faisant une recircula-tion d'une partie de l'eau usée traitée, ce qui intensifie l'activité micro-bienne. On peut aussi utiliser un matériau de remplissage synthétique (plastique) ou naturel modifié (schiste expansé) qui soit poreux. Cela per-met une meilleure circulation de l'eau et de l'air tout en laissant plus de place à la croissance microbienne, limitant ainsi le colmatage. Des charges hydrauliques allant jusqu'à 40 000 L/m^2.d sont alors possibles.

L'avantage majeur des lits bactériens est leur simplicité de fonction-nement, leur faible consommation énergétique et leur tolérance vis-à-vis des surcharges passagères; dans ce dernier cas, la performance épuratoire sera moindre, mais le fonctionnement du lit, à moyen terme, n'est pas perturbé. Les lits bactériens sont indiqués pour de petites stations de traite-ment qui demandent peu de surveillance. Ils requièrent cependant plus d'espace que d'autres systèmes et leurs performances ne sont pas toujours appropriées. De plus, dans les pays chauds ils sont souvent associés au développement de larves d'insectes nuisibles. Précisons enfin que les lits bactériens ne sont pas utilisés dans les régions froides, compte tenu d'un rendement trop faible en hiver.

Les disques biologiques[6]

La technologie du disque biologique (parfois appelé disque bactérien) a été brevetée au début du 20e siècle mais elle ne fut pas réellement employée commercialement avant les années 1960; au début des années 1980 il y avait environ 5 000 installations utilisant des biodisques dans le monde. Il existe plusieurs designs mais, dans sa forme la plus simple, il s'agit de plaques (disques) de 1 à 3 mètres de diamètre ayant quelques millimètres d'épaisseur qui sont rapprochées les unes des autres et montées en parallèle par l'intermédiaire d'un axe (essieu) central horizontal qui les fait tourner. La moitié inférieure des disques est submergée dans l'eau usée à traiter alors que la portion supérieure est à l'air libre; une rotation de une ou deux révolutions par minute permet à toutes les portions des disques d'être exposées à l'air puis d'être mises en contact avec l'eau. Les disques peuvent être faits de bois ou de métal, mais le plus souvent ils sont en plastique, notamment en polystyrène ou en chlorure de polyvinyle. Leur surface n'est pas uniforme, comportant de nombreuses interstices afin de permettre l'établissement d'un film microbien qui peut atteindre de 1 à 4 mm d'épaisseur. La biomasse qui se détache des disques est entraînée avec l'eau traitée et elle sédimente dans un bassin de décantation qui suit ce traitement secondaire.

Les disques biologiques sont simples à utiliser et ils occupent un espace restreint, comparativement aux lits bactériens. De plus, ils sont fiables parce qu'ils supportent une quantité importante de biomasse microbienne, ce qui leur permet de supporter des surcharges; la majorité des installations sont prévues pour des charges de 25 à 75 grammes de DBO$_5$ par mètre carré de surface de biodisque par jour. On note cependant certains problèmes à l'utilisation comme une desquamation du biofilm, due à la présence de substances toxiques, la présence d'odeurs, le bris de l'axe de support des disques ou divers bris mécaniques. Les disques biologiques sont indiqués pour les petites municipalités, tant dans les pays nordiques où ils sont efficaces à basse température, que dans les pays en développement. Il est cependant préférable de placer les disques biologiques dans

---

6. Information supplémentaire tirée de SQAE-BPR-MENVIQ, 1992b.

des bâtiments fermés, pour asssurer leur performance en hiver dans les pays froids ou pour prévenir la croissance d'insectes nuisibles dans les régions chaudes.

Procédés à biomasse en suspension

L'expression « biomasse en suspension » signifie que les micro-organismes ne sont pas attachés sur un support; ils sont plutôt en suspension dans l'eau, libres de se déplacer. Parmi les procédés conventionnels à biomasse en suspension, le plus utilisé est sans nul doute le système des boues activées. Quant aux chenaux d'aération (fossés d'oxydation), ils constituent une variante des boues activées et ils seront décrits indépendamment. De plus, on présente la technologie des réacteurs biologiques séquentiels ainsi que le lagunage. Il existe aussi des technologies d'assainissement anaérobies, mais elles sont plutôt utilisées pour le traitement des effluents industriels (chapitre 3) ou le traitement des boues de décantation provenant des traitements primaire et secondaire (section 2.6).

Les boues activées

Mis au point pour la première fois en 1914 en Grande-Bretagne, le système des boues activées a été ainsi appelé parce qu'il fait appel à une masse de micro-organismes « activés », capables de dégrader la matière organique présente dans les eaux usées. Bien qu'il existe plusieurs variantes, le processus se déroule dans un bassin d'aération qui est suivi d'un bassin de décantation servant à récolter la boue. Le succès du traitement dépend de la présence d'une forte concentration de micro-organismes dans le bassin d'aération, où arrivent les eaux usées. Ces micro-organismes doivent être maintenus en suspension et un apport constant d'oxygène doit leur être assuré, deux conditions qui sont possibles par agitation mécanique ou par injection d'air comprimé. Le succès est aussi tributaire de la capacité des micro-organismes à former des flocs afin de faciliter la sédimentation des boues dans le bassin de décantation, en aval du bassin d'aération. Les flocs ont une nature gélatineuse et contiennent une grande quantité de bactéries, de levures, de moisissures et de protozoaires.

L'expression « boues activées » vient du fait que la plus grande partie, soit entre 80 et 95 % des boues sédimentées dans le décanteur, est retournée dans le bassin d'aération afin d'assurer la présence constante de micro-organismes « actifs ». Précisons que les matières en suspension dans le bassin d'aération, constituées de micro-organismes et de matières organiques, sont collectivement désignées sous le nom de boues activées (portion solide) tandis que le mélange de cette portion solide avec l'eau usée est appelé liqueur mixte.

Dans le bassin d'aération, les micro-organismes transforment la matière organique en une boue sédimentable (les flocs); une partie de la matière organique est aussi transformée en énergie par les micro-organismes, comme il a été mentionné précédemment. Les groupes bactériens les plus actifs appartiennent aux genres *Pseudomonas*, *Zooglea*, *Achromobacter* et *Flavobacterium*. On retrouve aussi des bactéries qui métabolisent les composés azotés inorganiques, soit *Nitrosomonas* et *Nitrobacter* (voir la section 2.4.3). Les protozoaires présents dans le milieu contrôlent la population bactérienne en consommant les bactéries qui n'ont pas floculé.

La capacité des bactéries à former des flocs est cruciale pour que le traitement se fasse adéquatement. En absence d'une floculation adéquate, les boues perdent leur aptitude à décanter, ce qui peut rendre le traitement inefficace. Par ailleurs, la présence en trop grand nombre de bactéries dites filamenteuses (foisonnantes) provoque le gonflement des boues (en anglais *bulking*); une telle boue sédimente difficilement. Bien que les bactéries filamenteuses soient normalement présentes dans le procédé, leur développement en trop grand nombre est néfaste. On peut contrôler la croissance de ces bactéries par l'ajout de chlore ou de peroxyde, mais il est préférable de connaître et de maîtriser les facteurs responsables de ce phénomène. Par exemple, si la concentration de matières organiques dans les eaux usées devient trop faible il y aura prolifération de bactéries filamenteuses, celles-ci croissant plus vite dans ces conditions que les autres bactéries.

Le procédé des boues activées peut avoir diverses configurations permettant l'oxygénation du bassin d'aération (brassage mécanique ou injection d'air comprimé) et l'écoulement des eaux usées. Dans ce dernier cas, on peut faire fonctionner le système avec un ouvrage dit à mélange intégral ou encore avec un écoulement de type piston. Dans le cas d'un ouvrage à *mélange intégral* (en anglais *complete mix reactor*), l'alimentation en eau brute est échelonnée tout au long du bassin, ce qui permet de régulariser la distribution de l'eau usée. Dans un ouvrage à écoulement de *type piston*, l'eau brute à traiter est introduite à une extrémité du bassin d'aération pour y être retirée à l'autre extrémité et ce, de manière continue.

Le rendement du procédé des boues activées varie aussi selon le temps de rétention des eaux usées dans le bassin d'aération (on parle aussi du temps de contact entre les micro-organismes et la matière organique). Dans un procédé à *forte charge*, le temps de rétention n'est que de 2 ou 3 heures et il en résulte conséquemment une oxydation incomplète de la matière organique; de fait, seulement 60 à 70 % de la DBO est enlevée. Un procédé *conventionnel*, avec un temps de rétention de 8 à 12 heures, permet l'enlèvement de 85 à 90 % de la DBO alors qu'une *aération prolongée*, de 24 à 48 heures, oxyde presque toute la matière organique (plus de 98 %). Les coûts d'exploitation d'une aération prolongée sont cependant plus élevés. Dans tous les cas, la quantité d'air transférée dans le bassin d'aération doit être suffisante pour assurer une concentration minimale de 1 à 2 milligrammes d'oxygène par litre d'eau (mg/L). Afin d'accroître l'oxygénation de l'eau, on peut injecter de l'oxygène pur, ce qui augmente cependant de manière considérable les coûts d'exploitation.

Les chenaux d'aération

Les chenaux d'aération ont d'abord été conçus comme des systèmes de traitement peu coûteux pour les petites communautés en milieu rural. Bien que le design d'une telle unité de traitement puisse varier, il s'agit essentiellement d'un chenal fermé sur lui-même dans lequel le traitement biologique s'effectue; la figure 2.4 schématise un chenal type. Le mouvement de l'eau et l'aération sont assurés par une aérovis; certaines unités possèdent cependant des diffuseurs permettant l'aération avec de l'air comprimé. Les chenaux d'aération sont habituellement conçus pour traiter des effluents à faible charge polluante qui sont introduits directement sans traitement primaire; d'abord conçus pour fonctionner à une profondeur de un mètre, ces chenaux ont maintenant une profondeur de 3 à 5 mètres afin d'être plus fonctionnels. Après un certain temps, le mouvement de l'eau et l'aération sont arrêtés afin de permettre la sédimentation des boues, qui peut se faire dans le chenal d'aération ou dans un décanteur associé au système. Toutefois, des développements technologiques permettent maintenant de soutirer les boues sans arrêter le système.

Un chenal d'aération est en fait un système de boues activées à faible charge polluante fonctionnant selon un mode d'aération prolongée. L'eau traitée par un tel système est habituellement de très bonne qualité et un minimum de boues est produit. En effet, l'aération prolongée induit un phénomène de respiration endogène chez les micro-organismes. En absence d'un nouvel apport de matières nutritives, les micro-organismes se nourrissent de leurs propres constituants cellulaires; il en résulte donc une diminution de la masse microbienne qui constitue l'essentiel de la boue. L'aération prolongée favorise aussi le métabolisme des composés azotés (nitrification et dénitrification), ce qui permet d'effectuer une forme de traitement tertiaire (voir section 2.4.3). Depuis les années 1950 des modifications importantes à ce type de traitement, notamment en ce qui concerne l'aération, permettent de l'utiliser pour traiter les effluents de villes de 10 000 à 500 000 personnes.

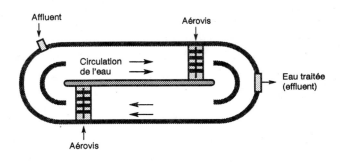

Source : Forster, 1985.

FIGURE 2.4   UN CHENAL D'AÉRATION TYPIQUE; VUE PAR LE DESSUS

Les réacteurs biologiques séquentiels

Il existe aussi un type de traitement fondé sur le principe des boues activées et qui fonctionne sur un mode *discontinu*, ou en cuvée, où l'eau ne s'écoule pas de manière continue. Ce traitement, désigné par l'appellation de *réacteurs biologiques séquentiels*[7], comporte habituellement cinq étapes (figure 2.5). La première, l'étape de remplissage, consiste à ajouter l'eau usée à traiter dans le bassin qui contient déjà des boues provenant du cycle de réaction précédent. En deuxième lieu, c'est la période de réaction proprement dite, où l'aération favorise l'activité microbienne et la

---

7. Information supplémentaire sur les RBS puisée dans SQAE-BPR-MENVIQ, 1993.

biodégradation de la matière organique. Troisièmement, on stoppe l'aération et on laisse décanter les flocs qui forment la boue. L'avant-dernière étape consiste à soutirer l'eau traitée et clarifiée ainsi qu'une partie des boues; on soutire habituellement 40 % du volume d'eau claire du bassin (surnageant) ainsi qu'un faible pourcentage du volume de boues avant de démarrer un nouveau cycle.

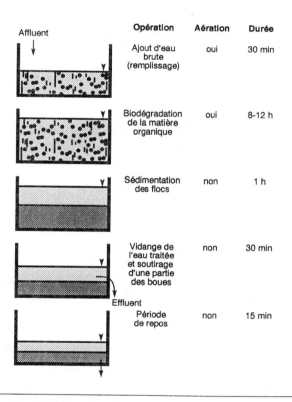

	Opération	Aération	Durée
Affluent	Ajout d'eau brute (remplissage)	oui	30 min
	Biodégradation de la matière organique	oui	8-12 h
	Sédimentation des flocs	non	1 h
	Vidange de l'eau traitée et soutirage d'une partie des boues	non	30 min
Effluent	Période de repos	non	15 min

Source : Traduit et adapté de Horan, 1990.

FIGURE 2.5   CYCLES DE FONCTIONNEMENT D'UN PROCESSUS DE RÉACTEURS BIOLOGIQUES SÉQUENTIELS EN MODE DISCONTINU

Ce procédé, qui fut utilisé pour la première fois au début du siècle, a perdu de l'intérêt au fil des ans au profit d'un mode opérationnel en continu, que nous avons décrit précédemment. Toutefois, depuis le début des années 1980 le procédé connaît un regain de popularité; aux États-Unis le nombre de stations d'épuration utilisant ce système est passé de quatre en 1983 à 150 en 1989. Parmi les avantages, on compte la non-nécessité de recirculer les boues activées du bassin de décantation vers le bassin d'aération, car à la fin du cycle une proportion des boues reste au fond du bassin. Ce type de traitement peut réduire les concentrations de DBO et de matières en suspension en deçà des valeurs habituellement acceptables pour le rejet dans les cours d'eau, soit 20 mg/L pour la DBO_5 et 30 mg/L pour les MES. Bien que ce type de traitement puisse être utilisé pour traiter les eaux de grandes villes, on le destine habituellement à des communautés de quelques centaines ou milliers de personnes.

Épuration par lagunage[8] (oxidation ponds)

Les lagunes sont des bassins extérieurs habituellement peu profonds qui ressemblent un peu à des lacs artificiels. Il s'agit d'un procédé d'assainissement facile à utiliser et peu coûteux qui est considéré comme un procédé à faible charge organique sans recirculation des boues. Bien que de tels étangs permettent l'enlèvement de la DBO, leur intérêt réside aussi dans leur capacité de détruire les micro-organismes pathogènes. De plus, un entretien minimal et une consommation énergétique réduite rendent ces systèmes attrayants. En contrepartie, l'installation d'une telle unité de traitement prend plus d'espace à cause du temps de rétention de l'eau qui est beaucoup plus long que dans les autres systèmes décrits jusqu'ici; ce temps varie de 6 à 30 jours dans des lagunes aérées et jusqu'à un an dans des lagunes non aérées (voir plus loin pour la distinction entre les types de lagunes). Les lagunes constituent toutefois une méthode d'assainissement idéale pour les petites municipalités rurales ou certaines industries isolées.

Il importe de mentionner ici qu'une lagune permet d'accomplir un traitement fondé sur les processus naturels de dégradation et de recyclage des polluants en biomasses bactériennes, végétales (microalgues et végétaux aquatiques) et animales (zooplancton). Une grande variété d'organismes, pour la plupart microscopiques, sont à l'œuvre dans le bon fonctionnement d'une lagune. Ainsi, les bactéries dégradent la matière organique, les microalgues et les plantes aquatiques captent les éléments nutritifs,

8. Informations complémentaires puisées dans SQAE-BPR-MENVIQ, 1992a; Sevrin-Reyssac et Proulx, 1995; et obtenues de monsieur Benoît Bernier (ministère de l'Environnement et de la Faune – Québec).

comme l'azote et le phosphore, tout en libérant de l'oxygène, alors que le zooplancton se nourrit des bactéries et des microalgues; dans le cas d'une chaîne de traitement intégrée, le zooplancton peut servir de nourriture aux poissons (voir la section 2.5.2).

De manière artisanale, le lagunage était utilisé il y a quelques milliers d'années, notamment en Chine, où cette technique servait de bassin d'élevage de poissons. C'est toutefois au début du 20e siècle que cette technique s'est développée comme traitement des eaux usées. Utilisé traditionnellement pour le traitement des effluents urbains, le principe du lagunage s'est maintenant étendu, notamment, au traitement des effluents de l'industrie agroalimentaire et à ceux provenant entre autres des élevages industriels (voir les chapitres 3 et 4). En 1993, le traitement par lagunage était utilisé dans une cinquantaine de pays; en France seulement, on comptait 2 600 lagunes. La forme et la superficie des lagunes varient grandement, de quelques milliers de mètres carrés à plusieurs hectares (30 ha dans le cas de la lagune traitant les effluents de la ville de Rochefort en France et 510 hectares pour traiter les effluents urbains de la ville de Auckland en Nouvelle-Zélande).

Le traitement complet comprend habituellement plusieurs bassins en série (en cascade, les uns à la suite des autres) afin d'obtenir un assainissement maximal; il n'y a généralement pas de traitement primaire dans ce type de configuration, les particules sédimentables s'accumulant dans le premier bassin.

On peut distinguer deux types de lagunes : *non aérées* et *aérées*. Le premier type est le plus simple et l'oxygénation du milieu dépend du brassage de l'eau par le vent ainsi que de la présence d'algues microscopiques (microalgues). Le deuxième type de lagune fait appel à une aération artificielle par injection d'air comprimé ou par brassage mécanique. Dans ce cas, les algues microscopiques ont un rôle négligeable ou elles sont absentes. Chacun de ces deux types de lagunes peut prendre la forme d'étangs *facultatifs* ou *aérobies*; en ce qui concerne les lagunes non aérées, on distingue en plus les étangs *anaérobies*.

Les *étangs facultatifs* sont les plus communs et leur appellation indique que les processus biologiques sont à la fois aérobies et anaérobies[9]. On y

---

9. En microbiologie l'expression « facultative » signifie qu'un micro-organisme possède un métabolisme qui peut être aérobie ou anaérobie, selon qu'il y a présence ou absence d'oxygène dans le milieu.

observe habituellement une stratification du milieu aquatique en trois zones. Dans la zone aérobie, près de la surface, il y a toujours présence d'oxygène, alors que dans la zone facultative il peut y avoir présence ou absence d'oxygène, selon les conditions physico-chimiques et biologiques de l'étang; dans la zone sans oxygène, qui englobe aussi les sédiments, il y a toujours absence d'oxygène (figure 2.6). La présence d'une zone aérobie est due à la proximité de la surface, où les échanges air-eau sont facilités par le vent, mais aussi à la présence d'algues microscopiques.

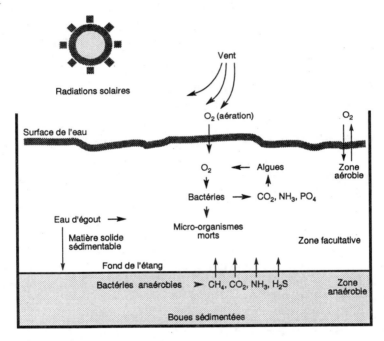

O_2 : oxygène
CO_2 : gaz carbonique (bioxyde de carbone)
NH_3 : ammoniaque
PO_4 : phosphate
CH_4 : méthane
H_2S : hydrogène sulfuré

Source : Adapté de Drapeau et Jankovic, 1977.

FIGURE 2.6   REPRÉSENTATION SCHÉMATIQUE D'UN ÉTANG FACULTATIF

Les microalgues ont la capacité d'utiliser certaines substances nutritives, tels le phosphate et les nitrates; on est alors en présence d'un traitement tertiaire des eaux usées (voir sous-section suivante). Toutefois, la présence des microalgues n'est pas seulement bénéfique, car si elles sont déversées dans le milieu récepteur, leur seule présence constitue une source de pollution (voir la section 2.5.2 pour une discussion plus complète sur les microalgues). Dans les étangs facultatifs aérés mécaniquement, on prévient la croissance des algues en augmentant la profondeur et en diminuant la surface afin de ne pas favoriser la pénétration de la lumière.

Près du fond, ou dans les couches sédimentaires, le métabolisme anaérobie favorise l'apparition de substances malodorantes, tels l'ammoniaque, l'hydrogène sulfuré ou certains acides organiques (figure 2.6). Dans un étang dont le fonctionnement est adéquat, ces composés sont toutefois oxydés dans la zone fortement oxygénée près de la surface. Le métabolisme anaérobie active aussi la respiration endogène chez les micro-organismes. Il en résulte une digestion des micro-organismes, ce qui réduit la masse des boues; d'ailleurs, la récolte des boues dans les lagunes ne se fait qu'à des intervalles de plusieurs années.

Les étangs facultatifs sont généralement construits à même le sol, mais il importe qu'ils soient imperméables. Il peut donc être nécessaire d'imperméabiliser l'étang avec des géomembranes, de l'argile ou de la bentonite. Le rapport longueur/largeur est habituellement de 3 :1 alors que la profondeur est de 1 à 2 mètres pour les lagunes non aérées et de 3 à 5 mètres dans le cas des lagunes aérées. Le temps de rétention de l'eau dans les lagunes aérées est d'une vingtaine de jours, ce qui permet l'oxydation presque complète de toute la matière organique. Il en résulte une réduction de 70 à 95 % de la DBO pour une charge polluante moyenne de 0,02 à 0,05 kg de DBO par mètre carré de surface d'étang.

Les étangs facultatifs non aérés sont habituellement conçus pour les très petites municipalités d'au plus 300 habitants. Compte tenu de cela et de certaines conditions particulières, on laisse l'eau s'accumuler dans le bassin de traitement ou dans un bassin secondaire pour ne procéder qu'à deux déversements par année dans le cours d'eau récepteur. Dans les pays froids on laisse l'eau s'accumuler durant l'hiver, lorsque les micro-organismes et des microalgues sont inactifs, pour ne déverser qu'au printemps, après quelques semaines d'activité microbienne. On évite aussi de procéder à un déversement au milieu de l'été lorsque les précipitations sont minimales et que le cours d'eau récepteur est en période d'étiage. Quant aux étangs aérés, ils fonctionnent selon le mode piston, c'est-à-dire que l'eau entre et sort continuellement des lagunes, avec un temps de rétention, comme nous venons de le mentionner, d'une vingtaine de jours. L'aération mécanique permet de maintenir une performance minimale en hiver.

Les étangs aérés facultatifs constituent un mode de traitement intéressant pour les raisons suivantes :
- ils sont simples à faire fonctionner et ne font pas appel à des équipements complexes;
- ils sont économiques et requièrent peu d'entretien;
- ils sont fiables parce qu'ils peuvent résister aux surcharges organiques et hydrauliques;
- ils sont efficaces parce qu'ils permettent d'obtenir des rendements très satisfaisants.

Dans un *étang aérobie*, toute la masse d'eau est oxygénée et il n'y pas de décomposition anaérobie de la matière organique ni de zone facultative. Conséquemment, l'étang doit être peu profond, ne dépassant pas 1,5 mètre dans le cas d'un bassin aéré et 0,4 à 0,6 mètre pour un bassin non aéré. Le processus aérobie permet aussi de traiter une charge polluante plus importante que dans un étang facultatif, de l'ordre de 0,2 kg/m^2. L'étang aérobie produit un effluent de bonne qualité, avec un contenu minimal en éléments nutritifs, en DBO ainsi qu'en micro-organismes pathogènes. Ce type d'étang est cependant très rarement utilisé pour traiter les eaux usées domestiques, compte tenu de l'investissement requis pour assurer une forte aération.

Les *étangs anaérobies* sont principalement utilisés pour traiter des eaux usées très concentrées en matières organiques. Une DBO très élevée de l'eau brute contribue d'ailleurs à maintenir des conditions anaérobies puisque toute molécule d'oxygène est immédiatement consommée par la masse microbienne, dont la prolifération est stimulée par la présence d'une forte concentration de matières organiques. De plus, ces étangs ont une petite superficie et ils sont plus profonds, jusqu'à 9 mètres, afin de minimiser les échanges gazeux avec l'atmosphère. Ces étangs peuvent traiter des eaux usées ayant une charge en DBO de 0,5 kg/m^2. Toutefois, la performance épuratoire est alors moindre puisque après un temps de rétention d'une trentaine de jours, la DBO n'est généralement réduite que de 60 à 70 %. En absence d'oxygène, des composés azotés comme l'ammoniaque, ou des substances soufrées, tel l'hydrogène sulfuré, sont produits et sont à l'origine d'odeurs nauséabondes; c'est d'ailleurs le principal inconvénient de ce type de lagune. Ce type d'étang, qui enlève tout de même une quantité importante de la charge polluante, doit habituellement être suivi d'un étang aérobie ou facultatif afin d'éliminer la DBO résiduelle. On peut utiliser ce genre d'étang comme traitement initial d'effluents d'industries agroalimentaires riches en sucres ou en liquides organiques (un abattoir par exemple).

L'enlèvement maximal des micro-organismes pathogènes se fait habituellement dans un étang appelé *étang de polissage* ou de maturation. En plus de détruire les pathogènes bactériens (salmonellose, choléra, dysenterie bactérienne, etc.), ce type d'étang permet l'enlèvement des virus et des parasites responsables de maladies telles la dysenterie amibienne (*Entaemoba histolytica*) ou la giardiose (*Giardia lamblia*). On ne connaît pas très bien l'ensemble des mécanismes responsables de cette destruction, mais on sait que plus le temps de rétention est long, moins il reste de pathogènes. La présence des microalgues serait toutefois un facteur important pour l'élimination des pathogènes, compte tenu de l'excrétion possible de substances antibiotiques. L'étang de polissage n'a rien de bien particulier sinon que la charge polluante doit être faible, inférieure à $0,1 \ kg/m^2$, et le temps de rétention de 18 à 20 jours.

2.4 Les procédés spéciaux ou complémentaires (traitements tertiaires)

Les procédés spéciaux ou complémentaires sont habituellement regroupés sous le vocable de traitement tertiaire. Le traitement tertiaire est une étape de polissage des eaux qui peut être utilisée pour deux raisons :

– lorsque la qualité de l'effluent obtenue lors du traitement secondaire est insuffisante, par exemple si la charge organique initiale était trop importante;

– lorsqu'il y a nécessité accrue de protéger le milieu récepteur en cas de proximité de plages, de prise d'eau potable ou de l'existence de milieux biologiques sensibles.

On présente souvent le traitement tertiaire conventionnel comme étant essentiellement un enlèvement des matières nutritives, soit les composés à base d'azote ou de phosphore. Toutefois, la désinfection des eaux ainsi qu'un enlèvement additionnel de DBO et de matières en suspension (MES) par des technologies spécialisées sont aussi inclus dans les procédés de traitement tertiaire. Il faut toutefois retenir qu'un traitement tertiaire n'est pas une façon de convertir un effluent très pollué en une eau traitée de bonne qualité.

Depuis la fin des années 1980, on parle aussi de traitements quaternaire et quinaire. Dans le premier cas, on parle de l'enlèvement des composés organiques qualifiés de réfractaires ou de xénobiotiques. Un traitement quaternaire fait appel à des procédés physico-chimiques comme la coagulation et la filtration sur charbon activé.

Les traitements biologiques sont toutefois en pleine expansion, notamment avec l'emploi de bactéries capables de s'attaquer aux composés xénobiotiques; ces procédés sont actuellement largement utilisés dans le traitement des sols contaminés (voir le chapitre 5). Un traitement quinaire vise notamment l'enlèvement des métaux lourds, comme le plomb, le chrome, le zinc, le cuivre et quelques autres. L'implantation des traitements quaternaire et quinaire exige toutefois des technologies particulières qui ne sont pas encore bien au point et, surtout, cela suppose des investissements majeurs.

On peut calculer l'augmentation des coûts d'implantation et d'exploitation en considérant que d'un niveau de traitement à un autre, ces coûts doublent. Ainsi, un traitement secondaire est deux fois plus onéreux qu'un traitement primaire alors qu'un système quinaire est 16 fois plus coûteux. Pour ces raisons, les traitements quaternaire et quinaire ne seront jamais implantés dans la majorité des stations de traitement des eaux usées municipales conventionnelles (de la Noüe *et al.*, 1992; Oswald, 1988).

Le traitement tertiaire fait appel à des procédés physiques, physico-chimiques et biologiques. Dans le premier cas, il s'agit de techniques de filtration. La désinfection des eaux usées par les rayons ultraviolets est aussi une technique physique. Quant aux procédés physico-chimiques, ils regroupent essentiellement la coagulation et la désinfection des eaux usées par des désinfectants tel le chlore. Les traitements biologiques sont surtout utilisés pour l'enlèvement des composés azotés et phosphorés.

2.4.1 **Les procédés physiques**[10]

Parmi les procédés physiques les plus utilisés dans le traitement tertiaire, on compte surtout la filtration. L'utilisation du charbon actif et celle de l'osmose inverse sont possibles mais ces techniques demeurent très limitées dans le traitement des eaux usées; elles sont habituellement réservées au traitement de l'eau d'abreuvement (eau potable).

La *filtration* des eaux usées se fait de manière similaire à celle de l'eau d'approvisionnement (eau potable). On utilise des filtres composés de grains de sable de 0,5 à 1,0 mm de diamètre, ou composés de gravier. Il existe fondamentalement deux types de filtres : lents et rapides. La charge hydraulique des *filtres lents* varie de 1 à 4 m^3 d'eau par m^2 de surface filtrante par jour (m^3/m^2.d). Ces filtres ne sont lavés (généralement par circulation d'eau propre à contre-courant) qu'à des intervalles de 1 à 3 mois, ce qui permet le développement d'une population microbienne à la surface des grains de sable (processus similaire à celui des filtres bactériens). La présence d'une telle population permet donc l'oxydation de la matière organique résiduelle ainsi que des matières nutritives; on est alors en présence d'un traitement biologique. L'utilisation de ces filtres peut cependant poser des problèmes dans le mesure où ils sont sensibles au colmatage. Pour traiter des eaux usées on préfère utiliser des *filtres rapides* dont la charge hydraulique peut atteindre 200 m^3/m^2.d à cause de l'utilisation de particules de sable de plus grande dimension; le fort débit prévient toutefois la formation d'un film biologique.

Le *charbon actif* est utile pour l'adsorption de matières organiques comprenant entre autres des composés réfractaires. On l'utilise sous forme de poudre fine (particules de 0,1 mm) ou de granules (particules de 2 mm), soit à la surface des filtres à sable ou dans des systèmes fermés dans lesquels circule l'eau. En plus de réduire la DBO, le charbon activé permet aussi de diminuer la couleur d'un effluent, ce qui est intéressant dans certains cas; on pense ici aux effluents municipaux dans lesquels se déversent des eaux usées provenant d'abattoirs, de tanneries, de confiseries ou de l'industrie du textile. Lorsque les particules de charbon sont saturées de matière organique, on les place dans un four, ce qui détruit cette matière tout en régénérant le charbon (réactivation) (voir aussi les sections 3.5.7 et 6.5.3).

---

10. D'après Tebbutt, 1992; Valiron, 1989.

Comme son nom l'indique, l'*osmose inverse* est un processus qui s'effectue dans la direction opposée à l'osmose. Le terme osmose est utilisé pour décrire un transfert de solvant (ou d'eau) à travers une membrane sous l'action d'un gradient de concentration. Autrement dit, lorsque deux solutions, par exemple l'une constituée d'eau pure et l'autre contenant des sels, sont séparées par une membrane perméable à l'eau (faite d'acétate de cellulose ou de polyamide), la tendance naturelle favorise le déplacement de l'eau de la solution la moins concentrée en sels vers la plus concentrée, de manière à équilibrer la concentration de sels de part et d'autre. En osmose inverse, on applique une pression supérieure à la pression osmotique, à l'aide de pompes, sur la solution la plus concentrée de manière à forcer le passage des molécules d'eau (ou de solvant) vers la solution d'eau plus pure. Il en résulte un accroissement de la concentration de sels d'un côté. C'est une façon d'épurer les eaux usées qui contiennent des sels ou de la matière organique n'ayant pas été retenus lors des étapes précédentes. Cette technologie coûteuse est populaire pour la désalinisation dans les régions où l'on doit utiliser de l'eau usée pour l'irrigation agricole.

La *désinfection* se révèle utile dans la mesure où certaines eaux usées traitées contiennent encore beaucoup de micro-organismes. La désinfection vise spécifiquement la protection des zones de baignade ou de loisir ainsi que la réutilisation des effluents pour l'irrigation agricole. De manière plus générale, la désinfection des eaux usées permet aussi de protéger le milieu naturel contre les pollutions microbiologiques d'origine fécale. En fait, on vise la destruction d'organismes pathogènes ou d'organismes indicateurs de pollution comme les bactéries coliformes. On ne doit cependant pas confondre la désinfection et la stérilisation, cette dernière impliquant la destruction de *tous* les micro-organismes. On présente ici deux méthodes de désinfection, soit l'utilisation de l'ozone et celle des rayons ultraviolets. Ces techniques s'appliquent habituellement dans les stations de traitement de grande dimension et non avec les procédés conçus pour les petites municipalités. Quant à l'emploi du chlore pour la désinfection des eaux usées, elle fait l'objet de vives controverses; il en est question à la sous-section suivante, car il s'agit d'un procédé chimique.

L'*ozone* est constitué de trois atomes d'oxygène (O_3). Cette molécule est bien connue maintenant, notamment à cause du phénomène de destruction de la couche d'ozone stratosphérique. L'ozone est toutefois un gaz toxique qui a un grand pouvoir d'oxydation, capable de tuer les micro-organismes et d'éliminer les odeurs, le goût et la couleur de l'eau. Le traitement des eaux à l'ozone est coûteux puisqu'il faut le produire sur place en faisant passer de l'air sec à travers une décharge électrique de haut voltage; un kilogramme d'ozone nécessite la consommation de 25 000 watts d'énergie. De plus, on ne connaît pas précisément les conséquences environnementales de l'ozone. On sait que ce gaz peut se lier avec la matière organique pour former certains composés dont on ignore cependant les répercussions sur l'environnement ou les effets sur la santé.

L'utilisation de *rayons ultraviolets* (UV), d'une longueur d'onde de 254 nanomètres, permet aussi de désinfecter les eaux usées. La désinfection par les ultraviolets connaît un essor considérable depuis le milieu des années 1980 parce qu'elle présente des avantages par rapport aux procédés concurrents. On note incidemment plusieurs éléments positifs : absence de sous-produits toxiques ou de manipulation de produits dangereux, temps de contact très court (5 à 15 secondes par rapport à 30 minutes pour le chlore) et une action virulicide (virus) plus efficace. L'utilisation des ultraviolets a d'abord été intégrée au traitement de l'eau potable dans les années 1940 et 1950. Quant à leur emploi pour le traitement des eaux usées, il a fallu contourner plusieurs problèmes avant de l'implanter. Les principaux problèmes sont dus à la présence de matières en suspension ainsi qu'à une charge microbiologique importante; en présence d'une eau trouble, la transmission du rayonnement est moins bonne et l'on note souvent l'encrassement des gaines de quartz enveloppant les lampes UV. La désinfection des eaux usées par les ultraviolets est cependant réalisable à un très faible coût (entre un et deux cents par mètre cube traité) et les nouveaux designs permettent de réduire l'encrassement des lampes (Perrot, 1993).

2.4.2 Les procédés chimiques[11]

Des traitements chimiques spéciaux sont utilisés pour faire précipiter certaines particules non sédimentées ou pour éliminer le phosphate. On regroupe aussi dans cette catégorie les techniques de désinfection par le chlore.

Certaines particules fines (d'une taille inférieure à 0,05 mm) peuvent persister dans l'eau après les traitements primaire et secondaire. On ne

---

11. D'après Metcalf & Eddy, 1991; Tebbutt, 1992; Valiron, 1989.

peut dès lors provoquer leur sédimentation qu'en les floculant avec des agents de *coagulation*. Pour ce faire, la substance la plus utilisée est le sulfate d'aluminium (alun). Afin d'éviter la libération d'ions aluminium dans l'eau, ce qui pourrait représenter un certain danger pour la santé, on préfère utiliser des coagulants à base de fer comme le sulfate ferreux ou le chlorure de fer. On peut aussi utiliser des polyélectrolytres, qui sont des polymères synthétiques favorisant l'agglomération des particules. Le *phosphate* peut aussi être retiré de l'eau par l'ajout de coagulants comme l'alun ou le chlorure de fer. L'insolubilisation du phosphate permet d'en retirer jusqu'à 90 %.

Le *chlore gazeux* est le composé dont l'utilisation est la plus ancienne, tant pour désinfecter les eaux d'approvisionnement que les eaux usées. Le chlore est peu coûteux, facile à obtenir, très soluble dans l'eau et toxique pour l'ensemble des micro-organismes. De plus, une concentration résiduelle dans l'eau favorise une action à long terme; cette caractéristique est exploitée dans le traitement de l'eau d'approvisionnement afin de maintenir une capacité de destruction des micro-organismes dans le réseau d'aqueduc. Malheureusement, en présence d'ammoniaque ou de substances organiques, le chlore résiduel forme des composés organochlorés, notamment des trihalométhanes comme le chloroforme, ainsi que des nitrosamines, des substances reconnues comme étant cancérigènes chez les animaux et que l'on soupçonne d'avoir un effet similaire chez l'humain. Pour cette raison, on préfère ne pas utiliser le chlore comme agent désinfectant en eau usée. Il est cependant possible d'employer le dioxyde de chlore, qui ne réagit pas avec l'ammoniaque et qui génère moins de substances toxiques.

2.4.3 **Les procédés biologiques**[12]

Le traitement tertiaire faisant appel aux procédés biologiques est centré sur l'élimination des matières nutritives. La présence de fortes concentrations de composés azotés (ammoniaque, nitrate) et phosphorés (phosphate) dans un cours d'eau ou un lac est indésirable, puisque cela favorise une croissance indue d'algues et de plantes aquatiques, phénomène appelé eutrophisation. En conséquence, le contrôle des rejets d'azote et de

---

12. D'après Comeau, 1990a, 1990b; Metcalf & Eddy, 1991.

phosphore est primordial et doit être pris en considération lors du traitement des eaux usées. On résume brièvement dans les paragraphes qui suivent les grandes lignes des procédés biologiques utilisables pour enlever les substances nutritives[13].

L'azote

Afin de bien comprendre les mécanismes qui président à l'enlèvement des composés azotés, il importe d'abord de suivre leur cheminement et leur transformation dans une eau usée. La figure 2.7 montre que l'azote arrive d'abord sous forme organique dans les eaux usées, principalement sous forme de protéines, d'acides aminées et d'urée. De nombreuses bactéries s'attaquent à ces composés (processus de putréfaction) afin de produire de l'ammoniaque. Une partie de la matière organique est par ailleurs assimilée par les micro-organismes qui s'accroissent en nombre (augmentation de la biomasse). Lorsque les micro-organismes meurent, ou lorsque le processus de respiration endogène est enclenché, une partie de l'azote est retournée sous forme d'ammoniaque.

Les deux processus impliqués dans l'enlèvement de l'azote, et que l'on favorise lors du traitement des eaux usées, sont la *nitrification* et la *dénitrification*. Lors de la nitrification, par des bactéries dites nitrifiantes, un premier groupe bactérien (*Nitrosomonas*) transforme l'ammoniaque en nitrites. Ces composés sont très toxiques mais instables et ils sont presque immédiatement transformés en nitrates par d'autres bactéries, les *Nitrobacter* (figure 2.7). Les nitrates sont des composés stables responsables de la prolifération des algues parce qu'ils constituent une source de nutriments par excellence pour les végétaux. À ce stade, il est donc essentiel que les réactions biochimiques se poursuivent; on favorise donc la dénitrification, une propriété commune à plusieurs groupes bactériens (*Alcaligenes*, *Bacillus*, *Flavobacterium*, *Lactobacillus*, *Pseudomonas*, etc.). Il résulte de la dénitrification de l'azote gazeux qui diffuse dans l'atmosphère et qui est donc évacué de l'eau.

Les bactéries nitrifiantes sont très sensibles aux conditions environnementales (pH, température, oxygénation). On doit s'assurer que les conditions optimales sont présentes pour que les processus biochimiques

---

13. Les processus biochimiques à la base de l'enlèvement de l'azote et du phosphore par les bactéries sont très complexes et ils ne sont pas présentés dans cet ouvrage. On peut consulter les références mentionnées à la note précédente pour plus d'information.

s'accomplissent adéquatement. Ainsi, à titre d'exemple, la nitrification est favorisée en présence d'une concentration réduite en matière carbonée, ce qui signifie qu'une étape préliminaire de réduction de la DBO est souhaitable. L'enlèvement des composés azotés peut toutefois s'effectuer dans le bassin de traitement secondaire. Il est aussi possible d'inclure un bassin de nitrification, indépendant, à la suite du traitement secondaire.

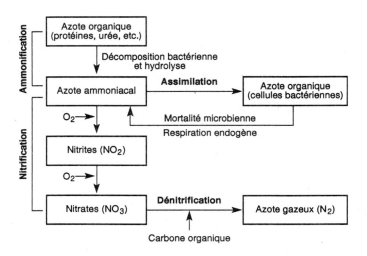

Source : Adapté de Pineau, 1993.

FIGURE 2.7   TRANSFORMATIONS DES COMPOSÉS AZOTÉS LORS DU TRAITEMENT DES EAUX USÉES

Le processus de *dénitrification* est plus complexe parce que la réaction doit se dérouler en absence d'oxygène et en présence de nitrate, ce dernier faisant évidemment l'objet de la dénitritification (figure 2.7); de telles conditions sont appelées *anoxie*. S'il y a de l'oxygène dans le milieu, le système enzymatique impliqué dans la dénitrification est bloqué et le nitrate n'est pas transformé. Un traitement des eaux usées qui combine les processus de nitrification et de dénitrification doit inclure toute une série de bassins qui assurent à la fois des conditions aérobies pour la nitrification et anoxiques pour la dénitrification. Il s'agit d'un système relativement complexe qui permet cependant d'éliminer jusqu'à 90 % de l'azote contenu dans l'eau usée. Toutefois, avec le procédé des réacteurs biologiques séquentiels (section 2.3.3), on peut effectuer toutes ces étapes dans un seul bassin puisque, lorsque l'aération est arrêtée, des conditions anoxiques se développent, permettant la dénitrification.

Le phosphore

Les végétaux ont besoin de beaucoup moins de phosphore que d'azote pour croître; il en résulte conséquemment que de faibles concentrations de phosphore (sous forme de phosphate) dans l'eau sont capables de provoquer une importante croissance des plantes aquatiques. On dit alors que le phosphore est l'élément limitant dont il faut prioritairement contrôler la présence. En effet, en absence de phosphore la croissance végétale est limitée ou nulle, même s'il y a de l'azote dans le milieu. Le traitement primaire des eaux usées enlève entre 5 à 10 % du phosphore alors que le traitement secondaire permet d'en retirer 10 à 20 % de plus. Il devient donc primordial d'utiliser un traitement tertiaire qui soit capable de retirer la plus grande partie du phosphore.

Actuellement, la méthode de déphosphatation la plus répandue est physico-chimique et elle se fait par l'emploi de coagulants. La déphosphatation biologique comporte cependant des avantages, parmi lesquels on retrouve les suivants :
- elle peut être réalisée à même le procédé de boues activées;
- elle nécessite habituellement peu ou pas d'ajout de produits chimiques;
- elle peut s'accomplir de manière concomitante à l'enlèvement de l'azote (nitrification-dénitrification);
- certains procédés de déphosphatation favorisent la floculation des boues, empêchant ainsi leur foisonnement.

Pour permettre la déphosphatation biologique on induit une forme de stress chez certaines espèces bactériennes. En conditions aérobies ces bactéries sont capables d'emmagasiner une grande quantité de phosphore alors qu'en anaérobiose elles le relarguent dans le milieu ambiant. Dans son design le plus simple, la déphosphatation biologique repose sur une modification du procédé de boues activées auquel on ajoute, en amont, un bassin où règnent des conditions anaérobies (figure 2.8). Les eaux usées à traiter arrivent dans un bassin anaérobie en même temps que le retour des boues activées, lesquelles contiennent notamment des bactéries responsables de la déphosphatation; en conditions anaérobies, ces bactéries se déchargent du phosphore résiduel qu'elles contiennent et elles sont alors prêtes à se « recharger ». C'est justement ce qu'elles font dans le bassin d'aération, où elles s'activent et assimilent une grande quantité de phosphore. Les flocs formés sont alors sédimentés dans le bassin de décantation. La plus grande partie de ces boues est retirée alors qu'une petite portion est acheminée vers le bassin anaérobie, à la tête du système, afin d'activer le système.

En complexifiant le procédé on peut combiner l'enlèvement biologique des composés azotés et phosphorés en utilisant une série de bassins dont la séquence est habituellement la suivante : anaérobie, anoxie, aérobie; cela vise à favoriser tant la déphosphatation (séquence anaérobie-aérobie) que la dénitrification (bassin anoxie). Ici encore, il est possible de se servir d'un seul bassin pour faire ce traitement si on utilise un système à réacteurs biologiques séquentiels. Après l'arrêt de l'aération, les conditions anoxiques qui existent permettent la dénitrification, mais elles favorisent aussi l'activation des bactéries responsables de la déphosphatation; à cette étape, ces dernières se déchargent du phosphore accumulé, se préparant ainsi à se recharger en phosphore lors du cycle de remplissage suivant qui débute dans des conditions aérobies.

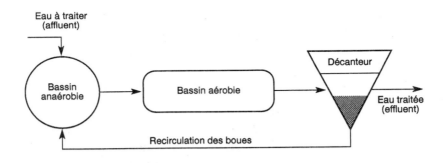

FIGURE 2.8   MODIFICATION D'UN PROCÉDÉ DE BOUES ACTIVÉES POUR INDUIRE LA DÉPHOSPHATATION BIOLOGIQUE

Pour terminer cette sous-section sur les traitements biologiques, il y a lieu de donner un exemple de l'utilisation de certains micro-organismes, pour un traitement quaternaire ou quinaire, qui se révèlent beaucoup moins coûteux que les procédés physico-chimiques. Certains champignons microscopiques peuvent « capter » près de 100 % des métaux en suspension dans l'eau, dont le plomb, le zinc, le cadmium et le nickel. Une expérience a démontré qu'un kilogramme de poudre de champignons, appartenant aux genres *Penicillium*, *Aspergillus* ou *Rhizopus*, peut épurer totalement jusqu'à 5 000 litres d'eau contaminée par 10 mg/L de zinc. En mettant la biomasse fongique dans un milieu acide, les champignons se « débarrassent » du métal accumulé et peuvent être réutilisés par la suite. On peut aussi traiter la biomasse de manière à récupérer le métal, procédé qui aide à rentabiliser le traitement de l'eau. Pour une concentration en métal variant entre 10 et 100 mg/L, on estime que le coût de traitement serait de l'ordre de 20 à 60 cents (canadiens) par mètre cube d'eau (1 000 litres). Il faut aussi préciser que les biomasses fongiques sont des sous-produits de certaines industries, comme le secteur pharmaceutique, qui doit se défaire de milliers de tonnes de divers champignons après avoir produit des antibiotiques (Roux *et al.*, 1993).

2.5 Les procédés émergents

L'expression « procédés émergents » désigne habituellement des technologies qui sont encore à l'étape de la R & D ou dont l'application n'est pas encore généralisée. Cela désigne aussi des technologies qui sont connues depuis longtemps mais qui ont été oubliées; à la faveur de l'importance accordée au traitement des eaux en cette fin de siècle, elles sont reconsidérées, avec des modifications parfois importantes. Bien que la majorité des technologies présentées dans cette section aient fait l'objet d'essais à grande échelle ou soient utilisées depuis un certain temps, des perfectionnements sont encore nécessaires et leur utilisation encore restreinte les classe actuellement dans la catégorie des procédés émergents. On notera que les procédés émergents concernent presque exclusivement le domaine des technologies biologiques utilisables dans un traitement secondaire ou tertiaire. Cela s'explique par le fait que les procédés biologiques ont fait l'objet de recherches intensives au cours des années 1970 et 1980, compte tenu du manque d'expertise qui existait dans ce domaine.

2.5.1 **La biofiltration**[14]

La biofiltration repose, comme son nom l'indique, à la fois sur la filtration (procédé physique) et sur l'activité microbienne (processus biologique). Techniquement, un filtre peut se définir comme étant un matériau poreux capable de débarrasser un fluide, liquide ou gazeux, des particules en suspension qu'il contient. À ce titre, un filtre inerte remplit ses fonctions de manière physique; un filtre composé d'un matériau permettant des échanges chimiques avec le fluide filtré fonctionne sur des bases physico-chimiques. Quant aux biofiltres, ils vont encore plus loin, car les micro-organismes sont capables de capter et de transformer toute une série de polluants qui autrement passeraient au travers du filtre (CQVB, 1994).

La biofiltration est un procédé de traitement secondaire que l'on considère comme étant la deuxième génération des procédés à biomasse fixée, la première étant notamment constituée des lits bactériens et des disques biologiques (voir la sous-section 2.3.3). Les biofiltres sont habituellement contenus dans un bassin rempli d'un matériau filtrant de faible granulométrie (quelques millimètres) et ils possèdent les caractéristiques suivantes :

- ils peuvent être immergés ou non;
- l'alimentation en eau usée peut se faire par le haut ou par le bas;
- ils fonctionnement habituellement en aérobiose et l'injection d'air peut se faire à co-courant (dans le même sens que la circulation de l'eau) ou à contre-courant;
- le matériau filtrant peut être organique (tourbe, compost, copeaux de bois, etc.) ou inorganique (matières plastiques, substrat minéral, etc.) (Pineau et Lessard, 1994).

L'eau à traiter qui percole dans un biofiltre doit obligatoirement avoir fait l'objet d'un traitement primaire afin de réduire la quantité de matières en suspension (MES), qui pourraient provoquer le colmatage du système. Par ailleurs, il n'est pas nécessaire de prévoir un bassin de décantation des boues ou des flocs comme on le fait avec les lits bactériens ou les boues activées. La pollution particulaire (matières en suspension) résiduelle, après le traitement primaire, est retenue par le biofiltre et biodégradée par les bactéries ou récoltée lors du lavage du biofiltre. Généralement, la faible

---

14. La biofiltration a été classée dans le groupe des procédés émergents mais sa popularité grandissante fait en sorte qu'avant la fin du siècle elle sera assimilée aux technologies courantes et éprouvées.

granulométrie des matériaux utilisés permet l'obtention d'une concentration élevée de biomasse microbienne, ce qui permet de réduire considérablement la taille du bassin de biofiltration tout en maintenant de bonnes performances épuratoires. À titre d'exemple, la charge polluante moyenne (pour ce qui est de la matière organique) d'un biofiltre peut être cinq fois plus importante que celle traitée avec les boues activées; 2 à 3 kilogrammes de DBO par mètre cube par jour (kg DBO/m^3.d^{-1}) pour les biofiltres comparativement à environ 0,5 kg DBO/m^3.d^{-1} pour un système de boues activées (Pineau et Lessard, 1994).

Comme nous l'avons mentionné précédemment, on peut classer les biofiltres selon la nature du support de filtration, qui peut être organique ou inorganique. Jusqu'à maintenant, les biofiltres à support organique sont habituellement utilisés pour traiter les eaux usées des résidences isolées ou des petites municipalités. Cette technologie fait l'objet de la première partie de cette sous-section, où il est question de l'utilisation de la tourbe comme support organique. Dans la deuxième partie, il est question des biofiltres à support inorganique, qui sont habituellement utilisés dans les stations de traitement de plus grande dimension.

La biofiltration avec support organique

La tourbe est le matériau organique qui a le plus fait l'objet de recherches intensives parmi les matériaux qui peuvent être utilisés comme supports organiques. La tourbe se définit comme étant l'horizon de sol organique d'une tourbière qui résulte de la décomposition incomplète de débris de plantes dans des conditions de forte humidité et d'anaérobiose. En termes géologiques, la tourbe est le premier stade de transformation pouvant mener à la formation de charbon. La tourbe est extraite des tourbières qui sont des écosystèmes caractéristiques des pays nordiques comme le Canada, la Russie et les pays scandinaves; la tourbe se forme dans des conditions acides, caractéristiques des podzols nordiques. Les composants majeurs de la tourbe sont la cellulose, l'hémicellulose, la lignine et des acides humiques. Au Québec, la sphaigne (*Sphagnum* sp) est le principal groupe de plantes présent dans la tourbe. À l'état naturel, la tourbe se compose d'environ 86 % d'eau, 7 % de matières organiques, 6 % de gaz et 1 % de matières minérales. La tourbe blonde (jeune) a une structure suffisamment poreuse, composés d'agrégats de tiges et de feuilles de sphaignes peu décomposées, qui favorise la rétention, l'adsorption ainsi qu'une intense croissance microbienne. Au moment de son extraction la tourbe abrite naturellement une microflore assez complexe, pouvant aller jusqu'à 26 millions de bactéries par gramme de masse sèche; on y retrouve des organismes aérobies, anaérobies ou facultatifs. La tourbe fraîche contient aussi une grande variété de champignons microscopiques, appartenant notamment aux genres *Penicillium* et *Aspergillus*. La présence de ces micro-organismes est d'une grande importance, car cela donne à la tourbe des propriétés antiseptiques (Chevalier, 1990; Talbot et Bélanger, 1994).

À cause de la diversité de ses constituants et de ses propriétés, la tourbe est un support qui présente un très grand intérêt en biofiltration (tableau 2.2). Elle est constituée d'un enchevêtrement de fibres capables de retenir les matières en solution ou en suspension (adsorption physique). De plus, à cause de certaines propriétés chimiques, la tourbe agit aussi comme une résine naturelle capable de retenir plusieurs types de polluants comme des molécules organiques ou des sels métalliques dissous. Certains constituants de la tourbe, tels la lignine et les acides organiques, possèdent ce que l'on appelle des groupements fonctionnels polaires (alcools, aldéhydes, cétones et éthers) qui confèrent une capacité d'adsorption chimique à la tourbe. Quant à la flore microbienne de la tourbe, elle sécrète des substances antiseptiques ou bactéricides capables de tuer les bactéries pathogènes autant que les bactéries coliformes (indicatrices d'une pollution fécale). On sait aussi que ces micro-organismes, aidés par les propriétés physico-chimiques de la tourbe, peuvent retirer d'une eau polluée des composés réfractaires comme des pesticides, des hydrocarbures, des solvants organiques ou des colorants (Buelna *et al.*, 1994; CQVB, 1994).

L'utilisation de la tourbe pour traiter les eaux usées fait l'objet de recherches, surtout aux États-Unis, depuis le début des années 1970, et plusieurs études ont mis en évidence la performance épuratoire de ce matériau. Des réductions significatives de la DBO (au moins 85 %), du phosphore (au delà de 90 %), des matières en suspension (95 %) mais surtout des bactéries coliformes (plus de 99 % d'enlèvement[15]) ont été notées (Chevalier, 1990; CQVB, 1994). Au Québec, des études en laboratoire effectuées au début des années 1990 ont mis en évidence des résultats similaires avec de petits biofiltres d'un volume variant de 0,5 à 1,0 m^3. La concentration de matières en suspension est considérablement

---

15. Un enlèvement de 99 % n'est toutefois pas suffisant lorsqu'il s'agit de réduire de plusieurs logs le nombre de micro-organismes pour atteindre les objectifs de qualité de l'eau. Par exemple, pour réduire de 10 millions à 100 le nombre de micro-organismes, une efficacité épuratoire de 99,999 % est requise.

réduite à cause des propriétés physiques de rétention de la tourbe alors que l'enlèvement de la matière organique et des substances nutritives dépend à la fois des propriétés physico-chimiques de la tourbe et de l'activité microbienne. Quant à la réduction des bactéries coliformes et des organismes pathogènes, elle dépend notamment du pH légèrement acide de la tourbe et de ses propriétés d'adsorption; la présence de champignons microscopiques du genre *Penicillium*, capables de sécréter des substances antibiotiques, joue aussi un rôle non négligeable. La biofiltration avec de la tourbe peut cependant engendrer une certaine coloration de l'eau pendant plusieurs mois à cause du lessivage des acides et des matières organiques naturellement présentes dans la tourbe (Buelna et Bélanger, 1991).

TABLEAU 2.2   CARACTÉRISTIQUES DE LA TOURBE ET SON INTÉRÊT
COMME AGENT FILTRANT

Constituants/propriétés	Type de filtration	Éléments retenus ou dégradés
Fibres végétales (mousse de sphaigne)	Physique	Matières solides en suspension
Polarité (différence de potentiel électrique de la matière organique)	Chimique	Solides dissous (métaux, etc.)
Micro-organismes	Biologique	Azote, phosphore, carbone, métaux lourds, hydrocarbures, pesticides, solvants organiques, agents colorants, odeurs

Source : CQVB, 1994.

Lors d'une expérience de mise à l'échelle on a utilisé un biofiltre d'un volume de 50 m^3 traitant des eaux usées équivalentes à celles produites par une communauté de 150 personnes. Ce système de traitement se réalise en deux étapes. Premièrement, les eaux usées sont dirigées vers une fosse septique (voir la section 2.8) en vue d'être clarifiées (étape similaire à un traitement primaire) avant d'être réparties à la surface du biofiltre. Les résultats de cette expérience furent concluants pour la plupart des polluants; seul le phosphore n'a pas significativement diminué, seulement

25 % étant enlevé. Quoi qu'il en soit, ce type de traitement semble intéressant pour les petites communautés mais la longévité du système reste à démontrer (Bélanger, 1994).

Les biofiltres à base de tourbe n'échappent cependant pas au colmatage. Un lit filtrant de tourbe se colmate progressivement par une accumulation de fines particules et une croissance excessive de biomasse qui sont observées dans les premiers millimètres du biofiltre. Cela nécessite un raclage occasionnel de la surface afin de maintenir la capacité hydraulique du système; cette opération engendre cependant des coûts élevés. La modification du système d'alimentation en eau pourrait partiellement résoudre le problème de colmatage (Talbot et Bélanger, 1994). L'implantation de biofiltres de tourbe s'est révélée une solution intéressante pour doter d'un système d'assainissement des habitations isolées. Divers essais se sont avérés concluants. Dans un tel cas, le filtre de tourbe était placé en aval de la fosse septique, puisque l'eau traitée par une telle fosse n'est pas suffisamment épurée pour être rejetée directement dans l'environnement. On doit habituellement la faire percoler dans le sol à l'aide d'un système de canalisations sur une surface donnée (voir la section 2.8), mais l'emploi d'un biofiltre de tourbe, plus compact et plus facile à mettre en place, apparaît comme une solution de rechange intéressante (Dubé *et al.*, 1994).

La biofiltration avec support inorganique[16]

Dans cette sous-section, on examine plus particulièrement quatre types de biofiltres qui sont employés pour traiter les eaux usées de municipalités de quelques dizaines ou centaines de milliers de personnes. Il importe de rappeler que l'eau à traiter doit d'abord passer par un traitement primaire afin d'éliminer la plus grande partie des matières en suspension. On doit aussi procéder à des lavages périodiques de ces filtres afin de décoller (décolmater) une partie du biofilm formé; cette eau de lavage doit alors passer par un décanteur ou être retournée au traitement primaire, afin de recueillir les flocs de biomasse. Mentionnons aussi que les biofiltres peuvent être immergés (toujours dans l'eau) on non (l'eau passe dans le filtre en présence d'air).

Le *Biofor* (BIOlogical Filtration Oxygenated Reactor) fut le premier biofiltre à être mis en œuvre, en 1973, en France. L'eau à traiter, après

---

16. D'après Meunier *et al.*, 1994; Pineau, 1993; Pineau et Lessard, 1994; Rousseau, 1994.

un traitement primaire, est introduite sous le biofiltre et le traverse de bas en haut (flux ascendant) (figure 2.9a). En même temps de l'air est injecté sous le biofiltre et remonte vers le haut (circulation à co-courant avec l'eau); l'eau épurée est recueillie dans une goulotte avant d'être rejetée à l'exutoire. Une partie de cette eau est toutefois stockée dans un bassin de rétention afin d'être utilisée pour laver le biofiltre. Il s'agit d'un lavage air-eau suivi d'un rinçage à l'eau qui dure entre 30 et 40 minutes.

Le matériau filtrant est habituellement constitué de schiste expansé[17] dont la granulométrie varie de 2,5 à 3,8 millimètres; si la charge organique à traiter est très importante, on utilise du sable d'une granulométrie de 1,3 mm afin d'accroître la concentration des micro-organismes (rapport surface/volume plus important). On a effectivement observé que la taille du milieu filtrant a une influence sur l'enlèvement de la pollution. Plus la taille des particules diminue, plus le biofiltre peut recevoir une charge polluante importante; cette diminution accroît cependant les risques de colmatage. La hauteur du lit filtrant est d'environ trois mètres. Le Biofor donne un très bon rendement épuratoire : jusqu'à 85 % de la DBO peut être enlevée par ce système. Certaines modifications permettent au Biofor de retenir les composés azotés, avec élimination de l'azote ammoniacal allant jusqu'à 90 %.

Le *Biocarbone*, aussi appelé « filtre biologique aéré », doit son nom au matériau de remplissage qui était utilisé dans les premières versions, soit du charbon actif. Dans ce procédé, l'eau à traiter circule de haut en bas (circulation gravitaire) alors que l'aération se fait à contre-courant (du bas vers le haut) (figure 2.9b). Le biofiltre est immergé, mais ce type de fonctionnement dit à flux descendant et insufflation d'air à contre-courant est conçu afin de maximiser le transfert d'oxygène et assurer la présence de micro-organismes aérobies partout dans le filtre. Le matériau de remplissage le plus couramment utilisé est du schiste expansé dont la granulométrie varie entre 3 et 6 mm. Quant à l'épaisseur du milieu filtrant, elle varie entre 2 et 3 mètres. En fait, le procédé Biocarbone est similaire à la filtration rapide sur sable sauf qu'on injecte de l'air à la base et que la granulométrie du matériau filtrant est plus importante.

---

17. Le schiste est de la roche sédimentaire ou métamorphique qui possède habituellement une structure feuilletée (ex. : le mica). Le terme « expansé » signifie que le schiste a été chauffé afin d'augmenter son volume, ce qui accroît sa surface de contact tout en créant des pores où peuvent se loger les micro-organismes.

a) Biofor

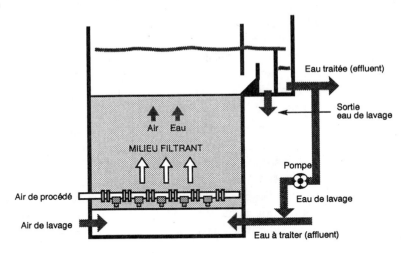

b) Biocarbone

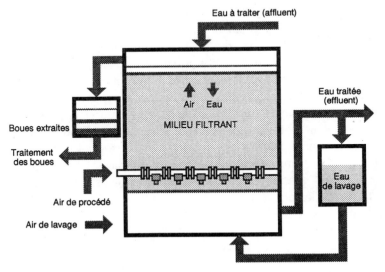

c) Biodrof

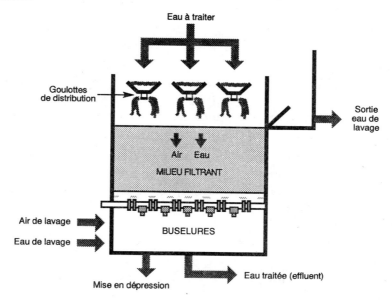

Eau à traiter

Goulottes
de distribution

Sortie
eau de
lavage

Air   Eau

MILIEU FILTRANT

Air de lavage

Eau de lavage

BUSELURES

Mise en dépression

Eau traitée (effluent)

Source :   Pineau, 1993.

FIGURE 2.9   DIVERS TYPES DE BIOFILTRES À SUPPORT INORGANIQUE

Le Biocarbone est principalement utilisé comme traitement secondaire, pour l'enlèvement de la DBO, mais on peut aussi l'employer pour traiter des composés azotés (traitement tertiaire). En effet, les filtres Biocarbone favorisent l'attachement des bactéries nitrifiantes si la charge de matière carbonée est faible. Le Biocarbone est compact, relativement facile à utiliser et produit une eau traitée de bonne qualité. Comme tous les autres biofiltres, on doit périodiquement procéder à des lavages avec de l'air et de l'eau.

Le *Biodrof* (BIOlogical DRy Oxygenated Filter) est un traitement des eaux usées qualifié de lit ruisselant. Une dépression d'air à la base du réacteur, qui favorise la circulation d'eau et d'air à co-courant par gravité (du haut vers le bas), fait en sorte que le filtre n'est pas immergé, d'où son appellation anglaise de *dry filter* (figure 2.9c). Cette circulation gravitaire, avec la croissance microbienne et la rétention physique des matières en suspension (MES), favorise cependant un colmatage graduel du filtre. On doit donc procéder à un décolmatage périodique en insufflant de l'air et de l'eau à co-courant par le bas. Toutefois, après un certain temps, le décolmatage périodique ne suffit plus et on doit alors procéder à un lavage complet en arrêtant le fonctionnement du biofiltre. À l'instar des autres biofiltres, les eaux de lavage chargées de biomasse sont dirigées vers des décanteurs ou retournées vers le traitement primaire pour faire sédimenter les flocs microbiens.

La hauteur du lit est d'environ deux mètres et le matériau filtrant est du schiste expansé dont la granulométrie varie de 2,5 à 3,0 mm. L'eau arrive par des goulottes perforées qui la répartissent uniformément à la surface du biofiltre; afin d'éviter le creusement de dépressions dans le matériau filtrant, on peut étaler à la surface du biofiltre une couche de sphères de plastique qui diminuent l'impact des gouttes d'eau sur le lit de schiste.

Le *Biostyr* est un procédé de biofiltration de type immergé qui est relativement récent. Ce système vise plus particulièrement l'enlèvement des composés azotés en favorisant la nitrification et la dénitrification. Le support est composé de matériau synthétique, en l'occurrence des billes de polystyrène expansé, qui permettent de contrôler plus étroitement les paramètres physiques (densité, granulométrie) et d'adapter les caractéristiques choisies aux performances recherchées. L'eau à traiter traverse le filtre de bas en haut alors que l'aération du filtre s'effectue à mi-hauteur du lit filtrant par un système de tubulures. Il en résulte une zone anoxique au fond (l'air ne diffusant pas vers le bas) avec l'arrivée d'eau, et une zone aérée dans la moitié supérieure du biofiltre, vers laquelle l'air diffuse. La dégradation de la matière organique s'effectue surtout au fond alors que dans la zone aérée, en présence d'une concentration moindre de matière carbonée, la nitrification est favorisée (voir la section 2.4.1). Le procédé Biostyr, comme les autres technologies présentées dans cette section, réduit considérablement l'espace nécessaire à l'assainissement de l'eau. Cet espace peut être dix fois plus petit que dans une station classique alors que le temps de séjour de l'eau est considérablement réduit; de deux ou trois heures au lieu de 24 heures pour certains traitements avec boues activées (Ceccaldi, 1993).

La nouvelle génération de biofiltres est une technologie intéressante pour le traitement des eaux usées municipales, même si des ajustements sont encore nécessaires dans certaines stations de traitement. Ces procédés peuvent aussi être utilisés pour le traitement des eaux usées industrielles et des études pilotes ont mis en évidence des résultats intéressants.

2.5.2 **Le traitement tertiaire par microalgues**[18]

Lors de la présentation des techniques de lagunage (section 2.3.3) il a été brièvement question du rôle des algues microscopiques dans l'épuration des eaux usées. On a mentionné que les algues croissaient naturellement dans les étangs non aérés et que leur présence assurait l'oxygénation de l'eau ainsi que la transformation des éléments nutritifs (azote, phosphore). Toutefois, le rôle des algues peut aller au delà de cette simple présence occasionnelle. On peut favoriser leur présence, c'est-à-dire les cultiver, et les intégrer dans un concept de recyclage biologique qui permet de valoriser les biomasses d'algues.

Les algues, en général, appartiennent à une dizaine de grands groupes, habituellement selon la couleur dominante des pigments qui les composent. En ce qui concerne plus particulièrement les algues microscopiques, elles se retrouvent principalement dans quatre groupes : les cyanophycées ou cyanobactéries (algues bleu-vert), les chlorophycées (algues vertes), les rhodophytes (algues rouges) et les chrysophytes (diatomées). Parmi les milliers d'espèces appartenant à ces groupes, une trentaine ont fait l'objet d'études en vue du traitement des eaux usées mais seulement quelques-unes possèdent une réelle valeur commerciale. Les principaux types étudiés sont *Chlorella*, *Scenedesmus* et *Spirulina*.

Les chlorophycées du genre *Chlorella* et *Scenedesmus* colonisent spontanément les eaux stagnantes naturelles riches en matière organique et inorganique. En les cultivant, il est possible de produire environ 30 tonnes d'algues (poids sec) par an et par hectare dans un bassin, ce qui représente 15 à 17 tonnes de protéines brutes. En ce qui concerne les cyanobactéries (anciennement appelées algues bleues), comme la spiruline, on les cultive surtout dans les pays tropicaux mais on peut aussi en adapter la culture dans les régions tempérées; dans ce dernier cas, une production de l'ordre de deux tonnes (poids frais) par hectare et par jour a été obtenue en Belgique (Sevrin-Reyssac et Proulx, 1995).

---

18. Les informations générales de cette sous-section sont prises dans de la Noüe et de Pauw, 1988; de la Noüe et Proulx, 1986.

Les algues microscopiques peuvent être cultivées dans une eau propre ou une eau polluée. Dans le premier cas, il s'agit habituellement de cultures destinées à des utilisations particulières comme l'alimentation humaine; c'est le cas de la spiruline commercialisée. Quant à la croissance dans des eaux usées municipales ou agricoles (voir le chapitre 3 pour le traitement des eaux chargées de déjections animales), elle vise évidemment le traitement des eaux mais aussi une valorisation éventuelle, comme l'alimentation animale.

Il faut aussi préciser que l'utilisation des microalgues pour éliminer les matières nutritives des eaux usées peut remplacer de façon valable les traitements tertiaires conventionnels (procédés de nitrification-dénitrification et de déphosphatation) qui nécessitent des investissements importants, que ce soit par l'ajout de produits chimiques ou par le maintien d'une aération vigoureuse. L'emploi des microalgues (ce que l'on appelle souvent la biotechnologie solaire, à cause du rôle primordial joué par le soleil comme source d'énergie directe) comporte plusieurs avantages, dont les principaux sont :
- il sagit d'une technologie simple calquée sur les écosystèmes naturels qui est sans danger pour l'environnement;
- il y a possibilité d'un recyclage efficace des matières nutritives contenues dans les eaux usées, les microalgues pouvant servir de nourriture à d'autres organismes (Proulx *et al.*, 1994).

Par ailleurs, les algues favorisent l'assainissement des eaux usées à cause d'un ensemble de facteurs, dont les principaux sont :
- un enlèvement des sels azotés et phosphorés par transformation en biomasse algale;
- une précipitation des phosphates à cause d'une élévation du pH[19];
- l'élimination de l'azote ammoniacal par entraînement gazeux (sous l'effet de l'augmentation du pH, l'ion ammonium NH_4^+, non volatil, se transforme en NH_3 volatil);
- l'oxygénation de l'eau, découlant de la fonction photosynthétique, qui permet la croissance des micro-organismes aérobies;
- une action bactéricide qui inactive les bactéries pathogènes.

---

19. Les algues entraînent un accroissement considérable du pH dans les bassins où elles croissent. Cette élévation est due à l'utilisation du gaz carbonique (CO_2) par les algues, utilisation qui provoque un déséquilibre des ions carbonate habituellement présents dans l'eau. L'enlèvement d'une partie du carbonate de l'eau diminue la formation d'acide carbonique, ce qui cause l'élévation du pH.

La croissance des algues se fait idéalement dans des bassins extérieurs de moins de un mètre de profondeur, à des températures variant entre 25 et 30 °C et sous un ensoleillement maximal. Ces contraintes climatiques favorisent évidemment la culture algale dans les régions tropicales ou subtropicales mais il est possible d'exploiter des étangs d'algues dans des pays aussi froids que le Canada. Le système ne sera toutefois actif que pendant quelques mois, habituellement de mai à octobre. Dans ce contexte, on construit de petites lagunes qui accumulent l'eau à traiter pendant plusieurs mois, durant l'hiver, avant de permettre l'assainissement et le rejet au cours d'eau durant l'été. Dans des conditions raisonnablement contrôlées, les microalgues effectuent un traitement efficace, permettant l'enlèvement de près de 100 % des composés azotés et phosphorés (van Coillie *et al.*, 1990).

Comme nous l'avons déjà mentionné, le rôle des microalgues ne se limite pas à l'épuration des eaux. Dans ce contexte, l'une des voies les plus prometteuses est l'intégration de la production algale à des chaînes alimentaires; c'est ce que l'on appelle le recyclage biologique. Un traitement classique des eaux usées permet de réduire la pollution sans qu'il soit possible de « retirer » d'autres bénéfices de cette opération alors que l'intégration des cultures de microalgues au sein d'une chaîne alimentaire permet de produire des organismes ayant une valeur nutritionnelle certaine (figure 2.10). Plusieurs organismes, surtout des crustacés ou des mollusques, peuvent se nourrir d'algues microscopique. L'un d'eux est une « puce d'eau » (petit crustacé) de quelques millimètres, *Daphnia magna*, qui est particulièrement bien adaptée à la croissance dans des eaux usées urbaines en présence de microalgues. Des expériences ont démontré que l'on pouvait atteindre une population de 48 000 daphnies par litre d'eau (Proulx et de la Noüe, 1985). La daphnie est un produit dit à haute valeur ajoutée (PHVA) parce qu'elle est riche en protéines (65 % du poids sec) et qu'elle passe pour être le meilleur aliment à donner aux jeunes poissons. Elle est particulièrement intéressante dans le cas des élevages larvaires et de l'alevinage, en raison de la teneur élevée en acides aminés libres facilement assimilables (Sevrin-Reyssac et Proulx, 1995).

La biomasse produite dans les bassins (microalgues et daphnies) peut être valorisée pour l'alimentation de poissons. Dans un premier temps, les poissons élevés en aval d'un bassin contenant des microalgues ou du zooplancton sont destinés à éliminer ces organismes afin d'éviter qu'ils ne se retrouvent dans le milieu récepteur naturel (cours d'eau, lacs). Il est toutefois préférable que, par la suite, les poissons puissent être utilisés. Dans plusieurs pays on a ainsi développé l'élevage de poissons d'ornement (comme les carpes koï et les poissons rouges) mais aussi de poissons comestibles par les humains, comme les carpes et les brochets (Sevrin-Reyssac et Proulx, 1995).

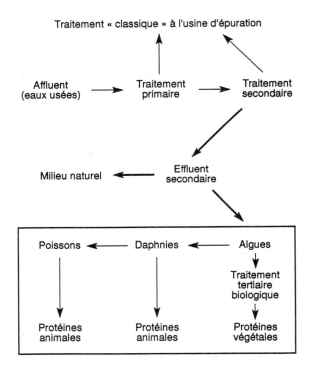

Source :   de la Noüe et Proulx, 1986.

FIGURE 2.10   RECYCLAGE BIOLOGIQUE FONDÉ SUR L'UTILISATION DES MICROALGUES POUR LE TRAITEMENT DES EAUX USÉES

Par ailleurs, la biomasse algale peut être directement utilisée pour l'alimentation animale. Il faut ici considérer le fait que la conversion de l'énergie lumineuse en biomasse par les algues se compare aux valeurs mesurées avec les plantes commerciales les plus efficaces comme la canne à sucre ou le sorgho. En considérant la teneur en protéines des microalgues (entre 40 et 60 %), et compte tenu des productions annuelles possibles (entre 50 et 100 tonnes de matière sèche par hectare), on obtient un rendement protéique 3 à 10 fois supérieur à celui obtenu avec les grandes cultures agricoles. Ainsi, le rendement protéique annuel de la spiruline est de 7,1 tonnes/hectare (t/h), alors qu'il est de 2,2 pour le soya, 2,0 pour la maïs, 0,7 pour le riz et 0,6 pour le blé. Des essais ont montré que des microalgues cultivées dans des eaux usées ont une composition en acides aminés qui permet de les utiliser comme source nutritive d'appoint dans l'élevage du poulet ou du porc (van Coillie et al., 1990). Mentionnons cependant que l'on doit habituellement utiliser la spiruline, les autres espèces de microalgues n'étant pas intéressantes pour nourrir les animaux terrestres parce qu'elles sont mal assimilées (Sevrin-Reyssac et Proulx, 1995).

Dans un contexte de valorisation des microalgues, mentionnons finalement qu'on peut extraire divers pigments, polysaccharides ou vitamines qui sont utilisés par l'industrie pharmaceutique ou chimique. On peut aussi employer ces algues comme fertilisants agricoles à cause de leur teneur en azote. Aux États-Unis on a montré qu'un kilogramme de cyanophycées pouvait remplacer 60 kg de fertilisant azoté commercial.

Le principal problème associé à la culture des microalgues est leur récolte. Si on désire les utiliser, il faut évidemment les récolter, mais dans le cas où on ne les emploie que pour effectuer un traitement tertiaire des eaux, on ne peut pas les évacuer dans le milieu naturel; la biomasse algale rejetée serait alors une source de pollution. À cause de leur petite taille, de 5 à 10 micromètres[20], la récolte des microalgues n'est pas facile. Diverses techniques, comme la filtration, la floculation (naturelle ou provoquée) et la centrifugation ont été utilisées mais aucune n'est idéale. Compte tenu de la faible concentration des algues dans l'eau (environ 200 mg par litre), les volumes d'eau à traiter sont énormes pour récolter la biomasse. La floculation chimique, à l'aide de floculants ou de coagulants comme ceux utilisés pour le traitement conventionnel des eaux (chlorure de fer, alun, etc.), est

---

20. Un micromètre (μm) est un millionième de mètre.

efficace. Toutefois, on mise aussi sur la biofloculation et l'autofloculation[21]; en effet, certaines espèces d'algues forment spontanément des flocs qui sédimentent lorsqu'une certaine densité (concentration) est atteinte. Dans le contexte de l'intégration des cultures algales au sein d'une chaîne alimentaire, on parle aussi de filtration biologique; par exemple des algues sont ingérées par des daphnies qui, à leur tour, sont utilisées comme source alimentaire pour des poissons (de la Noüe *et al.*, 1992).

En conclusion, on retiendra que le traitement des eaux usées avec des microalgues offre la possibilité d'aller au delà d'une simple épuration des eaux. Bien que cela ne résolve pas les problèmes alimentaires de la planète, on peut compter sur cette technologie, du moins dans les régions chaudes du globe, pour ouvrir une nouvelle voie à l'épuration des eaux usées tout en permettant de produire plusieurs tonnes de biomasse par année.

2.5.3 **Les traitements par épandage souterrain, filtres intermittents et marais artificiels**

Dans le cadre de technologies émergentes utilisables par les petites communautés, on examinera ici deux catégories de traitement dont le concept n'est pas nouveau mais qui sont l'objet d'un regain d'intérêt depuis quelques années; c'est à ce titre qu'on peut les considérer comme des technologies émergentes. Il importe ici de préciser que l'utilisation de ces technologies suppose une forme de prétraitement ou de traitement primaire qui permet l'enlèvement des matières les plus grossières ainsi qu'une partie des matières en suspension, sédimentables ou non. Par ailleurs, on se rendra compte que le principe sous-jacent au fonctionnement de ces traitements s'apparente à celui des lits bactériens ou de la biofiltration; ce sont des systèmes à biomasse fixée.

L'épandage souterrain et les filtres intermittents[22]

Les premières techniques d'assainissement des eaux usées étaient calquées sur les processus naturels d'épuration et faisaient appel au pouvoir

---

21. Il y a biofloculation lorsque des polysaccharides (bactériens, par exemple) permettent la formation de flocs, et il y a autofloculation lorsqu'un ion inorganique (Ca^{++}, par exemple) intervient pour favoriser l'agglomération des microalgues.
22. D'après SQAE-ERT-MENVIQ, 1992.

épurateur du sol. Cette démarche fut développée au début du siècle et appliquée sur des sols agricoles. Ce n'est toutefois que dans les années 1960 qu'une première série d'études techniques et scientifiques a été réalisée aux États-Unis alors que dans les années 1970 d'autres recherches ont mené à des publications officielles de l'EPA (*Environmental Protection Agency* – États-Unis) concernant les modalités d'application de ces technologies. Durant les années 1980 et 1990 de nouvelles recherches ont permis de perfectionner la technique mais surtout d'éviter que ce type de traitement ne représente des risques pour la santé en contaminant la nappe phréatique.

La première technologie étudiée ici, soit l'*épandage souterrain*, est surtout destinée au traitement de petits volumes d'eau, notamment ceux provenant des fosses septiques (voir section 2.8). Cette technologie est l'une des moins coûteuses, nécessite un entretien minimal et elle permet d'utiliser le lieu de traitement à d'autres fins (agriculture, activités récréatives). Cela nécessite cependant une grande surface (plusieurs hectares) et peut causer des dommages à l'environnement en cas de malfonctionnement. On utilise l'épandage souterrain pour traiter les eaux usées n'ayant pas une charge polluante trop importante et ayant un débit restreint d'environ 150 mètres cubes par jour.

Les mécanismes d'épuration des eaux usées par le sol sont résumés à la figure 2.11. À l'instar des autres modes de traitement, ce sont des processus physiques, chimiques et biologiques qui sont responsables de l'enlèvement des polluants, particulièrement dans un secteur appelé « matelas colmatant ». L'eau percole rapidement dans la première couche qu'elle traverse, généralement constituée de gravier, et elle est ralentie lorsqu'elle atteint la couche de sol naturel, moins perméable. L'eau s'accumule donc à cette interface qui devient un milieu saturé; une biomasse microbienne très active, que l'on appelle la tranche colmatée ou le matelas colmatant, se forme alors, et cette biomasse est responsable de l'essentiel du traitement.

Il importe de maintenir des conditions aérobies dans un tel procédé afin de s'assurer du bon fonctionnement du système. Il est donc essentiel de laisser reposer le sol, entre deux applications d'eaux usées, afin de permettre le drainage et de favoriser l'aération maximale par diffusion de l'oxygène. L'ajout d'évents, qui permettent de multiplier les échanges gazeux, peut être nécessaire pour assurer une oxydation complète des matières polluantes.

Les *filtres intermittents*, ou *filtres avec rejets*, sont destinés à une utilisation plus intensive que l'épandage souterrain. Ce type de traitement vise plus particulièrement les petites communautés ou les agglomérations de quelques dizaines de résidences ainsi que des établissements commerciaux ou institutionnels isolés. Cette façon de filtrer permet d'atteindre un degré de traitement secondaire relativement poussé.

Les filtres avec rejets sont habituellement constitués d'un lit de sable grossier (parfois du gravier), d'une épaisseur variant de 50 à 90 centimètres, qui repose sur une couche de pierre concassée dans laquelle sont enfouis des drains collecteurs. Une telle installation requiert donc des travaux de plus grande envergure que le simple système de traitement par le sol naturel. L'eau usée est uniformément appliquée sur toute la surface du filtre et percole à travers le milieu filtrant et la pierre concassée, avant d'être recueillie par les drains collecteurs. Les processus biologiques jouent un rôle important que l'on optimise en gardant le milieu bien aéré.

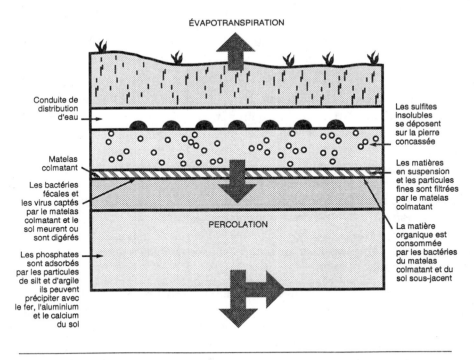

Source : SQAE-ERT-MENVIQ, 1992.

FIGURE 2.11   LES MÉCANISMES DE TRAITEMENT PAR ÉPANDAGE SOUTERRAIN

Les marais artificiels[23]

Ce procédé de traitement est de plus en plus utilisé et il est particulièrement intéressant pour les petites communautés, urbaines ou rurales, de même que pour certaines industries isolées. En épuration, l'usage des marais remonte au début du siècle, mais malgré le fait qu'un certain nombre de systèmes aient été mis en place depuis cette époque, l'intérêt pour ce type de traitement s'est intensifié durant les années 1980. À titre d'exemple, mentionnons qu'entre 1980 et 1984, 130 installations furent mises en opération au Danemark.

Bien qu'il existe une multitude de variantes des systèmes de traitement par marais artificiels, les procédés utilisés se divisent en quelques grandes classes, selon le type d'écoulement de l'eau et le genre de plantes utilisées (figure 2.12). Le premier type est à *écoulement vertical* (figure 2.12a). L'eau usée est déversée à la surface du sol et elle percole verticalement au travers du milieu filtrant (le sol) avant d'être recueillie par des conduites placées à une certaine profondeur. Ce genre de marais est habituellement alimenté de manière intermittente et le sol est non saturé d'eau. Le deuxième type est dit à *écoulement horizontal sous la surface* (HSS) (figure 2.12b). L'eau à traiter est introduite à une extrémité du milieu filtrant et s'écoule horizontalement sous la surface dans un milieu où peuvent croître des roseaux; l'eau est finalement captée. Le troisième type est à *écoulement horizontal en surface* et il regroupe des marais naturels et artificiels où aucun média filtrant n'est utilisé. L'eau s'écoule en surface dans des canaux plus ou moins allongés ou dans des lagunes. Ce mode de traitement peut être divisé en deux sous-catégories, selon le type de plantes utilisées. Le premier sous-groupe est à *écoulement horizontal en surface avec plantes émergentes* (HESE) (figure 2.12c). L'eau s'écoule dans un canal plus ou moins allongé, de 10 à 50 cm de profondeur, dans lequel croissent des plantes émergentes telles que la quenouille (*Typha* sp), le roseau commun (*Phragmites australis*) ou le jonc (*Joncus* sp). L'autre type de traitement est dit à *écoulement horizontal en surface avec plantes flottantes* (HESF) (figure 2.12d). L'eau s'écoule dans une lagune de 60 cm à un mètre de profondeur, où la végétation est composée de plantes flottantes comme la lenticule (*Lemna* sp) et la jacinthe d'eau (*Eichornia crassipes*).

---

23. D'après SQAE-RSA-MENVIQ, 1993; Villeneuve et Maltais, 1994; Villeneuve et Rouleau, 1994.

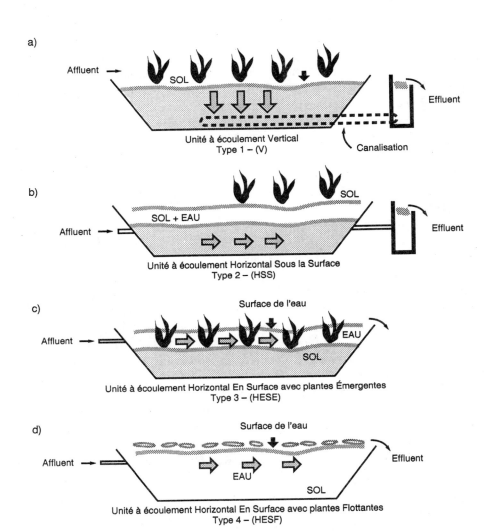

a)

Affluent →

SOL

Effluent

Unité à écoulement Vertical
Type 1 – (V)

Canalisation

b)

SOL

Affluent →

SOL + EAU

Effluent

Unité à écoulement Horizontal Sous la Surface
Type 2 – (HSS)

c)

Surface de l'eau

Affluent →

EAU

SOL

Unité à écoulement Horizontal En Surface avec plantes Émergentes
Type 3 – (HESE)

d)

Surface de l'eau

Affluent →

Effluent

EAU

SOL

Unité à écoulement Horizontal En Surface avec plantes Flottantes
Type 4 – (HESF)

Source : SQAE-RSA-MENVIQ, 1993.

FIGURE 2.12   COUPE SCHÉMATIQUE DE QUELQUES TYPES DE MARAIS
ARTIFICIELS

La charge hydraulique varie habituellement de 10 à 200 litres par mètre carré (L/m^2), avec une moyenne de 80 L/m^2. Les charges polluantes imposées aux systèmes varient de 5 à 40 grammes de DBO$_5$ par mètre carré par jour. Les systèmes à écoulement horizontal en surface avec plantes flottantes (HESF) permettent un enlèvement moyen de 92 % de la DBO$_5$, de 90 % des matières en suspension (MES) et de 80 % du phosphore. Quant aux systèmes à écoulement horizontal en surface avec plantes émergentes (HESE), ils ont habituellement un rendement moindre. Les systèmes hybrides, qui utilisent une combinaison de HESF, de HESE et de HSS, sont très performants pour l'enlèvement de la DBO$_5$ (99 %) et des MES (98 %). En ce qui concerne les bactéries coliformes, la majorité des marais artificiels peuvent les réduire de manière satisfaisante, à des concentrations de rejet dans le milieu qui sont habituellement de 1 000 à 3 000 bactéries/100 ml.

Les propriétés épuratrices des marais, quel que soit le type d'écoulement, dépendent des plantes et des micro-organismes. Dans le cas des marais à écoulement vertical et sous la surface, le sol joue un rôle filtrant fondamental. Quant aux micro-organismes associés au sol, aux racines, ou présents dans l'eau, ils ont un rôle essentiel dans tous les systèmes de marais artificiels car ils consomment la matière organique, nitrifient et dénitrifient l'azote et ils forment des flocs qui facilitent la sédimentation. Les plantes, à cause de leurs racines et de leurs rhizomes, jouent un rôle important dans le maintien de la capacité hydraulique du sol; le déplacement des racines brise le sol, développant ainsi des galeries qui facilitent l'écoulement de l'eau. Par ailleurs, à cause de leur apport en oxygène, les plantes favorisent la croissance des micro-organismes aérobies tout en offrant un support physique pour les micro-organismes.

Comme les autres systèmes de traitement, les marais artificiels posent cependant certains problèmes. Ainsi, la croissance d'autres types de plantes que celles souhaitées peut modifier la performance épuratoire alors que des odeurs peuvent apparaître en présence de décompositions anaérobies. Il faut aussi dire que les marais artificiels sont des lieux qui favorisent la prolifération des insectes, mais cette nuisance est habituellement négligeable. Finalement, la propagation et l'envahissement des milieux naturels par la variété de végétaux implantés dans les marais artificiels n'est pas négligeable. Le cas de la jacinthe d'eau, qui a envahi de nombreux milieux naturels dans les zones tropicales, est un exemple type.

L'épuration des eaux usées par marais artificiels est intéressante pour les petites communautés ou pour un regroupement de quelques maisons. On peut les utiliser tant dans les pays chauds que dans les pays nordiques où l'hiver est très froid.

2.6   Gestion des boues de décantation[24]

Les boues d'épuration, principalement générées par les traitements primaire et secondaire, sont initialement une solution liquide qui contient en moyenne entre 92 et 95 % d'eau à la sortie des décanteurs. De tous les détritus et constituants retirés des eaux usées, les boues sont les plus importantes pour ce qui est du volume.

Parce qu'elles contiennent beaucoup de matière organique non stabilisée ainsi que de nombreux micro-organismes, incluant des pathogènes, les boues doivent faire l'objet de certains traitements qui nécessitent la mise en place d'une infrastructure parfois aussi complexe et coûteuse que le traitement des eaux lui-même. Le traitement des boues vise essentiellement deux objectifs : les stabiliser et réduire leur volume.

Des matières solides et des boues sont produites à toutes les étapes du traitement des eaux mais l'accumulation des boues résulte principalement du traitement primaire (sédimentation des particules plus denses que l'eau ou précipitation chimique par des agents coagulants) ainsi que du traitement secondaire (boues activées, flocs provenant des lits bactériens, des biofiltres, des systèmes de lagunage, etc.). Le volume de boues générées est de l'ordre de 150 kg par 1 000 mètres cubes (1 000 tonnes) d'eau traitée. Les boues primaires sont les plus malodorantes parce que la matière organique qu'elles contiennent est encore fraîche et sujette à une décomposition microbienne active, ce qui occasionne des nuisances olfactives; on dit alors que la matière organique n'a pas été stabilisée (minéralisée) par les micro-organismes. Les boues provenant du traitement secondaire sont initialement moins odorantes, une partie de la matière organique étant décomposée. Toutefois, l'activité microbienne intense qui règne dans ce milieu a tôt fait de produire des odeurs de putréfaction.

---

24. D'après Degrémont, 1979; MENVIQ-MAPAQ, 1991; MENVIQ-MFO-MSSS, 1991.

Le traitement des boues vise à limiter le volume à manipuler en éliminant une partie de l'eau qu'elles contiennent, mais il sert aussi à réduire les nuisances olfactives et à s'assurer de la destruction des micro-organismes pathogènes. Les principaux traitements utilisés sont l'épaississement, la stabilisation et la déshydratation; d'autres traitements complémentaires comme le séchage et le compostage sont possibles. Précisons ici que ces traitements précèdent l'utilisation ou le destin final des boues, que nous verrons plus loin.

L'*épaississement* est utilisé pour accroître la concentration de matières solides dans les boues en enlevant une partie de l'eau qu'elles contiennent. D'une concentration initiale en matières solides (on utilise le terme « siccité ») variant de 0,5 à 3,5 %, on vise à obtenir une concentration de 5 à 10 % après épaississement. Ces boues étant très liquides, on parvient à ce résultat principalement de deux manières, soit par gravité et par flottation. Dans le premier cas, on favorise la sédimentation des boues dans un décanteur similaire à ceux utilisés lors du traitement primaire ou secondaire. La flottation fait appel, dans un premier temps, à l'introduction d'air dans une unité pressurisée qui contient les boues liquides. Lors de la dépressurisation, l'air dissous dans le milieu forme de très petites bulles qui remontent à la surface et entraînent avec elles les particules solides qui sont alors enlevées avec un racleur de surface. D'autres techniques sont utilisées pour épaissir les boues; ce sont les épaississeurs mécaniques (épaississeur à tambour) et les tables d'égouttage.

La *stabilisation* est une étape importante du traitement des boues, car elle a pour but de favoriser la destruction des micro-organismes ainsi que la réduction du potentiel de biodégradation de la matière organique, ce qui diminue considérablement les odeurs. On peut stabiliser les boues de manière chimique ou biologique.

La *stabilisation chimique* se fait habituellement par ajout de chaux vive, ce qui augmente le pH jusqu'à 12 ou plus. Il n'en résulte pas une diminution de la quantité de matière organique, mais un tel pH a une action bactériostatique et bactéricide qui stoppe la croissance microbienne et tue un grand nombre de micro-organismes. Conséquemment, la matière organique ne peut plus être décomposée, ce qui bloque le développement des odeurs.

La *stabilisation biologique* peut se faire par voie aérobie ou anaérobie. La voie *aérobie* favorise l'oxydation de la matière organique et, pour ce faire, on fait appel à un processus similaire à celui des boues activées.

Les boues sont introduites dans un digesteur où elles subissent une aération prolongée, le temps de rétention pouvant atteindre plus de 20 jours. Ce traitement favorise d'abord la réduction de la matière organique, qui est minéralisée par les bactéries, puis une destruction des micro-organismes qui entrent dans une phase de respiration endogène à la fin du traitement, lorsque la quantité de boues ne suffit plus à assurer la croissance microbienne. Rappelons que, lors de la respiration endogène, les micro-organismes utilisent leurs constituants cellulaires ou ceux de micro-organismes morts pour survivre.

Quant à la stabilisation biologique *anaérobie*[25], c'est l'une des plus anciennes formes de traitement des boues et c'est aussi une méthode de stabilisation fréquemment utilisée en Europe. Il a été brièvement question de l'anaérobiose dans les pages précédentes, mais il importe ici de préciser un peu plus ce qui distingue ce type de réaction des processus aérobies. La transformation anaérobie est un processus biologique qui transforme ultimement la matière organique en bioxyde de carbone (gaz carbonique – CO_2), en méthane (CH_4) ainsi qu'en biomasse microbienne. Trois étapes distinctes, faisant intervenir trois groupes microbiens, sont reconnues lors de ce processus. Une première étape implique la transformation par les bactéries hétérotrophes de la matière organique complexe (polysaccharides, protéines, lipides de haute masse moléculaire) en acides aminés, en acides organiques, en alcools, en hydrogène ainsi qu'en gaz carbonique. Dans un deuxième temps, des bactéries dites acétogènes utilisent les produits de la première transformation pour synthétiser principalement de l'acide acétique et de l'hydrogène gazeux. Finalement, un groupe de bactéries, les méthanogènes, utilisent les composés produits lors de la première et de la deuxième étape pour produire du CO_2 et du CH_4 (voir aussi les sections 3.6 et 8.4 pour plus de détails sur la fermentation anaérobie).

Comme nous l'avons vu précédemment, la transformation anaérobie est souvent associée à la production de nuisances olfactives puisque des gaz soufrés ou azotés sont aussi produits. Par ailleurs, les bactéries méthanogènes sont sensibles aux basses températures car elles croissent optimalement à 35 °C et elles exigent une grande concentration de matière organique comme substrat nutritif. Ces deux raisons expliquent pourquoi les eaux usées urbaines ne sont habituellement pas traitées par voie

---

25. Information complémentaire sur la digestion anaérobie tirée de Samson, 1993; Samson et Guiot, 1990.

anaérobie, la température de l'eau étant trop basse et la concentration de matière organique trop faible.

On peut toutefois stabiliser de manière anaérobie les boues épaissies parce qu'elles sont plus concentrées en matière organique que les eaux usées. De plus, le volume des boues à traiter étant beaucoup moindre que celui des eaux usées, il est possible de les placer dans une enceinte isolée où règne une température variant entre 30 et 40 °C. Cette enceinte est fermée, empêchant le dégagement d'odeurs, et si nécessaire on la chauffe afin de maintenir une température optimale. Le traitement anaérobie des boues permet de réduire considérablement la charge polluante, par stabilisation de la matière organique, avec production de biogaz qui renferme jusqu'à 75 % de méthane, un gaz utilisable énergétiquement (la valeur énergétique de ce biogaz est de quelque 22 000 kilojoules/mètre cube, soit environ 60 % de la valeur énergétique du gaz naturel).

Le *conditionnement* des boues est habituellement une étape préparatoire à la déshydratation. Le procédé est essentiellement chimique et se fait par ajout de réactifs minéraux, tels le chlorure ou le sulfate ferrique, ou de polyélectrolytes qui facilitent la séparation ultérieure de l'eau et des matières solides.

La *déshydratation* a comme premier objectif la réduction de la teneur en eau des boues par des moyens mécaniques. Les boues préalablement épaissies, qui ont une siccité variant entre 2 et 10 %, peuvent être déshydratées afin d'accroître leur siccité de 15 à 35 %. L'un des avantages immédiats de la déshydratation est la réduction du volume de boues à manipuler. Les techniques les plus utilisées sont la centrifugation, le filtre à bandes et le filtre-presse. Dans le cas de la *centrifugation*, les boues sont habituellement introduites de manière continue dans un contenant cylindrique en rotation (la centrifugeuse) qui sépare les fractions liquides et solides. La portion solide évacuée de la centrifugeuse a habituellement une siccité variant entre 10 et 35 %. Un *filtre à bandes* est habituellement constitué de deux bandes presseuses qui sont en contact l'une contre l'autre à un certain point et qui sont mues par des tambours rotatifs. La boue est d'abord déposée sur la première bande, poreuse, et l'eau s'en écoule par gravité. Ensuite, une pression est appliquée à l'endroit où les deux bandes viennent en contact, ou encore par l'utilisation de rouleaux presseurs si une seule bande est utilisée. Cette pression force l'évacuation de l'eau. Quant aux *filtres-presses*, ils évacuent l'eau par l'application de fortes pressions. Une membrane filtrante (tissu synthétique) est maintenue en place par un cadre métallique (plateau) carré dont les dimensions varient de 0,8 m sur 0,8 m à 2,0 m sur 2,0 m. Plusieurs dizaines de ces plateaux peuvent être placés les uns contre les autres et la boue à déshydrater est placée contre les membranes filtrantes, retenues par chaque plateau; une pression est alors appliquée contre l'ensemble des plateaux, ce qui force l'expulsion de l'eau. La boue obtenue après déshydratation est un matériau solide, appelé gâteau, que l'on peut tenir dans les mains et qui s'écrase sous la pression des doigts.

Le *séchage* est un traitement assez rare que l'on peut faire subir aux boues avant leur utilisation ou leur destin final. Il permet d'obtenir un matériau presque sans humidité, ayant jusqu'à 90 % de siccité. Un contenu très faible en eau favorise la réduction des boues en granules avant l'incinération ou la valorisation comme fertilisant, les teneurs en azote et en phosphore d'un tel matériau variant respectivement de 2,0 à 4,5 % et de 1,0 à 2,5 %. Le séchage est habituellement fait par voie thermique. Cette méthode entraîne toutefois des coûts importants et c'est pourquoi il est souhaitable de récupérer le flux thermique provenant d'un foyer d'incinération extérieur à la station d'épuration des eaux (incinérateur d'ordures ménagères, par exemple). Une boue séchée est pratiquement inerte et inodore, plus aucune activité microbienne n'étant notée dans un tel milieu.

Le *compostage* des boues est un traitement alternatif qui favorise la valorisation directe des boues sans avoir à les conditionner ou à les sécher. Le compostage est de plus en plus utilisé dans la transformation de diverses biomasses ou matières organiques (voir le chapitre 8 pour le compostage des déjections animales). Le compostage permet une stabilisation de la matière organique par oxydation microbienne, une réduction des odeurs et une destruction des micro-organismes pathogènes. Il est essentiel que le compostage se fasse en aérobiose afin d'éviter le développement de mauvaises odeurs et de permettre au processus de se dérouler adéquatement (voir la section 8.2.2 pour plus de détails sur le compostage).

Après avoir été traitées, les boues peuvent être dirigées vers leur destination finale. On peut se satisfaire de les enfouir avec les ordures domestiques et municipales ou les incinérer, mais la fertilisation des sols agricoles ou forestiers est une possibilité plus intéressante.

La *valorisation agricole* et *sylvicole* des boues est une avenue que l'on retient de plus en plus, compte tenu du fait qu'il s'agit d'un procédé de recyclage des matières nutritives et organiques. Les boues ont un rôle fertilisant et servent aussi comme amendement du sol. Les concentrations en éléments *fertilisants* majeurs (azote et phosphore) peuvent combler partiellement les besoins des cultures ou des milieux forestiers. L'azote inorganique (forme ammoniacale et nitrate) est directement assimilable par les végétaux et représente environ 1,5 % du contenu en matière sèche des boues. En ce qui concerne les formes organiques (environ 3,5 % du contenu en matières sèches), elles ne sont pas directement utilisables par les plantes et elles doivent être décomposées (minéralisées) par les micro-organismes du sol, en ammoniac ou en nitrate, avant leur incorporation dans la biomasse végétale. Quant au phosphore contenu dans les boues (environ 1,5 % du contenu en matières sèches), il se présente surtout sous forme inorganique, une fraction qui est immédiatement assimilable par les plantes. Les boues contiennent également des oligo-éléments (bore, manganèse, cuivre, zinc) ainsi que des éléments secondaires (calcium, magnésium, soufre) qui sont indispensables aux végétaux.

Par ailleurs, à titre d'amendement organique, les boues servent à équilibrer le bilan humique du sol (concentration en humus – matière organique partiellement minéralisée), ce qui contribue au maintien de la structure du sol, à lui donner une capacité de rétention hydraulique tout en favorisant l'activité biologique essentielle à une bonne croissance végétale. Les boues qui ont été stabilisées avec de la chaux servent de plus à corriger l'acidité des sols agricoles dans les régions où ceux-ci ont tendance à s'acidifier.

Il ne faut cependant pas négliger certains problèmes potentiels. La présence en trop forte concentration de certains *métaux* (cuivre, zinc, cadmium, cobalt, chrome, mercure et quelques autres) peut se révéler toxique pour les plantes et ceux qui les consomment. On admet généralement que la présence de ces métaux dans les boues ne représente pas un danger mais il est nécessaire de les doser à chaque fois afin de ne pas dépasser les concentrations admises pour la fertilisation des sols. Les boues peuvent aussi contenir des *composés organiques* dangereux ou toxiques, comme des pesticides, des polychlorobiphényles (PCB), des phénols ou des hydrocarbures. Plusieurs de ces substances se dégradent peu et sont très toxiques. Les concentrations de ces substances sont habituellement très faibles mais un suivi est essentiel. On doit aussi faire attention aux boues dites chimiques, c'est-à-dire celles qui sont obtenues à la suite de l'ajout d'additifs favorisant la floculation ou la précipitation; la présence d'additifs peut aussi représenter un risque. Finalement, la présence de *micro-organismes pathogènes* limite l'utilisation des boues mais, après l'épandage des boues, ces micro-organismes ne survivent pas longtemps

113

dans le sol, à cause des conditions physico-chimiques qui leur sont défavorables. Pour ces raisons on n'utilise les boues d'épuration que sur les cultures non destinées à la consommation humaine directe. Les cultures maraîchères et les vergers fruitiers sont donc exclus. De plus, après l'épandage, on interdit la circulation sur les sols traités pendant un certain temps.

Faute de les valoriser comme fertilisant ou amendement, les boues peuvent être utilisées pour réhabiliter des lieux dégradés par des activités humaines. La revégétation des gravières, des sablières ou des sols miniers peut être favorisée par l'épandage des boues afin de permettre l'enracinement et la croissance de la végétation servant à recouvrir ces lieux dégradés. Évidemment, des considérations économiques peuvent limiter cette utilisation, surtout si les boues doivent être transportées sur de grandes distances.

Dans l'ensemble des stations d'épuration, seulement 30 à 35 % des boues sont valorisées, la majeure partie étant enfouie avec les déchets ou incinérée sans récupération de l'énergie thermique générée. Des efforts doivent donc être entrepris afin d'accroître cette proportion, surtout dans l'optique d'une valorisation qui s'inscrit dans un contexte de recyclage des éléments.

2.7 Élimination des odeurs[26]

La collecte et le traitement des eaux usées sont habituellement à l'origine de nuisances olfactives. Les eaux usées sont en effet chargées en matières organiques, en composés azotés et soufrés qui peuvent induire la formation d'odeurs qu'il faut éliminer, surtout dans les milieux urbains.

Les *composés soufrés* forment la majorité des molécules responsables des mauvaises odeurs. On y retrouve surtout les mercaptans (odeur de chou en décomposition ou d'ail) et de l'hydrogène sulfuré (H_2S, odeur sulfureuse d'œuf cuit). La présence de ces molécules malodorantes est favorisée par des conditions anaérobies où des bactéries réduisent le sulfate et les composés organiques soufrés (acides aminés, détergents) en

---

26. D'après Martin et Laffort, 1991; Metcalf & Eddy, 1991.

H_2S ou en mercaptans. On peut aussi signaler que le H_2S, qui se dégage sous forme gazeuse, peut se condenser en acide sulfurique et attaquer le béton ou l'acier des équipements des stations d'épuration.

Les *composés azotés* peuvent aussi être à l'origine de nuisances olfactives. En assainissement urbain une partie de l'azote provient de l'urine et une autre de la dégradation biologique des protéines et des acides aminés. Lors de la décomposition biologique de ces composés, des substances comme l'ammoniac et des amines (odeurs piquantes, de poisson avarié ou en décomposition) sont produites. En plus faibles quantités, il peut y avoir formation d'indole (odeur fécale nauséabonde) ainsi que de cadavérine et de putrescine (odeur putride de viande en décomposition); ces substances sont produites à la suite de la décomposition anaérobie de certains acides aminés.

D'autres composés, comme des acides gras volatils (AGV), des aldéhydes, des alcools ou des cétones sont parfois responsables de nuisances. Parmi les AGV les plus malodorants, mentionnons l'acide butyrique (odeur de beurre rance) et l'acide valérique (odeur de sueur, de transpiration).

Le *contrôle* des odeurs dans une station d'épuration implique plusieurs démarches dont la mise en place de procédures. La première mesure préventive est cependant de construire une station à une distance raisonnable des lieux habités. À l'intérieur de la station, l'accroissement de l'aération des eaux et une réduction de la charge organique sont aussi des exemples de mesures préventives. Tout mauvais fonctionnement dans le processus d'épuration, notamment la présence de zones anaérobies, est un facteur à ne pas négliger. Au delà de ces actions, il faut habituellement aspirer l'air et le traiter avant de le rejeter à l'extérieur (dans le cas de stations de traitement en enceinte fermée). Le traitement se fait de manière physique, chimique ou biologique et il est semblable aux méthodes utilisables pour l'enlèvement des odeurs de fumier (voir le chapitre 4) ou des polluants atmosphériques (chapitre 6). Dans ce contexte, seul un survol rapide de la question est présenté ici.

Parmi les méthodes qui permettent d'enlever les molécules responsables des odeurs, le *lavage* par une solution aqueuse est couramment employé. C'est une opération dont le concept est relativement simple et qui consiste à transférer les composés malodorants d'une phase gazeuse à une phase liquide (transfert gaz-liquide). On peut faire varier le pH, ajouter des oxydants ou des solvants (dans le cas où les gaz malodorants sont peu solubles dans l'eau) afin de favoriser ce transfert. L'air à traiter est généralement introduit à la base d'une tour de lavage et se déplace de bas en haut. De l'eau, contenant ou non des additifs, est introduite en haut de la tour et « lave » les gaz à contre-courant. L'eau dans laquelle se dissolvent les composés odorants doit, par la suite, faire l'objet d'un traitement.

L'*adsorption* de molécules sur des surfaces solides est une autre technique fréquemment retenue; c'est le transfert gaz-solide (voir section 6.5.2). Une des méthodes les plus répandues utilise le charbon actif pour l'adsorption des molécules. On peut aussi employer de la terre, de la tourbe ou du compost comme agent d'adsorption. Des composés synthétiques sont aussi utilisés; ce sont les résines adsorbantes (polyéthylènes chargés de sulfate de fer, par exemple) et les résines échangeuses d'ions. La plupart des adsorbants peuvent être régénérés, soit à la chaleur soit par lavage avec des solutions acides et (ou) basiques ainsi qu'avec des solvants.

On peut aussi effectuer une *bioépuration* des gaz (biodésodorisation). Les molécules odorantes sont acheminées vers un biofiltre qui contient des micro-organismes capables de les décomposer. Les caractéristiques de cette technologie seront décrites aux sections 6.7 et 8.1.3.

2.8 Les techniques d'assainissement autonome[27]

On parle habituellement d'assainissement autonome lorsque les rejets d'eaux usées ne sont pas raccordés à un réseau d'égout. Dans le cas d'une résidence isolée, on peut plus précisément parler d'assainissement individuel, alors que dans le cas d'un regroupement de maisons on peut employer l'expression assainissement semi-collectif. Dans cette section, on décrit plus précisément les techniques d'assainissement individuel, l'assainissement semi-collectif étant similaire à celui utilisé pour les petites municipalités (marais artificiels, épandages souterrains, filtres intermittents, etc. – section 2.5.3).

Dans la majorité des pays du monde, même les plus démunis, des lieux sont habituellement réservés pour le confinement ou le traitement des

---

27. D'après Metcalf & Eddy, 1991; SQAE-ERT-MENVIQ, 1992; Tebbutt, 1992; Valiron, 1989.

matières fécales. L'existence de ces lieux est habituellement d'une importance capitale, notamment dans les secteurs où l'approvisionnement en eau potable représente certains risques de contamination. Il est primordial que ces sources d'eau soient protégées de la contamination par les matières fécales, surtout dans les pays en développement où la chaleur favorise le développement rapide des micro-organismes pathogènes.

Le mode de confinement le plus simple des matières fécales et de l'urine est probablement l'utilisation de la *latrine sèche* (toilette sèche) que l'on retrouve dans plusieurs régions du tiers monde ainsi que dans certains terrains de camping ou près de résidences et chalets isolés dans les pays industrialisés. On creuse un trou d'environ un mètre carré de surface par deux à quatre mètres de profondeur. Une construction de protection rudimentaire, habituellement en bois, est érigée au-dessus du trou. Puisqu'un volume de 0,06 à 0,1 m³/an est nécessaire pour chaque individu qui l'utilise de manière continue, la vie utile d'une latrine sèche peut être de plusieurs années. On peut aussi favoriser le *compostage* des fèces, ce qui, dans les meilleures conditions, permet de détruire les germes pathogènes tout en générant un produit utilisable pour les cultures. L'activité des micro-organismes responsables du compostage est favorisée par l'ajout régulier de matières carbonées (feuilles, herbes, paille) et le processus dure quelques mois. Dans plusieurs pays en développement, on utilise aussi des latrines « humides » en ajoutant régulièrement de l'eau dans l'excavation. Le mélange de matières fécales et d'eau étant confiné dans un digesteur fermé, cela favorise l'activité des micro-organismes anaérobies et génère du *biogaz* contenant du méthane. En ajoutant les déjections des animaux domestiques on peut produire assez de biogaz pour fournir de l'énergie pour l'éclairage du logement ou le fonctionnement d'un poêle à gaz.

En ce qui concerne les procédés plus complexes, le plus connu est sans doute la *fosse septique*. Ce type de traitement est habituellement obligatoire pour toutes les résidences isolées des pays industrialisés. Toutefois, la fosse septique comme telle n'est qu'une étape de traitement des eaux usées domestiques, puisqu'elle devrait être suivie d'un dispositif de polissage de l'effluent assurant l'épuration finale, soit par filtration par le sol, soit par biofiltration.

Le traitement des eaux usées d'une résidence isolée est essentiel, compte tenu de la charge polluante de ces rejets. La charge polluante d'une résidence unifamiliale des pays industrialisés est en moyenne, aux États-Unis, de 400 mg/L de DBO$_5$, de 440 mg/L de matières en suspension alors que le nombre de bactéries coliformes est d'environ 100 millions par 100 ml. On comprendra ici l'importance d'un dispositif de polissage de l'effluent en considérant le fait qu'il reste encore 140 mg/L de DBO_5 et 75 mg/L de MES dans l'effluent de la fosse septique.

La fosse septique est souterraine et généralement fabriquée en béton ou en fibre de verre; son volume est habituellement de plusieurs milliers de litres. En fait, la dimension de la fosse dépend de l'utilisation prévue, mais le volume effectif doit correspondre à plusieurs jours de rejet d'eaux usées. La fosse est premièrement conçue pour décanter les matières en suspension plus denses que l'eau, alors que les huiles et les graisses s'accumulent en surface et peuvent être recueillies avec un dispositif spécial. Par ailleurs, la fosse septique est aussi le lieu d'une digestion anaérobie de la matière organique qui s'accompagne de la formation de gaz tels que le méthane (CH_4), le bioxyde de carbone (CO_2) et l'hydrogène sulfuré (H_2S). Bien que le temps de rétention de l'eau soit restreint (de un à quelques jours), les boues sédimentées séjournent dans la fosse pendant plusieurs années, ce qui permet une décomposition complète de la matière organique qu'elle contient. On sait cependant qu'à une température inférieure à 10 °C le processus de dégradation microbien est pratiquement inhibé, ce qui accroît le temps requis pour minéraliser la matière organique dans les pays froids. L'accumulation des boues étant d'environ 0,05 m^3 (50 litres) par personne par année, on doit normalement faire une vidange de la fosse à tous les 2 à 3 ans afin de ne pas la surcharger.

La performance épuratoire des fosses septiques peut être accrue par l'ajout de dispositifs annexes installés à l'exutoire de la fosse. On peut utiliser des tamis ou des décolloïdeurs qui assurent la rétention des matières en suspension non décantées. Il est aussi possible de remplacer la fosse septique traditionnelle par des fosses opérant dans des conditions aérobies plutôt qu'anaérobies. Les conditions aérobies assurent théoriquement un rendement épuratoire supérieur mais on observe cependant de grandes variations.

Comme il a été mentionné précédemment, il est nettement souhaitable que l'eau traitée par une fosse septique ne soit pas directement rejetée dans un cours d'eau ou un lac, sa charge en matière organique et en bactéries étant encore trop élevée; on choisit habituellement une filtration par le sol avec un système simple formé de tuyaux perforés dans le sol près de la résidence ou de la fosse. On peut aussi faire traiter l'effluent de la fosse avec un filtre à sable ou avec un biofiltre à base de tourbe.

On peut globalement constater que les technologies utilisables pour le traitement des eaux usées se résument à l'application de quelques grands principes (décantation, filtration, transformation microbienne, etc.). Toutefois, les adaptations sont multiples au point que peu de stations de traitement des eaux dans le monde sont identiques. Les technologies de base sont adaptables et malléables et permettent une adaptation aux besoins les plus spécifiques.

Dans un autre ordre d'idée, on doit mentionner que le traitement des eaux usées n'est pas appliqué à l'ensemble de la planète. De grandes agglomérations de certains pays industrialisés n'ont encore aucun système de traitement des eaux d'égout et dans les pays en développement le travail à faire est encore plus important. On devra cependant se résoudre à investir les sommes nécessaires car il en va de la santé des citoyens des villes ou des pays qui ne traitent pas leurs eaux usées. L'insalubrité conduit trop souvent au déclenchement de maladies comme la fièvre typhoïde ou, par exemple, à l'apparition d'épidémies localisées de choléra. En considérant le fait que chaque année des centaines de millions de personnes sont malades après avoir ingéré de l'eau contaminée, il est nécessaire de passer à l'action.

Références bibliographiques

Bélanger, G. (1994). *Un biofiltre à base de tourbe pour le traitement des eaux usées des petites municipalités*. Québec, Centre québécois de valorisation de la biomasse (CQVM), fiche technique n° U-94-04.

Buelna, G. et Bélanger, G. (1991). « Biofiltration à base de tourbe pour le traitement des eaux usées de petites municipalités ». *Sciences et techniques de l'eau*, 23 : 259-264.

Buelna, G., Hardy, M.J., Savard, S., Tse Hing Yuen, T.L.S. et Kowal, S. (1994). « Traitements des rejets chimiques toxiques par biofiltration sur support organique : études de laboratoire ». Dans W.D. Gould, L. Lortie et D. Rodrigue (éditeurs), *Compte rendu de Biominet*. Ministère des Ressources naturelles, Gouvernement du Canada, p. 147-169.

Ceccaldi, P. (1993). « Stations d'épuration, la nouvelle génération ». *Biofutur*, n° 129 : 42-43.

Champoux, A. et Toutant, C. (1988). *Éléments d'hydrologie*. Québec, le Griffon d'Argile, 262 p.

Chevalier, P. (1990). *La tourbe : revue de littérature pour un projet sur la microbiologie des biofiltres*. Document remis au Centre de recherche Premier, Tourbières Premier, Rivière-du-Loup, Québec, 34 p.

Chevalier, P. (1995). *Gestion de l'environnement en milieux urbain et industriel*. Sainte-Foy, Télé-université et Sainte-Foy, Presses de l'Université du Québec, 577 p.

Comeau, Y. (1990a). « La déphosphatation biologique : métabolisme microbien ». *Sciences et techniques de l'eau*, vol. 23, n° 1 : 47-60.

Comeau, Y. (1990b). « La déphosphatation biologique : procédés et conception ». *Sciences et techniques de l'eau*, vol. 23, n° 2 : 199-219.

CQVB (1994). *Vers une diversification des utilisations de la tourbe au Québec. 1 : les biofiltres*. Québec, Centre québécois de valorisation de la biomasse (CQVB), 12 p.

Degrémont (1979). *Les eaux résiduaires urbaines*. France, Degrémont, 68 p.

De la Noüe, J., Laliberté, G. et Proulx, D. (1992). « Algae and waste water ». *Journal of Applied Phycology*, 4 : 247-254.

De la Noüe, J. et de Pauw, N. (1988). « The potential of microalgae biotechnology : A review of production and uses of microalgae ». *Biotechnology Advances*, 6 : 725-770.

De la Noüe, J. et Proulx, D. (1986). « Intérêt des biomasses d'algues et d'invertébrés obtenues par recyclage ». *Entropie* (revue internationale de science et techniques nouvelles en énergétique, génie chimique et génie biologique), n° 130/131 : 17-32.

DRAPEAU, A. et JANKOVIC, S. (1977). *Manuel de microbiologie de l'environnement*. Genève, Organisation mondiale de la santé, 251 p.

DUBÉ, J.P., CHÉNIER, R. et ROY, C. (1994). « La mise au point de filières de traitement à base de tourbe pour l'assainissement autonome des eaux usées domestiques au Québec : état de la pratique. Deuxième partie : l'expérience d'Hydro-Québec ». *Sciences et techniques de l'eau*, vol. 27, n° 3 : 61-64.

FORSTER, C.F. (1985). *Biotechnology and Wastewater Treatment*. Cambridge UK, Cambridge University Press, 376 p.

HORAN, N.J. (1990). *Biological Wastewater Treatment Systems*. United Kingdom, John Wiley & Sons, 310 p.

LAVALLÉE, P. et LESSARD, P. (1984). « Importance de la contamination des débordements de réseau unitaire ». *Sciences et techniques de l'eau*, 17 : 353-357.

MARTIN, G. et LAFFORT, P. (coordonnateurs) (1991). *Odeurs et désodorisation dans l'environnement*. Paris, Technique et documentation Lavoisier, 452 p.

MENVIQ-MAPAQ (1991). *Valorisation agricole des boues de stations d'épuration des eaux usées municipales*. Ministère de l'Environnement (MENVIQ), ministère de l'Agriculture, des Pêcheries et de l'Alimentation (MAPAQ), Gouvernement du Québec, 91 p.

MENVIQ-MFO-MSS (1991). *Valorisation sylvicole des boues de stations d'épuration des eaux usées municipales*. Ministère de l'Environnement (MENVIQ), ministère des Forêts (MFO), ministère de la Santé et des Services sociaux (MSS), Gouvernement du Québec, 83 p.

METCALF & EDDY INC. (1991). *Wastewaters Engineering*. McGraw-Hill, 3e édition, 1300 p.

MEUNIER, C., ROGALLA, F., ARGENSON, A. et BADARD, M. (1994). « Utilisation de la biofiltration pour l'enlèvement de l'azote ». *Sciences et techniques de l'eau*, vol. 27, n° 1 : 29-34.

OSWALD, W.J. (1988). « Micro-algae and waste-water treatment ». Dans A. Borowitzka et L.J. Borowitzka (éditeurs), *Micro-algae Biotechnology*. Cambridge UK, Cambridge University Press.

PERROT, J.Y. (1993). « Désinfection des eaux résiduaires urbaines par les ultraviolets : des nouveautés technologiques ». *L'eau, l'industrie, les nuisances*, n° 165 : 55-57.

PINEAU, M. (1993). *Étude de performance d'un biofiltre à lit ruisselant pour l'enlèvement des composés carbonés et azotés d'eaux usées domestiques*. Mémoire présenté pour l'obtention du grade de maître ès sciences, Sainte-Foy, Université Laval, 117 p. + annexes.

PINEAU, M. et LESSARD, P. (1994). « Procédés de biofiltration et applications au Québec ». *Sciences et techniques de l'eau*, vol. 27, n° 1 : 13-16.

121

Proulx, D., Lessard, P. et de la Noüe, J. (1994). « Traitement tertiaire d'un effluent domestique secondaire par culture intensive de la cyanobactérie *Phormidium bohneri* ». *Environmental Technology,* 15 : 449-458.

Proulx, D., de la Noüe, J. (1985). « Growth of *Daphnia magna* on urban wastewaters tertiarily treated with *Scenedesmus* sp ». *Aquacultural Engineering,* 4 : 93-111.

Rousseau, P. (1994). « Mise en route d'une station de traitement des eaux usées par biofiltration à lit ruisselant ». *Sciences et techniques de l'eau,* vol. 27, n° 1 : 39-50.

Roux, J.C., Fourest, E. et Milande, N. (1993). « Le champignon prise le métal ». *Biofutur,* n° 129 : 46-48.

Samson, R. (1993). *Une place pour la digestion anaérobie dans le traitement des effluents et déchets au Québec.* Québec, Centre québécois de valorisation de la biomasse (CQVM), 20 p.

Samson, R. et Guiot, S. (1990). *Les nouveaux secteurs à fort potentiel de développement en digestion anaérobie.* Québec, Centre québécois de valorisation de la biomasse (CQVM), 147 p.

Scriban, R. (1993). *Biotechnologie.* 4e édition, Paris, Technique et documentation Lavoisier, 904 p.

Sevrin-Reyssac, J. et Proulx, D. (1995). « Les eaux usées, source de biomasse ». *Biofutur,* mars : 15-23.

SQAE-BPR-MENVIQ (1992a). *Étude de techniques de remplacement applicables à l'assainissement des eaux usées de petites agglomérations : étangs aérés non conventionnels.* Société québécoise d'assainissement des eaux (SQAE), Consultants BPR, Québec, ministère de l'Environnement (MENVIQ), 85 p. + annexes.

SQAE-BPR-MENVIQ (1992b). *Étude de techniques de remplacement applicables à l'assainissement des eaux usées de petites agglomérations : disques biologiques.* Société québécoise d'assainissement des eaux (SQAE), Consultants BPR, Québec, ministère de l'Environnement (MENVIQ), 125 p. + annexes.

SQAE-ERT-MENVIQ (1992). *Étude de techniques de remplacement applicables à l'assainissement des eaux usées de petites agglomérations : les épandages souterrains et les filtres intermittents dans les installations septiques communautaires.* Société québécoise d'assainissement des eaux (SQAE), Consultants ERT environnement, Québec, ministère de l'Environnement (MENVIQ), 315 p. + annexes.

SQAE-BPR-MENVIQ (1993). *Étude de techniques de remplacement applicables à l'assainissement des eaux usées de petites agglomérations : réacteurs biologiques séquentiels.* Société québécoise d'assainissement des eaux (SQAE), Consultants BPR, Québec, ministère de l'Environnement (MENVIQ), 135 p. + annexes.

SQAE-RSA-MEMVIQ (1993). *Étude de techniques de remplacement applicables à l'assainissement des eaux usées de petites agglomérations : systèmes de traitement des eaux usées par marais artificiels.* Société québécoise d'assainissement des eaux (SQAE), Consultants RSA, Québec, ministère de l'Environnement (MENVIQ), 200 p. + annexes.

TALBOT, P. et BÉLANGER, G. (1994). « La mise au point de filières de traitement à base de tourbe pour l'assainissement autonome des eaux usées domestiques au Québec : état de la pratique. Première partie : l'expérience de Premier ». *Sciences et techniques de l'eau,* vol. 27, n° 3 : 56-61.

TEBBUTT, T.H.Y. (1992). *Principles of Water Quality Control.* Oxford, UK, Pergamon Press, 251 p.

VALIRON, F. (1989). *Gestion des eaux.* Paris, Presse de l'École nationale des ponts et chaussées, 505 p.

VAN COILLIE, R., DE LA NOÜE, J., THELLEN, C. et POULIOT, Y. (1990). « Traitement tertiaire d'eaux usées municipales par culture de *Scenedesmus* sp en installation pilote ». *Revue des sciences de l'eau,* 3 : 441-455.

VILLENEUVE, R. et MALTAIS, P. (1994). « Conception de systèmes de traitement des eaux usées municipales québécoises à partir de marais artificiels ». *Sciences et techniques de l'eau,* vol. 27, n° 3 : 45-54.

VILLENEUVE, R. et ROULEAU, S. (1994). « Le traitement des eaux usées par marais artificiels ». *Envirotech,* vol. 1, n° 6 : 18-19.

Chapitre 3

Les effluents industriels

Christian Bouchard
Département de génie civil, Université Laval

Historiquement, beaucoup d'entreprises ont installé leurs usines à proximité d'une rivière ou d'un fleuve afin d'en faciliter l'approvisionnement en eau et pour pouvoir y rejeter leurs eaux résiduaires. Pendant longtemps, les eaux usées ont été rejetées sans traitement, sans que l'on se soucie réellement des conséquences que de telles pratiques pouvaient avoir sur l'environnement aquatique. Dans plusieurs pays, cette situation change car les pressions qui forcent ou incitent l'industrie à réduire la pollution des cours d'eau sont de plus en plus fortes. Dans ce contexte, les mesures préventives et correctrices de la pollution occasionnée par les effluents industriels revêtent une grande importance. Dans ce chapitre, on ne tentera pas de couvrir tous les secteurs industriels mais on présentera plutôt les principes qui guident la prévention de la pollution par les eaux usées industrielles ou leur épuration avant le rejet dans le milieu récepteur. On s'efforcera d'utiliser les principes présentés dans le chapitre 2, qui porte sur les effluents urbains, en indiquant lesquels s'appliquent ou ne s'appliquent pas au secteur industriel et on les complétera avec ceux propres au secteur industriel. On abordera tout d'abord les principaux usages industriels de l'eau et les caractéristiques des effluents industriels; la prévention de la pollution des eaux dans l'industrie est ensuite présentée et, enfin, les procédés d'épuration des eaux usées industrielles seront discutés.

3.1   Usages de l'eau dans l'industrie

Avant de préciser les caractéristiques des eaux usées industrielles, il est important de savoir à quoi sert l'eau dans l'industrie pour comprendre comment elle se contamine. De manière générale, l'industrie transforme des matières premières en biens divers et pour cela elle utilise des procédés de transformation, de la main-d'œuvre, de l'énergie et des ressources naturelles comme l'eau et l'air. Même si la consommation d'eau dans l'industrie varie beaucoup d'un secteur à un autre et d'une usine à une autre, il n'en demeure pas moins que l'eau joue un rôle très important dans la production industrielle. À titre d'exemple, mentionnons qu'au Québec, environ 100 tonnes d'eau sont consommées pour produire une tonne de pâte à papier (MEF, 1994a).

La consommation d'eau dans l'industrie est favorisée par diverses caractéristiques. En effet, l'eau est un *très bon solvant* et sert à préparer toutes sortes de solutions qui sont utilisées dans la production industrielle (teintures, bains de placage, saumures, etc.). L'eau sert aussi aux lavages (ajout de produits chimiques tels que détergents, acides ou bases) et aux rinçages des surfaces solides. Mentionnons, par exemple, le rinçage des produits finis ou des produits intermédiaires tels que les textiles après teinture ou les pièces métalliques après peinture. Le rinçage et le nettoyage des planchers et des équipements sont aussi effectués dans bien des cas avec de l'eau. L'eau peut aussi servir à laver des gaz de la même manière que l'eau de pluie absorbe une partie des contaminants particulaires et gazeux de l'atmosphère (voir le chapitre 6).

L'eau conduit relativement bien la chaleur, ce qui en fait un *bon fluide caloporteur*. Ainsi, elle peut servir à refroidir des lingots de métal ou les carcasses de volailles à la fin d'une chaîne d'abattage. On l'utilise aussi pour évacuer la chaleur dégagée lors du défibrage mécanique du bois dans une usine de pâtes et papiers et lors de l'usinage des métaux dans l'industrie de transformation des métaux (fluides de coupe). Dans une tour de refroidissement, on utilise l'énergie de vaporisation de l'eau pour refroidir un fluide réfrigérant. Dans un condenseur, on peut utiliser l'eau pour faire passer un fluide de l'état gazeux à l'état liquide. L'eau peut aussi servir à transporter de l'énergie thermique : elle est chauffée et vaporisée dans une chaudière pour ensuite servir de source de chaleur. L'eau est également utilisée comme véhicule pour les solides (transport des viscères dans un abattoir, par exemple) et pour maintenir une pression ou chasser un autre fluide (exploitation pétrolière). Finalement, elle peut entrer dans la composition des produits finis, comme dans l'industrie des boissons (bières, jus, etc.).

L'eau a donc de multiples usages au cours desquels elle peut entrer en contact avec différents contaminants qui peuvent être liquides, solides ou gazeux. On parle alors d'*eaux usées contaminées* ou d'*eaux de procédés*, par exemple :

– les eaux de lavage;
– les eaux de refroidissement par contact direct;
– les eaux de purges (chaudières, tours de refroidissement, etc.);
– les vidanges de réacteurs, de réservoirs ou de conduites contenant des solutions aqueuses ou des produits solubles dans l'eau.

D'autres eaux, qui sont utilisées ou qui transitent dans les usines, sont toutefois considérées comme *non contaminées*, par exemple :

– les eaux de refroidissement indirect (le transfert de chaleur est réalisé au travers d'une paroi qui sépare le fluide réfrigérant du fluide à réfrigérer, comme dans un échangeur de chaleur par exemple);
– certains condensats;
– des eaux de drainage (toits, terrains non contaminés).

Les eaux usées contaminées doivent être traitées avant leur rejet au milieu récepteur, tandis qu'*à priori*, les eaux usées non contaminées peuvent être directement recyclées ou rejetées au milieu récepteur.

3.2 Caractérisation des eaux usées industrielles

Dans les paragraphes qui suivent, la qualité des eaux usées industrielles est présentée et comparée avec celle des eaux usées urbaines; la procédure de caractérisation des eaux usées industrielles est brièvement abordée.

3.2.1 Variations des caractéristiques

La contamination de l'eau à travers les opérations industrielles varie d'un secteur industriel à un autre et d'une usine à une autre à l'intérieur d'un même secteur industriel, selon l'âge de l'entreprise et les technologies employées. De plus, la qualité et la quantité des eaux usées varient souvent durant un cycle industriel; on distingue généralement les périodes de production (effluents concentrés), et les périodes de lavage (effluents dilués). De plus, l'exploitation d'une entreprise industrielle, et donc le rejet d'eaux usées, peut être continue (24 heures par jour et ce toute l'année), discontinue (arrêt la nuit ou la fin de semaine) ou saisonnière, comme dans le cas de certaines conserveries de fruits et de légumes. Une usine peut également varier son rythme ou son type de production en fonction de la demande et de l'état du marché; tous ces changements ont des impacts significatifs sur la qualité des eaux usées. Alors que la qualité et la quantité des eaux usées urbaines sont relativement prévisibles, les caractéristiques des eaux usées industrielles et leur évolution temporelle sont souvent très difficiles à prévoir. Cette particularité des effluents industriels doit être prise en compte dans toutes les actions qui les visent.

3.2.2 **Principaux contaminants**

Il est évidemment impossible de dresser une liste exhaustive de tous les contaminants que l'on peut retrouver dans les effluents industriels, étant donné la diversité des procédés et des produits employés. Les contaminants potentiels des eaux usées industrielles sont regroupés dans différentes classes. De manière générale, la classification peut être faite par secteur industriel, par procédé de traitement ou selon la nature du contaminant. Le premier type de classification (Nemerov, 1978, et *Development documents for effluent limitations guidelines* du US EPA[1]) est très utile, mais il est également très difficile à tenir à jour en raison de l'évolution technologique industrielle. Le deuxième type de classification regroupe les contaminants selon leur mode de séparation ou de transformation (Degrémont, 1989) : composés adsorbables, séparables par précipitation, biodégradables, etc. Le troisième type de classification fait appel à différentes propriétés physiques, chimiques et biologiques des contaminants (Patterson, 1985; Metcalf & Eddy, 1991; Eckenfelder, 1989). Une classification intermédiaire entre les types 1 et 2, adaptée de Metcalf & Eddy (1991), est proposée à la figure 3.1. Dans cette classification, les critères de tri utilisés sont la taille des particules, leur nature organique ou inorganique, leur

---

1. Ces documents correspondent à une série d'études du US EPA (Agence de protection de l'environnement des États-Unis) sur les eaux usées industrielles. Chaque étude porte sur un secteur industriel et traite des caractéristiques des effluents de ce secteur et de leur épuration. Ces études portent aussi sur les mesures de prévention de la pollution propres à chaque secteur.

biodégradabilité et leur toxicité. En ce qui concerne la taille des particules, trois classes sont distinguées dans cette figure 3.1 :

- les *matières en suspension*, qualifiant des particules ayant une taille supérieure à 1 µm; mentionnons que celles dont la taille est supérieure à 100 µm sont généralement considérées comme *décantables* alors que les plus petites sont non décantables (voir section 3.5.5);
- les *colloïdes*, dont la taille est comprise entre 10^{-3} µm et 1 µm, qui sont des agrégats de molécules ou des macromolécules;
- les *solutés*, dont la taille est inférieure à 10^{-3} µm et qui sont des petites molécules.

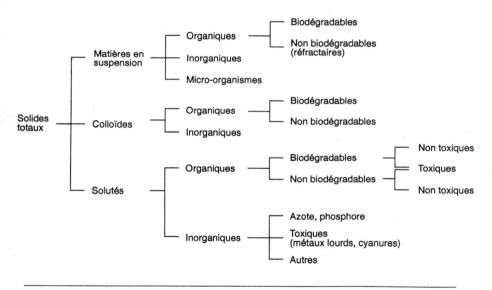

Source : SQAE-RSA-MENVIQ, 1993.

FIGURE 3.1   CLASSIFICATION DES CONTAMINANTS DANS LES EFFLUENTS

Comme dans le cas des effluents urbains, on utilise également les *propriétés physiques globales* pour décrire la qualité d'un effluent industriel. Mentionnons ici les principales :

- la *couleur* : présence de colloïdes et de solutés (exemple : pigments dans les effluents de teinturerie);

- la *turbidité* : cette propriété est reliée à la concentration en matières en suspension;
- la *température* (à noter ici que la température des effluents industriels peu varier de 0 à plus de 80 °C);
- la *conductivité*, qui est parfois utilisée pour mesurer indirectement la teneur en ions d'un effluent industriel qui peut atteindre plusieurs dizaines de milliers de mg/L (industrie de placage par exemple).

Le contenu en *matière organique* des effluents industriels peut être caractérisé par la *demande biologique en oxygène* (DBO), par la *demande chimique en oxygène* (DCO) et par le *carbone organique total* (COT). La DBO et la DCO sont deux mesures indirectes des matières organiques contenues dans les eaux usées et évaluées en fonction de la quantité d'oxygène consommé lors de son oxydation microbiologique ou chimique. La DBO[2] rend compte uniquement de la fraction biodégradable de la matière organique, alors que la DCO rend compte de toute la matière organique chimiquement oxydable. La DCO est donc nécessairement supérieure ou égale à la DBO. Le rapport DBO/DCO est d'environ 1/2 pour les effluents urbains tandis qu'il peut être nettement inférieur à cette valeur pour les effluents industriels, en particulier ceux qui contiennent des substances *non biodégradables*, aussi appelées *réfractaires* (figure 3.1).

Les effluents industriels se différencient aussi des effluents urbains par la présence :
- de *substances toxiques* : métaux lourds (placage métallique), cyanures (industrie minière; industrie du placage), substances organiques toxiques (industrie chimique);
- d'*oxydants* (chlore par exemple) ou de *réducteurs* inorganiques;
- d'*acides* ou d'*alcalins* forts (le pH d'un effluent industriel peut être inférieur à 3 ou supérieur à 11;
- d'*huiles* et de *graisses* végétales, animales ou minérales;
- de *substances très réactives* (industrie des explosifs) ou *radioactives*;
- de *composés organiques volatils* plus ou moins toxiques.

Il n'existe pas de liste universelle des contaminants toxiques, mais la liste des 129 *polluants toxiques prioritaires* du US EPA est celle à laquelle on fait souvent référence en Amérique du Nord.

---

2. La présence de substances toxiques peut grandement fausser la mesure de la DBO en inhibant ou en retardant le développement bactérien.

3.2.3 **Campagne de caractérisation**

Une campagne de caractérisation vise, de manière générale, à déterminer certaines propriétés d'une eau usée à l'aide d'analyses d'échantillons
et de mesures physiques représentatifs. De manière plus spécifique, une
campagne de caractérisation peut être requise pour :
- fournir les données nécessaires à la conception d'un système de traitement des eaux usées;
- vérifier le respect des normes, c'est-à-dire faire un suivi de la qualité des
effluents tel que cela est demandé par les autorités gouvernementales;
- élaborer des mesures de prévention de la pollution à la source;
- détecter des déversements accidentels qui affectent la qualité des effluents industriels.

Les principales étapes de la réalisation d'une campagne de caractérisation sont :
- la définition des objectifs;
- la planification et la préparation;
- l'échantillonnage;
- l'analyse des échantillons.

L'étape de planification et de préparation est capitale pour la réussite
de la campagne de caractérisation. Elle consiste, en premier lieu, à colliger
différentes informations à l'aide de visites et à l'aide de recherches biblio-
graphiques. À partir des informations recueillies sur les opérations industrielles et sur le mode de gestion de l'eau, en fonction des objectifs de la
campagne de caractérisation et des contraintes techniques propres à
chaque usine, il s'agit ensuite de fixer :
- les paramètres à analyser et les débits à mesurer;
- la période pendant laquelle sera faite la caractérisation (en général, un
cycle de production au complet);
- les procédures d'échantillonnage, incluant le choix des points d'échantillonnage;
- les procédures de mesures de débit;
- les méthodes d'analyse pour chaque paramètre.

De manière générale, cette démarche est similaire à celle suivie pour
une caractérisation d'effluents urbains. Néanmoins, la caractérisation en
milieu industriel peut être plus complexe à planifier et à réaliser à cause du
nombre plus grand de paramètres à mesurer, à cause de leur variation
dans le temps et surtout parce que souvent aucun aménagement n'a été
prévu lors de la conception d'une usine pour réaliser de telles mesures. Au

Québec, il existe maintenant des guides en matière d'échantillonnage qui ont été préparés par le ministère de l'Environnement et de la Faune (MEF, 1994b). L'échantillonnage comme tel devrait être réalisé par une équipe ayant reçu une formation spécifique et les analyses chimiques devraient être réalisées par un laboratoire accrédité.

3.3 Prévention de la pollution de l'eau dans l'industrie

Pendant longtemps, plusieurs entreprises industrielles ont considéré leur environnement naturel comme étant une réserve quasi inépuisable et inaltérable de ressources naturelles dans laquelle ils pouvaient puiser sans contraintes. Plusieurs catastrophes écologiques ont cependant favorisé une prise de conscience des limites de notre environnement à supporter une pollution sans cesse croissante. Cela s'est traduit par l'amorce de la dépollution des effluents industriels avant leur rejet dans l'environnement. Un deuxième niveau de prise de conscience est survenu et a engendré l'idée maintenant bien connue de développement durable qui prône, entre autres choses, la préservation des ressources naturelles et la prise en compte des contraintes environnementales dans le développement de la technologie. Actuellement, une entreprise qui veut réduire les effets de ses activités sur l'environnement peut intervenir à plusieurs niveaux :

– réduction à la source;
– recyclage/valorisation;
– épuration avant rejet;
– rejet contrôlé dans l'environnement.

Ces quatre niveaux d'intervention, dans l'ordre où ils sont présentés, illustrent en fait une échelle de prévention de la pollution où la réduction à la source est au sommet[3]. Plus on monte dans cette échelle et plus l'intervention concourt à long terme à la préservation des ressources naturelles et des espèces vivantes. Dans les pages qui suivent, on décrit comment les

---

3. Dans leur livre, Theodore et McGuinn (1992) rapportent que dans le *Pollution Prevention Act*, promu en 1990, le gouvernement des États-Unis a légalisé cette échelle de prévention de la pollution. Voir aussi la section 4.2 et la figure 4.1.

concepts de réduction à la source et de recyclage peuvent s'appliquer à la gestion de l'eau dans l'industrie, tandis que les sections 3.4 à 3.6 sont plus spécifiquement consacrées aux procédés d'épuration des effluents industriels.

3.3.1 Élaboration et implantation de mesures préventives

Dans de nombreux pays, les services gouvernementaux de protection de l'environnement ont développé des méthodes d'élaboration et d'implantation de mesures de prévention de la pollution de l'eau dans l'industrie. Parmi ceux-là mentionnons le Québec (MEF, 1994c), les États-Unis (EPA, 1992a, 1992b, 1992c) et la France (MEnvFr, 1989) qui ont développé des guides à cet usage. Des organismes internationaux, comme l'Organisation des Nations Unies, ont également développé des outils pour aider l'industrie à mieux gérer l'eau (ONUDI, 1991). Bien que la démarche dépende évidemment de la taille, de l'âge et du type de l'entreprise, les principales étapes de cette démarche sont essentiellement les mêmes. Elles sont présentées sous la forme d'un algorithme simplifié à la figure 3.2. Après la planification initiale, on collige les informations nécessaires à la réalisation des étapes subséquentes. Il s'agit de recueillir des informations sur les activités industrielles et sur la gestion de l'eau dans l'entreprise. Pour chaque unité de production, les principales informations qui devraient être recueillies sont :

– le type de procédé (pour un même produit fini, il peut exister plusieurs techniques de fabrication);
– l'horaire d'un cycle de production;
– les matières premières utilisées (réception, taux de consommation, mode d'entreposage) et les produits finis fabriqués (taux de production, mode d'entreposage, expédition);
– le type d'exploitation (en continu ou non; automatisé ou non; etc.).

Les autres informations à colliger concernent la gestion de l'eau dans l'usine :

– la consommation d'eau et les débits d'eaux usées, incluant leurs variations durant un cycle de production typique (calculs, estimations ou mesures);
– les usages de l'eau et les sources de contamination;

– les caractéristiques des eaux usées;
– les réseaux d'acheminement de l'eau, d'évacuation des eaux usées (égout unitaire ou séparé) et de recirculation d'eau (circuits fermés);
– les bassins de pompage et les réservoirs tampons.

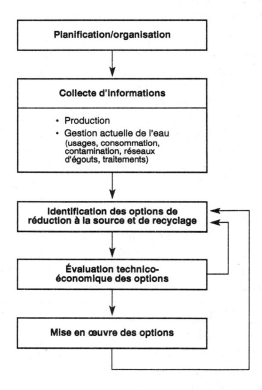

FIGURE 3.2   ALGORITHME D'ÉLABORATION ET D'IMPLANTATION DE MESURES DE PRÉVENTION DE LA POLLUTION

Ces informations servent, entre autres, à bâtir un *schéma d'écoulement de l'eau* qui se superpose au *schéma de production de l'usine.* Sur ce schéma d'écoulement de l'eau, il est possible de suivre la circulation des différents types d'eau : propre, usée contaminée, usée non contaminée. Dans les usines les plus anciennes, il peut être requis de faire des études aux traceurs pour savoir où vont les eaux usées. À l'aide des informations colligées, il s'agit ensuite de procéder à une nouvelle analyse de la conception et de l'opération des procédés industriels sous l'angle de la réduction à la source de la consommation et de la pollution de l'eau et sous l'angle du recyclage de l'eau et de ce qu'elle contient. La seule vraie limite dans cet exercice est l'imagination, car on peut trouver pour chaque usine une grande variété de solutions qui répondent aux mêmes objectifs de prévention de la pollution. Les principes qui peuvent guider une telle réflexion sont présentés dans les paragraphes qui suivent.

Réduction de la consommation d'eau à la source

La consommation d'eau dans une usine peut être réduite en évitant d'abord le gaspillage, c'est-à-dire en cherchant à éliminer une consommation d'eau inutile à la bonne marche des activités de l'usine. On mentionne souvent à ce sujet la présence de boyaux qui coulent en permanence sur les planchers ou des bassins qui débordent sans raison apparente. L'installation de valves, de robinets ou de pistolets peut régler ce genre de problèmes. La consommation d'eau peut être réduite en faisant un meilleur suivi, ce qui nécessite l'installation et l'utilisation de systèmes de mesure de débit, comme des compteurs d'eau. Par ailleurs, la quantité d'eau nécessaire à un rinçage est souvent surestimée. La consommation d'eau peut également être considérablement réduite par des modifications majeures, comme le remplacement de procédés « humides » par des procédés « secs » qui n'utilisent pas d'eau. Citons ici quelques exemples (MEF, 1994a, 1994c) :

– le transport hydraulique des viscères dans un abattoir peut être remplacé par un transport à sec sur un convoyeur;

– le dépôt d'une couche métallique protectrice sur une surface solide peut être effectué à sec plutôt qu'en milieu aqueux comme dans les procédés classiques de placage;

– l'épuration de l'air peut être réalisée par un procédé sec plutôt que par voie humide (voir le chapitre 6).

Ces changements, qui sont pertinents du point de vue de l'environnement, sont nettement facilités quand ils représentent aussi un gain au niveau de la production en ce qui concerne le rendement, la qualité du produit fini ou l'économie de matière première.

Réduction de la contamination de l'eau à la source

La contamination de l'eau peut être réduite en évitant qu'elle entre en contact avec une source de pollution. Cela peut être réalisé en remplaçant un système de refroidissement direct (l'eau est en contact avec la substance à réfrigérer) par un système de refroidissement indirect (aucun contact entre l'eau et la substance à réfrigérer). Le refroidissement d'un bassin peut être réalisé par un échangeur de chaleur plutôt que par apport continu d'eau fraîche et propre. Il est important de prévenir les déversements accidentels des liquides en installant des alarmes de niveau et en endiguant les réservoirs, les réacteurs et les systèmes où des fuites de liquides peuvent survenir. Dans le même ordre d'idée, la présence de matières premières ou de produits finis de nature solide sur les planchers peut être réduite par une meilleure conception des convoyeurs, en endiguant les aires d'entreposage ou en installant des dispositifs de récupération le long des chaînes de production existantes. Les matières premières, les produits finis et les déchets dangereux, qui sont entreposés à l'extérieur, devraient également être convenablement abrités afin de prévenir la pollution par contact de la neige ou de la pluie avec ces matières (MEF, 1994a). D'autres mesures permettent à la fois de réduire la consommation d'eau et sa contamination. Un nettoyage à sec manuel ou mécanisé des planchers, préalablement à un nettoyage à l'eau à forte pression et à faible débit, peut réduire considérablement la consommation d'eau et sa contamination de même qu'une vidange la plus complète possible des réservoirs et des conduits avant rinçage.

L'amélioration de la qualité des matières premières peut aussi permettre de prévenir la pollution des eaux. Le remplacement progressif du chlore par d'autres agents de blanchiment dans le domaine des pâtes et papiers est un exemple de ce genre de mesures. Les efforts pour bannir le phosphore des solutions nettoyantes en est un autre. Cela peut aller jusqu'au changement de produits finis générateurs de beaucoup de pollution par des produits « verts ». L'exemple du papier moins blanchi peut ici être mentionné.

Recyclage de l'eau et de ce qu'elle contient

Le recyclage de l'eau est nettement favorisé par la *ségrégation* des effluents. Il est facile de mélanger diverses eaux résiduaires, mais il est beaucoup plus difficile et coûteux de les séparer. Cette ségrégation peut être réalisée en fonction du degré de contamination des effluents ou selon la nature des contaminants (séparer les effluents ayant le plus fort potentiel de valorisation ou de recyclage des autres effluents). Ensuite, il s'agit d'identifier les usages potentiels de l'eau usée : *réutilisation* ou *recyclage* à l'intérieur ou à l'extérieur de l'usine.

Il s'agit aussi de définir quels traitements sont nécessaires pour la réutilisation ou le recyclage de l'eau usée. Mentionnons, comme exemples de réutilisation, le principe du rinçage à contre-courant[4], le recyclage de solutions de lavage et la régénération de saumures de refroidissement. La réutilisation peut aussi se faire en continu comme dans un circuit de tour de refroidissement où l'eau, qui sert à l'évacuation de la chaleur, est continuellement recirculée. On peut également trouver à l'eau et ce qu'elle contient des *usages secondaires*. Une eau de refroidissement peut servir à un rinçage et une eau de rinçage peut servir à un lavage. Dans des conditions bien contrôlées, les eaux usées d'usines agro-alimentaires peuvent être épandues sur des terres agricoles comme source de substances nutritives. Les effluents industriels peuvent aussi devenir une *source de matières premières*. Le lactosérum (petit lait), qui a déjà été considéré comme inutilisable, est maintenant devenu une source de protéines et de lactose, compte tenu de l'évolution technologique qui permet maintenant d'employer le lactosérum dans la fabrication de divers produits alimentaires, comme les biscuits. Par ailleurs, certains effluents miniers contiennent des concentrations suffisamment élevées en métaux pour que l'on s'intéresse à leur récupération.

Plusieurs bases de données et des répertoires sont disponibles pour aider les responsables dans l'élaboration de mesures préventives (EPA, 1990; MENVIQ, 1989; MEF, 1994c; MEnvFr, 1986). Dans ces différents documents, on trouve des études de cas plus ou moins détaillées où sont présentés les procédés avant et après modifications avec un bilan des gains environnementaux et des gains économiques qui en découlent. Mentionnons aussi à ce sujet le projet fort ambitieux de l'ONU de bâtir une base de données mondiale en matière de prévention de la pollution dans l'industrie.

On peut constater, à la lecture de ce qui précède, que les interventions pour prévenir la pollution de l'eau dans l'industrie peuvent se faire au niveau des unités de production ou de leur opération, des matières pre-

---

4. Le rinçage à contre-courant peut s'appliquer dans le cas où le rinçage est réalisé dans plusieurs bassins en série; au lieu d'alimenter chaque bassin avec de l'eau fraîche, il s'agit de recirculer l'eau usée du dernier bassin dans l'avant-dernier bassin et ainsi de suite jusqu'au premier bassin.

mières ou des produits finis. Ces actions peuvent être mineures ou majeures dans la mesure où elles entraînent des changements plus ou moins profonds dans le cycle de la production industrielle. Les choix sont parfois critiques pour les entreprises qui ne les anticipent pas assez tôt et qui n'échelonnent pas l'implantation des mesures préventives sur une période assez longue. Comme on le voit sur l'algorithme de la figure 3.2, la prévention de la pollution devrait être un processus continu qui se poursuit bien au delà du premier effort et qui permet à une entreprise de remettre régulièrement en question sa gestion de l'eau en vue de réduire sa consommation et la génération d'eaux usées contaminées.

3.3.2 **Facteurs incitatifs et limitants à l'approche préventive**

En théorie, beaucoup d'entreprises devraient favoriser les actions de prévention plutôt que les interventions palliatives. En pratique, certains facteurs militent effectivement en faveur de la prévention mais d'autres retardent l'implantation de mesures préventives.

De manière coercitive, le législateur peut forcer directement ou indirectement une entreprise à adopter des mesures préventives par une réglementation assez stricte ou en imposant des taxes ou des amendes suffisamment élevées. La prévention est alors nettement favorisée par l'augmentation des coûts de dépollution. De manière non coercitive, un gouvernement peut inciter l'industrie à la prévention, par exemple, en subventionnant les entreprises qui implantent des mesures de prévention de la pollution à partir des fonds amassés par la taxation des entreprises les plus polluantes (une telle pratique existe actuellement en France). Le public, les associations à but non lucratif, la presse et les clients sont autant d'intervenants qui font pression pour que les entreprises se développent de façon durable et préviennent la pollution. L'exemple du secteur des pâtes et papiers au Canada est éloquent à cet égard. Tout ce secteur industriel accuse beaucoup de retard dans le remplacement des vieilles technologies polluantes et peu productives par des technologies modernes nettement moins polluantes (en particulier du point de vue de la pollution de l'eau). Ce retard place l'industrie canadienne des pâtes et papiers en difficulté par rapport aux compagnies étrangères qui ont effectué ce virage plus rapidement. Il y a aussi des pressions à l'intérieur même des entreprises, car la réduction à la source de la pollution permet de régler certains problèmes de santé et de sécurité au travail. La réduction des pertes de matières premières, l'amélioration de la qualité des produits et la diminution des primes d'assurance sont autant de facteurs qui militent également en faveur de la prévention de la pollution. Citons l'exemple des fromageries québécoises qui, pour la plupart, ont significativement réduit leurs pertes de lait aux égouts (des pertes qui pouvaient aller jusqu'à 10 % et qui maintenant ont baissé jusqu'à moins de 1 % dans certains cas).

À l'opposé, les contraintes de production, comme celles qui portent sur la salubrité des produits finis en agro-alimentaire, par exemple, peuvent freiner l'instauration de mesures préventives comme le recyclage de l'eau. L'éloignement d'une usine par rapport à des utilisateurs potentiels peut aussi défavoriser la valorisation des déchets.

Un investissement difficile à réaliser durant les périodes de récession économique peut différer l'instauration de mesures préventives. Enfin, les traditions, le manque d'information et de formation du personnel concerné sont autant d'obstacles à la prévention de la pollution, particulièrement dans les petites et les moyennes entreprises.

3.4 Principes généraux de l'épuration des eaux usées industrielles

Les mesures de prévention de la pollution sont souhaitables dans l'optique du développement durable, mais il n'en demeure pas moins que l'épuration des eaux usées, communément appelée « traitement en bout de tuyau », est encore dans bien des cas la seule intervention qui est mise en œuvre pour diminuer la pollution. Il est donc important de connaître les principes de l'épuration des effluents industriels.

Dans cette section, on fait état des principes généraux rattachés à l'épuration, tandis que dans les sections 3.5 et 3.6, les procédés d'épuration comme tels et leurs applications en assainissement industriel sont décrits. Le traitement des résidus solides d'épuration (les boues) des eaux a été vu à la section 2.6 et ne sera pas repris ici.

3.4.1 Filières d'épuration

L'épuration des eaux usées peut se faire à l'intérieur et (ou) à l'extérieur de l'usine. Essentiellement, les eaux usées industrielles suivent une des deux filières d'épuration suivantes :

- la première, appelée *traitement conjoint*, commence par le *prétraitement* des eaux usées à l'intérieur de l'usine et elle se poursuit par le rejet des eaux usées prétraitées dans le réseau d'égout municipal; elle se termine par le traitement conjoint des eaux usées d'origines domestique, institutionnelle, commerciale et industrielle à la station municipale d'épuration des eaux (SMEE);
- la deuxième filière consiste en un *traitement complet autonome* à l'intérieur de l'usine avant le rejet direct au milieu récepteur.

Une usine dont le réseau d'égout est déjà raccordé à celui d'une municipalité choisit en général l'option du traitement conjoint pour les raisons économiques suivantes :

- cela permet de faire des économies d'échelle sur les coûts de construction et d'exploitation;
- il y a dilution des polluants et les normes de rejet des effluents municipaux peuvent être moins sévères que les normes de rejet des effluents industriels;
- cela peut permettre à une entreprise de bénéficier indirectement de subventions gouvernementales offertes aux municipalités pour construire leur SMEE[5];
- il est parfois plus facile de négocier avec la municipalité qu'avec des ordres gouvernementaux supérieurs[6].

Les ententes qui concernent le traitement conjoint industrie/municipalité se font en général entre l'entreprise, la ville et le ministère de l'Environnement. Ces ententes définissent, pour chaque usine, une charge hydraulique et des charges en différents contaminants (DBO, matières en suspension, phosphore, etc.). À chaque usine correspond donc une fraction de la capacité d'épuration de la SMEE. Idéalement, ces charges

---

5. Cela a été le cas au Québec où, dans le cadre du Programme d'assainissement des eaux, le gouvernement du Québec a payé jusqu'à 90 % des coûts de construction des SMEE.

6. Une entreprise peut être une source d'emploi majeure dans une municipalité qui peut alors se trouver en conflit d'intérêts lorsqu'elle doit faire appliquer des règlements environnementaux. Aux États-Unis, on a répertorié jusqu'à 30 % de municipalités qui ne faisaient strictement rien contre les entreprises qui ne respectaient pas les normes de rejet dans un réseau d'égout (MEF, 1993).

devraient être précisées avant la construction de la SMEE et elles devraient tenir compte des développements futurs de l'entreprise. La municipalité, dans sa décision d'accepter la prise en charge des eaux usées d'une usine, doit s'assurer que sa SMEE a la capacité de traiter les rejets des différentes usines raccordées à son réseau d'égout et que les effluents industriels ne perturberont pas la bonne marche de cette station.

Une municipalité doit aussi s'assurer que le traitement conjoint des effluents industriels et des effluents domestiques ne nuira pas à la gestion des boues à cause de la présence d'éléments toxiques, comme des métaux lourds, ou qu'elle n'augmente pas de manière significative le volume des boues produites à cause d'un plus grand apport en phosphore, par exemple.

Le prétraitement d'un effluent industriel dépend de la réglementation municipale ou de la réglementation nationale qui est en vigueur. En général, ce prétraitement consiste essentiellement à enlever les particules grossières, les huiles et les graisses, les substances toxiques ainsi qu'à faire un ajustement de pH. Ce prétraitement peut aussi consister à égaliser le débit et (ou) les charges polluantes. Dans le cas où une usine n'est pas raccordée au réseau d'égout, le choix entre le traitement conjoint et le traitement autonome est moins facile, car il dépend en grande partie du coût de raccordement au réseau d'égout municipal.

3.4.2 Conception d'une chaîne d'épuration

La conception d'une chaîne d'épuration des eaux usées dépend avant tout de la composition de l'eau usée brute et des objectifs de traitement (traitement complet ou prétraitement avant rejet à l'égout municipal). Cette conception consiste à choisir et à agencer les procédés de traitement des eaux. Les procédés auxquels on fait appel en assainissement industriel sont, pour des raisons évidentes, plus variés qu'en assainissement urbain. Cependant, comme en assainissement urbain, on distingue trois types de procédés :

- les *procédés physiques*, qui visent seulement la *séparation* des contaminants de l'eau;
- les *procédés chimiques*, où s'opère une *transformation* de certains contaminants en d'autres substances moins polluantes ou plus faciles à éliminer par les étapes ultérieures de traitement;
- les *procédés biologiques*, où est opérée une *transformation biochimique* des contaminants en biomasse et en produits divers (gaz, résidus, etc.).

143

TABLEAU 3.1   LISTE DES PROCÉDÉS UTILISABLES DANS UNE CHAÎNE
D'ASSAINISSEMENT DES EAUX RÉSIDUAIRES INDUSTRIELLES

a) **Procédés de traitement physique**

	Principe de séparation	Procédé(s)
Avec changement de phase	différence de point d'ébullition différence de tension de vapeur exclusion des impuretés lors de la solidification	évaporation pervaporation gel-dégel
Sans changement de phase	différence de densité	décantation flottation centrifugation
	différence de taille	séparation par membrane* filtration tamisage dégrillage
	différence de concentration charge électrique adsorption préférentielle (énergie de liaison < 10 kcal/mole)	dialyse électrodialyse électrolyse adsorption sur charbon activé floculation

b) **Procédés de traitement chimique**

Réaction en jeu	Exemples de procédé
oxydoréduction acido-basique précipitation adsorption (énergie de liaison > 10 kcal/mole)	ozonation neutralisation précipités métalliques coagulation de particules ou de colloïdes échangeur d'ions

c) **Procédés de traitement biologique**

	Procédés aérobies	Procédés anaérobies	Procédés aérobies/anaérobies
Biomasse en suspension	boues activées : traditionnelles, réacteur biologique séquentiel, fossé d'oxydation lagunes aérées	réacteurs à contact réacteurs à lit de boues (UASB) lagunes naturelles	lagunes naturelles
Biomasse fixée sur un support	lits bactériens biofiltres aérobies biodisques	biofiltre anaérobie lit fluidisé	

*   Osmose inverse, nanofiltration, ultrafiltration et microfiltration; l'adsorption préférentielle joue aussi un rôle important
dans ces procédés.

Plusieurs procédés sont présentés au tableau 3.1. Il ne faudrait toutefois pas considérer cette liste comme exhaustive puisque le développement constant de nouvelles techniques les modifient constamment. Mentionnons que ces procédés, même s'ils sont présentés dans ce qui suit comme des techniques d'épuration des eaux usées, peuvent aussi être employés comme procédés de recyclage ou de valorisation.

Quatre règles élémentaires, qui peuvent servir à guider le choix des procédés de traitement et leur agencement, sont proposées en assainissement industriel.

Règle n° 1

Il s'agit de la règle de ségrégation des eaux usées, qui devrait toujours s'appliquer prioritairement. On peut, en effet, réduire significativement la complexité et l'ampleur des installations de traitement en séparant les eaux usées non contaminées des eaux contaminées et en isolant ou en traitant séparément les eaux contenant des composés toxiques (métaux lourds et substances organiques toxiques, cyanures, etc.), ou de fortes concentrations de contaminants (eaux usées très chargées en huiles et en graisses par exemple).

Règle n° 2

Il s'agit d'une règle très générale qui dit que pour un procédé donné, on doit enlever, en amont de la chaîne de traitement, les substances inhibitrices ou les substances qui nuiraient à ce procédé. L'enlèvement des contaminants toxiques ou des huiles et des graisses avant un traitement biologique et l'enlèvement des particules avant osmose inverse ou avant écoulement à travers n'importe quel milieu poreux fin sont des exemples typiques d'application de cette règle.

Règle n° 3

On commence généralement par enlever les contaminants qui n'ont pas besoin d'être transformés chimiquement ou biochimiquement (traitement biologique) afin de ne pas les acheminer inutilement dans le circuit de traitement. Comme exemples d'applications mentionnons l'enlèvement des solides grossiers par dégrillage ou par tamisage et l'enlèvement des particules en suspension les plus grosses par décantation.

Règle n° 4

On favorise la transformation des solutés et des colloïdes sous une forme particulière pour pouvoir les enlever à l'aide de processus physiques simples (séparation liquide-solide) comme la décantation ou la flottation ou, si nécessaire, par filtration. La précipitation des métaux et la coagulation-floculation des colloïdes est un exemple typique de cette règle.

À partir de telles règles il est possible de bâtir un schéma général de traitement des effluents industriels tel que celui qui est proposé par Eckenfelder (1989) et qui est présenté à la figure 3.3. Ce schéma général comprend une bonne partie des chaînes de traitement que l'on rencontre en assainissement industriel. Il est important de comprendre qu'un effluent ne subit pas nécessairement toutes les étapes indiquées sur ce schéma, mais que l'ordre dans lequel s'enchaînent les étapes de traitement est généralement celui indiqué sur cette figure.

On peut constater sur ce schéma que le traitement biologique aérobie de la matière organique biodégradable est appelé *traitement secondaire*, comme en assainissement urbain. Les traitements subséquents y sont également regroupés sous l'appellation *traitements tertiaires*. Ces traitements visent l'enlèvement de substances réfractaires aux traitements antérieurs (nitrates, composés du phosphore, substances organiques non biodégradables, substances donnant une couleur à l'eau, etc.). Quant aux étapes de traitement qui précèdent le traitement secondaire, elles peuvent être nettement plus variées qu'en assainissement urbain, comme en témoigne le schéma de la figure 3.3.

Il n'existe pas d'appellation unique qui leur corresponde. À ce sujet, rappelons que l'appellation « prétraitement » sert à qualifier la partie du traitement qui est réalisée à l'usine, dans le cas d'un traitement conjoint avec une municipalité (voir section précédente), plutôt que les traitements préalables au traitement secondaire, comme c'est le cas en assainissement urbain. Pour les petites usines, le traitement d'un volume d'eaux usées réduit peut être fait de manière ponctuelle (discontinu) tandis que pour la majorité des usines, le traitement des effluents est fait en continu.

D'un point de vue théorique, la conception d'une chaîne de traitement d'un effluent industriel peut apparaître comme une tâche très complexe. D'un point de vue pratique, la conception est souvent réalisée en s'inspirant des chaînes de traitement classiques utilisées dans un secteur industriel donné.

146

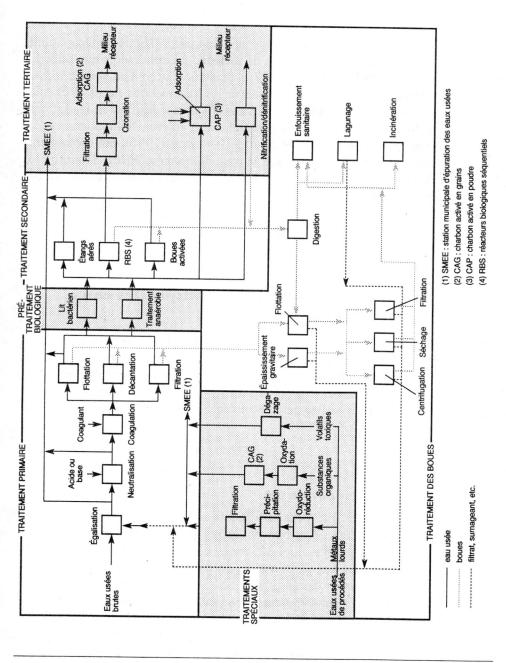

Source : Traduit de Eckenfelder, 1989.

FIGURE 3.3 SCHÉMA GÉNÉRAL DES PROCÉDÉS D'ÉPURATION DES EAUX USÉES INDUSTRIELLES

Plusieurs ouvrages tels que ceux de Nemerov (1978) ou de Degrémont (1989) couvrent un grand nombre de secteurs industriels alors que ceux de Barnes *et al.* (1984a, 1984b, 1987) se limitent chacun à un secteur industriel donné. On peut également trouver les informations nécessaires à la conception d'une chaîne d'épuration des effluents industriels en faisant des recherches sur chaque type de contaminant à enlever. Mentionnons à ce sujet les travaux de Crine (1993) et de Patterson (1985), qui concernent l'enlèvement des métaux lourds et la base de données *RREL Treatability Database* du US EPA (Agence de protection de l'environnement états-unienne) qui est plus générale.

3.5 Épuration physico-chimique des eaux usées industrielles

Dans cette section, une dizaine de procédés physico-chimiques et leurs applications en assainissement industriel sont présentés. Ces technologies se retrouvent essentiellement dans les portions « traitement primaire » et « traitements spéciaux » de la figure 3.3. L'ordre dans lequel ils sont présentés dans les pages qui suivent ne correspond toutefois pas à un ordre séquentiel d'utilisation.

3.5.1 Ajustement de pH

L'ajustement de pH peut être requis avant une étape de traitement dont l'efficacité dépend justement du pH (la précipitation des métaux lourds par exemple). La *neutralisation*, c'est-à-dire l'ajustement du pH autour de 7,0, peut aussi être requise avant le rejet d'un effluent à l'égout municipal (prétraitement) pour prévenir la corrosion des conduits, ou encore avant le rejet direct dans un cours d'eau puisque les organismes vivant en milieu aquatique tolèrent seulement des variations de pH entre 6,0 et 8,5. L'ajustement de pH est généralement réalisé par ajout d'un réactif basique ou d'un réactif acide. La neutralisation est parfois faite par mélange d'effluents acides avec des effluents basiques dans un *bassin d'égalisation*. Les réactifs sont essentiellement choisis en fonction de leur capacité de

neutralisation (force de l'acide ou de la base), de leur effet tampon, de leur solubilité et de leur coût. Les réactifs alcalins les plus courants sont :
- l'hydroxyde de calcium, $Ca(OH)_2$, appelé chaux hydratée ou lait de chaux;
- le carbonate de sodium, Na_2CO_3, appelé soude;
- l'hydroxyde de sodium, NaOH, appelé soude caustique;
- le carbonate de calcium, $CaCO_3$, appelé pierre à chaux.

L'ion hydroxyde (OH^-) est une base forte tandis que l'ion carbonate (CO_3^{2-}) est une base faible. Les sels de sodium sont plus solubles que les sels de calcium et, de manière générale, la chaux est moins coûteuse, moins soluble et réagit moins vite (temps de rétention dans les réacteurs de 5 à 15 minutes) tandis que la soude caustique est plus coûteuse, beaucoup plus soluble et réagit quasi instantanément. Les réactifs acides sont généralement des acides forts tels que l'acide chlorhydrique (HCl) et l'acide sulfurique (H_2SO_4). Le dosage peut être déterminé par l'établissement de la courbe de titrage de l'effluent. Si la neutralisation fait intervenir un acide fort et une base forte, le pH variera très rapidement autour du pH neutre et on aura fortement intérêt à réaliser l'ajustement en plusieurs étapes, c'est-à-dire dans plusieurs réacteurs agités en série afin d'en faciliter le contrôle. Il peut aussi être judicieux d'ajouter une base faible ou un acide faible pour tamponner l'effluent et ainsi faciliter sa neutralisation (Snoeyink et Jenkins, 1980).

3.5.2 Égalisation[7]

Comme on l'a rappelé précédemment, il est rare qu'une activité industrielle produise une pollution constante dans le temps. Or, les procédés d'épuration des eaux, en particulier les procédés biologiques, s'accommodent très mal de ces variations. Pour réduire les variations de débit et (ou) de charges en contaminants, on fait appel à un *bassin d'égalisation*. Plus spécifiquement, les buts poursuivis par l'égalisation sont :
- d'assurer une alimentation continue au système d'épuration dans les cas où la production industrielle n'est pas continue;
- de bénéficier d'une neutralisation partielle dans les cas où une même usine génère des effluents acides et basiques;
- de mieux répartir dans le temps le rejet d'eaux usées dans le milieu récepteur ou dans le réseau d'égout municipal;

---

7. D'après Edeline, 1992.

– de réduire les pics de débit ou de charges (chocs toxiques, acides ou basiques, organiques, etc.) qui correspondent à certaines opérations industrielles (lavages, vidanges, etc.).

Pour déterminer le volume d'un bassin d'égalisation, on peut distinguer trois cas :
– égalisation du débit sans égard à la concentration;
– égalisation de la concentration dans le cas d'un débit fixe et d'une concentration variable;
– égalisation du débit et de la concentration dans le cas où ces deux facteurs varient.

Dans le premier cas, le bassin d'égalisation doit être conçu pour que l'on puisse en pomper un débit constant d'eaux usées. Le volume du bassin est déterminé d'après l'évolution des variations du débit d'eaux usées en fonction du temps. Cette évolution est, en général, établie sur une période qui correspond à un cycle complet de production industrielle. Il faut s'assurer qu'il restera toujours un volume minimal d'eau dans le bassin d'égalisation et que le volume d'eau maximal qui s'accumulera ne dépassera pas la capacité du bassin.

Dans le deuxième cas, le volume du bassin d'égalisation peut être calculé à partir des fréquences de variation de la concentration de l'effluent industriel. Compte tenu des variations journalières des procédés de production, l'eau de ces procédés contiendra à certaines périodes une plus grande concentration de contaminants. Afin « d'uniformiser » cette variation et de faire en sorte que la concentration des contaminants soit à peu près toujours la même, on favorise le mélange mécanique. Les contaminants sont ainsi mieux répartis dans le volume d'eau du bassin d'égalisation et on empêche aussi leur sédimentation au fond de ce bassin et leur remise en suspension ultérieure.

Finalement, le troisième cas peut être abordé comme une combinaison des deux premiers[8]. Les bassins d'égalisation sont parfois agités pour éviter la décantation des particules et pour faciliter l'égalisation des concentrations et ils sont parfois aérés pour éviter des problèmes d'odeurs occasionnés par la biodégradation anaérobie de la matière organique.

---

8. Remarquons que le fait d'égaliser le débit permet déjà d'atténuer les variations de concentrations.

3.5.3 **Coagulation-floculation**

La coagulation-floculation consiste à provoquer l'agglomération des colloïdes pour les séparer ensuite par un procédé de séparation solide-liquide. Les colloïdes sont maintenus en suspension par les *forces de répulsion électrostatiques* qui font que deux colloïdes de même charge ont tendance à se repousser. Ces forces de répulsion sont suffisamment intenses pour empêcher les *forces d'attraction de Van der Waals* (lorsque deux atomes sont très rapprochés) de provoquer l'agglomération spontanée des colloïdes. La *solvatation*, c'est-à-dire l'adsorption de molécules d'eau à la surface des colloïdes, peut aussi limiter leur agglomération. Ce phénomène dépend de l'affinité du colloïde pour l'eau et donc de son caractère hydrophobe ou hydrophile. L'agglomération des colloïdes est réalisée en deux étapes. Tout d'abord, il y a déstabilisation lors de la *coagulation* par addition d'un réactif chimique appelé *coagulant*, puis il y a *agglomération* lors de la *floculation* qui peut être facilitée par l'ajout d'un *floculant*.

On considère généralement que la coagulation peut être réalisée suivant quatre mécanismes :
- l'augmentation de la force ionique de l'eau, due à l'ajout de coagulants qui favorisent le rapprochement des particules de colloïdes;
- l'adsorption d'ions à la surface des particules de colloïdes, ce qui réduit leur charge globale et favorise aussi leur rapprochement;
- l'emprisonnement des colloïdes dans les précipités qui résultent de l'hydrolyse des coagulants (voir ci-dessous);
- l'adsorption des extrémités d'un polymère ionique (le coagulant ou un produit de l'hydrolyse du coagulant) sur deux colloïdes distincts et qui crée des « ponts » ou des liens entre les colloïdes.

La floculation, qui correspond à l'agglomération des colloïdes déstabilisés, s'effectue en deux étapes :
- l'agglomération primaire des colloïdes en microflocs grâce à leur mouvement brownien;
- l'agglomération secondaire des microflocs en flocs plus volumineux (jusqu'à plusieurs millimètres) due aux gradients de vitesses des particules induits par l'agitation mécanique ou hydraulique de l'eau.

La limite entre la coagulation et la floculation n'est pas clairement établie. Les coagulants usuels sont des sels de fer (chlorure ferrique, $FeCl_3$; sulfate ferrique $Fe_2(SO_4)_3$) ou d'aluminium (alun ou sulfate d'aluminium hydraté, $Al_2(SO_4)_3 \cdot 18\ H_2O$). L'ion ferrique ou aluminium réagit avec l'eau pour former des hydroxydes ($Al(OH)_3$, $Fe(OH)_3$) qui précipitent, et des polymères ioniques qui sont en solution. Des polymères de synthèse qui sont chargés positivement (polycations) ou négativement (ployanions) ou qui sont neutres sont également employés comme aides coagulants et comme floculants. Les dosages en alun ou en sels de fer varient de quelques dizaines à quelques centaines de mg/L. La gamme de pH optimal pour la coagulation à l'alun est plus étroite que celle utilisable avec les sels de fer; pour l'alun, Desjardins (1990) mentionne qu'un pH proche de 7 est optimal pour l'enlèvement de la turbidité et qu'un pH compris entre 4 et 6 est optimal pour l'enlèvement de la couleur. Les dosages en coagulants-floculants polymériques sont de l'ordre de quelques mg/L; ces polymères sont très efficaces, mais ils sont aussi nettement plus coûteux que les sels de fer et d'aluminium. L'hydrolyse de l'aluminium et du fer libèrent de l'acidité, ce qui entraîne une diminution de l'alcalinité, mais celle-ci peut être compensée par l'ajout d'une base telle que la chaux ou l'hydroxyde de sodium afin de rétablir la neutralité.

Une agitation intense mais courte (jusqu'à quelques minutes) est requise pour la coagulation, tandis qu'une agitation moins forte, durant un plus long laps de temps (jusqu'à quelques dizaines de minutes), est requise pour la floculation. La floculation se poursuit lors de la séparation solide-liquide. La floculation peut également être favorisée par la mise en contact des flocs naissants avec des *boues* qui sont un concentré de flocs déjà formés et qui sont récupérées au fond des décanteurs par exemple. Les *appareils à contact de boues*, qui suivent ce principe général, sont fondés sur deux techniques : la *recirculation des boues* et le *lit de boues*. Avec la première technique, une partie de la boue récupérée dans un séparateur solide-liquide, qui se trouve en aval dans la chaîne de traitement, est recirculée à l'entrée de la chambre de floculation. Un réacteur biologique de boues activées, qui peut aussi être considéré comme un floculateur, fonctionne suivant ce principe (voir section 2.3.3). La deuxième technique est appliquée, par exemple, dans un appareil qui combine la coagulation-floculation et la décantation. Dans ce type d'appareil, l'eau circule d'abord brièvement dans la chambre de coagulation qui est fortement agitée et où est injecté le coagulant. Par la suite, l'eau s'écoule dans la chambre de décantation-floculation suivant un écoulement ascendant. L'eau, en montant, traverse le lit de boues constitué de flocs déjà formés et suffisamment lourds pour résister à l'entraînement. En combinant la coagulation, la floculation et la décantation, le temps de rétention est significativement réduit par rapport à un traitement réalisé dans des bassins séparés; le contrôle est par contre plus délicat à réaliser dans un système combiné.

La coagulation-floculation est utilisée pour l'enlèvement de la couleur (industries des pâtes et papiers et du textile, par exemple), pour l'enlèvement de la matière organique colloïdale (dégrossissage d'un effluent d'industrie agro-alimentaire, par exemple) et pour l'enlèvement des émulsions fines d'huiles dans l'eau (fluides de refroidissement et de lubrification utilisés au cours de l'usinage des métaux, par exemple).

3.5.4 **Précipitation des métaux lourds**[9]

La précipitation est essentiellement employée pour l'enlèvement des métaux lourds. Elle consiste à faire réagir le métal lourd en solution (cation) avec un anion pour former un précipité, c'est-à-dire un composé peu soluble qui pourra être enlevé par une technique de séparation solide-liquide. L'anion, qui est l'agent de précipitation, provient d'un sel qui est ajouté à l'eau. Cet anion est généralement l'ion hydroxyle (OH^-), l'ion carbonate (CO_3^{2-}) ou l'ion sulfure (S^{2-}). Il y a, pour chaque agent de précipitation et pour chaque métal, une gamme de pH optimal. La présence d'agents, tels que l'ion ammonium (NH_4^+), l'ion cyanure (CN^-) ou des substances organiques peut gêner la précipitation; en formant des composés solubles avec les métaux, ces substances augmentent la concentration résiduelle en métaux lourds et il convient de réduire leur concentration avant la précipitation. L'enlèvement de l'ion ammonium peut être fait par dégazage ou par chloration alors que la concentration de l'ion cyanure peut être diminuée par chloration en milieu alcalin (Eckenfelder, 1989).

Comme on vient de le voir, la précipitation peut se faire avec des anions hydroxyles, carbonates ou sulfures. La précipitation aux hydroxydes, qui est la méthode la plus courante, suit la réaction générale suivante :

$$M^{n+} + nOH^- \rightarrow M(OH)_n \downarrow \qquad [3.1]$$

où M représente le métal à faire précipiter et où $M(OH)_n$ est le précipité. Les agents de précipitation les plus courants sont l'hydroxyde de sodium et la chaux. La chaux produit des précipités plus compacts et donc plus faciles à séparer que ceux formés avec l'hydroxyde de sodium. Néanmoins, même pour une précipitation à la chaux, un agent de

---

9. D'après Crine, 1993.

coagulation-floculation du type polyélectrolyte doit être ajouté pour faciliter la décantation ou la filtration subséquente, car les précipités sont trop dispersés. Les gammes de pH optimales diffèrent significativement pour les métaux lourds et cela peut impliquer plusieurs étapes de précipitation à des pH différents (par exemple, le pH optimal de précipitation de l'hydroxyde de chrome est d'environ 7,5 tandis que celui du zinc est d'environ 10).

Quant à la précipitation aux carbonates, la réaction générale de précipitation est :

$$2M^{n+} + nCO_3^{2-} \rightarrow M_2(CO_3)_n \downarrow \qquad [3.2]$$

La quantité de précipité qui peut être formé est étroitement liée au pH à cause de son influence dans l'équilibre du système carboné[10]. Cependant, les précipités de carbonates ont une meilleure cristallinité que les précipités d'hydroxydes, ce qui facilite leur séparation. Par contre, la solubilité des carbonates varie beaucoup d'un métal à un autre, ce qui en limite l'usage par rapport à la précipitation aux hydroxydes.

La réaction générale de précipitation aux sulfures est :

$$2M^{n+} + nS^{2-} \rightarrow M_2S_n \downarrow \qquad [3.3]$$

Comme pour l'ion carbonate, la concentration en ion sulfure, donc la quantité de précipité qui peut être formé, dépend du pH dans la gamme usuelle de précipitation aux sulfures qui est de 7 à 8. Les précipités de sulfures sont nettement moins solubles que les précipités de carbonates et d'hydroxydes et permettent donc d'atteindre des concentrations résiduelles plus faibles. Par contre les précipités de sulfures forment des suspensions colloïdales difficiles à séparer. De plus, les réactifs sont très coûteux et très toxiques, ce qui limite leur utilisation.

3.5.5 Décantation

La décantation (voir aussi la section 2.3.2) vise à éliminer des particules qui ont une vitesse de sédimentation suffisamment élevée pour décanter

---

10. L'acide carbonique (H_2CO_3) est un acide faible qui, en réagissant avec l'eau, libère des ions bicarbonate (HCO_3^-) et carbonate (CO_3^{2-}); les concentrations respectives de ces trois espèces dépendent cependant du pH. Dans la gamme de pH usuelle de précipitation (7,5 à 9,5), la concentration d'équilibre en CO_3^{2-} est relativement faible par rapport à celle de HCO_3^-.

dans un temps « raisonnablement » court. Bien qu'il n'y ait pas de valeur reconnue pour cette vitesse minimale, on peut avancer une valeur relative de 1 m/h. Si la décantation n'est pas précédée d'un procédé qui vise l'agglomération des particules, on parle de *décantation primaire*, comme dans l'industrie des pâtes et papiers où 60 à 90 % des matières en suspension sont enlevées par cette technique. Théoriquement, on distingue généralement trois types de décantation. Dans le premier type, on considère que les particules décantent indépendamment les unes des autres. Chaque particule décante à une vitesse de chute qui est constante et qui lui est propre. Il s'agit d'un comportement idéal qui peut se rapprocher du comportement d'un *dessableur* ou d'un *décanteur primaire*, par exemple. Dans les deux autres types, on considère que les particules sont floculantes et qu'elles tendent donc à s'agglomérer lors de leur sédimentation. Le type 2 correspond aux cas où la concentration en particules floculantes est relativement faible (< 500 mg/L). Dans une décantation de type 2, la vitesse de chute d'une particule augmente à la suite de rencontres avec d'autres particules. Ce type peut s'appliquer, par exemple, à un *décanteur secondaire* de boues activées ou à un décanteur de flocs de précipités métalliques. Le type 3 correspond au cas où les particules qui décantent sont floculantes et en relativement forte concentration (> 500 mg/L). L'abondance des particules, qui interagissent fortement les unes avec les autres, ralentit la décantation dans son ensemble; on parle de *décantation freinée*. Il existe alors une démarcation nette entre le surnageant et la masse boueuse où il y a décantation freinée.

On peut démontrer que la vitesse de décantation minimale que doit avoir une particule pour pouvoir être retenue dans un bassin où il y a décantation de type 1 est égale au rapport du débit d'alimentation sur la surface de décantation (Q/A), et ce, que ce soit dans un décanteur rectangulaire, circulaire ou à flux ascendant (voir description de ces différents types de décanteurs à la section 2.3.2). Ce rapport, qui est appelé *taux de débordement*, est un paramètre très important dans la conception d'un décanteur. Ce rapport correspond en fait à une vitesse de décantation minimale. Les taux de débordement typiques sont de l'ordre de quelques dizaines de m^3 d'eau par m^2 de surface de décantation par jour. Pour un débit donné, l'efficacité de séparation dépend donc essentiellement de la surface de décantation. Le développement de *décanteurs lamellaires* a permis d'augmenter très significativement la capacité de décantation sans pour cela augmenter le volume requis pour la décantation. En effet, l'installation de faisceaux lamellaires (tubes ou plaques parallèles) augmente considérablement la surface de décantation. De plus, l'inclinaison des lamelles peut servir à l'évacuation gravitationnelle des solides décantés vers le fond du décanteur.

3.5.6 Flottation

La flottation est un procédé physique gravitationnel qui permet la séparation des particules solides dont la masse volumique est inférieure à celle de l'eau (< 1 000 kg/m^3)[11]. Si cette masse est suffisamment inférieure à celle de l'eau pour que la séparation soit possible sans aucune autre intervention, la flottation est dite naturelle. Si la différence des masses volumiques des particules et de l'eau est insuffisante, voire défavorable, à la flottation naturelle des particules, il faut artificiellement aider les particules à acquérir une vitesse ascensionnelle leur permettant de flotter. Ceci est généralement réalisé en provoquant la formation de microbulles qui s'attachent aux particules (flottation à l'air dissous).

La *flottation naturelle* est typiquement employée pour l'enlèvement des huiles et des graisses. Dans un séparateur à huiles (déshuileur), tel que celui conçu par l'Institut américain des pétroles et connu sous le nom de séparateur API (*American Petroleum Institute*), les gouttelettes d'huile, dont la taille est supérieure à 0,15 mm, sont séparées naturellement. De manière similaire à la décantation, des plaques parallèles peuvent être introduites dans le flottateur pour en augmenter la surface et ainsi en accroître la capacité de traitement, ou pour permettre la rétention de plus petites gouttelettes d'huile. La flottation peut être précédée d'une *coalescence* qui favorise les contacts, l'adhésion et l'agglomération des microgouttelettes d'huile. La séparation d'huiles en émulsion peut être réalisée en cassant préalablement l'émulsion par l'ajout de réactifs chimiques ou par traitement thermique. La récupération des huiles et des graisses en surface peut être discontinue (comme dans le cas des trappes à graisses dans les petites industries agro-alimentaires où les huiles et graisses sont ramassées manuellement), ou continue (déversoir, racleur de surface, etc.) dans le cas des installations ayant une plus grande capacité de traitement.

---

11. La masse volumique d'une substance est la masse qui correspond à un volume unitaire de cette substance. Par exemple, la masse volumique du verre est environ de 2 650 kg/m^3. Pour les liquides et les solides, la densité d'une substance est le rapport entre sa masse volumique et celle de l'eau, qui vaut 1 000 kg/m^3. Dans notre exemple, la densité du verre est de 2,65.

La *flottation à l'air dissous*, qui est probablement le mode de flottation le plus fréquent, peut être utilisée pour la séparation d'un grand nombre de particules en suspension : fibres, flocs physico-chimiques ou biologiques, micro-organismes, huiles et graisses, protéines, etc. Le principe de la séparation repose sur la formation d'un ensemble de microbulles d'air + particules dont la masse volumique est plus faible que celle de l'eau. Un schéma d'une installation de flottation à l'air dissous est montré à la figure 3.4. Pour l'opération d'un tel système, le paramètre clé est le rapport entre la masse d'air, qui est libérée dans l'eau lors de la détente, et la masse de solides présents dans l'affluent du flottateur; la formation des bulles se fait par pressurisation suivie d'une détente. Dans un saturateur, l'eau à traiter est pressurisée de 3 à 5 atmosphères pendant quelques minutes en présence de suffisamment d'air pour approcher le point de saturation en air dissous (en pratique, la concentration en air dissous atteint de 50 à 90 % de la valeur de saturation). Lorsque l'eau est ramenée à la pression atmosphérique, le point de saturation de l'eau en air dissous est abaissé et il se produit une brusque libération de gaz sous forme de fines bulles de 30 à 120 µm de diamètre.

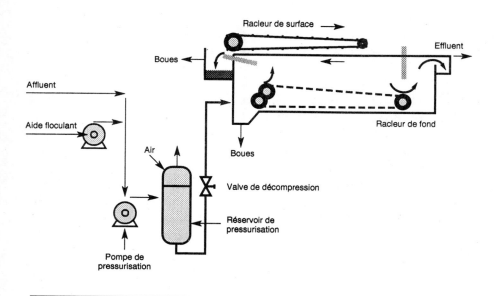

Source : Traduit de Metcalf & Eddy, 1991.

FIGURE 3.4   SYSTÈME DE FLOTTATION À L'AIR DISSOUS

157

La formation des ensembles particules + bulles peut se faire suivant deux mécanismes : l'*adsorption des bulles* à la surface des particules et (ou) l'*emprisonnement de bulles d'air* dans des flocs de particules qui se forment au cours de l'ascension. L'adsorption des bulles dépend des propriétés de surface des particules et il peut être requis d'ajouter un agent chimique qui favorise l'affinité entre les particules et les bulles d'air. Deux types de configuration sont utilisés pour la flottation à l'air dissous et ils se différencient par la recirculation ou non d'une partie de l'eau traitée; la figure 3.4 montre un système sans recirculation. Dans les deux cas, le paramètre clé est toujours le rapport entre la masse d'air, qui est libérée dans l'eau lors de la détente, et la masse de solides présents dans l'affluent du flottateur. L'efficacité d'enlèvement des particules augmente quand le rapport air/solides augmente, mais le gain en efficacité diminue rapidement au delà d'une valeur seuil de ce rapport. Dans la pratique, la valeur seuil de ce rapport est de l'ordre de quelques centièmes de kilogramme d'air par kilogramme de solides.

3.5.7 **Adsorption**

L'adsorption est principalement utilisée après le traitement secondaire pour l'enlèvement des substances organiques difficilement biodégradables (voir figure 3.3). On peut aussi l'employer avant le traitement secondaire pour enlever sélectivement, quand cela est possible, les substances organiques toxiques qui inhibent ce traitement (Degrémont, 1989). L'adsorption est un phénomène qui se manifeste à l'interface qui sépare deux phases; dans le cas de l'épuration des effluents, cela se produit à l'interface solide-liquide. Le liquide est l'eau qui contient les contaminants en solution (les *adsorbats*) alors que le solide (l'*adsorbant*) est le matériau sur lequel s'adsorbent les contaminants. Le principal adsorbant utilisé en épuration de l'eau est le *charbon actif*. Les forces intermoléculaires qui causent l'adsorption des solutés organiques sur la surface du charbon actif sont les forces de Van der Waals, qui ne font pas intervenir de charges électrostatiques et dont l'intensité augmente avec le poids moléculaire des molécules impliquées.

Plusieurs règles, dont les suivantes, permettent de prédire le potentiel d'adsorption d'un contaminant sur le charbon actif :
- moins une substance est soluble dans l'eau et plus elle a tendance à s'adsorber;

- plus le poids moléculaire d'un contaminant augmente, plus il a tendance à s'adsorber;
- les solutés ionisés s'adsorbent généralement moins bien que les solutés neutres;
- la présence de groupements fonctionnels hydroxyle (OH^-) et amine (NH_2^-) diminuent l'adsorbabilité (Eckenfelder, 1989).

L'adsorption est un phénomène qui dépend essentiellement de la surface de l'adsorbant; conséquemment, plus cette surface est importante, meilleure est l'adsorption. La structure de l'adsorbant doit donc être nécessairement très fine. Les particules de charbon actif ont une structure microporeuse qui leur confère une grande *surface spécifique* (500 à 1 300 m²/g); la taille des pores varie de quelques Angstroems[12] à quelques dizaines d'Angstroems. Le charbon activé est disponible sous forme de grains (1 à 2 mm de diamètre) ou en poudre (quelques dizaines de microns).

Pour expliquer la mise en œuvre de l'adsorption, nous considérerons d'abord le cas d'une adsorption statique. Soit, par exemple, un effluent industriel contenant du chlorobenzène (un contaminant organique toxique) qui est mis en contact avec une certaine quantité de charbon actif. Le chlorobenzène s'adsorbe sur le charbon et sa concentration dans l'eau diminue jusqu'à ce qu'un *équilibre* soit atteint et où le transfert du contaminant entre l'eau et le charbon cesse. La vitesse à laquelle cet équilibre est atteint est essentiellement contrôlée par la vitesse de migration du chlorobenzène à l'intérieur des pores. À cette situation d'équilibre correspond une concentration de l'eau en chlorobenzène (C_e) et une quantité de chlorobenzène adsorbée qui est généralement exprimée sous la forme d'un rapport *masse adsorbée/masse de charbon* (X/M). Si l'expérience est répétée avec un effluent plus concentré, un autre état d'équilibre est atteint qui correspond à des valeurs supérieures de C_e et de X/M. Par une série d'expériences, on peut ainsi établir la relation qui existe entre ces deux variables et qui est appelée *isotherme d'adsorption*[13]. Cette relation permet d'estimer le volume d'eau usée qui peut être traité avec une quantité donnée de charbon pour une qualité d'eau traitée donnée.

---

12. Rappelons qu'un Angstroem est égal à 10^{-10} m ou à 10^{-4} µm.

13. Le modèle d'isotherme d'adsorption le plus courant est celui de Freundlich, qui s'exprime mathématiquement sous la forme de l'équation suivante : $X/M = k(C_e)^n$, où k et n sont des paramètres caractéristiques du couple adsorbant et adsorbat.

En pratique, l'adsorption est réalisée de manière continue par percolation de l'eau usée dans des colonnes remplies de charbon actif; l'écoulement de l'eau peut y être ascendant ou descendant. En cours d'opération, on distingue trois zones dans la colonne d'amont en aval (voir figure 3.5a) :

A. une *zone saturée*, où la fraction de polluant adsorbée par le charbon est en équilibre avec la fraction de polluant présente dans l'affluent, et où la concentration de l'eau en cours de traitement en polluant est égale à celle de l'affluent (eau qui entre dans la colonne pour être traitée); dans cette zone saturée, il n'y a plus d'adsorption;

B. la *zone active*, où il y a effectivement adsorption de polluant sur le charbon actif; la concentration de l'eau en polluant diminue jusqu'à la concentration de l'effluent (eau traitée qui sort de la colonne) en suivant plus ou moins l'isotherme d'adsorption;

C. la *zone non encore utilisée*, où l'on considère qu'il n'y a pas encore eu d'adsorption; la concentration de l'eau en polluant est minimale et égale à celle de l'effluent de la colonne.

Une colonne de charbon actif doit avoir une longueur minimale équivalente à la largeur de la zone active. Cette dernière correspond au *front d'adsorption* (limite entre la zone saturée et la zone non saturée) qui se déplace en cours d'opération de l'entrée vers la sortie de la colonne. Au début du traitement, le charbon près de l'entrée de la colonne (affluent) est non saturé et l'adsorption s'effectue principalement à cet endroit. À mesure que le charbon se sature en polluants près de l'affluent, la zone active se déplace vers l'autre extrémité de la colonne (près de la sortie de la colonne, l'effluent) jusqu'à ce que tout le charbon de la colonne soit saturé et non utilisable. Lorsque le front d'adsorption atteint la sortie de la colonne, la concentration de l'effluent en polluant se met à augmenter : on parle de *percée* de la colonne (*breakthrough*). Le temps ou le débit d'eau qui se sont écoulés jusqu'au point de percée sont des paramètres qui peuvent être déterminés expérimentalement par des essais en colonne. Lorsqu'on atteint le point de percée, il subsiste toutefois une fraction du charbon activé qui n'a pas été utilisée. Pour éviter ce gaspillage, on peut utiliser plusieurs colonnes en série en faisant une rotation des colonnes : dès que la première colonne est saturée on la régénère et on la replace en dernière position. Le charbon activé, qui est saturé en polluant, peut être régénéré par traitement thermique à très haute température (> 900 °C). Précisons que lors de la régénération à haute température, les polluants organiques adsorbés sont détruits par oxydation thermique (combustion, incinération).

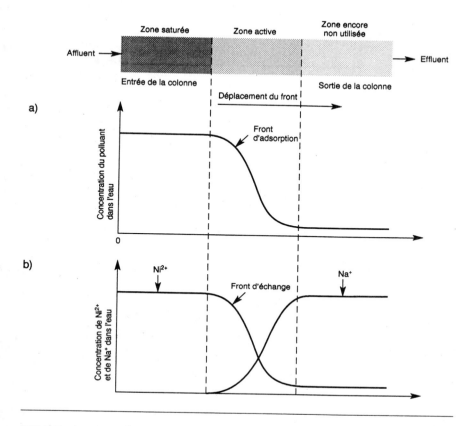

FIGURE 3.5   SCHÉMA MONTRANT LE PRINCIPE DE FONCTIONNEMENT,
DANS UNE COLONNE, DE L'ADSORPTION (a)
ET DE L'ÉCHANGE D'IONS (b)

3.5.8 **Échange d'ions**

L'échange d'ions permet d'enlever des ions d'un effluent industriel à des fins d'épuration ou de recyclage. Les applications en assainissement industriel concernent essentiellement l'enlèvement des métaux en solution. Mentionnons, par exemple, le recyclage des bains d'acide chromique dans l'industrie du traitement de surface. D'un point de vue théorique, l'échange d'ions est un phénomène chimique qui a lieu à l'interface entre la solution à traiter (l'eau usée) et des solides granulaires d'une colonne de traitement similaire à celle contenant du charbon actif. Ces solides sont constitués d'une *matrice* organique ou inorganique sur laquelle sont greffés des

161

groupements fonctionnels qui ont la propriété d'échanger des ions avec la solution. Lorsque la matrice est un polymère organique de synthèse, ces solides granulaires sont appelés *résines échangeuses d'ions*. La charge du groupement fonctionnel ionisé détermine la nature de la résine échangeuse d'ions :

– si cette charge est négative, comme dans le cas d'un groupement sulfonate (SO_3^-), on parle de *résine cationique* qui a la propriété d'échanger des cations avec la solution;

– si cette charge est positive, comme dans le cas d'un groupement ammonium tertiaire (NH_3^+), on parle de *résine anionique* qui a la propriété d'échanger des anions avec la solution.

Globalement, l'échange d'ions peut être représenté par une réaction chimique réversible, comme dans les deux exemples suivants :

échange de cation :

$$R_C\text{-Na} + X^+ \leftrightarrow R_C\text{-X} + Na^+ \hspace{2cm} [3.4]$$

échange d'anion :

$$R_A\text{-Cl} + X^- \leftrightarrow R_A\text{-X} + Cl^- \hspace{2cm} [3.5]$$

où R représente l'ensemble matrice-groupement fonctionnel, les indices C et A représentent les caractères cationique et anionique des résines, et X représente le cation ou l'anion à extraire de la solution.

Dans l'équation 3.4 le cation échangé est l'ion sodium (Na^+) tandis que dans l'équation 3.5 l'anion échangé est l'ion chlorure (Cl^-). La *capacité* d'une résine à échanger des ions avec une solution correspond au nombre de groupements fonctionnels par unité de quantité (masse ou volume) de résine. Cette capacité d'échange est habituellement grande parce que les résines sont poreuses, comme le charbon actif.

Pour illustrer la mise en œuvre de l'échange d'ions, considérons l'exemple d'une résine cationique qui échange ses ions Na^+ avec des ions nickel (Ni^{2+}), d'un effluent industriel :

$$R_C\text{-Na}_2 + Ni^{2+} \leftrightarrow R_C\text{-Ni} + 2Na^+ \hspace{2cm} [3.6]$$

Quand cette eau usée, contenant du nickel, est mise en contact statique avec une quantité donnée de résine, une partie des ions Ni^{2+} se lie à la résine tandis qu'une partie des ions Na^+, initialement liés à la résine, est libérée dans l'eau. Après un certain temps, un *équilibre* est atteint et la réaction cesse. Les concentrations à l'équilibre en ions Na^+ et Ni^{2+} (en solution et dans la résine) sont fixées par la *constante d'équilibre* de la réaction chimique ci-dessus. Plus la constante d'équilibre est grande, plus la réaction est complétée à l'équilibre, et plus la quantité résiduelle de Ni^{2+} à l'équilibre est faible.

Pour réaliser l'échange d'ions de manière continue, on fait percoler l'effluent à travers une colonne remplie de grains de résine échangeuse d'ions. En cours d'opération, on distingue trois zones dans la colonne, d'amont en aval comme on peut le voir à la figure 3.5b (notons ici la similitude avec une colonne d'adsorption chargée de charbon actif) :

A. la *zone* où la résine est *saturée* en ions Ni^{2+}; l'eau contient la même concentration en Ni^{2+} que l'affluent et aucun ion Na^+; dans cette zone, il n'y a plus d'échange d'ions (pas de dépollution);

B. la *zone active* où il y a échange d'ions effectif entre l'eau et la résine; la concentration de l'eau en Ni^{2+} diminue et sa concentration en Na^+ augmente, en suivant une succession d'états d'équilibre;

C. la zone où l'on considère qu'il n'y a pas encore eu échange d'ions; la concentration de l'eau est minimale en Ni^{2+} et maximale en Na^+.

Remarquons que la concentration de l'effluent en Na^+ (exprimée en équivalents par unité de volume) devrait être très proche de la concentration de l'affluent en Ni^{2+} puisqu'il y a permutation d'ions. De manière similaire à l'adsorption, on parle de *front d'échange* qui se déplace en cours d'opération de l'entrée vers la sortie de la colonne. Comme en adsorption, on parle de *percée* de la colonne lorsque la concentration en polluants de l'effluent atteint sa valeur limite tolérable. Lorsque le point de percée est atteint, la résine est saturée et elle doit donc être régénérée. Pour ce faire, il faut inverser le sens de l'échange d'ions. Dans notre exemple, cela pourrait être réalisé en faisant circuler une solution concentrée en NaCl à travers la colonne afin de recharger la résine en ions sodium :

$$R_C\text{-Ni} + 2NaCl \leftrightarrow R_C\text{-Na}_2 + NiCl_2 \qquad [3.7]$$

Le processus de régénération d'une colonne à résines échangeuses d'ions est différent de celui des colonnes de charbon actif. Les polluants piégés par la colonne ne sont pas détruits, ils sont plutôt récupérés par la solution de régénération. Habituellement, ce sont des ions métalliques issus, par exemple, d'un procédé de traitement de surface (placage) qui peuvent être récupérés et réutilisés à nouveau.

Le niveau d'épuration peut être très élevé, les résines échangeuses d'ions servent d'ailleurs à produire de l'eau ultrapure. Les concentrations résiduelles en métaux que l'on peut atteindre sont de l'ordre de 0,05 à

0,1 ppm. Plusieurs facteurs limitent cependant l'utilisation des résines échangeuses d'ions :
- la présence de matière organique qui peut « empoisonner » la résine;
- une trop grande concentration en matières en suspension qui peut occasionner un colmatage de la colonne;
- la présence d'agents complexants qui gène le transfert d'ions.

Comme le fait remarquer Crine (1993), il n'est pas avantageux d'enlever par échanges d'ions les métaux lourds d'un effluent fortement alcalin et contenant de fortes concentrations en ions calcium, sodium et (ou) magnésium. En effet, les résines qui ont été décrites précédemment ne sont pas sélectives et commencent à échanger leurs ions avec ceux de la solution qui sont en plus forte concentration et donc pas nécessairement avec les ions indésirables (ce pourrait être des ions sodium ou calcium, par exemple, alors que les ions des métaux ne seraient pas échangés, demeurant dans l'eau). Il existe par contre des *résines sélectives* qui sont dites *chelatantes*; elles ont des groupements fonctionnels qui peuvent former, de manière sélective, des complexes avec certains métaux. Certaines de ces résines sont tellement sélectives qu'elles permettent d'extraire des métaux lourds de solutions contenant jusqu'à 1 000 fois plus de calcium que de métaux.

3.5.9 Oxydation chimique

Les réactions d'oxydation, des réactions chimiques où il y a transfert d'électrons, sont utilisées à différentes fins en épuration des effluents industriels :
- dans le cas d'une *oxydation partielle*, il y a décomposition d'une molécule complexe en molécules intermédiaires plus facilement biodégradables (décomposition de molécules organiques à longues chaînes, par exemple) ou en molécules intermédiaires moins toxiques;
- dans le cas d'une *oxydation complète*, il y a transformation d'une molécule en produits terminaux tels que l'azote, le dioxyde de carbone ou l'eau.

Mentionnons également la désinfection chimique, qui est décrite aux sections 2.4.1 et 2.4.2. Les principaux oxydants utilisés sont le chlore (Cl_2) et ses dérivés, l'ozone (O_3) et le peroxyde d'hydrogène (H_2O_2). L'oxydation des composés organiques avec du *chlore* est généralement partielle et conduit à la formation de sous-produits chlorés (les organochlorés) toxiques, ce qui en limite de plus en plus l'utilisation. L'oxydation des composés inorganiques avec du chlore peut toutefois être complète et conduire à des produits terminaux non toxiques. L'exemple de la chloration alcaline des cyanures est souvent cité. Cette oxydation est réalisée suivant les trois réactions successives suivantes :

$$NaCN + Cl_2 \rightarrow CNCl + NaCl \hspace{3cm} [3.8]$$

$$CNCl + 2NaOH \rightarrow NaCNO + H_2O + NaCl \hspace{2cm} [3.9]$$

$$2NaCNO + 4NaOH + 3Cl_2 \rightarrow 2CO_2 + 6NaCl + N_2 + 2H_2O \hspace{1cm} [3.10]$$

La première réaction est instantanée dans une large gamme de pH et elle génère un composé toxique, le chlorure de cyanogène (CNCl). En présence de soude caustique (NaOH), ce composé toxique est hydrolysé sous forme de cyanate de sodium (NaCNO). Cette réaction est d'autant plus rapide que le pH est élevé (30 minutes à pH 8,5 et 5 minutes à pH 11,5). L'ion *cyanate* (CNO^-) est mille fois moins toxique que l'ion cyanure (CN^-) et il peut être oxydé par le chlore en présence de soude caustique selon la 3e réaction qui a lieu à un pH supérieur à 8,5.

L'*ozone* est un oxydant très puissant mais aussi très toxique et très instable qui doit être produit au lieu même d'utilisation. Le *peroxyde d'hydrogène* est un oxydant fort qui a l'inconvénient d'être relativement coûteux, mais qui a l'avantage de ne pas entraîner la formation de sous-produits halogénés toxiques. Le peroxyde d'hydrogène et l'ozone peuvent être employés pour réduire la couleur d'un effluent ou pour convertir les composés organiques réfractaires en composés moins problématiques. D'après Eckenfelder (1989), l'ozone oxyde la matière organique suivant trois mécanismes :
- oxydation des alcools et des aldéhydes en acides organiques;
- substitution d'un atome d'oxygène dans les noyaux aromatiques;
- ouverture de la double liaison entre deux atomes de carbone.

D'après Desjardins (1990), les radicaux HO^0 et HO_2^0[14], qui sont formés lors de la décomposition de l'ozone, jouent un rôle important dans les processus d'oxydation des contaminants. L'ion ferreux (Fe^{2+}) peut agir comme catalyseur lors de l'oxydation au peroxyde d'hydrogène en favorisant la formation du radical HO^0 qui est un oxydant très puissant. Le

---

14. Il ne faut pas confondre OH^- et HO^0; ce dernier est un composé instable dont la charge est nulle.

rayonnement UV peut aussi catalyser l'oxydation à l'ozone et l'oxydation au peroxyde d'hydrogène, augmentant ainsi leur efficacité (Peyton et Glaze, 1988)[15].

Lorsqu'il y a oxydation de la matière organique contenue dans une eau usée, la DCO est toujours réduite, mais le carbone organique total (COT) est réduit seulement si une partie du carbone organique est complètement oxydée, c'est-à-dire transformée en CO_2; la DBO peut diminuer mais elle peut aussi augmenter dans le cas où des composés réfractaires sont oxydés en composés biodégradables.

3.5.10 **Filtration**

La filtration permet l'enlèvement de solides d'une eau usée par perméation à travers un milieu poreux nommé *filtre*. On distingue deux grands types de filtration :

- la *filtration en surface*, où le filtre est un matériau poreux mince sur lequel sont retenus les solides à séparer; cela correspond au *tamisage* qui sert à l'enlèvement des solides grossiers au début de la chaîne de traitement ainsi qu'aux *séparations par membrane* (voir la section 3.5.11);
- la *filtration en profondeur* à travers un lit granulaire; c'est le cas des filtres tertiaires qui servent à compléter la séparation des flocs biologiques après le traitement secondaire et des filtres qui servent à effectuer totalement ou partiellement la séparation des solides après un traitement physico-chimique de type coagulation-floculation ou précipitation.

Dans l'ouvrage de Degrémont (1989), on distingue trois mécanismes de filtration :

- les *mécanismes de capture* par tamisage, surtout dans le cas de la filtration en surface, ou par dépôt sur le matériau filtrant dans le cas de la filtration en profondeur (filtres à sable), où plusieurs phénomènes tels que la décantation, l'inertie, le frottement et le mouvement brownien entraînent un changement de trajectoire des petites particules et les amènent en contact avec le matériau du filtre;

---

15. Stevens (1989) rapporte des applications de l'oxydation à l'ozone catalysée par le rayonnement UV dans la destruction de composés toxiques tels que le pentachlorophénol, les PCB et le trinitrotoluène.

– les *mécanismes de fixation* où les particules, ralenties, peuvent se fixer sur le matériau du filtre par coincement, adsorption, adhésion, etc.;
– les *mécanismes de détachement*, où les particules retenues peuvent se détacher et être entraînées plus en profondeur dans le milieu filtrant.

À moins d'installer un dispositif qui permet l'évacuation des solides, leur accumulation en surface et en profondeur tend à augmenter la résistance du filtre à l'écoulement. Pour un débit constant à traiter cela se traduit par une augmentation progressive de la perte de charge[16] à travers le filtre. Dans le cas d'une perte de charge constante cela se traduit par un débit d'eau traitée qui diminue progressivement. La filtration se fait donc à l'intérieur de *cycles d'opération* à la fin desquels les filtres sont lavés. Ce *lavage* est généralement effectué par écoulement, à contre-courant, d'eau ou d'air. L'écoulement de l'eau à travers le filtre peut être gravitationnel ou peut se faire sous pression; dans ce dernier cas, il peut être ascendant ou descendant (voir aussi la section 2.5.1).

3.5.11 **Séparation par membrane semi-perméable**

De manière générale, une *membrane semi-perméable* est une très mince couche de matière (la couche active mesure généralement quelques microns d'épaisseur) qui permet le passage préférentiel de certaines substances. Il existe différents procédés de séparation par membrane utilisables pour le traitement des effluents industriels qui peuvent être classés en fonction de la force motrice utilisée pour le transfert à travers la membrane et de sa porosité. Ces techniques, la *microfiltration* (MF), l'*ultrafiltration* (UF), la *nanofiltration* (NF) et l'*osmose inverse* (OI), sont des procédés de séparation où le transfert de liquide à travers la membrane est réalisé grâce à un gradient de pression. L'*électrodialyse* est un procédé de séparation où le transfert préférentiel de certains ions à travers la membrane est réalisé grâce à un champ électrique. L'électrodialyse s'applique au traitement de solutions concentrées en ions et dans les cas de milieux très corrosifs (recyclage de solutions acides usées par exemple).

---

16. Voir l'encadré 6.1 pour une définition de la perte de charge.

Il est possible de différencier les procédés de MF, UF, NF et OI par leur gamme de gradient de pression d'opération (ΔP) et par la taille ou le poids moléculaire des particules qui peuvent être séparées. La MF ($\Delta P <$ quelques atmosphères) peut être appliquée aux séparations des particules dont la taille est supérieure à un micron (bactéries, microflocs de précipitation, etc.). L'UF ($2 < \Delta P < 10$ atmosphères) peut être appliquée aux séparations des colloïdes comme les macromolécules (hydrocarbures, protéines, etc.). La NF ($5 < \Delta P < 20$ atmosphères) est utilisée pour la séparation de solutés dont le poids moléculaire est encore plus petit (pigments, sucres, enlèvement de la couleur, etc.). L'OI ($10 < \Delta P < 40$ atmosphères) peut être appliquée pour la séparation des solutés ioniques ou non ioniques de très bas poids moléculaire comme des métaux lourds, des éléments nutritifs (ammoniaque, nitrate, phosphate, etc.) et divers sels.

La perméabilité à l'eau pure d'une membrane est proportionnelle au gradient de pression appliqué sur la membrane; elle caractérise globalement la structure poreuse d'une membrane. Les perméabilités des différents types de membrane sont ordonnées comme suit, de la plus grande à la plus petite : MF > UF > NF > OI. Du point de vue de leur composition, on distingue deux types de membrane : les membranes polymériques (dérivés de la cellulose, des polysulfones, des polyamides, etc.) et les membranes inorganiques, notamment faites d'alumine, d'oxyde de zirconium, etc. La nature physico-chimique d'une membrane (charge, polarité ou caractère hydrophile, etc.) joue un rôle très important dans les mécanismes de séparation, dans les phénomènes de colmatage, dans les gammes de température et de pH tolérables ainsi que dans la résistance aux attaques bactériennes et aux agents oxydants.

Beaucoup d'études pilotes ont été menées dans pratiquement tous les domaines industriels afin de tester le potentiel de ces technologies en matière d'épuration ou de recyclage des eaux usées. Parmi les applications qui sont maintenant reconnues, on peut citer la séparation des hydrocarbures, le recyclage des bains de peinture électrophorétiques et le fractionnement du lactosérum, tout cela par ultrafiltration. Le succès de ces applications tient au fait qu'elles combinent le recyclage de diverses substances réutilisables (pigments, huiles, protéines) et l'épuration d'effluents industriels. Les procédés à membrane excellent en matière de recyclage car il n'est pas nécessaire d'ajouter des produits chimiques pour réaliser la séparation. Le principal problème généralement associé à ces procédés est le colmatage (par des particules, des micro-organismes, etc.) des membranes, ce qui entraîne une diminution du débit de perméation avec le temps.

3.6 Épuration biologique des eaux usées industrielles[17]

Le traitement biologique d'une eau usée implique la conversion d'un polluant en biomasse microbienne, en produits intermédiaires et en produits finaux. Dans ce qui suit on se limitera à la biodégradation de la matière organique. Pour la conversion de la matière inorganique (azote et phosphore), on pourra se référer au chapitre 2. La première sous-section compare essentiellement des traitements biologiques aérobie et anaérobie du point de vue de l'assainissement industriel alors que dans les sous-sections suivantes, quatre types de traitements biologiques industriels sont présentés.

3.6.1 Traitements aérobie et anaérobie

La conversion des polluants organiques est essentiellement réalisée par des bactéries *chémo-hétérotrophes* (voir la définition à la section 2.3.3) qui utilisent la matière organique comme source d'énergie (catabolisme) et comme source de carbone pour la synthèse de matériau cellulaire (anabolisme). Deux principales voies, utilisées par diverses espèces microbiennes dans différentes conditions d'opération, peuvent être empruntées pour biodégrader la matière organique présente dans les effluents industriels : la voie *aérobie* et la voie *anaérobie*. L'aérobiose nécessite absolument la présence d'oxygène tandis que l'anaérobiose se fait en absence d'oxygène. Cette différence, quant à la présence d'oxygène, confère un avantage énergétique au traitement anaérobie par rapport au traitement aérobie, où l'énergie dépensée pour l'aération représente la majeure partie des coûts d'exploitation. De plus, à partir d'une même quantité de matière organique biodégradée, la biomasse synthétisée par des bactéries aérobies est ainsi nettement supérieure à celle synthétisée par des bactéries anaérobies[18]. Conséquemment, les traitements biologiques anaérobies génèrent de 3 à 5 fois moins de boues que les traitements biologiques aérobies (Racault, 1991).

---

17. Il faut se référer au chapitre 2 puisque plusieurs notions de base ne sont pas reprises dans cette section.

18. D'après Peavy *et al.* (1985), le rendement de synthèse varie de 0,4 à 0,8 kg biomasse/kg DBO_5 pour une épuration aérobie, alors qu'il varie de 0,08 à 0,2 kg biomasse/kg DBO_5 pour une épuration anaérobie.

Les deux voies métaboliques diffèrent également par leur *biocénose*; celle-ci est relativement simple en aérobiose tandis que la biodégradation anaérobie fait appel à une biocénose complexe, c'est-à-dire à des groupes bactériens très différents (voir la section 3.4). La croissance des bactéries aérobies est plus rapide que celle des bactéries anaérobies, méthanogènes et acétogènes, dont la lenteur à se développer limite la cinétique globale de la biodégradation anaérobie. Les réactions anaérobies sont conséquemment plus lentes, ce qui fait que l'on réserve ce type de traitement aux effluents concentrés et à la stabilisation des boues (Edeline, 1993). Il n'y a pas de limite universelle, mais on réserve généralement les traitements anaérobies aux effluents dont la DBO_5 est supérieure à quelques milliers de mg/L. Dans le cas d'un traitement complet et autonome, un traitement anaérobie peut précéder un traitement aérobie afin de réduire, en deux étapes, la concentration des eaux usées en matière organique (voir la section 2.3.3). Ce « prétraitement » anaérobie, suivi d'une épuration aérobie plus poussée, est une combinaison de procédés que l'on rencontre dans l'industrie agro-alimentaire, par exemple.

Les bactéries ont besoin non seulement d'énergie et de carbone, mais aussi de substances nutritives telles que l'azote et le phosphore pour croître. Or, les effluents industriels, contrairement aux effluents urbains, n'en contiennent pas toujours suffisamment pour assurer une pleine croissance microbienne. Avec certains effluents de l'industrie des pâtes et papiers il peut être requis d'ajouter des substances nutritives aux eaux usées pour s'affranchir de ce facteur limitant de la croissance bactérienne. Cette exigence, en ce qui concerne les substances nutritives, est moins grande pour les traitements anaérobies que pour les traitements aérobies, étant donné la moins grande production de biomasse en anaérobiose. Les bactéries ont besoin aussi d'*oligo-éléments* pour se développer; ce sont des substances qui sont nécessaires, en très petites quantités (sous forme de traces) au bon fonctionnement des organismes vivants. Habituellement, on se préoccupe moins de ces oligo-éléments que des éléments majeurs nécessaires en plus grandes quantités tels que l'azote et le phosphore. Néanmoins, Speece (1983) fait remarquer que dans plusieurs cas de traitements anaérobies d'effluents industriels, ces oligo-éléments (en l'occurrence le fer, le nickel et le cobalt) ont probablement été des facteurs limitants à la croissance des micro-organismes.

Les deux voies de traitements biologiques, aérobie et anaérobie, diffèrent également par leurs conditions d'opération. Parmi elles, mentionnons la *température*, qui a toujours une influence sur l'activité biologique. Rappelons que l'on distingue généralement trois gammes de températures en microbiologie : la zone psychrophile, inférieure à 5 °C, la zone mésophile, de 5 à 40 °C, et la zone thermophile, de 50 à 60 °C. Les bactéries aérobies sont favorisées par la gamme mésophile; leur activité augmente jusqu'à un maximum dans la zone de 30 à 35 °C et diminue brusquement au delà de 35 °C (MEF, 1993). Les bactéries anaérobies sont favorisées dans la zone mésophile supérieure (35 à 40 °C) et encore plus dans la zone thermophile. Toutefois, à cause de considérations énergétiques la plupart des traitements anaérobies se font dans la zone mésophile supérieure. Néanmoins, un traitement biologique anaérobie supportera mieux qu'un traitement aérobie les effluents à plus haute température comme ceux des usines agro-alimentaires. Le méthane, qui est produit par la fermentation méthanique, peut être utilisé comme source d'énergie pour maintenir une température relativement élevée dans un réacteur[19] anaérobie (voir la section 3.4). La gamme de pH de 6,5 à 7,5 est optimale pour l'activité des bactéries aérobies et pour celle des bactéries anaérobies. Néanmoins, la surveillance du pH est plus importante dans le cas d'un réacteur anaérobie. En effet, un déséquilibre entre les différentes étapes de la biodégradation anaérobie peut y entraîner une accumulation d'acides gras volatils et une brusque chute du pH. Le maintien du pH dans un réacteur aérobie ou anaérobie est lié au pouvoir tampon de l'eau qui est lui-même dépendant de son *alcalinité*. Or, les réactions biochimiques produisent des composés acides, tels que le CO_2, où ils libèrent des ions H^+, comme en nitrification, qui tendent à faire baisser le pH en deçà de la limite acceptable. Une réserve suffisante en alcalinité permet de maintenir le pH dans des limites acceptables pour les micro-organismes.

La présence de certains composés peut *inhiber* ou stopper complètement l'activité bactérienne (substances toxiques). De fortes concentrations en ions majeurs, comme le calcium, peuvent aussi inhiber l'activité des bactéries aérobies et anaérobies. Les métaux lourds (cuivre, chrome, plomb, nickel, zinc, etc.), des anions (cyanures, fluorures, chromates, etc.) et certains polluants organiques (phtalates, chlorophénols, pesticides, composés aromatiques, etc.) sont toxiques pour les bactéries au delà d'une certaine

---

19. Rappelons qu'un réacteur est un bassin où il y a une réaction et que, en matière d'épuration de l'eau, un bioréacteur est un bassin où il y a transformation biologique des polluants.

concentration. L'ammoniaque et les sulfures peuvent également nuire à l'activité des bactéries aérobies et anaérobies[20]. La présence de sulfates favorise les bactéries sulfato-réductrices au détriment des bactéries méthanogènes et elle empêche donc la biodégradation anaérobie (Edeline, 1993). Toutes les espèces bactériennes n'ont pas la même sensibilité aux agents toxiques ou inhibiteurs. Certaines bactéries sont ainsi capables de biodégrader des composés toxiques comme les cyanures ou le phénol (à basse concentration toutefois). Mentionnons également l'acclimatation possible des bactéries à la présence d'agents inhibiteurs qui peut résulter de transformations et d'adaptations génétiques naturelles.

3.6.2 **Procédés extensifs de biodégradation**[21]

Ces procédés correspondent aux traitements par *lagunage* où les bioréacteurs prennent la forme d'un ou plusieurs grands bassins en série les uns à la suite des autres (en cascade). Le temps de rétention hydraulique (TRH)[22] est élevé et peut varier de plusieurs jours à plusieurs dizaines de jours. Ce type de traitement est réservé aux entreprises qui ont suffisamment d'espace. Le traitement par lagunage peut constituer un traitement secondaire, comme dans le cas des effluents des usines de fabrication de pâte à papier, mais il peut aussi servir de procédé de finition (étang de « polissage ») pour atteindre un haut degré d'épuration. On distingue deux types de lagunes : les *lagunes naturelles* et les *lagunes aérées*. Dans les lagunes naturelles, l'eau est seulement aérée en surface par échange avec l'atmosphère et par la production d'oxygène due à la photosynthèse

---

20. Speece (1983) rappelle que bien que les sulfures soient toxiques à hautes concentrations, les bactéries méthanogènes en ont besoin pour croître.

21. L'adjectif « extensif » qualifie un traitement qui requiert beaucoup d'espace pour être mis en œuvre par opposition à l'adjectif « intensif », qui qualifie un traitement plus compact.

22. Rappelons ici que le TRH et le temps de rétention de la biomasse (TRB) correspondent respectivement aux temps moyens que passent l'eau et la masse bactérienne dans le système de traitement biologique. Le TRH et le TRB sont deux paramètres très importants dans la conception et dans l'opération d'un traitement biologique. On cherche à réduire le TRH quand on veut réduire la taille du réacteur et on tend à augmenter le TRB pour assurer une stabilité de la flore bactérienne, pour réduire la génération de boues et pour augmenter l'efficacité d'épuration. Il s'agit donc globalement d'optimiser la valeur du rapport TRB/TRH en fonction des objectifs et du coût de traitement.

(les eaux usées industrielles colorées se prêtent mal à ce genre de traitement à cause de l'absorption lumineuse). En profondeur, des conditions anaérobies prédominent. Les lagunes naturelles à fortes charges polluantes sont considérées comme anaérobies, l'oxygénation naturelle étant insuffisante.

Le tableau 3.2 présente des informations sur la conception et sur les rendements d'épuration des lagunes naturelles en assainissement industriel; on peut aussi se rapporter à la sous-section qui porte sur « l'épuration par lagunage », à la fin de la section 2.3.3. On constate que les surfaces requises peuvent être importantes, jusqu'à 10 hectares, mais qu'elles sont peu profondes (moins de 1,5 mètre), ce qui favorise l'aération. Quant aux rendements d'épuration, ils sont très variables, mais ils peuvent atteindre près de 100 % dans certains cas.

En lagunage aéré, l'oxygène nécessaire à la biodégradation aérobie est fourni par des dispositifs d'*aération de surface* ou par *insufflation d'air*. Le traitement comporte en général deux ou trois lagunes en série. La première lagune est suffisamment aérée et brassée pour éviter la décantation des matières en suspension et pour assurer des conditions relativement uniformes dans le bassin. La deuxième lagune est partiellement aérée et brassée; il y décantation d'une partie des solides et décomposition anaérobie au fond du bassin. La troisième lagune, qui n'est ni brassée ni aérée, sert essentiellement de bassin de décantation.

Selon Vasel (1991), la charge appliquée varie de 20 à 30 g DBO/m^3/j. Cet auteur rapporte des applications dans les domaines de l'agro-alimentaire et des teintureries. Sylvestre et Zaloum (1993) rapportent des applications dans le domaine des pâtes et papiers au Canada et mentionnent une variante où les bassins sont partiellement couverts afin d'augmenter les performances de traitement en hiver.

TABLEAU 3.2 PARAMÈTRES DE CONCEPTION ET RENDEMENTS DE PROCÉDÉS
EXTENSIFS D'ÉPURATION BIOLOGIQUE

a) Lagunes naturelles anaérobies

Industrie	Surface (ha)	Profondeur (m)	Temps de séjour (jours)	Charge (kg DBO/ha.d)*	Rendement sur la DBO (%)
Conserverie	1	1,8	15	439	51
Conserverie de viande et de volaille	0,4	2,2	16	1411	80
Chimie	0,06	1,1	65	60	89
Papeterie	29	1,8	18,4	389	50
Industrie textile	0,9	1,8	3,5	1605	44
Sucrerie	14	2,1	50	269	61
Vin	1,5	1,2	8,8	–	–
Équarrissage	0,4	1,8	245	179	37
Tannerie	1,0	1,3	6,2	3360	68
Pomme de terre	4,0	1,2	3,9	–	–
Moyenne				963	60

b) Lagunes naturelles aérobies/anaérobies

Industrie	Surface (ha)	Profondeur (m)	Temps de séjour (jours)	Charge (kg DBO/ha.d)*	Rendement sur la DBO (%)
Conserverie de viande et de volaille	0,5	0,5	70	81	80
Conserverie	2,8	1,8	37,5	156	98
Chimie	12,6	1,5	10	176	87
Papeterie	34	1,5	30	118	80
Raffinerie (pétrole)	6,3	1,5	25	31	76
Pétrochimie	–	–	–	112	95
Vin	2,8	0,5	25	248	–
Laiterie	3,0	1,5	98	25	95
Textile	1,3	1,2	14	185	45
Sucrerie	8,1	0,5	2	96	67
Équarrissage	0,9	1,3	48	40	76
Blanchisserie	0,08	0,9	94	58	–
Divers	6,1	1,2	88	63	95
Pomme de terre	10,2	1,5	105	124	–
Moyenne				128	81

* Kilogramme de DBO par hectare par jour.

Source : Vasel, 1991.

3.6.3 **Procédés intensifs de biodégradation aérobie : les boues activées**

L'essentiel de ce procédé est présenté à la section 2.3.3; il s'agit d'un procédé aérobie à biomasse en suspension où l'enlèvement est réalisé en deux étapes : conversion de la matière organique en biomasse floculée dans un bioréacteur puis séparation des flocs biologiques dans un décanteur dit secondaire. Afin d'augmenter le TRB, et augmenter ainsi la concentration de la liqueur mixte en biomasse, une partie des boues séparées dans le décanteur est retournée au bioréacteur. On distingue deux types de comportement hydrodynamique dans un tel bioréacteur : le *mélange complet* et l'*écoulement piston*. Dans un bioréacteur à mélange complet, la concentration en matière organique est homogène. Dans un bioréacteur à écoulement piston, l'écoulement est unidirectionnel et les conditions sont variables tout au long du bassin; la concentration en matière organique de la liqueur mixte diminue de l'entrée vers la sortie du bioréacteur. Or, la croissance de bactéries dites filamenteuses, qui ralentissent la sédimentation des flocs biologiques dans le décanteur secondaire, est favorisée par un rapport matière organique/biomasse faible. À priori, le mélange complet favorise plutôt la prolifération des bactéries filamenteuses que l'écoulement piston, en particulier dans le cas des substrats rapidement biodégradés (industrie sucrière par exemple)[23]. Par contre, le mélange complet permet d'amortir les brusques variations de charges hydraulique et organique qui sont caractéristiques de certains effluents industriels.

Les *réacteurs biologiques séquentiels* (RBS) sont un type particulier de procédé à boues activées où le traitement est discontinu (voir la section 2.3.3). Ce type de procédé, qui suscite un intérêt particulier en assainissement industriel, présente plusieurs avantages par rapport aux autres procédés à boues activées (MEF, 1993) :

– le bioréacteur sert de bassin d'égalisation pendant la période de remplissage;
– le débit à traiter peut varier en ajustant le volume de remplissage;
– le traitement est réalisé dans un seul bassin;
– la décantation est réalisée dans d'excellentes conditions;

---

23. Mentionnons que les effluents contenant des composés organiques complexes (moins rapidement biodégradables) sont peu aptes à favoriser des bactéries filamenteuses et peuvent ainsi être traités dans un bioréacteur à mélange complet; mentionnons également qu'une carence en azote et (ou) en phosphore favorise aussi la prolifération des bactéries filamenteuses.

- le comportement d'un RBS est proche de celui d'un réacteur à écoulement piston, ce qui lui confère une efficacité supérieure à celle d'un réacteur à mélange complet;
- il peut y avoir enlèvement de matière organique, d'azote et de phosphore dans le même réacteur (voir la section 2.4.3).

Decréon (MEF, 1993) mentionne cependant les inconvénients suivants :
- risque d'entraînement de solides lors du soutirage du surnageant;
- contrôle complexe;
- rejet des eaux traitées non échelonné dans le temps.

En fait les RBS conviennent bien à l'épuration des rejets industriels intermittents ou ayant des fluctuations importantes de débit ou de composition (Vandevenne, 1991). Les applications industrielles des RBS intéressent principalement le secteur agro-alimentaire, mais on les utilise aussi dans l'industrie chimique et dans celle des pâtes et papiers. On rapporte des enlèvements en DBO$_5$ qui sont supérieurs à 98 % dans le domaine agro-alimentaire.

3.6.4 **Procédés intensifs de biodégradation aérobie : les procédés à biomasse fixée**

Les *lits bactériens* (voir la section 2.3.3) à forte charge (1 à 10 kg DBO$_5$/jour/m^3 de réacteur) peuvent servir à réduire la concentration en matière organique d'un effluent industriel très chargé, avant son rejet dans le réseau d'égout municipal ou préalablement à un autre traitement biologique (boues activées ou lit bactérien à charge réduite par exemple). Un matériel de support microbien en plastique est privilégié dans ce type d'application où la réduction de la DBO$_5$ est de l'ordre de 50 à 70 % (Vandevenne, 1991).

La *biofiltration* (voir la section 2.5.1) est un procédé qui combine la biodégradation aérobie et la filtration des matières en suspension (MES). La biomasse épuratrice est fixée sur des grains qui sont assez fins (quelques millimètres) pour que le bioréacteur agisse aussi comme un filtre en profondeur. Les installations de biofiltration ont l'avantage d'être très compactes, d'avoir un temps de démarrage ou de redémarrage relativement court (Bouchard *et al.*, 1993) et de bien résister aux variations de charge à cause d'une concentration de biomasse élevée dans le réacteur. Sylvestre et Zaloum (1993) rapportent que la biofiltration est bien adaptée au traitement des effluents de pâte à papier dont les concentrations en DBO_5 et en MES ne dépassent pas, respectivement, 300 mg/L et 200 mg/L. D'autres auteurs (Ekokan, 1992) mentionnent des applications au Japon dans le même domaine mais également dans les secteurs des textiles, de la chimie et de l'agro-alimentaire, dont certains avec des eaux usées beaucoup plus concentrées en polluants (DBO_5 de plusieurs milliers de mg/L et MES supérieures à 1 000 mg/L).

3.6.5 Procédés intensifs de biodégradation anaérobie

À l'instar des procédés aérobies, il existe des procédés anaérobies où la biomasse est en suspension et d'autres où la biomasse est immobilisée. Dans tous les cas, les bioréacteurs doivent être fermés et la lumière ne doit pas y pénétrer, cela afin d'empêcher la croissance d'algues qui pourraient produire de l'oxygène par photosynthèse. Différents procédés anaérobies sont schématisés à la figure 3.6. Le schéma a) représente le procédé qui est l'équivalent anaérobie des boues activées. Ce procédé est composé d'un bioréacteur et d'un décanteur où la biomasse est séparée. L'appellation « contact » correspond à la recirculation d'une partie des boues séparées dans le bioréacteur. Un dispositif de dégazage est nécessaire à l'enlèvement des gaz qui pourraient nuire à la décantation. Eckenfelder (1989) et Speece (1983) rapportent des applications de ce procédé dans l'industrie de la transformation des viandes.

Le schéma b) représente un réacteur anaérobie à écoulement ascendant et à lit de boues. Ce procédé est connu sous l'appellation anglaise *UASB (Upflow Anaerobic Sludge Blanket)*. L'eau à traiter pénètre par le fond du réacteur et traverse en montant un *lit de boues granulaires* très concentré. Ces granules de boues, qui ont de 1 à 5 mm de diamètre et qui décantent très bien, se forment plus facilement avec des effluents industriels sucrés ou riches en acides gras volatils (Racault, 1991). Les digesteurs à lit de boues permettent de traiter des effluents dilués avec de fortes charges volumétriques[24]. Les schémas c) et d) représentent les *filtres anaérobies*, respectivement, à courant ascendant et à courant descendant.

---

24. Rappelons que la charge volumétrique appliquée est égale à la concentration de l'eau usée multipliée par le débit traité et divisée par le volume du réacteur.

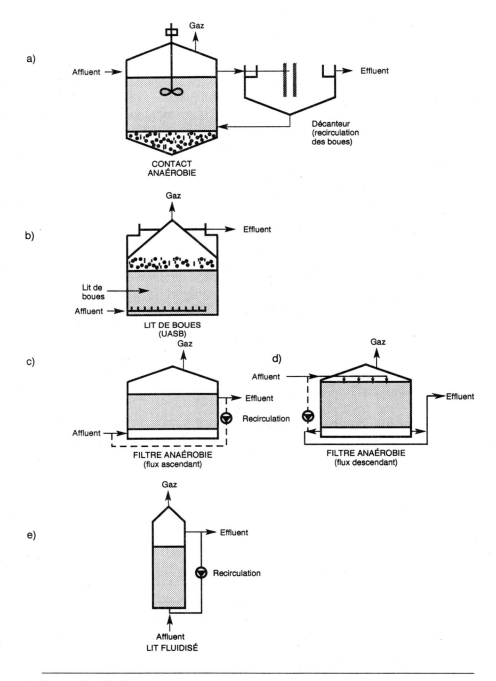

Source :   Racault, 1991.

FIGURE 3.6   SCHÉMA DE QUELQUES PROCÉDÉS ANAÉROBIES POUR LE
TRAITEMENT DES EAUX USÉES INDUSTRIELLES

La biomasse est fixée sur un support granulaire, comme en biofiltration aérobie, mais elle se trouve aussi sous forme d'amas de bactéries retenues dans les interstices du garnissage. D'après Racault (1991), le risque de colmatage limite l'utilisation des filtres anaérobies à des effluents industriels contenant essentiellement une matière organique dissoute. Le schéma e) représente un réacteur anaérobie à *lit fluidisé* (voir la section 4.3.2 pour une définition plus complète du lit fluidisé). Dans un tel réacteur les bactéries sont fixées sur de fines particules qui sont fluidisées grâce à un écoulement ascendant puissant. En raison du brassage intense qui favorise le transfert de matière entre l'eau et la biomasse, et en raison d'une forte concentration de biomasse dans le réacteur, il est possible d'atteindre des charges volumétriques très élevées, ce qui réduit considérablement la taille des bioréacteurs. Une partie de l'effluent est recyclée à l'entrée du système.

D'après Racault (1991), le choix du procédé dépend essentiellement de trois critères :

– les matières en suspension : de fortes concentrations ne sont pas compatibles avec les procédés à biomasse fixée à cause des problèmes de colmatage;

– la concentration en matière organique : pour un effluent dont la DCO est supérieure à 10 g/L et dont une fraction importante de la DCO est sous forme particulaire, le procédé par contact est recommandé tandis que pour un effluent dont la DCO est inférieure à 10 g/L, les procédés à biomasse fixée sont recommandés;

– la nature de la matière organique : les procédés à biomasse fixée sont recommandés pour les effluents industriels dont la matière organique est rapidement assimilable (sucres, acides organiques, etc.) tandis que les procédés à contact de boue sont recommandés dans les cas de substrats plus complexes.

Plusieurs exemples d'installations d'épuration anaérobie sont présentés au tableau 3.3.

TABLEAU 3.3 PARAMÈTRES DE CONCEPTION ET RENDEMENT DE PROCÉDÉS INTENSIFS D'ÉPURATION BIOLOGIQUE ANAÉROBIE

Procédé	Type d'eau résiduaire	Charge journalière à traiter DCO/d*	Charge volumique maximale appliquée kg $DCO/m^3.d$**	Rendement d'épuration (%)	Production de biogaz m^3/d***
Contact	Sucrerie	23	11	98 (DBO_5)	11 000
Lit de boues	Brasserie	8	8	90 (DBO_5)	2 900
UASB	Industrie pomme de terre	10	21	80-85 (DCO) 90 (DBO_5)	2 000
Filtre anaérobie à flux ascendant	Laiterie	2,8	10,8	98 (DBO_5)	900
Biomasse fixée (flux) descendant)	Sucrerie	16	10	90-95 (DCO)	
Biomasse fixée fixée (flux descendant)	Distillerie	70	11	90-95 (DCO)	15 000
Lit fluidisé	Brasserie	50	60	98 (DBO_5)	14 000

*   Tonne de DCO par jour.
**   Kilogramme de DCO par mètre cube par jour.
***   Mètre cube par jour.

Source :   Racault, 1991.

Références bibliographiques

BARNES, D., FORSTER, C.F. et HRUDEY, S.E. (1984a). *Surveys in Industrial Waste-water Treatment*. Vol. 1 : *Food and Allied Industries*. Boston, Pitman Advanced Publishing Program, 376 p.

BARNES, D., FORSTER, C.F. et HRUDEY, S.E. (1984b). *Surveys in Industrial Waste-water Treatment*. Vol. 2 : *Petroleum and Organics Chemicals Industries*. Boston, Pitman Advanced Publishing Program, 232 p.

BARNES, D., FORSTER, C.F. et HRUDEY, S.E. (1987). *Surveys in Industrial Waste-water Treatment*. Vol. 3 : *Manufacturing and Chemical Industries*. Harlow England, Logmann Scientific and Technical.

CRINE, M. (1993). « Le traitement des eaux industrielles chargées en métaux lourds ». *Tribune de l'eau,* n° 561/1, janvier/février, p. 3-19.

DEGRÉMONT (1989). *Mémento technique de l'eau*. 9e édition, tome 1. Degrémont, 592 p.

DESJARDINS, R. (1990). *Le traitement des eaux*. 2e édition. Montréal, Éditions de l'École polytechnique de Montréal, 304 p.

ECKENFELDER, W.W. (1989). *Industrial Water Pollution Control*. USA, McGraw-Hill, 400 p.

EDELINE, F. (1992). *L'épuration physico-chimique de l'eau*. Cebedoc éditeur, 282 p.

EDELINE, F. (1993). *L'épuration biologique des eaux*. Cebedoc éditeur, 303 p.

EKOKAN (1992). Fiches techniques du procédé Acticontact de la compagnie Ekokan inc., Rock Forest, Québec.

EPA (1990). *Pollution Prevention Information Clearinghouse (PPIC)*. Feuillet d'information, Environmental Protection Agency (EPA).

EPA (1992a). *Facility Pollution Prevention Guide*. Environmental Protection Agency (EPA). EPA/600/R-92/088, 142 pages.

EPA (1992b). *User's Guide : Strategic Waste Minimization Initiative (SWAMI)/A Software Tool to Aid in Process Analysis for Pollution Prevention*. Environmental Protection Agency (EPA). EPA/625/11-91/004.

EPA (1992c). *Manual/Guidelines for Water Reuse*. Environmental Protection Agency (EPA). EPA/625/R-92/004.

MEnvFr (1986). *Les techniques propres dans l'industrie française*. Cahiers techniques de la Direction de la prévention des pollutions, n° 21. Réalisé par la Société C.D.I. pour le ministère de l'Environnement et de la Prévention des risques technologiques et naturels majeurs (MEnvFr), France,164 p.

MEnvFr (1989). *Les technologies propres : une démarche? pourquoi? comment?*.Réalisé par R. Audinos, J. Caille, G. Lacoste, S. Laigo, A. Navarro, C. Roulph et M. Roustan, pour le ministère de l'Environnement et de la Prévention des risques technologiques et naturels majeurs (MEnrFr), France, 90 p.

MENVIQ (1989). *Répertoire de références en technologies propres*. Réalisé par le Centre de recherche industrielle du Québec pour le ministère de l'Environnement du Québec (MENVIQ), 283 p.

MEF (1993). *Cahier technique pour le traitement des eaux usées des industries agro-alimentaires, réacteurs biologiques séquentiels*. Direction des programmes d'assainissement, ministère de l'Environnement et de la Faune du Québec (MEF).

MEF (1994a). *Projet de cours sur les technologies propres*. Service de l'assainissement des eaux, ministère de l'Environnement et de la Faune du Québec (MEF).

MEF (1994b). *Guide d'échantillonnage à des fins d'analyses environnementales.* Cahier 1 : *Généralités*. Cahier 2 : *Échantillonnage des rejets liquides*. Ministère de l'Environnement et de la Faune du Québec (MEF), Québec, le Griffon d'Argile.

MEF (1994c). *Fiches de technologies propres*. Ministère de l'Environnement et de la Faune du Québec (MEF).

METCALF & EDDY INC. (1991). *Wastewater Enginneering*. USA, McGraw-Hill, 1334 p.

NEMEROV, N.L. (1978). *Industrial Water Pollution*. USA, Addison-Wesley, 738 p.

PATTERSON, J.W. (1985). *Industrial Wastewater Treatment Technology*. Boston, Butterwoth Publishers, 467 p.

PEAVY, H.S., ROWE, D.R. et TCHOBANOGLOUS, G. (1985). *Environmental Engineering*. New York, McGraw-Hill, 699 p.

PEYTON, G.R. et GLAZE, W.H. (1988). « Destruction of pollutants in water with ozone in combination with ultraviolet radiation ». *Environmental Science and Technology*, vol. 22, n° 7 : 761-767.

ONUDI (1991). *Audit et réduction des émissions et déchets industriels*. Programme des Nations Unies pour l'environnement/Organisation des Nations Unies pour le développement industriel (ONUDI). Rapport technique n° 7.

RACAULT, Y. (1991). « Les procédés anaérobies applicables au traitement des effluents industriels ». Dans J.-L. Vasel et P. Vander Borght (éditeurs), *Traitement des effluents liquides industriels*. Éditions Cebedoc, 212 p.

SNOEYINK, V.L. et JENKINS, D. (1980). *Water Chemistry*. John Wiley & Sons, 463 p.

SPEECE, R.E. (1983). « Anaerobic biotechnology for industrial wastewater treatment ». *Environmental Science and Technology*, vol. 87, n° 9 : 416-427.

STEVENS, R.D. (1989). « Rayox : A second generation enhanced oxidation process of the destruction of waterborne contaminants ». *36th Annual Ontario Waste Management Conference*, June 11-14, 21 p.

SYLVESTRE, P. et ZALOUM, R. (1993). « Problématique technologique du secteur des pâtes et papiers au Québec ». *16e Symposium sur le traitement des eaux usées*, Montréal.

THEODORE, L. et McGUINN, Y.C. (1992). *Pollution Prevention*. USA, Van Nostrand Reinhold, 366 p.

VANDEVENNE, L. (1991). « Traitements aérobies intensifs pour le traitement des effluents industriels ». Dans J.-L. Vasel et P. Vander Borght (éditeurs), *Traitement des effluents liquides industriels*. Éditions Cebedoc, 212 p.

VASEL, J.-L. (1991). « Traitement d'effluents industriels par des procédés extensifs ». Dans J.-L. Vasel et P. Vander Borght (éditeurs). *Traitement des effluents liquides industriels*. Éditions Cebedoc, 212 p.

Chapitre 4

Les déchets industriels dangereux

Pierre Chevalier

La révolution industrielle a entraîné la création d'activités qui génèrent des déchets parfois très dangereux pour la santé humaine ou qui représentent une menace grave pour l'environnement. Jusqu'à la fin des années 1970, ces déchets étaient habituellement enfouis ou entreposés sans égard à la protection de l'environnement. Depuis les années 1980, la majorité des entreprises des pays industrialisés sont toutefois tenues de mettre en place des systèmes ou des procédés capables d'éliminer les déchets industriels dangereux ou, au moins, de les entreposer convenablement et de manière sécuritaire. Dans ce chapitre, on traite de divers types de technologies développées à cette fin; la première partie (section 4.2) est toutefois consacrée aux démarches visant la réduction et le recyclage des déchets.

4.1 Bref rappel sur la nature des déchets industriels ou dangereux

Il faut d'abord préciser qu'un déchet est une substance, un produit ou un objet qui n'a plus d'utilité pour la personne ou l'entreprise qui l'a généré; toutefois, ce qui constitue un déchet pour quelqu'un peut être une ressource utilisable dans un autre contexte. À une époque où les initiatives favorisant la récupération et le recyclage sont de plus en plus nombreuses, il est peut-être plus réaliste de considérer un déchet comme une ressource, au même titre que les ressources naturelles vierges. C'est en gardant à l'esprit cette notion que l'on doit envisager le traitement de toute forme de déchets et ce, dans un contexte de gestion intégrée des ressources.

Les déchets industriels peuvent être grossièrement séparés en deux groupes : les déchets non dangereux et les déchets dangereux. Cette distinction est importante parce que tous les résidus industriels ne représentent pas nécessairement des risques. Certains rebuts, comme le papier, le carton, les scories provenant de la métallurgie ou la boue rouge produite par les alumineries (résidus de bauxite) sont des déchets industriels qui ne sont habituellement pas considérés comme dangereux. Un déchet, industriel ou non, est qualifié de dangereux s'il constitue une menace pour la santé ou l'environnement, ou les deux. Un tel déchet possède habituellement l'une des caractéristiques suivantes : inflammable, corrosif, radioactif, réactif (certaines substances qui réagissent vivement en présence d'air ou d'eau) ou toxique (action immédiate ou à long terme, cancérogénicité, etc.). Dans ce chapitre on traite exclusivement des déchets industriels parce qu'ils constituent la majorité des déchets dangereux, la proportion provenant des ordures domestiques étant habituellement inférieure à 5 %. Il faut aussi noter que les résidus de pesticides utilisés en foresterie ou en agriculture peuvent représenter des dangers, mais leur utilisation et leur dispersion subséquente dans l'environnement ne font pas d'eux des déchets dangereux. Toutefois, toute quantité de pesticide périmé, non utilisable ou déversé par mégarde en solution concentrée devrait être traitée comme un déchet dangereux.

Précisons aussi qu'un déchet industriel, dangereux ou non, n'est pas nécessairement une substance solide. Ainsi, les solutions acides ou alcalines corrosives entrent dans la catégorie des déchets industriels dangereux, de même que les hydrocarbures et les solvants organiques (liquides ou semi-liquides) ou les polychlorobiphényles (PCB) qui se présentent sous forme liquide ou pâteuse. Les effluents ou les eaux usées industriels ne sont toutefois pas des déchets dans la mesure où la concentration de polluants est faible; ces eaux font l'objet de traitements qu'on a pu voir au chapitre 3. Certaines émissions atmosphériques entrent dans la catégorie des déchets industriels dangereux, mais leur traitement est présenté au chapitre 6.

Il n'existe aucune donnée permettant d'évaluer précisément, à l'échelle de la planète, la quantité de déchets industriels produits annuellement, mais on peut vraisemblablement l'estimer à plusieurs milliards de tonnes. Quant aux déchets spécifiquement dangereux, des extrapolations effectuées à partir des données existantes dans les pays industrialisés permettent de dire qu'environ un milliard de tonnes seraient produites à chaque année; entre 240 et 345 millions de tonnes sont générées aux États-Unis seulement[1]. De cette quantité, 90 % est sous forme liquide et est surtout constituée de solutions trop acides ou trop basiques pour être rejetées sans traitement dans l'environnement. Le 10 % qui reste comprend tous les déchets solides ou semi-solides qui doivent faire l'objet de traitements spéciaux ou être entreposés de manière sécuritaire en attendant d'être détruits. Aux États-Unis, en 1987, la majorité des déchets dangereux ayant fait l'objet d'un inventaire étaient constitués des substances suivantes, par ordre d'importance : hydroxyde de sodium (soude caustique), acide sulfurique, toluène (un solvant), 1,1,1-trichloroéthylène (un solvant et un nettoyant), acide chlorhydrique (Darnay, 1992; LaGrega *et al.*, 1994).

Il faut également noter que la presque totalité des déchets dangereux est produite par un pourcentage infime d'industries. Aux États-Unis, 2 % des entreprises industrielles génèrent 98 % des déchets dangereux; l'industrie chimique est le secteur industriel qui en produit le plus, soit 45 % du total. Cette concentration de la production devrait normalement faciliter la gestion de ces déchets, ce qui n'est malheureusement pas toujours le cas. En 1987, toujours aux États-Unis, environ la moitié des déchets qualifiés de toxiques ne subissaient aucun traitement avant d'être rejetés dans l'environnement. Toutefois, en ce qui concerne le secteur de la chimie, on a rapporté en 1990 que 64 % des déchets dangereux de nature solide étaient récupérés et réutilisés alors que 20 % étaient incinérés (Darnay, 1992; LaGrega *et al.*, 1994).

4.2 Prévention de la pollution[2]

La prévention de la pollution est à la base de toutes les approches intégrées qui font appel à une gestion globale des activités humaines. Comme le montre la figure 4.1, il y a diverses solutions qui permettent de réduire la pollution en respectant ce concept; elles sont réparties en trois groupes qui devraient être priorisés selon l'ordre dans lequel ils apparaissent (du

---

1. Il est à noter que ce chiffre ne comprend pas les résidus miniers (minerai non utilisé ou stérile et rejets de procédés), dont la masse est cinq à six fois supérieure à celle de l'ensemble des déchets dangereux industriels aux États-Unis. Dans d'autres pays, la masse de résidus miniers peut représenter jusqu'à 90 % des déchets industriels dangereux.

2. D'après LaGrega *et al.*, 1994; Maes, 1990.

groupe I vers le groupe III). À l'intérieur d'un même groupe, les approches les plus à gauche et en haut sont habituellement celles qui sont préférables. Ainsi, dans le deuxième groupe, il est souhaitable de réutiliser sur place certains résidus plutôt que de les recycler dans des centres de recyclage (ce qui nécessite un transport), alors que dans le groupe III, l'échange de déchets en vue d'une utilisation ultérieure est préférable à leur traitement ou à leur enfouissement définitif. Cette section fait un survol de toutes les approches préventives alors que les techniques d'assainissement proprement dites (incinération, traitements chimiques ou biologiques, entreposage définitif) sont abordées dans les autres sous-sections.

4.2.1 **La réduction à la source**

La réduction à la source devrait normalement être la première étape à considérer dans la construction d'une nouvelle industrie, la mise au point d'un nouveau procédé ou dans le contexte d'un programme global de prévention de la pollution. Cette option regroupe essentiellement deux possibilités : modification de la composition des biens manufacturés et contrôle à la source de la quantité potentielle de déchets (figure 4.1).

Une analyse détaillée des produits manufacturés peut faciliter la remise en cause de leur *composition* et permettre ainsi la production d'un bien qui produit moins de résidus. Dans certains cas on peut éliminer des matières premières qui entrent dans la composition du produit et limiter ainsi la pollution potentielle. Ces matières peuvent être des acides, des bases, des métaux lourds (cadmium, nickel, plomb, etc.) dont la seule présence dans l'environnement est une source de pollution ou de menace potentielle pour la santé des travailleurs.

Quant au *contrôle à la source*, il peut s'effectuer d'au moins trois manières, soit le changement des matières premières, l'adoption de bonnes pratiques industrielles et des modifications technologiques. Précisons d'abord que la plupart des procédés industriels ont été conçus de manière à ce que la production de biens se fasse au moindre coût. Or, dans un contexte économique où la production de déchets doit elle aussi être moindre, il est souhaitable de repenser certaines pratiques. On peut ainsi modifier la nature des *matières premières* qui entrent dans la composition du bien manufacturé.

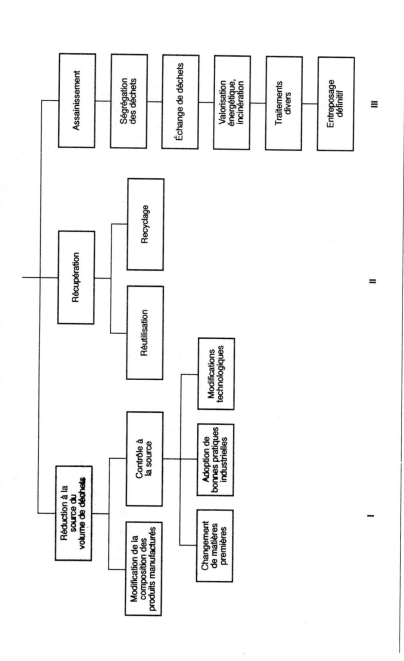

I   II   III

Source :   Adapté de LaGrega, 1994.

FIGURE 4.1   GROUPES DE SOLUTIONS PERMETTANT DE RÉDUIRE LA POLLUTION PAR LES DÉCHETS INDUSTRIELS

Il s'agit d'aller plus loin que la réduction du contenu en certaines substances; il faut en éliminer certaines et les remplacer par d'autres au besoin. Les matières substituées coûtent habituellement un peu plus cher, mais cela se traduit souvent par un environnement de meilleure qualité. Des matières premières moins toxiques, par exemple, génèrent moins de déchets dangereux, ce qui peut résulter en une économie globale pour l'entreprise.

Quant aux *bonnes pratiques industrielles*, elles représentent une option simple et peu coûteuse permettant de réduire la pollution mais aussi d'accroître la performance de l'entreprise. Les investissements requis dans ce contexte sont souvent minimes ou nuls puisqu'ils découlent habituellement de modifications des comportements des travailleurs. Il s'agit essentiellement d'éduquer et de former les employés afin qu'ils prennent des mesures appropriées : éviter les pertes ou le gaspillage par une manipulation adéquate, maintenir les lieux de travail propres, ne pas jeter à la poubelle des substances dangereuses, fermer les valves ou les drains lorsqu'il n'est plus nécessaire qu'ils soient ouverts sont autant de mesures simples mais efficaces qui réduisent les pertes de matériel polluant[3]. Parmi les bonnes pratiques industrielles nécessitant un investissement minimal, on peut penser à l'installation de compteurs d'eau ou l'installation de dispositifs automatiques d'arrêt de la production en cas de déversement. À l'heure actuelle, la presque totalité des nouvelles industries sont conçues de manière à favoriser les bonnes pratiques industrielles, notamment par l'existence de contrôles informatisés des opérations.

Les *modifications technologiques* s'effectuent par l'intermédiaire d'un changement dans le cours des opérations de production. Cela peut s'illustrer simplement par le remplacement d'une vieille machinerie par un outillage plus récent. La nouvelle machinerie est toujours plus performante et moins polluante que le vieil équipement. Les différences sont remarquables dans plusieurs types d'industries où l'on peut considérablement diminuer la pollution, parfois jusqu'à 90 %. Le principal inconvénient résultant des modifications technologiques est leur coût d'implantation, qui peut être de l'ordre de plusieurs millions de dollars dans certains cas; cet argument est d'ailleurs fréquemment invoqué et il sert de justification à un certain immobilisme.

---

3. La notion de « qualité totale » véhiculée depuis une dizaine d'années peut être vue comme une bonne pratique industrielle dans la mesure où elle vise à diminuer le nombre de pièces ou de produits défectueux qui représentent un coût de production et une pollution supplémentaires.

4.2.2 La récupération

Lorsqu'il n'est pas possible de réduire à la source les déchets industriels, l'option à favoriser est la récupération, processus que l'on peut scinder en deux démarches, la réutilisation et le recyclage. La réutilisation est l'emploi répété d'une substance; on prolonge ainsi sa durée de vie sans modifier substantiellement sa vocation. Le recyclage est l'utilisation de substances, ou de composants d'un produit, dans un contexte qui peut être différent de leur vocation première et qui peut nécessiter une transformation plus poussée.

La *réutilisation* est de plus en plus utilisée à l'égard des solvants organiques (toluène, trichloroéthylène, hexane, divers alcools, etc.). Ces produits sont employés pour favoriser la séparation (extraction) de certaines substances entre elles. Ainsi, le passage d'un solvant dans un mélange homogène de plusieurs substances permet leur séparation et leur purification. Les solvants sont à la base du fonctionnement de plusieurs industries chimiques, pétrochimiques, pharmaceutiques, mais ils sont aussi grandement utilisés dans les entreprises de dégraissage ou de nettoyage (le nettoyage « à sec » du linge se fait avec du perchloroéthylène). Ces solvants, même s'ils sont « contaminés » par diverses substances, peuvent être « régénérés » relativement facilement. On utilise habituellement un procédé de distillation afin de redonner au solvant sa pureté initiale.

Les acides sont un autre groupe de composés dont l'utilisation est massive dans l'ensemble des procédés industriels; il importe de les récupérer pour les réutiliser, ce que diverses technologies permettent de faire. Parmi elles, mentionnons les colonnes échangeuses d'ions (voir la section 3.5.8) et l'électrodialyse qui régénèrent l'acide et lui rendent sa pureté initiale.

La récupération des déchets industriels solides est elle aussi une voie d'avenir. Par exemple, l'industrie de la métallurgie (alumineries, fonderies de cuivre, de nickel, la sidérurgie) produit une quantité importante de déchets métalliques. Bien qu'une partie de ces déchets soit constituée de matériaux non récupérables, les restes de coulées de métal ou d'électrolyse peuvent être récupérés et remis dans le procédé de production plutôt qu'être jetés. L'industrie de la pâte à papier génère, elle aussi, une quantité non négligeable de résidus ou de sous-produits qui se présentent sous la forme de rognures de papier, de carton déclassé, de papier légèrement souillé ou non vendu. Ce papier est habituellement récupéré et remis en pâte plutôt qu'incinéré ou détruit d'une manière quelconque.

Le *recyclage* ne diffère pas tellement de la réutilisation, en ce sens qu'il implique un réemploi de la matière jetée. Toutefois, si les techniques de régénération sont incapables de redonner à la substance ses propriétés et sa pureté initiale, on doit lui trouver une autre vocation. Ainsi, un solvant d'abord utilisé pour la purification peut être employé dans un deuxième temps pour le nettoyage ou le dégraissage. Un acide pur requis pour un procédé chimique peut être par la suite utilisé pour le décapage si les contaminants qu'il contient ne nuisent pas à l'opération.

4.2.3 **L'assainissement**

Malgré l'existence de méthodes visant à réduire ou à récupérer les matières potentiellement polluantes, très peu d'industries fonctionnent sur le principe d'une « pollution zéro ». On doit donc avoir recours à diverses stratégies d'assainissement. Comme le montre le tableau 4.1, plusieurs approches sont possibles. Ces dernières sont ici présentées dans un ordre de préférence; ainsi, on favorise d'abord la ségrégation et l'échange des déchets avant de les traiter ou de les entreposer définitivement.

La *ségrégation* des déchets signifie que l'on doit éviter de mélanger des substances incompatibles entre elles et de mélanger une petite quantité de déchets hautement toxiques à une grande quantité de déchets non dangereux. De plus, il faut s'abstenir de transformer un résidu solide en une matière liquide, plus difficile à manipuler. Cette ségrégation permet de réduire les quantités de déchets à assainir et facilite le traitement des portions qui représentent trop de risques pour l'environnement.

L'*échange* des déchets industriels passe habituellement, dans les pays industrialisés, par l'intermédiaire d'une « bourse des déchets », c'est-à-dire un organisme qui répertorie l'ensemble des résidus de toute nature générés par les entreprises manufacturières. Ces résidus sont inscrits dans une banque de données et d'éventuels utilisateurs peuvent identifier le producteur et acheter ces résidus. L'échange des déchets se fonde sur le principe de la récupération. Toutefois, au lieu d'être réutilisés ou recyclés par l'entreprise productrice, les résidus sont envoyés à d'autres entreprises qui peuvent être inconnues du producteur. Cela permet de donner une seconde vocation à des matières qui, autrement, seraient considérées comme des déchets inutilisables.

Les technologies d'assainissement seront traitées plus en détail dans les sections suivantes de ce chapitre. Voyons d'abord la section 4.3 qui fait état de l'incinération et les sections 4.4 et 4.5 qui mettent en évidence les procédés biologiques et la stabilisation. Finalement, la section 4.6 décrit l'enfouissement à titre de méthode d'entreposage définitif.

4.3   Méthodes thermiques[4]

Les méthodes thermiques font appel à la chaleur pour détruire les polluants. Les procédés les plus utilisés sont l'incinération, une combustion en présence d'oxygène (conditions aérobies) et la pyrolyse, un procédé qui s'effectue en absence d'oxygène. On peut aussi distinguer entre les procédés thermiques à haute température et ceux à basse température. Sous le premier vocable on regroupe habituellement l'incinération, la pyrolyse, la vitrification et tout autre procédé qui requiert un chauffage à plusieurs centaines ou milliers de degrés. Le deuxième groupe de procédés inclut des technologies moins usuelles, comme l'extraction thermique et les procédés de désorption-pyrolyse, dont il ne sera pas question ici. Dans cette section, on rappelle d'abord quelques principes de base de la combustion avant de traiter de l'incinération des déchets liquides et solides.

4.3.1   Données de base sur l'incinération et la pyrolyse des déchets industriels

L'incinération est un processus chimique simple au cours duquel les molécules sont oxydées sous l'action d'une chaleur intense, variant habituellement entre 870 et 1 200 °C. Lors de ce processus, la matière organique, qui compose une bonne part des déchets industriels dangereux, est oxydée pour donner du bioxyde de carbone (CO_2) et de l'eau, avec des rendements de l'ordre de 99,99 %. Puisque la réaction est exothermique il y a un dégagement de chaleur. L'équation 4.1 montre la transformation

4. D'après LaGrega *et al.*, 1994. Une partie de l'information est aussi puisée dans Michaud, 1993.

théorique simplifiée résultant de la combustion du carbone pur alors que l'équation 4.2 montre le résultat de la combustion du méthane :

$$C + O_2 \rightarrow CO_2 + \text{chaleur} \qquad [4.1]$$

$$CH_4 + 2O_2 \rightarrow CO_2 + 2H_2O + \text{chaleur} \qquad [4.2]$$

Une combustion complète entraîne la destruction totale (oxydation) de la matière organique et elle ne génère que des éléments ou des composés inoffensifs comme le bioxyde de carbone et l'eau. La combustion complète n'est toutefois pas commune puisque, dans la pratique, on assiste plus souvent à une combustion incomplète qui laisse les déchets partiellement intacts ou qui les transforme en composés plus dangereux, tels les dioxines, les furannes ou les hydrocarbures aromatiques polycycliques (HAP).

Rappelons ici que les conditions d'incinération dépendent habituellement de ce que l'on appelle les trois T de la combustion, des principes généraux qui s'appliquent tant dans la destruction des déchets industriels que dans le fonctionnement d'un moteur à explosion. Ces trois T sont la température, le temps de séjour et la turbulence. Une *température* minimale est nécessaire afin d'assurer la destruction totale des composés dangereux. Cette température minimale est habituellement assez élevée, soit de l'ordre de 500 à 600 °C pour les composés les plus faciles à détruire. Des organochlorés, tels les PCB, nécessitent habituellement des températures de l'ordre de 1 200 à 1 400 °C pour être efficacement oxydés. Le *temps de séjour* peut se définir comme étant la durée pendant laquelle les molécules sont exposées aux températures de combustion. Ce temps doit être suffisamment long pour permettre le déroulement de toutes les étapes de l'incinération, notamment pour que toutes les composantes des déchets atteignent la température voulue. Le temps de contact peut n'être que de quelques secondes pour incinérer les déchets liquides ou il peut être de plusieurs heures pour certains déchets solides. La *turbulence* assure un bon mélange de la matière combustible avec le comburant, en l'occurrence l'air. Elle peut être favorisée par divers aménagements dans la chambre de combustion qui favorisent un brassage, des changements de vitesse de circulation de l'air, des inversions de parcours, etc.

Les trois T de la combustion sont en constante interaction les uns avec les autres. En fait, on peut le visualiser à l'aide d'un triangle isocèle. Si l'un des côtés est raccourci, les deux autres, ou l'un des deux autres, doivent être allongés si l'on désire que le triangle garde le même périmètre. En pratique, par exemple, une diminution de la température doit être accompagnée d'une augmentation du temps de contact ou de la turbulence.

Comme on vient de le mentionner, la combustion parfaite (stochiométrique) n'existe pas dans la pratique. On est habituellement en présence d'un déficit en oxygène, qui se traduit par une combustion incomplète (pyrolyse), ou encore en présence d'un excès d'air. Si cet excès est trop important on assiste à une combustion « froide »; on peut d'ailleurs favoriser une bonne circulation d'air afin d'abaisser la température interne de certains incinérateurs.

L'incinération de déchets contenant certains types d'atomes, notamment le soufre, des halogènes (chlore, brome et fluor) et l'azote, produit des composés secondaires qui peuvent causer des problèmes dans l'incinérateur ou qui représentent un danger pour l'environnement. L'incinération des substances soufrées génère du bioxyde de soufre (SO_2), une molécule impliquée dans la formation des précipitations acides qui menacent plusieurs écosystèmes de la planète. Les déchets contenant de l'azote produisent des oxydes d'azote. L'oxyde nitrique (NO) est le gaz azoté prédominant dans une cheminée d'incinérateur, mais il est toutefois rapidement oxydé en bioxyde d'azote (NO_2) dans l'atmosphère. Ces gaz, en plus d'être des polluants primaires, sont aussi responsables de la formation du smog photochimique en milieu urbain. Quant aux substances halogénées (PCB, plusieurs pesticides, certains types de plastiques, des solvants organiques, etc.), elles génèrent habituellement des acides : acides chlorhydrique, bromique et fluorhydrique. À titre d'exemple, prenons le cas de la combustion du chloroforme qui génère de l'acide chlorhydrique :

$$CHCl_3 + O_2 \rightarrow CO_2 + HCl + Cl_2 + \text{chaleur} \qquad [4.3]$$

La formation d'acides dépend toutefois de la présence de vapeur d'eau dans la chambre de combustion ou dans la cheminée, selon la réaction en équilibre suivante (appelée réaction Deacon) :

$$Cl_2 + H_2O \leftrightarrow 2HCl + 1/2O_2 \qquad [4.4]$$

Afin de limiter ou d'éliminer les risques environnementaux encourus par la présence des gaz ou d'acides, les installations d'incinération doivent être pourvues de systèmes permettant la précipitation ou la filtration des gaz ainsi que la neutralisation des acides.

La *pyrolyse* est un procédé thermique qui s'effectue dans un environnement privé d'oxygène. La pyrolyse de polluants organiques entraîne la formation de gaz de combustion comme le bioxyde de carbone (CO_2), l'hydrogène, le méthane et certains hydrocarbures de faible poids moléculaire. Après refroidissement, ces gaz se condensent pour former un résidu de goudron et d'huile. Puisque la pyrolyse transforme les composés organiques en composés volatils, les gaz doivent être épurés avant leur rejet dans l'atmosphère. Précisons que la pyrolyse n'est pas un traitement couramment employé dans le traitement des déchets dangereux.

En ce qui concerne la combustion des déchets industriels et leur capacité d'entretenir une autocombustion (pouvoir calorifique), mentionnons que plusieurs composés organiques supportent une combustion autonome tandis que d'autres exigent l'apport de combustibles d'appoint, habituellement du gaz naturel, du propane ou diverses huiles. Précisons aussi que les matières minérales ou métalliques ne peuvent pas être détruites par la combustion; elles sont tout au plus oxydées. Ainsi, du fer soumis à l'incinération se transforme en oxyde de fer et prend un aspect rouillé. Certains métaux sont relativement volatils, ce qui représente un danger puisqu'ils sont susceptibles d'être rejetés dans l'atmosphère lors de la combustion. Les métaux qui requièrent le plus de surveillance, et qui ne devraient normalement pas être incinérés, sont l'arsenic, l'antimoine, le cadmium (présent dans les piles rechargeables) et le mercure.

Pour terminer cette section, il importe de préciser que, quel que soit le type de déchets à détruire (liquides, solides et même gazeux), un système d'incinération complet comprend plusieurs étapes à travers lesquelles les résidus cheminent. Les éléments fonctionnels les plus fréquents sont les suivants :

– le système de réception, de stockage et de manutention des déchets;
– le système d'alimentation ou d'injection des déchets dans la chambre à combustion;
– le système de transit des déchets dans le four, depuis l'alimentation jusqu'à la sortie des cendres;
– le système d'allumage des déchets et de maintien de la combustion;
– le système de brassage visant à homogénéiser la charge et faciliter la combustion (effet de turbulence);
– le système d'extraction et d'évacuation des cendres et du mâchefer;
– le système d'évacuation et de dépollution des gaz et des fumées générés par la combustion.

4.3.2 L'incinération des déchets liquides

L'incinération est une technique que l'on réserve habituellement aux déchets dangereux liquides. Selon les caractéristiques physico-chimiques de ces déchets (viscosité, présence de cendres, réactivité, corrosivité, etc.) on applique diverses méthodes faisant appel à des fours statiques, rotatifs ou de type lit fluidisé. Ces incinérateurs sont habituellement cylindriques (coupe transversale), horizontaux ou verticaux, et leur revêtement interne est constitué d'un matériau réfractaire permettant de limiter les pertes de chaleur vers l'extérieur.

Ils sont habituellement dotés d'un brûleur principal (brûleur primaire) auquel on peut adjoindre des brûleurs secondaires si on incinère des déchets ayant une faible valeur calorifique. Les fours statiques ou rotatifs sont chauffés à des températures variant entre 1 000 et 1 700 °C pour un temps de résidence allant de quelques millisecondes (ms) à environ 2,5 secondes.

La connaissance des propriétés physico-chimiques des liquides à brûler est primordiale, car elle permet d'ajuster les conditions de combustion de manière à détruire la presque totalité des déchets. Une incinération mal contrôlée de substances organochlorées peut entraîner la production de sous-produits très dangereux, telles les dioxines. C'est pourquoi chaque lot de déchets doit faire l'objet d'une analyse en laboratoire avant son incinération. Malgré l'assurance d'une certaine homogénéité de la part du producteur de déchets, l'organisme ou le contracteur qui les brûle ne peut pas faire fonctionner l'incinérateur sur la base d'une composition « moyenne ». Un pouvoir calorifique moindre dans l'un des lots de déchets peut en effet entraîner de graves conséquences à cause d'une température de combustion insuffisante.

L'un des systèmes couramment utilisés pour injecter efficacement les déchets liquides dans le four est un *atomiseur*, qui pulvérise le liquide en fines gouttelettes dans la chambre à combustion. Cette pulvérisation, qui produit des particules de l'ordre de quelques micromètres (1 000 micromètres (μm) = 1 millimètre) est essentielle, car elle permet de respecter les trois T de la combustion. Les gouttelettes sont d'abord chauffées avant d'être vaporisées et portées à leur température d'ignition, qui assure la combustion. Plus une gouttelette est petite, meilleur est le transfert de chaleur et d'oxygène. On a ainsi noté que le temps d'incinération d'une gouttelette de 300 μm est de 150 ms alors qu'il n'est que de 30 ms pour une gouttelette de 125 μm.

Une autre méthode d'incinération des déchets liquides, qui peut de plus s'appliquer aux déchets solides, est l'utilisation du four à *lit fluidisé*. Ce procédé utilise un lit de matériaux inertes (le plus souvent du sable) sur lequel sont déposés les déchets; un tel système permet d'améliorer le transfert d'énergie. L'air de combustion est introduit à la base du lit, dans un courant ascendant, et la chaleur de combustion est fournie par un apport minimal de combustible d'appoint ainsi que par la combustion des déchets. Une chambre de combustion secondaire permet un temps de séjour de quelques secondes afin d'obtenir un brûlage complet des polluants. Plus concrètement, un incinérateur à lit fluidisé peut être composé d'une chambre à combustion verticale et cylindrique (en coupe transversale) au fond de laquelle se trouve un dispositif spécial de répartition de l'air sur toute la surface.

Une couche de sable ou d'alumine introduite sur ce dispositif est maintenue en suspension dans l'incinérateur, à une certaine hauteur, par l'injection d'air; l'expression lit fluidisé provient du fait que la masse de sable en suspension se comporte comme un fluide. Ce système accroît la turbulence et le résidu destiné à être brûlé est injecté directement dans la couche de sable ou d'alumine fluidisée. La figure 4.2 montre en coupe un tel type d'incinérateur.

Le procédé à lit fluidisé fait appel à une circulation d'air à grande vitesse afin de créer une zone de combustion avec une grande turbulence, ce qui assure un bon transfert thermique et, conséquemment, une bonne destruction des déchets. Une forte turbulence et un temps de séjour relativement long dans ce type d'incinérateur permettent l'incinération de composés organiques à des températures inférieures à celles d'un four conventionnel. À titre d'exemple, l'incinération des PCB dans un four à lit fluidisé se fait à près de 900 °C alors qu'elle doit se faire à 1 200 °C dans un four rotatif ou statique couplé à un atomiseur (voir sous-section suivante). L'incinération à basse température permet aussi de réduire les émissions d'oxydes d'azote (NO_x).

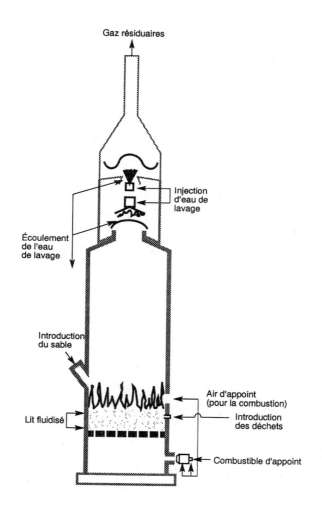

Gaz résiduaires

Injection
d'eau de
lavage

Écoulement
de l'eau
de lavage

Introduction
du sable

Air d'appoint
(pour la combustion)

Lit fluidisé

Introduction
des déchets

Combustible d'appoint

Source : Adapté de Maes, 1990.

FIGURE 4.2   COUPE LONGITUDINALE D'UN INCINÉRATEUR DE DÉCHETS À LIT
FLUIDISÉ (AVEC LE SYSTÈME DE RÉCUPÉRATION DES GAZ)

4.3.3 **L'incinération des déchets solides**

L'incinération des déchets solides se fait dans des fours à grille fixe, à grille mécanique (mobile), à l'intérieur de fours à deux chambres de combustion, de fours rotatifs inclinés ou dans des fours à lit fluidisé. Les déchets solides dangereux peuvent être des substances chimiques qui se présentent sous forme de poudre ou de blocs solides de diverses dimensions, mais on inclut dans cette catégorie des sols ou divers objets contaminés par des substances dangereuses.

Les *fours à grille fixe ou mobile*, qui sont habituellement utilisés pour incinérer les ordures ménagères, conviennent aussi à certains types de déchets dangereux. Ce sont toutefois des systèmes dont le concept est ancien et qui ne permettent pas de brûler tous les types de résidus. Quant aux *fours à deux chambres de combustion*, ils permettent une meilleure combustion puisque les résidus non brûlés ou partiellement incinérés dans la première chambre sont détruits dans la deuxième. D'autres types de fours possédant plusieurs étages de grilles superposées sont utilisés, mais leur application est limitée à cause de la complexité du système.

Le type de four le plus utilisé pour la destruction des déchets solides dangereux (employé dans 75 % des cas) est le *four rotatif incliné*, similaire à ceux utilisés pour la production de ciment[5]. On utilise d'ailleurs certains fours à ciment pour détruire des déchets dangereux. Ce sont de longs cylindres, pouvant avoir plusieurs dizaines de mètres de longueur et quelques mètres de diamètre, inclinés de deux à quatre degrés et qui tournent lentement sur eux-mêmes, soit entre 0,5 et 2 rpm (figure 4.3). Les déchets sont introduits à l'extrémité surélevée et le mouvement rotatif les entraîne vers l'autre extrémité. Un tel type de four comprend habituellement trois zones : séchage, combustion (calcination) et incinération (clinkérisation). Dans la première zone, l'eau est évaporée alors que dans la deuxième les composés organiques les plus volatils sont incinérés. Dans le dernier tiers du four les températures sont maximales et peuvent atteindre 1 400 à 1 600 °C. Dans cette portion, le matériel non volatil est complètement détruit, à l'exception des métaux qui sont oxydés. À la sortie du four, on récupère les gaz de combustion qui sont principalement l'oxygène, le bioxyde de carbone, la vapeur d'eau et quelques composés organiques à l'état de traces (hydrocarbures, composés organiques volatils, furannes, dioxines, etc.). Dans la partie la plus basse du four on recueille les cendres.

---

5. Information supplémentaire puisée dans MENVIQ, 1993.

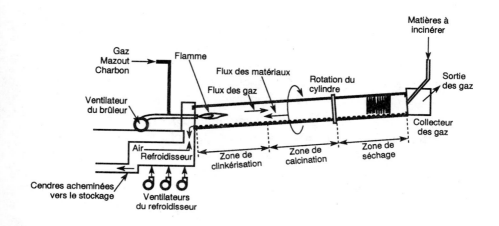

Source : Adapté de MENVIQ, 1993.

FIGURE 4.3   SCHÉMA D'UN FOUR ROTATIF INCLINÉ UTILISÉ POUR LA
DESTRUCTION DE DÉCHETS DANGEREUX SOLIDES

L'incinération des déchets, solides ou liquides, peut s'accompagner d'une récupération de la chaleur générée. Cela relève de considérations économiques, puisque les équipements de destruction des déchets sont coûteux à construire et à faire fonctionner. On utilise généralement un système de bouilloire où l'eau est chauffée. Par ailleurs, le contrôle de la pollution de l'air est obligatoire dans l'incinération des déchets, dangereux ou non. Des équipements servant à filtrer ou à précipiter les poussières de même qu'à laver les gaz ou à neutraliser les acides sont essentiels (voir la figure 4.1 et le chapitre 6).

L'incinération des PCB[6]

Les polychlorobiphényles (PCB; figure 4.4) ont été bannis dans la plupart des pays dans les années 1980. Toutefois, près d'un million de tonnes ont été produites entre 1930 et 1980 et plus d'un million de pièces d'équipements électriques en contiennent encore (Chevalier, 1995).

---

6. Information tirée de Cintec et al., 1993 et Piersol, 1989.

L'appareillage contaminé qui est hors d'usage doit être détruit de manière appropriée, de même que les stocks de PCB inutilisés et entreposés et les sols contaminés. L'incinération se révèle une méthode efficace et sécuritaire pour la destruction de ces substances. On peut employer des fours rotatifs, des fours à injection (atomisation), à lit fluidisé ou des équipements plus récents comme les fours à rayonnement infrarouge ou à arc-plasma.

On emploie habituellement des fours rotatifs parce qu'ils permettent de détruire ensemble tant les déchets liquides que solides. Ces fours possèdent cependant une chambre de combustion secondaire afin de s'assurer de la destruction complète des PCB. Compte tenu des risques que peut représenter le transport des PCB on préfère souvent utiliser des fours mobiles. Un four mobile est un incinérateur monté sur roues pouvant circuler sur les routes ou sur les voies ferrées, qui possède les mêmes caractéristiques que les équipements non mobiles, c'est-à-dire les gros incinérateurs fixes.

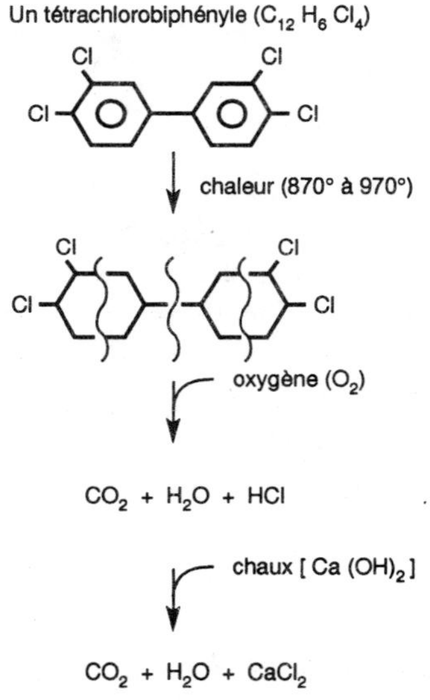

Un tétrachlorobiphényle ($C_{12}H_6Cl_4$)

chaleur (870° à 970°)

oxygène (O_2)

$CO_2 + H_2O + HCl$

chaux [$Ca(OH)_2$]

$CO_2 + H_2O + CaCl_2$

Source : Cintec *et al.*, 1993.

FIGURE 4.4   PROCESSUS DE DESTRUCTION THERMIQUE DES POLYCHLOROBIPHÉNYLES (PCB)

Sous l'effet de la chaleur, la molécule type de PCB subit une fragmentation en plusieurs points; les deux groupements phényles se séparent et se brisent (figure 4.4b). L'oxygène moléculaire (O_2), apporté par l'air, se lie aux atomes de carbone pour former du gaz carbonique ou se lie aux atomes d'hydrogène pour produire de l'eau (figure 4.4c). À cette étape, on injecte de la chaux afin de neutraliser l'acide chlorydrique qui résulte de la fragmentation des PCB. En dernier lieu (figure 4.4d), il résulte de l'incinération du gaz carbonique (CO_2), de l'eau et du chlorure de calcium ($CaCl_2$).

La figure 4.5 schématise le procédé Ogden utilisé pour incinérer les PCB liquides ou des sols contaminés par des PCB, comme de la terre ou du sable. Il s'agit d'un incinérateur de type lit fluidisé où le sol contaminé est maintenu en suspension par la circulation d'air. Les déchets liquides peuvent être injectés à la base de la chambre de combustion, permettant de détruire deux types de déchets en même temps. L'utilisation du lit fluidisé permet d'incinérer les PCB à une température de 870 °C plutôt qu'à 1 200 °C, comme dans un four statique ou rotatif.

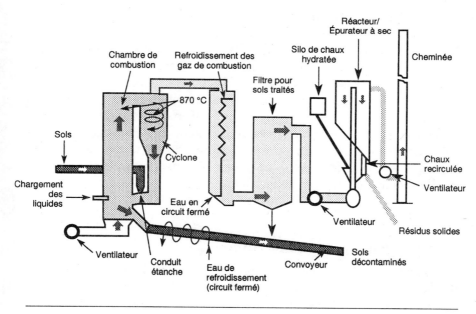

FIGURE 4.5   SCHÉMA DE PROCÉDÉ DE L'INCINÉRATEUR OGDEN UTILISÉ POUR LA DESTRUCTION DES PCB

Le cyclone permet de récupérer les particules ou les poussières les plus lourdes, les cendres, qui sont alors acheminées à l'extérieur de la chambre de combustion. Les gaz passant au travers du cyclone sont refroidis et filtrés avant d'être presque totalement éliminés par un épurateur à sec (voir le chapitre 6); à cette étape, la chaux est utilisée pour neutraliser l'acide chlorhydrique.

4.4 Procédés biologiques[7]

La capacité d'adaptation des micro-organismes est telle qu'elle leur permet de s'attaquer à la majorité des déchets dangereux, liquides ou solides, de nature organique; quant aux déchets inorganiques comme les acides, les bases ou les concentrés métalliques, ils ne conviennent habituellement pas à la biodégradation, à l'exception de certains résidus miniers qui peuvent être récupérés ou transformés (voir le chapitre 7). Cette capacité des micro-organismes est de plus en plus exploitée afin de permettre la dégradation de résidus industriels dans des conditions contrôlées. Le recours aux procédés biologiques est maintenant presque systématique dans le traitement des sols contaminés (voir le chapitre 5), compte tenu des volumes en cause et de la difficulté d'avoir directement accès aux lieux contaminés (les micro-organismes se reproduisent et ils ont la capacité de migrer dans le sol). Toutefois, en ce qui concerne les déchets industriels, on emploie moins souvent les micro-organismes, préférant recourir à des méthodes plus « expéditives » comme l'incinération. Il faut de plus se rappeler que les micro-organismes travaillent lentement et qu'ils peuvent être intoxiqués par certains composés.

4.4.1 Principes fondamentaux

Les procédés biologiques font appel à la capacité des micro-organismes d'utiliser certains polluants comme substrats pour leur croissance. Toutefois, afin d'accélérer le processus naturel de biodégradation, on doit souvent

---

7. Section rédigée à partir d'informations tirées de LaGrega *et al.*, 1994; une partie de l'information de la sous-section 4.4.1 est toutefois tirée de Chakrabarti *et al.*, 1988.

fournir aux micro-organismes des éléments nutritifs et un environnement favorable à leur développement (oxygène, température, etc.). La plupart des composés organiques d'origine industrielle sont biodégradables, mais certains sont qualifiés de persistants ou de réfractaires (récalcitrants). Les substances persistantes sont biodégradées très lentement et demeurent longtemps dans l'environnement (c'est le cas de la majorité des polychlorobiphényles – PCB), alors que les réfractaires résistent habituellement à l'attaque de la grande majorité des micro-organismes. De telles substances sont parfois qualifiées de xénobiotiques, c'est-à-dire étrangères à la vie. Dans son sens le plus strict, ce terme s'applique normalement à des composés de synthèse qui sont d'origine exclusivement anthropique et qui ne peuvent en aucun cas être produits naturellement; c'est le cas des PCB. Toutefois certaines substances très dangereuses, habituellement associées aux activités humaines, peuvent être naturellement générées; les dioxines provenant des incendies de forêt sont un exemple de telles substances (figure 4.6a). Le terme xénobiotique inclut donc exceptionnellement quelques substances d'origine naturelle produites en très faibles quantités et qui ont un caractère hautement dangereux.

Le caractère réfractaire ou persistant d'un composé influe évidemment sur sa biodégradation puisque ce phénomène s'accompagne habituellement d'une plus grande toxicité. De manière habituelle, les principales caractéristiques responsables du caractère réfractaire sont l'accroissement des ramifications d'une molécule, la présence et le nombre d'atomes d'halogènes (chlore, fluor et brome) ainsi qu'une faible solubilité dans l'eau. En ce qui concerne la première caractéristique, on peut donner en exemple un groupe d'hydrocarbures particulier, les alcanes (méthane, propane, butane, etc.). Un alcane à chaîne linéaire comme l'hexane (figure 4.6b) est plus facile à biodégrader qu'un alcane à chaînes ramifiées tel l'iso-propyl-2 méthyl-3 éthyl-5 hexane (figure 4.6c). En ce qui concerne les substances organohalogénées, tels les PCB (figure 4.6a), on sait que, plus il y a d'halogènes (habituellement le chlore), plus la molécule est réfractaire. Parallèlement, l'accroissement de l'halogénation augmente le caractère hydrophobe de la molécule. Cela signifie que de telles substances ne sont pas solubles dans l'eau et, conséquemment, qu'elles ne sont pas facilement accessibles aux micro-organismes. Des changements mineurs au sein d'une molécule organochlorée peuvent modifier considérablement sa capacité à être biodégradée. Ainsi, le pentachlorophénol, un désinfectant utilisé pour préserver le bois (figure 4.5d) est très facilement biodégradable alors qu'une molécule similaire, l'hexachlorobenzène, un fongicide possiblement cancérigène (figure 4.6d), est réfractaire. Le nombre, la position et le type d'atomes ou de groupes d'atomes présents sur une molécule organique influent donc grandement sur sa susceptibilité à la biodégradation. De manière générale, la présence de groupements hydroxyle (-OH), carboxyle (-COOH), amine (-NH$_2$) ou méthyle (-CH$_3$) favorise la biodégradation alors que l'introduction d'atomes ou de groupements fluor (F), chlore (Cl), nitrite (-NO$_2$) ou sulfureux (SO$_3$H) sur une molécule accroît son caractère réfractaire. Mentionnons, en terminant, que les composés polymériques comme le nylon et le polystyrène sont plus résistants à la biodégradation que les monomères qui les constituent.

a) Tétrachlorodioxine

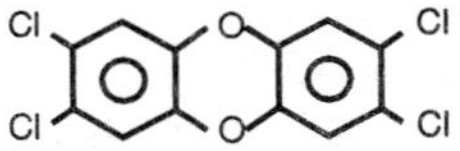

b) Hexane

$$CH_3 - CH_2 - CH_2 - CH_2 - CH_2 - CH_3$$

c) Isopropyl-2 méthyl-3 éthyl-5 hexane

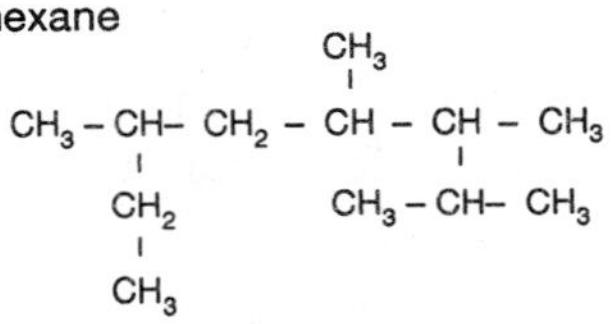

d) Pentachlorophénol et hexachlorobenzène

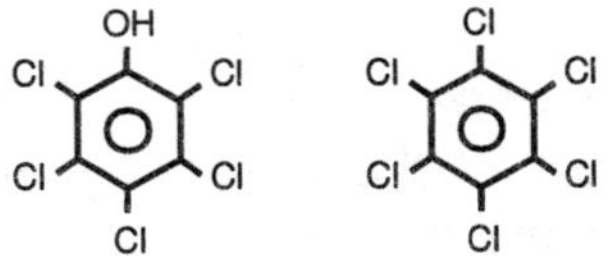

FIGURE 4.6   QUELQUES COMPOSÉS DE SYNTHÈSE

Malgré les observations précédentes, la majorité des molécules organiques peuvent être biodégradées par les micro-organismes. Cela se fait habituellement à la suite de l'intervention d'un ensemble d'espèces microbiennes, appelé *consortium*. Une collaboration entre plusieurs espèces est habituellement nécessaire puisque la biodégradation d'une substance chimique implique des étapes bien spécifiques, chacune ne pouvant être réalisée que par une ou quelques espèces microbiennes. La biodégradation de l'acide chlorobenzoïque par trois, sinon quatre espèces bactériennes, servira à illustrer la complexité ainsi que la spécificité du processus (figure 4.7).

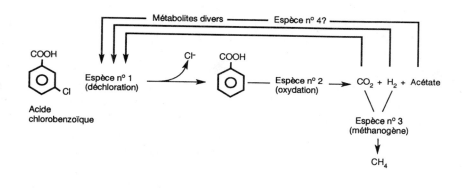

Source : Traduit de LaGrega *et al.*, 1994.

FIGURE 4.7   BIODÉGRADATION DE L'ACIDE CHLOROBENZOÏQUE PAR UN CONSORTIUM D'ESPÈCES BACTÉRIENNES

En utilisant un milieu ne contenant que de l'acide chlorobenzoïque comme source de carbone, on a démontré que la première étape de la biodégradation est une déhalogénation réductive (dans ce cas une déchloration) de la molécule, soit l'enlèvement de l'atome de chlore par une première espèce microbienne. On notera qu'à cette étape l'espèce bactérienne numéro un n'utilise pas comme tel l'acide comme source nutritive. Une seconde espèce oxyde ensuite l'acide benzoïque en acide acétique (acétate), en gaz carbonique et en hydrogène gazeux. Une accumulation de ces derniers produits pouvant cependant nuire à l'oxydation de l'acide benzoïque, une bactérie méthanogène transforme le CO_2 et l'hydrogène en méthane (voir aussi la section 8.4). Quant à l'acétate, c'est la substance vraisemblablement utilisée comme source de nutriment par la première espèce bactérienne, après une transformation possible par une quatrième espèce.

La biodégradation d'une molécule simple montre bien à quel point les mécanismes impliqués sont complexes et en interaction les uns avec les autres. Contrairement aux procédés thermiques ou chimiques qui mettent en jeu des processus de destruction radicaux faisant appel à des températures ou à des pH incompatibles avec la vie, dans la transformation microbienne tout se passe en cascade dans des conditions physico-chimiques compatibles avec la survie des organismes impliqués.

Lorsque des micro-organismes présents dans la nature sont accidentellement mis en contact avec des substances dangereuses ou toxiques, un certain nombre d'entre eux s'adaptent et deviennent capables d'utiliser ces polluants comme substrats nutritifs. On peut cependant forcer artificiellement l'adaptation de souches microbiennes en laboratoire par diverses méthodes, dont la manipulation génétique. Outre cette adaptation, la biodégradation par un consortium microbien peut aussi impliquer le *cométabolisme*. Cela signifie qu'un micro-organisme possède les enzymes nécessaires à la biodégradation d'un composé sans toutefois être capable de l'utiliser comme substrat nutritif ou énergétique. On doit conséquemment fournir à ce micro-organisme une substance nutritive plus facile à utiliser, laquelle aura habituellement une structure moléculaire similaire à la substance dont on souhaite la biodégradation. La présence d'une telle substance nutritive permet au micro-organisme de croître, mais les enzymes qui sont stimulées pour sa métabolisation sont habituellement capables de s'attaquer à la substance dangereuse, qui a une structure similaire.

Outre l'adaptation ou l'expression d'une capacité de biodégradation, les micro-organismes doivent croître dans des conditions environnementales propices à leur développement. On doit donc s'assurer que l'humidité, la température, le pH ainsi que la présence de substances nutritives sont à des valeurs ou à des concentrations compatibles avec la survie des micro-organismes. Le contrôle des paramètres environnementaux est donc crucial et il ne doit pas être négligé.

Les traitements biologiques des déchets dangereux peuvent être classés en trois catégories : traitements en phase liquide, semi-solide ou solide. Le traitement en phase liquide implique le traitement de résidus très dilués dans l'eau. En fait, il s'agit essentiellement d'un traitement d'eaux usées comme tel et les techniques utilisées sont celles mises en place pour l'épuration des effluents (voir les chapitres 2 et 3). Le traitement en phase semi-solide vise le traitement de déchets contenant entre 5 % et 50 % de matières solides; il peut notamment s'agir de boues à l'aspect plus ou moins pâteux ou de liquides épais. Finalement, le traitement en phase solide est utilisé pour épurer des boues relativement solides, un sol contaminé ou tout résidu dont la teneur en humidité est faible.

4.4.2 **Biotraitement en phase solide**

Le traitement biologique en phase solide regroupe essentiellement trois catégories de techniques : épandage contrôlé, compostage et biopiles. Les méthodes de traitement en phase solide sont utilisables pour traiter une variété de résidus, notamment les boues de l'industrie du raffinage du pétrole ainsi que les résidus provenant de l'industrie de la protection du bois qui contiennent du pentachlorophénol et de la créosote. Ces méthodes se révèlent particulièrement efficaces pour assurer la biodégradation des huiles, des graisses, des phénols ainsi que celle de plusieurs hydrocarbures aromatiques polycycliques (HAP).

L'*épandage contrôlé* (traitement par le sol ou *land farming*) consiste à appliquer à la surface du sol, ou à faible profondeur (10 à 30 cm), les résidus dangereux à traiter. Cette approche permet d'utiliser les capacités de biodégradation des micro-organismes naturellement présents dans le sol. L'expression anglaise *land farming* est employée parce que cette approche fait appel à un mode opératoire similaire aux pratiques agricoles, comme le labour ou le hersage. C'est une technologie intéressante dans la mesure où elle est peu coûteuse et qu'elle ne requiert qu'une infrastructure simple.

Ce traitement nécessite un épandage uniforme des résidus à la surface du sol ou leur injection à faible profondeur avec des coutres (voir section 8.1.5). Un « labour » subséquent favorise le contact entre les résidus, les micro-organismes et divers additifs s'il y a lieu. De plus, le travail du sol se révèle important pour l'aération, les réactions de biodégradation étant essentiellement aérobies. Il n'y a pas un type de sol mieux adapté qu'un autre pour effectuer ce type de traitement; un sol perméable favorise l'aération et se draine bien alors qu'un sol plus dense favorise la rétention de diverses particules ou des ions métalliques. Cet aspect est important, car bien que les résidus soient essentiellement biodégradés par les consortiums microbiens, des réactions physico-chimiques interviennent aussi dans le processus de décontamination. Les particules du sol agissent comme agents filtrants et retiennent les substances polluantes, organiques ou minérales, de diverses manières.

Parmi les processus impliqués dans l'épandage contrôlé, certains peuvent avoir un effet non souhaité. Ainsi, la volatilisation est une perte atmosphérique des polluants les plus volatils, tels certains hydrocarbures ou des composés azotés. Le ruissellement, lors de pluies ou lorsque les résidus épandus sont trop humides, entraîne certains polluants hors du lieu d'épandage. Il en va de même du lessivage ou de la lixiviation qui peuvent entraîner les polluants, par voie souterraine, vers la nappe phréatique. Des précautions spéciales doivent donc être prises afin de minimiser ces pertes.

On doit aussi épandre les résidus à un rythme qui ne dépasse pas la capacité d'assimilation des micro-organismes. Les polluants organiques étant habituellement métabolisés en eau et en gaz carbonique, on peut procéder à un nouvel épandage après un certain temps, qui peut varier de quelques semaines à quelques années. La situation est cependant différente en ce qui concerne les métaux, particulièrement les métaux lourds qui sont toxiques. Qu'ils soient ou non intégrés dans le métabolisme microbien, les métaux ne sont pas transformés et ils restent sur place. Après un certain nombre d'épandages, leur concentration peut devenir toxique pour les micro-organismes. Lorsqu'une telle situation se présente, il faut fermer le lieu d'épandage ou excaver une partie du sol trop contaminé et le transporter vers un lieu d'enfouissement de déchets dangereux (voir section 4.6).

Le *compostage*, soit le deuxième mode de traitement des résidus dangereux en phase solide, se fait en respectant les principes de base présentés à la section 4.2.2. Les déchets sont habituellement mélangés avec des matériaux assurant la porosité et l'aération du milieu, mais il faut aussi introduire des substances carbonées et azotées favorisant la croissance microbienne. Les substances nutritives ne doivent toutefois pas favoriser la croissance aux dépens de la biodégradation des déchets; on utilise de préférence des composés nutritifs favorisant le cométabolisme. Mentionnons que le compostage des déchets dangereux peut se faire par andainage, en biopiles aérées ou en bioréacteur.

Le recours aux *andains* est une approche calquée sur celle habituellement utilisée pour le compostage des fumiers ou des déchets verts. Les andains sont retournés périodiquement afin de favoriser l'aération et permettre une répartition uniforme des déchets. Quant aux *biopiles* aérées, elles sont similaires aux andains sauf que l'aération est assurée par une série de canalisations qui passent sous l'amoncellement de déchets; il n'y a donc pas de retournement mécanique de la masse de déchets. On favorise plutôt l'aération active en injectant de l'air sous pression, ou mieux, en aspirant l'air par pression négative dans les canalisations (vacuum); cette dernière approche a l'avantage de prévenir une perte atmosphérique des substances volatiles. Finalement, le recours aux *bioréacteurs* implique le compostage à l'intérieur d'une enceinte fermée. Les conditions environnementales sont alors bien contrôlées, ce qui permet de réduire considérablement le temps de compostage.

Le troisième mode de traitement en phase solide est le recours aux *biopiles* non aérées, qui sont similaires à celles utilisées dans le compostage; leur taille est cependant beaucoup plus importante. Ces biopiles peuvent avoir plusieurs mètres de hauteur au lieu de 1,5 mètre dans le cas du compostage. La biodégradation est plus lente (entre 4 et 18 mois), mais la surface de sol nécessaire pour traiter un même volume de résidus ou de sol contaminé est moindre. Il est alors possible de recouvrir les biopiles de déchets de manière à prévenir la lixiviation, le ruissellement et la volatilisation.

4.4.3 Biotraitement en phase humide *(slurry phase)*

Cette technique est utilisée pour traiter des déchets dont la concentration en matières solides ne dépasse pas 50 %; il s'agit donc de résidus qui se présentent habituellement sous forme de boues très liquides. Toutefois, on peut aussi traiter des déchets solides par cette méthode après les avoir dilués. Le traitement en phase semi-solide peut se faire dans des étangs extérieurs (similaires aux étangs d'oxydation présentés au chapitre 2) ou dans une enceinte fermée (bioréacteur). Ce type de traitement, qui se fait habituellement avec une agitation, permet de briser les agrégats, aide la désorption des polluants attachés sur les particules solides, favorise le contact entre les polluants et les micro-organismes et permet l'aération du milieu.

Le traitement en phase semi-solide est donc similaire à celui utilisé pour le traitement des eaux usées (de type biomasse en suspension) sauf qu'aucun recyclage de la biomasse n'est effectué. Typiquement, ce traitement comprend un prétraitement, une désorption et la biodégradation comme telle. Cette séquence peut se faire en mode discontinu ou en mode continu, dans ce dernier cas avec un écoulement de type piston. Le principal avantage de cette technique réside dans un accroissement signifi- catif de la vitesse de biodégradation comparativement au traitement en phase solide qui requiert un temps de contact plus long.

Un *prétraitement* peut être utile ou nécessaire avant de soumettre les polluants à l'attaque des micro-organismes. L'ajout de divers additifs qui favorisent la désorption et la réduction de la taille des particules ou qui fractionnent les résidus à traiter peut se faire lors du prétraitement. Quant à la désorption, c'est une étape précédant habituellement la biodégradation comme telle; elle vise à déloger les polluants adsorbés dans des interstices de très petite taille inaccessibles aux micro-organismes. Il faut « désorber » ces polluants afin de les faire migrer vers la surface externe des particules auxquelles ils sont attachés; dès lors, les micro-organismes peuvent les biodégrader. La désorption est favorisée par l'ajout de diverses substances ou encore par une modification des conditions physico-chimiques du milieu.

La biodégradation, qui est la phase active du processus, doit habituelle- ment avoir lieu dans des conditions contrôlées avec le maintien d'une tem- pérature et d'un pH favorables aux micro-organismes. Par ailleurs, le temps de rétention des polluants et le design du bioréacteur sont impor- tants. Ce dernier aspect est habituellement considéré comme le facteur le plus critique du processus de biodégradation en phase semi-solide parce qu'il est responsable du maintien en suspension des particules sur lesquel- les les polluants sont fixés, du contact entre les polluants et les micro- organismes ainsi que de l'aération. Le mode d'agitation (turbine à pales droites, incurvées, marines, hélicoïdales ou autres), la présence de contre- pales (déflecteurs), la vitesse de rotation de l'arbre d'agitation sont autant d'aspects dont on doit tenir compte, en fonction du type de résidus, pour permettre une biodégradation efficace.

Le traitement en phase semi-solide est intéressant pour le traitement des boues provenant de diverses industries. Le sol contaminé peut aussi être traité de cette manière après avoir été mélangé avec de l'eau. On observe une réduction significative (entre 60 et 80 %) de la présence de certains polluants tels les hydrocarbures aromatiques polycliques (HAP) après une période de traitement de 30 à 60 jours. Cette technique permet aussi de gagner du temps comparativement au traitement en phase solide, mais les infrastructures requises sont plus coûteuses.

En conclusion, on peut affirmer que, quoique limité dans son applica- tion pour le traitement des résidus dangereux, le traitement biologique devrait devenir une méthode de choix dans les années à venir. Un des principaux défis est la recherche ou la mise au point de souches microbiennes capables de biodégrader des polluants encore qualifiés de récalcitrants (dioxines, furannes, plusieurs PCB). On doit aussi s'assurer que les résultats obtenus à petite échelle en laboratoire pourront être reproduits à grande échelle.

4.5   Stabilisation et solidification[8]

La stabilisation et la solidification des déchets industriels liquides, semi-solides ou solides sont des interventions qui précèdent habituellement un enfouissement ou un entreposage définitif. Dans cette section on définit d'abord quelques expressions relatives à la compréhension de ces techniques avant de présenter les mécanismes fondamentaux impliqués dans le processus et finalement les techniques les plus couramment utilisées.

Dans son sens restreint, la *stabilisation* est un processus qui fait appel à des additifs divers afin de ralentir la migration des contaminants dans l'environnement. Il s'agit essentiellement de réduire la lixiviation (percolation) des matières dangereuses liquides contenues dans la masse de déchets; les matières polluantes se lient à un support ou à un matériau qui les retient en place. La stabilisation diminue la solubilité et la toxicité des polluants et facilite aussi leur transport. Précisons ici que le terme fixation est parfois employé comme synonyme de stabilisation. Quant à la *solidification*, c'est un processus qui implique l'ajout d'un matériau solidifiant, tel le ciment, aux déchets afin d'en faire une masse compacte et inerte. La solidification réduit substantiellement la perméabilité de la masse de déchets et accroît sa résistance à la compression.

Les techniques de stabilisation sont particulièrement utiles pour minimiser les risques posés par les déchets liquides ou semi-liquides. Cette approche est efficace dans la mesure où les déchets doivent être chimiquement et physiquement liés par des agents de stabilisation et pas seulement incorporés à des absorbants; dans ce cas, une compression provoque l'expulsion du liquide et induit la lixiviation des matières polluantes. Quant

---

8. D'après LaGrega *et al.*, 1994 et Michaud, 1993.

à la solidification, elle permet d'accroître considérablement l'intégrité structurale et la résistance du matériau afin d'en faire une masse ayant l'aspect du béton ou du roc.

Les procédés de stabilisation et de solidification impliquent généralement les étapes suivantes :
- un prétraitement pour enlever les gros objets;
- le lavage ou le concassage des gros objets;
- le mélange des déchets contaminés avec des produits à base de ciment, de pouzzolanes ou d'autres additifs;
- élimination des déchets stabilisés et (ou) solidifiés dans des lieux d'enfouissement destinés à recevoir de telles substances.

4.5.1 Les mécanismes fondamentaux de la stabilisation et de la solidification

Parmi les mécanismes fondamentaux mis à contribution pour stabiliser les déchets, il sera question ici de la macroencapsulation, de la microencapsulation, de l'absorption, de l'adsorption, de la précipitation et de la détoxification.

La *macroencapsulation* est le mécanisme par lequel des déchets dangereux sont enfermés dans une matrice composée d'un agent stabilisant; le déchet dangereux est emprisonné à l'intérieur des pores formés par le stabilisant. Toutefois, les forces physiques qui retiennent les polluants encapsulés sont relativement faibles, car des contraintes physiques (compression, tassement, gel, dégel) peuvent briser la structure matricielle du stabilisant et favoriser l'échappement des déchets. Il est à noter que la macroencapsulation peut aussi désigner le confinement des déchets dans des barils spéciaux (en polyéthylène) avec un couvercle soudé pour former une « macrocapsule » complètement isolée du milieu environnant.

La *microencapsulation* est similaire à la technique précédente sauf que le confinement s'effectue au niveau microscopique; les déchets sont inclus à l'intérieur de la structure cristalline de l'agent de stabilisation plutôt que retenus dans des pores de plus grande dimension. La microencapsulation est plus stable, les interactions au niveau moléculaire ou microscopique étant plus fortes. Toutefois, si la matrice formée par l'agent stabilisant subit de fortes contraintes physiques, sa structure peut être modifiée et il en résulte une fuite des déchets liquides.

L'*absorption* est un processus par lequel un liquide ou une substance semi-solide pénètre à l'intérieur d'un substrat (l'absorbant) solide ou semi-solide; l'eau qui pénètre dans une éponge est un exemple d'absorption. Les absorbants les plus couramment utilisés sont des cendres, de la poussière de ciment, de la chaux, de l'argile séchée, de la sciure de bois et de la terre. Cette technique ne peut toutefois être utilisée que comme mesure temporaire, puisque le liquide absorbé peut être facilement expulsé sous diverses contraintes physiques.

L'*adsorption* est le processus par lequel un liquide (ce peut aussi être un gaz ou même un solide) s'attache à la surface d'un substrat solide; il n'y a pas pénétration à l'intérieur du substrat. L'exemple le plus typique est l'adsorption de molécules ou de micro-organismes à la surface du charbon actif. Contrairement à l'absorption qui résulte presque exclusivement de processus physiques, l'adsorption résulte de certaines affinités entre l'adsorbant et la substance adsorbée; on parle ici d'affinités chimiques et d'attractions électriques, notamment les forces de Van der Waal. Un polluant hydrophile (qui se dissout bien dans l'eau) se lie par des forces électriques ou chimiques à un adsorbant qui manifeste la même caractéristique (l'hydrophilie); une situation similaire s'applique aux substances hydrophobes (qui ne se dissolvent pas dans l'eau) tels des solvants organiques ou certains organochlorés (pesticides, PCB). Les forces qui lient les polluants à l'adsorbant sont relativement fortes et suffisamment stables pour prévenir un relargage dans l'environnement. La majorité des adsorbants naturels étant hydrophiles, on doit habituellement les modifier chimiquement afin de les rendre plus hydrophobes, ou organophiles, afin de favoriser l'attachement de composés polluants ayant une telle caractéristique.

La *précipitation* consiste à rendre moins solubles certains polluants spécifiques présents dans un déchet liquide. Dans ce contexte, la formation de précipités (silicates, carbonates ou phosphates) relativement insolubles dans l'eau facilite la récupération ou la stabilisation. On peut précipiter des boues inorganiques provenant de divers procédés métallurgiques ou chimiques qui contiennent des oxydes métalliques. La précipitation peut notamment se faire par l'ajout d'acide carbonique (H_2CO_3) à un oxyde métallique, relativement soluble, afin de produire un carbonate métallique insoluble.

La *détoxification* est un processus qui modifie la composition chimique d'un déchet ou d'une substance de manière à le rendre moins toxique (rappelons ici que la toxicité est l'un des paramètres qui confèrent à un résidu le statut de déchet dangereux). Un exemple de ce mécanisme est le changement de valence du chrome. La transformation du chrome hexavalent (Cr^{+6}) en chrome trivalent (Cr^{+3}) réduit le niveau de danger de ce métal lourd, puisque la forme trivalente est moins soluble dans l'eau et moins toxique.

4.5.2 Les techniques utilisées pour la stabilisation et la solidification

Les mécanismes fondamentaux décrits ci-dessus sont utilisés, individuellement ou collectivement, dans un certain nombre de techniques visant à stabiliser ou à solidifier les déchets dangereux. Parmi ces dernières, on décrit dans les paragraphes qui suivent les plus connues, soit l'incorporation au ciment, à la chaux ainsi qu'aux argiles modifiées; il sera aussi question de la vitrification des déchets dangereux ainsi que leur polymérisation ou leur transformation en thermoplastiques. Il existe par ailleurs toute une gamme de techniques utilisées pour la stabilisation et la solidification, mais la plupart sont l'objet de secrets industriels.

Le *ciment* est l'une des substances les plus utilisées comme agent de stabilisation ou de solidification. Précisons que le ciment est constitué d'un mélange de gypse et de clinker, ce dernier résultant de réactions entre la chaux, l'alumine, l'oxyde de fer et la silice à haute température. Les matériaux de base sont d'abord concassés et broyés avant d'être introduits dans un four à ciment rotatif (figure 4.3). Dans la zone de calcination il y a décomposition des carbonates de calcium (roche calcaire), qui résulte en oxyde de calcium (chaux vive). Dans le dernier tiers du four (zone de clinkérisation) les réactions chimiques entre l'oxyde de fer, l'alumine, la chaux et la silice forment le clinker, qui est par la suite pulvérisé avec du gypse, ce qui donne le ciment de type Portland, soit le ciment le plus couramment utilisé qui entre dans la fabrication du béton et du mortier.

L'ajout de déchets dangereux à de la poudre de ciment, suivi d'une hydratation, permet de les stabiliser. L'hydratation forme une structure cristalline, sous forme d'alumino-silicates de calcium, qui possède une texture très rigide; c'est le béton. La stabilisation avec le ciment est particulièrement efficace dans le cas des déchets inorganiques, spécialement ceux contenant des métaux lourds, la mobilité de ces derniers étant considérablement réduite parce qu'ils se transforment en hydroxydes insolubles ou en carbonates en raison du pH alcalin du ciment. La formation de carbonates ou d'hydroxydes métalliques insolubles permet de stabiliser et d'immobiliser plusieurs métaux. Cette technique est particulièrement prometteuse pour la stabilisation des boues ou des liquides générés par l'industrie du placage ou du traitement de surface. En contrepartie, certains polluants organiques nuisent au processus d'hydratation, réduisant ainsi la solidité finale du produit. Dans le but de pallier certains inconvénients, diverses matières absorbantes et des additifs, tels des silicates solubles, des argiles, des émulsifiants, du charbon ou des matières cellulosiques, peuvent être ajoutés au ciment pour améliorer la performance du traitement.

La stabilisation avec le ciment offre plusieurs avantages. C'est une méthode bien maîtrisée qui peut être effectuée à maints endroits avec un personnel qualifié. De plus, dans le cas de la stabilisation de boues contaminées, il n'est pas nécessaire de les déshydrater comme l'exigent d'autres techniques; au contraire, l'eau est indispensable au processus. Finalement, le pH alcalin du ciment permet la neutralisation des déchets acides. En contrepartie, il faut noter que l'ajout de ciment et d'autres additifs augmente de manière significative le volume des déchets à traiter (jusqu'à 50 %).

La stabilisation de boues industrielles se fait aussi avec de la *chaux* (hydroxyde de calcium, $Ca(OH)_2$), additionnée ou non de matières pouzzolaniques que sont les cendres volantes (incinérateurs, feux de bois, volcaniques, etc.). Il en résulte du silicate de calcium hydraté ou un aluminosilicate de calcium relativement insoluble et stable. À l'instar de la stabilisation avec le ciment, celle utilisant la chaux est particulièrement utile avec les déchets inorganiques contenant des métaux lourds.

Les *argiles modifiées* (organophiliques) sont utilisées pour la stabilisation et la solidification des déchets dangereux organiques. Ces argiles, ajoutées à d'autres produits de solidification tels le ciment, les poussières de fours rotatifs ou les cendres volantes, conduisent à la formation d'une masse stable et peu lixiviable. Les argiles naturelles, non modifiées, principalement la montmorillonite (une forme de bentonite), sont normalement organophobes puisqu'elles n'ont pas d'affinité particulière envers la matière organique. La modification se fait en remplaçant certains cations inorganiques, naturellement présents dans l'argile, par des cations organiques. À la suite de ce traitement, l'argile devient organophilique, elle peut se gonfler et se disperser dans une gamme variée de solvants organiques.

Les argiles modifiées peuvent être utilisées en proportions relativement faibles et elles retiennent mieux que d'autres substrats les déchets organiques, réduisant ainsi les risques de lixiviation et de contamination de l'environnement. À titre d'exemple, on peut mentionner que pour stabiliser un sol contaminé par 500 mg/L de trichloroéthylène (un solvant et un dégraissant organique) on ajoutera entre 0,7 % et 4,5 % d'argile modifiée (pour un sol ayant une porosité de 50 % et une densité de 2 g/cm^3). On constate que la proportion d'argile modifiée à ajouter pour stabiliser un sol contaminé est relativement faible. Pour stabiliser des déchets dont la concentration en substances dangereuses est beaucoup plus importante, on devra évidemment employer de plus fortes proportions d'argiles modifiées.

La solidification de déchets dangereux peut se faire par macroencapsulation en utilisant des *substances polymériques*. Le mélange d'un monomère polymérisable, comme l'urée formaldéhyde, à un déchet peut former une structure matricielle ressemblant à une éponge. Cette technologie est intéressante pour la stabilisation de déchets liquides organiques ou faiblement radioactifs. Le polymère obtenu contient cependant une proportion importante de liquides, ce qui peut impliquer un séchage ultérieur ou une mise en conteneurs.

Il est possible de mélanger à haute température des déchets dangereux avec des *substances thermoplastiques* (qui subissent un ramollissement sous l'action de la chaleur, par opposition aux thermodurcissables). Parmi les thermoplastiques utilisés mentionnons l'asphalte, la paraffine, le bitume, le polyéthylène ou le polypropylène. En refroidissant, les thermoplastiques, et les déchets qu'ils contiennent, se solidifient et prennent une structure très rigide. Une limitation à l'utilisation de cette technique peut cependant découler de la présence de solvants organiques puissants qui détruisent la structure matricielle du produit obtenu.

La *vitrification* est une technique de stabilisation et de solidification qui n'exige pas le recours à des substances particulières. Pour stabiliser et solidifier les déchets, on utilise la chaleur obtenue par l'énergie électrique pour faire fondre les déchets, les boues ou le sol contaminés dans une forme stable vitrifiée et de structure cristalline empêchant la migration dans l'environnement. On peut mélanger un déchet dangereux à du verre concassé, de la cendre ou de la chaux avant de le chauffer à 1 600 °C, température nécessaire à la vitrification. Pour vitrifier une masse de déchets ou un sol contaminé, on introduit généralement quatre électrodes placées en carré jusqu'à une profondeur de 5,4 à 6 mètres. Un courant d'environ 13 000 volts circule entre les électrodes, ce qui permet d'atteindre une température de 1 600 à 2 000 degrés; les résidus ou le sol vitrifiés sont alors dépourvus de leur caractère dangereux. Lorsque l'on procède à la vitrification en plein air, on doit prévoir un système d'épuration des gaz qui sont générés par la haute température.

Pour terminer cette section, on illustre brièvement le processus de stabilisation et de solidification par la description du procédé Stablex© mis au point en Grande-Bretagne dans les années 1970[9].

Le procédé Stablex permet de traiter des déchets inorganiques, principalement des acides, des bases ou des solutions contenant des métaux. L'entreprise peut accepter une gamme de déchets industriels parmi lesquels on compte des résidus de fabrication de produits électroniques, de traitement de surface de métaux, d'imprimerie, les résidus inorganiques provenant de l'industrie du plastique, de la pétrochimie, les cendres d'incinération, les boues d'épuration chargées de métaux, etc. Parmi les déchets non admissibles, mentionnons les explosifs, les substances inflammables, les déchets organiques et les déchets radioactifs. L'entreprise, d'abord conçue pour traiter majoritairement des déchets liquides, a traité en 1994 80 % de déchets de nature solide (cendres, briques ou béton, sols contaminés, matériel électronique, etc.). Stablex Canada traitait au milieu des années 1990 environ 65 000 tonnes de déchets par année.

Les déchets reçus sont d'abord analysés en laboratoire afin de connaître leur composition exacte; cette connaissance est requise afin de déterminer la nature des interventions visant à inactiver les déchets. À l'étape du prétraitement, les déchets solides sont habituellement broyés et déchiquetés. Certains déchets solides, de même que les déchets liquides, subissent une désactivation chimique qui vise à réduire la réactivité d'un contaminant afin de le rendre plus stable ou moins mobile. Cette désactivation peut se faire en modifiant la valence de certains ions (réduction du chrome hexavalent en chrome trivalent), en formant des sels métalliques insolubles et stables (carbonates, sulfures ou autres) ou en neutralisant les acides et les bases. Afin de réduire la quantité de matière première utilisée, on mélange ensemble certains déchets; ainsi, une solution alcaline est utilisée pour neutraliser une solution acide. À la suite du prétraitement, les déchets sont liquides ou sous la forme d'une boue relativement liquide.

---

9. Les informations ont été obtenues de Stablex Canada (Blainville, Québec).

L'étape suivante est la stabilisation, qui se fait en ajoutant aux déchets de la poudre de ciment, des alumino-silicates ou encore des cendres volantes (en 1994 ces dernières provenaient des boues d'une usine de pâte à papier incinérées dans un four à lit fluidisé). La stabilisation emprisonne les éléments et les substances préalablement désactivés et précipités (ions métalliques et particules insolubles). Après une période de maturation de quelques jours, les matières cimentaires permettent la solidification à l'intérieur d'une matrice ayant l'apparence du béton et ayant une résistance de compression d'environ 35 kg/cm^2. En dernier lieu, le matériau solidifié est enfoui dans des cellules aménagées pour ce type de déchets (voir la section suivante). Sur le lieu choisi par Stablex au Québec, le sol est constitué d'une couche d'argile marine de plusieurs dizaines de mètres d'épaisseur qui, en pratique, empêchera la migration des substances les plus labiles pour quelques siècles sinon quelques millénaires.

4.6 Confinement sécuritaire (enfouissement)[10]

Malgré l'existence de diverses méthodes de destruction des déchets dangereux, l'enfouissement occupe une place importante dans le devenir des résidus industriels. C'est une approche que l'on peut qualifier d'économique, puisqu'elle est habituellement la moins coûteuse de toutes les solutions possibles. Jusqu'au début des années 1980, l'enfouissement se faisait habituellement sans l'assurance d'une protection adéquate de l'environnement, mais la situation est différente aujourd'hui, du moins dans les pays où cette activité fait l'objet d'une législation et d'une réglementation spécifiques.

Il faut d'abord préciser que l'enfouissement n'est pas, comme tel, une méthode de traitement, puisque les déchets dangereux peuvent être enfouis sans avoir été préalablement transformés, inactivés ou détoxifiés. Le lieu d'enfouissement sert plutôt à confiner les déchets, au même titre qu'un conteneur ou un réservoir. Dans ce contexte, les deux aspects les plus importants à surveiller sont la compatibilité des déchets qui seront enfouis ensemble et l'étanchéité du milieu. Ainsi, il serait dangereux d'enfouir au même endroit des déchets contenant des résidus d'acide

---

10. D'après LaGrega *et al.*, 1994.

sulfurique et d'autres contenant du cyanure, l'acidification des déchets cyanurés pouvant engendrer la formation de cyanure d'hydrogène, un gaz extrêmement toxique et mortel à très faible concentration (10 parties par million). Afin d'éviter des désastres, l'enfouissement se fait habituellement dans des cellules d'une surface de quelques centaines de mètres carrés et d'une dizaine de mètres de profondeur; dans chacune d'elles on ne mettra que des déchets compatibles et on s'assurera de l'étanchéité du milieu.

Un lieu d'enfouissement de déchets dangereux nécessite donc la présence d'un sol relativement imperméable, mais aussi la mise en place de couches de matériaux, naturels ou synthétiques, qui limitent la migration des déchets, que ce soit vers le sous-sol ou vers la surface. La sélection géographique et géomorphologique du lieu d'enfouissement est une opération capitale. Le lieu choisi doit habituellement posséder une couche de matériau imperméable, habituellement de l'argile saturée. Des tranchées ou des cellules d'enfouissement de plusieurs mètres ou dizaines de mètres de profondeur peuvent être creusées, mais une épaisseur substantielle de sol imperméable devrait rester en place sous la couche de déchets. On doit évidemment éviter l'implantation d'un lieu d'enfouissement dans un sol très perméable (sableux, par exemple) ou dans lequel la nappe phréatique est près de la surface. La présence de rivières ou de ruisseaux importants est aussi une contre-indication majeure.

L'étanchéité souterraine des cellules d'enfouissement est un point important dont on doit tenir compte, notamment pour empêcher la migration des déchets liquides ou des eaux de percolation (lixiviat). Bien que l'assurance d'une imperméabilité à 100 % soit impossible, on vise tout de même à réduire la perméabilité (*conductivité hydraulique*) à des vitesses de l'ordre de 10^{-7} à 10^{-8} cm/sec[11]. Cette perméabilité varie cependant selon le type de liquide, particulièrement selon sa nature hydrophile ou hydrophobe. La figure 4.8 schématise un ensemble idéal constitué de barrières imperméables et d'un système de captation du lixiviat qui percole au travers des déchets.

La première couche sous les déchets, la zone filtrante, peut être composée d'une membrane synthétique de géotextile (décrit plus loin dans cette section) ou elle peut être constituée de sable et de gravier; cette couche permet le passage des liquides, mais elle retient les particules en

---

11. Dans une argile ayant une perméabilité hydraulique de 10^{-7} cm/sec, la migration d'un liquide sera de trois centimètres par an.

suspension. Sous cette couche filtrante on trouve une première zone de récolte du lixiviat, qui est dirigé vers des canalisations. Immédiatement en dessous, une couche imperméable sert de barrière à la plupart des liquides non collectés; cette couche doit normalement être composée d'un matériau synthétique, habituellement une géomembrane imperméable (décrite plus loin dans cette section). Cette géomembrane est soumise à divers stress (pressions, tensions) qui peuvent provoquer son étirement ou sa perforation, ce qui entraîne l'écoulement d'une partie du lixiviat; des études menées aux États-Unis montrent que la première couche imperméable laisse passer, en moyenne, 200 litres de lixiviat par hectare par jour. Cela entraîne la nécessité d'une seconde zone de collecte des liquides dans laquelle des canalisations sont également placées. Une autre géomembrane est placée sous cette zone et, normalement, aucun liquide ne devrait aller au delà de cette dernière barrière. De plus, comme nous l'avons mentionné précédemment, les lieux d'enfouissement de déchets dangereux sont normalement situés dans des zones argileuses ayant une perméabilité réduite.

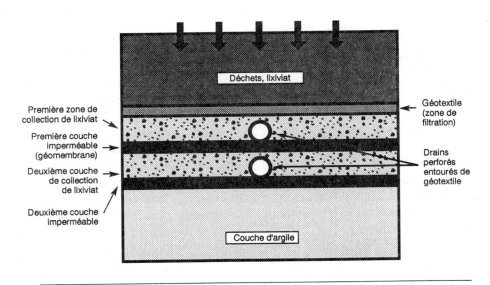

Source :   Traduit et adapté de LaGrega *et al.*,1994.

FIGURE 4.8   DIAGRAMME MONTRANT LES COUCHES IMPERMÉABILISANTES ET LE SYSTÈME DE COLLECTION DES LIQUIDES AU FOND D'UNE CELLULE D'ENFOUISSEMENT DE DÉCHETS DANGEREUX

Lorsqu'une cellule d'enfouissement est remplie, on doit s'assurer de son isolement total. Il importe donc de mettre en place un *système imperméable de couverture* des déchets. Cette couverture est une barrière qui doit isoler les déchets du milieu extérieur; elle sert à contrôler les émissions gazeuses, les odeurs et les liquides présents dans le lieu d'enfouissement tout en empêchant l'érosion éolienne et hydrique de surface. Elle doit aussi constituer une barrière contre l'infiltration de l'eau dans la masse de déchets. Une telle infiltration génère du lixiviat qui peut déstabiliser la masse de déchets en favorisant son tassement ou son affaissement. La figure 4.9 montre une vue en coupe d'une couverture de surface complète.

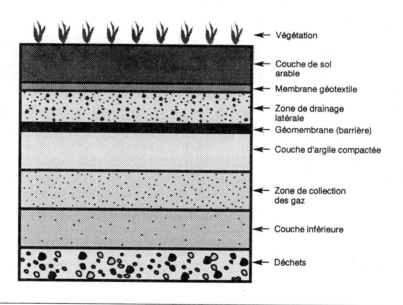

Source : Traduit de LaGrega *et al.*, 1994.

FIGURE 4.9   VUE TRANSVERSALE D'UN SYSTÈME TYPIQUE DE
COUVERTURE DE SURFACE D'UN LIEU D'ENFOUISSEMENT
DE DÉCHETS DANGEREUX

Il est habituellement préférable que la couche la plus externe d'un système de couverture soit constituée de gazon ou de végétaux qui croissent sur un sol arable approprié (*topsoil*). En plus de rendre le lieu plus

225

esthétique, la végétation réduit l'érosion éolienne et hydrique et contribue à stabiliser le système de couverture; elle accroît aussi l'évaporation (par évapotranspiration) de l'eau, ce qui réduit l'humidité du sol. Sous la couche de sol arable on place habituellement une membrane de géotextile qui sépare le sol de la couche dite de drainage latéral. Le géotextile permet le passage de l'eau mais empêche la migration des particules de sol; une telle migration pourrait réduire ou affaiblir l'intégrité du sol arable et, conséquemment, nuire à la croissance de la végétation. La couche de drainage latéral sert à évacuer l'eau vers la périphérie du lieu d'enfouissement. Il faut noter ici que la couverture d'un lieu d'enfouissement est habituellement convexe, son point le plus haut étant au centre d'une cellule d'enfouissement. Cette géométrie favorise le ruissellement de l'eau, par la zone de drainage latéral, vers la périphérie de la cellule.

Sous la zone de drainage latéral on peut mettre en place plusieurs autres types de couches faites de matériaux synthétiques ou naturels. Une géomembrane et une couche d'argile devraient normalement assurer l'étanchéité du système et empêcher l'eau de pénétrer dans la masse de déchets. Une zone de collection des gaz peut être placée sous les couches imperméables. Cette zone, composée de sable et de gravier et qui peut comprendre un système de canalisation, prévient la formation de poches de gaz qui pourraient exploser ou déchirer les couches supérieures. Une autre couche, dite inférieure (elle est placée en premier lors de la fermeture d'une cellule d'enfouissement), est composée de divers matériaux et elle sert à uniformiser la surface de la masse de déchets en comblant notamment les dépressions. On donne à cette couche l'allure convexe de l'ensemble du système de couverture.

Comme on l'a vu, plusieurs types de matériaux sont utilisés pour isoler un lieu d'enfouissement de déchets. On présente brièvement, dans les paragraphes qui suivent, la nature des principaux matériaux synthétiques que sont les géomembranes et les géotextiles. Il sera aussi question de l'argile.

Une *géomembrane* est fabriquée à partir de fibres synthétiques et elle est, à toutes fins utiles, imperméable. Les fibres synthétiques utilisées sont des polymères de nature plastique, tels le chlorure de polyvinyle, le néoprène, le polypropylène ou le polyéthylène. Le polyéthylène de haute densité (HDPE) est cependant le matériau de choix pour la fabrication de géomembranes, notamment à cause de sa résistance à plusieurs types de composés chimiques. Le choix d'une géomembrane repose toutefois sur plusieurs propriétés physiques, mécaniques, chimiques, biologiques et thermiques. On vérifie, par exemple, la résistance à l'abrasion, à la perforation, aux acides, aux solvants organiques, aux moisissures ou à la chaleur; on teste aussi la vitesse de passage de certains gaz au travers de la membrane. Les géomembranes sont habituellement livrées en rouleaux qui sont déroulés sur le terrain. Les différentes pièces sont ensuite fusionnées par des procédés d'extrusion ou de soudure qui assurent une étanchéité aussi parfaite que possible.

Un *géotextile* est aussi de nature synthétique, mais il n'est pas imperméable. En fait, on souhaite qu'une membrane de géotextile agisse comme un filtre qui laisse passer les liquides tout en retenant les matières particulaires. Cependant, une partie des liquides s'écoule parallèlement à la membrane, de part et d'autre de sa surface, plutôt que de passer au travers. Cette propriété favorise le drainage dans le sens de l'étalement de la membrane vers le point le plus bas. On classe parfois les géotextiles selon qu'ils soient tissés on non. Les géotextiles tissés sont plus résistants aux tensions et ils sont utilisés comme support pour retenir une masse qui fait pression. Les géotextiles non tissés sont réservés à la filtration ou comme couche de protection d'une géomembrane. Une membrane géotextile doit cependant posséder plusieurs propriétés, comme la résistance à l'abrasion, aux substances chimiques ainsi qu'à la chaleur. Un autre aspect important à considérer est la possibilité qu'un géotextile se colmate et empêche alors les liquides de le traverser. Dans un tel cas, la membrane ne peut plus jouer son rôle et il peut en résulter divers problèmes.

Comme nous l'avons mentionné précédemment, l'*argile* est une substance naturelle dont la présence est cruciale dans l'établissement des lieux d'enfouissement. En effet, il n'est habituellement possible de penser au creusage de cellules que dans des secteurs où le sol est argileux. Il y a toutefois plusieurs types d'argiles, chacune ayant une conductivité hydraulique différente. Ainsi, une argile saturée (dont la teneur interne en eau est supérieure à 15 %) possède une perméabilité d'environ 10^{-7} cm/sec; en deçà de cette teneur en eau, la conductivité hydraulique peut s'accroître considérablement (10^{-5} cm/sec à 13 % d'eau), permettant ainsi le passage plus rapide des liquides. La conductivité peut aussi s'accroître considérablement en présence de solvants organiques. C'est pourquoi il importe de s'assurer que le type d'argile naturellement présent, ou utilisé comme couche d'imperméabilisation, soit bien caractérisé avant d'entreprendre l'enfouissement des déchets. Une argile non saturée, fissurée ou trop mince peut engendrer des catastrophes environnementales. Ainsi, la présence de tétrachlorure de carbone[12] en concentration moyenne de 1,0 mg/L dans une masse de déchets de 150 000 mètres carrés pourrait théoriquement contaminer jusqu'à sept milliards de litres d'eau souterraine par an si le lieu en question n'était rendu étanche que par une simple couche d'argile d'un mètre d'épaisseur (ayant une perméabilité relativement faible de 5×10^{-7} cm/sec).

En principe, lorsqu'une cellule d'enfouissement est comblée et recouverte, plus aucune intervention ne doit être faite. Il importe toutefois de surveiller la stabilité de la masse de déchets et la migration des polluants. On effectue donc périodiquement des forages afin de vérifier sur place l'évolution du lieu d'enfouissement. Théoriquement, dans les lieux adéquatement choisis, la migration des polluants devrait prendre des centaines ou des milliers d'années avant que la nappe phréatique soit atteinte ou que la barrière d'argile soit complètement traversée. Quoi qu'il en soit, il n'est pas certain que le système de couverture ou les barrières souterraines puissent résister plusieurs milliers d'années sans subir d'altérations. Malgré les tests de vieillissement accéléré effectués en laboratoire, nul ne peut prévoir avec certitude l'évolution millénaire d'une géomembrane ou d'une barrière d'argile.

En terminant sur cette question, il importe de rappeler que bien que l'on puisse enfouir des déchets dangereux sans qu'ils aient été préalablement traités, cette approche comporte des risques. L'incompatibilité entre diverses substances ou la forte réactivité de certains produits peut causer des catastrophes environnementales. Si l'on souhaite enfouir des résidus non traités, il est préférable qu'ils soient de nature solide ou semi-solide. On devrait donc éviter de transformer des cellules ou des tranchées en lagunes contenant des centaines de milliers de mètres cubes de liquides, quelle que soit leur nature. Des situations malheureuses ont été créées par insouciance ou par méconnaissance depuis le début du siècle. Dans certains cas, des liquides contenus dans des lagunes creusées dans un sol perméable ont migré sur des distances de plusieurs kilomètres en quelques années, rendant impossible l'utilisation de l'eau souterraine pour quelque activité que ce soit.

---

12. Le CCl_4 est un solvant qui fut utilisé dans plusieurs types d'industries et comme agent de nettoyage à sec. Son emploi est maintenant restreint, compte tenu de son caractère potentiellement cancérigène.

4.7 Gestion intégrée des déchets[13]

Les déchets industriels dangereux sont habituellement traités, selon leur nature, par l'entreprise qui les produit ou encore par des firmes spécialisées; il existe peu d'entreprises intégrées qui traitent l'ensemble des déchets sans égard à leur nature et leur origine. Dans cette section, nous illustrons le principe de la gestion intégrée des déchets dans le contexte d'un centre capable d'effectuer tous les traitements requis pour l'ensemble des déchets existants.

La figure 4.10 schématise sommairement les principales étapes que doivent franchir les déchets en vue d'un traitement complet. La caractérisation est une étape essentielle et cruciale qui vise à ségréger certains déchets. L'expéditeur de déchets peut faire sa propre analyse et en soumettre le résultat, mais il est souhaitable que des analyses complémentaires soient faites au centre de traitement afin de déceler toute substance incompatible avec d'autres ou nécessitant un traitement particulier. Le transport des résidus se fait habituellement par camion, exceptionnellement par train ou par bateau, et le volume de déchets est estimé lors de la réception.

L'entreposage et la préparation des déchets sont habituellement incontournables dans la mesure où il est impossible de les traiter sur-le-champ. À cette étape, on peut procéder au mélange de certains déchets afin de les stabiliser ou de les neutraliser en fonction de leur compatibilité ou de leur incompatibilité. Il est possible de récupérer certains liquides afin de les recycler en combustibles ou en solvants industriels commercialisables. Les résidus inorganiques sont habituellement soumis à des traitements physiques ou chimiques alors que les déchets organiques sont incinérés. Après un traitement physico-chimique, les résidus inorganiques sont stabilisés, possiblement solidifiés, et enfouis. Les substances organiques sont incinérées, compte tenu de leur plus grande instabilité et du plus grand risque qu'elles représentent pour l'environnement ou la santé humaine. L'incinération génère du mâchefer qui est enfoui, des cendres volantes qui sont utilisées pour la stabilisation des résidus inorganiques et finalement de l'eau qui est refroidie et traitée.

---

13. D'après LaGrega *et al.*, 1994.

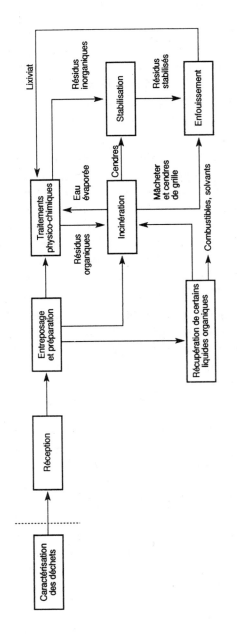

Source: Traduit de LaGrega *et al.,* 1994.

FIGURE 4.10   DIAGRAMME DES PRINCIPALES ÉTAPES DU CHEMINEMENT DES DÉCHETS INDUSTRIELS DANGEREUX DANS UN CENTRE DE TRAITEMENT

On détermine le type de traitement à accorder à un résidu à partir de fiches techniques ou de diagrammes relativement complexes, qui font état des interactions et des incompatibilités qui existent entre différents composés. La décision peut aussi être facilitée par des systèmes-experts qui analysent l'ensemble de la situation. Les types de traitements réservés aux résidus sont habituellement fonction de trois caractéristiques principales, soit la teneur en eau, la présence de matière organique et le pourcentage de matières solides. Par exemple, les résidus contenant peu d'eau et beaucoup de matière organique sont habituellement incinérés alors que ceux ayant plus de 20 à 30 % d'eau sont traités par voie biologique. On utilise aussi des méthodes de traitement particulières qui n'ont pas été présentées dans ce chapitre (électrodialyse, échange ionique, oxydation chimique).

La figure 4.11 montre le détail de l'ensemble des opérations d'un centre de gestion intégré des déchets industriels dangereux. Dans un premier temps, les déchets sont reçus en vrac ou en conteneurs et une première ségrégation est effectuée selon leur nature : organiques (liquides, semi-solides ou solides), liquides multiphases (mélange d'eau, de graisses ou de solvants organiques), liquides aqueux (principalement composés d'eau) et solides (principalement des matières inorganiques : cendres, métaux, béton, etc.). Il importe, à cette étape, de procéder à la séparation des liquides multiphases, soit la portion organique (hydrophobe) et la portion aqueuse (l'eau et les composés solubles qu'elle contient).

Une partie des déchets organiques peut être récupérée pour donner des produits combustibles ou des solvants. Les sous-produits de ces opérations, de même que les déchets non récupérables, sont cependant envoyés à l'incinération, qui est la méthode la plus appropriée pour détruire les solutions organiques concentrées. Les produits récupérés subissent un contrôle de qualité avant d'être expédiés à l'extérieur. Les émissions atmosphériques qui proviennent de l'incinération font l'objet d'une épuration avant d'être recyclées dans l'atmosphère. Les cendres résultant de l'incinération sont récupérées et elles sont utilisées comme agent stabilisant des déchets solides et des boues produites par d'autres traitements. Les déchets liquides contenant principalement de l'eau sont traités par voie biologique ou encore par voie physico-chimique. La portion liquide résultant de ces opérations est envoyée vers un traitement conventionnel des effluents alors que les boues sont mélangées avec les déchets solides pour être stabilisées. Une partie des boues peut aussi être séchée et incinérée, mais il s'agit d'une opération plus coûteuse, compte tenu de leur teneur en eau qui doit être considérablement réduite. Quant aux déchets solides, ils peuvent faire l'objet de différents traitements (concassage, broyage) avant d'être stabilisés. L'enfouissement est la destination finale habituelle des déchets solides de même que celle des cendres d'incinération et des boues provenant du traitement biologique.

S'il est souhaitable de mettre en place des centres de traitement intégré, il faut reconnaître qu'ils n'ont pas bonne presse et que leur implantation fait habituellement face à l'hostilité de la population locale; on reconnaît ici le syndrome « pas dans ma cour ». Trois facteurs semblent être à l'origine de cette réaction : l'implantation de ces centres est habituellement imposée à la population, sans véritable concertation; la population locale en retire peu de bénéfices; la présence de tels centres représente un niveau de risque inconnu et inacceptable pour les citoyens.

Il est bien évident que personne ne souhaite voir son arrière-cour transformée en lieu d'entreposage ou de traitement de résidus industriels, dangereux de surcroît. La convergence de déchets, transportés sur des centaines ou des milliers de kilomètres, vers un lieu unique donne le sentiment à la population que leur communauté est dévaluée. Jusqu'au début des années 1980 il était possible d'implanter de tels centres avec un minimum d'opposition de la part des citoyens. Toutefois, dans les années 1990, la situation est fort différente et plusieurs projets ont été abandonnés, leurs promoteurs n'ayant pu convaincre la population du bien-fondé de leur projet.

On peut dès lors s'interroger sur le devenir des déchets, s'il n'est plus possible de les acheminer vers des centres de traitement. On trouve une réponse à cette question en sachant d'abord que plus de 80 % des résidus industriels inorganiques sont entreposés ou traités sur les lieux mêmes de leur production. Bien que la présence de millions de tonnes de résidus ne soit pas du point de vue de l'environnement plus acceptable près d'une industrie, l'acceptation sociale est cependant plus facile, compte tenu des centaines ou des milliers d'emplois générés par l'entreprise et, bien souvent, des liens étroits qui existent entre cette dernière et le développement de la communauté. Quant aux résidus organiques, ils sont souvent récupérables et réutilisables. Ce type de traitement est habituellement effectué par de petites entreprises très spécialisées qui sont localisées un peu partout, notamment en milieu urbain, sans que cela cause des problèmes.

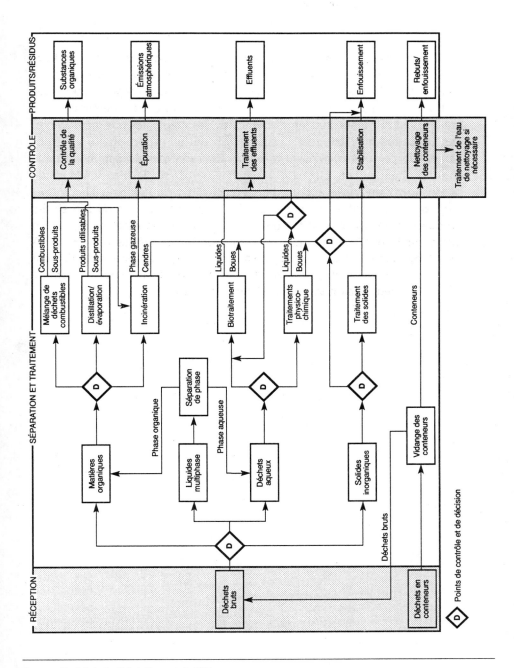

Source : Traduit et adapté de LaGrega *et al.*, 1994.

FIGURE 4.11 DIAGRAMME MONTRANT LE CHEMINEMENT DES DIVERS TYPES DE RÉSIDUS DANS UN CENTRE DE TRAITEMENT SELON LEUR NATURE

Comme nous l'avons mentionné en début de chapitre, la gestion intégrée des déchets ne réside pas nécessairement dans des traitements complexes qui s'effectuent en un seul endroit. La gestion intégrée repose sur tout un ensemble de facteurs socio-économiques et environnementaux qui ont leurs fondements dans un changement des mentalités. La modification des procédés industriels et l'acceptation de la responsabilité environnementale par une communauté ou un État sont des aspects importants d'un tel changement. On peut aussi s'interroger sur le bien-fondé d'une production industrielle accrue dans l'unique but de favoriser l'accroissement du produit intérieur brut (PIB) d'un pays. En cette fin du 20e siècle, on doit encore accepter le fait que le bien-être des populations repose en partie sur la production industrielle qui produit des résidus dangereux. À plus long terme cependant, le mode de production devra radicalement changer et, ultimement, on doit viser la disparition des déchets comme tels ou leur réutilisation immédiate à titre de ressource.

Références bibliographiques

CHEVALIER, P. (1995). *Gestion de l'environnement en milieux urbain et industriel.* Sainte-Foy, Télé-université et Sainte-Foy, Presses de l'Université du Québec, 577 p.

CHAKRABARTI, T., SUBRAHMANYAM, P.V.R. et SUNDARESAN, B.B. (1988). « Biodegradation of recalcitrant industrial wastes ». Dans D.L. Wise (éditeur), *Biotreatment Systems.* Florida, USA, CRC Press, p. 171-234.

CINTEC ENVIRONNEMENT, SNC-LAVALLIN et SANEXEN (1993). *Projet de traitement et d'élimination des BPC dont le MENVIQ a la garde.* Montréal, Cintec Environnement inc., SNC-Lavallin et Sanexen Services environnementaux inc., 8 p.

DARNAY, A.J. (1992). *Statistical Record of the Environment.* États-Unis, Gale Environmental Library, 855 p.

LAGREGA M.D., BUCKINGHAM, P.L. et EVANS J.C. (1994). *Hazardous Waste Management.* États-Unis, McGraw-Hill, 1146 p.

MAES, M. (1990). *La maîtrise des déchets industriels.* Paris, Pierre Johanet & Fils éditeurs, 453 p.

MENVIQ (1993). *Utilisation des résidus dans les cimenteries.* Rapport synthèse préparé par le Comité sur l'utilisation des résidus dans les cimenteries. Ministère de l'Environnement du Québec (MENVIQ), 94 p. + annexes.

MICHAUD, J.R. (1993). *Guide pour l'évaluation et le choix des technologies de traitement des sédiments contaminés.* Centre Saint-Laurent, Environnement Canada, 293 p. + annexes.

PIERSOL, P. (1989). *Évaluation des installations mobiles et fixes de destruction des biphényles polychlorés (BPC).* Rapport préparé pour Environnement Canada, n° SPE 3/HA/5, 115 p.

Chapitre 5

Les sols contaminés

Réjean Samson
École polytechnique, Montréal

Depuis le milieu du siècle dernier les activités industrielles ont provoqué la contamination de grands volumes de sol un peu partout dans le monde, particulièrement dans les pays industrialisés. Que ce soit à cause de négligences graves ou à la suite d'accidents, la contamination est maintenant telle que plusieurs terrains sont devenus des zones condamnées et inutilisables. Aux États-Unis seulement, des dépenses de l'ordre de 300 milliards de dollars seraient nécessaires pour dépolluer les lieux contaminés. À elle seule, la décontamination des sols des raffineries, des cokeries, des unités de recyclage ou de stockage de plomb, d'acier et de produits chimiques peut coûter deux millions de dollars ou plus par hectare, en fonction de la proximité d'habitations ou de lieux de récréation. En 1978, l'incident de *Love Canal*, près de Niagara Falls dans l'État de New York, a contribué à la prise de conscience des risques environnementaux liés aux activités humaines et de la nécessité d'agir pour restaurer les lieux déjà pollués[1]. Cet incident fut aussi à l'origine de la création du *Superfund* étatsunien, dont le mandat est de financer la décontamination de terrains et de lieux d'enfouissement qui ont été mal gérés et qui sont devenus des réservoirs de déchets hautement toxiques et dangereux, ce que l'on appelle familièrement des « bombes à retardement ». Pour les milliers de lieux contaminés identifiés, des méthodes d'élimination définitive devront être trouvées afin de ne pas léguer les problèmes aux générations futures. Dans ce contexte, il existe toute une gamme de technologies capables de décontaminer les sols pollués par des substances dangereuses ou toxiques, mais

---

1. Rappelons que l'incident de *Love Canal* a été provoqué par l'enfouissement de plus de 21 000 tonnes de déchets toxiques divers, dont plusieurs cancérigènes, sur un terrain qui a par la suite été utilisé pour la construction domiciliaire. À l'époque, plus de 500 maisons ont été condamnées et le gouvernement fédéral étatsunien a « investi » 250 millions de dollars dans cette cause (Hoffman, 1995).

ce chapitre est surtout consacré aux technologies de décontamination dites biologiques[2], car elles représentent le plus grand potentiel dans ce domaine, comme cela a été mentionné au chapitre 1.

5.1 La décontamination physico-chimique des sols

La décontamination des sols est possible par une grande variété de procédés de traitement non biologiques. Parmi eux, on retrouve notamment les traitements thermiques et physico-chimiques, que l'on décrit brièvement dans les paragraphes qui suivent. Précisons que plusieurs de ces procédés sont similaires à ceux décrits au chapitre 4 pour le traitement des déchets dangereux; on peut donc se référer à ce chapitre pour plus de détails.

Les *procédés thermiques* sont conçus pour la destruction des contaminants organiques, principalement par combustion ou par pyrolyse. Le grand avantage de ces techniques est qu'elles peuvent très rapidement détruire des composés chimiques réfractaires, comme les polychlorobiphényles ou les hydrocarbures de haut poids moléculaire, qui auraient nécessité plusieurs décennies avant d'être biodégradés par les micro-organismes. Les procédés thermiques sont aussi très utiles pour la destruction des sols contaminés par d'importantes concentrations de polluants qui pourraient se révéler toxiques pour les micro-organismes. Il y a toutefois des inconvénients à l'utilisation de ces méthodes, comme l'impossibilité de traiter les métaux lourds, la difficulté de traiter des sols ayant une forte teneur en eau, ainsi que des coûts importants d'installation et d'exploitation. De plus, la toxicité résiduelle des rejets est souvent plus élevée que la toxicité initiale du sol contaminé, cela à cause d'une transformation (combustion) incomplète des polluants initiaux.

Quant aux *procédés chimiques et physico-chimiques*, ils sont actuellement en plein développement; ils permettent une décontamination efficace des sols tout en évitant les conditions extrêmes de température et de

---

2. Notez que la terminologie n'est pas encore définitive et qu'il existe toute une série d'expressions plus ou moins synonymes : biotraitement, biodécontamination, traitement biologique, traitement biotechnologique, etc.

pression utilisées dans les procédés thermiques. Les méthodes chimiques peuvent être divisées en deux grandes catégories : les techniques utilisées pour détruire ou neutraliser les polluants (stabilisation, oxydoréduction, déhalogénation, neutralisation) et les techniques de récupération et de concentration (extraction, évaporation, filtration, précipitation); ces dernières sont principalement utilisées lorsque l'on veut valoriser les déchets. Il est difficile de tracer un portrait global de ces méthodes et de leur rendement, mais elles sont généralement fiables et adaptables à plusieurs situations. Toutefois, elles sont énergivores et, tant leur mise en place que leur opération, sont assez coûteuses; dans certains cas (par exemple l'extraction par les solvants) elles ont aussi un impact non négligeable sur l'environnement en engendrant une pollution secondaire.

5.2 Les biotechnologies comme choix de traitement

Les procédés biologiques sont essentiellement fondés sur la capacité des micro-organismes d'utiliser les polluants comme substrats nutritifs pour leur croissance. Toutefois, on accélère habituellement le processus de biodégradation naturel en procurant aux micro-organismes un environnement favorable. Ainsi, l'utilisation de bioprocédés dans lesquels on optimise la température permet d'effectuer plus efficacement la dépollution des sols contaminés.

Les principaux avantages des systèmes biologiques sont leur grande simplicité, le faible coût de mise en œuvre et le respect de l'environnement. Les procédés biologiques sont habituellement moins chers que les procédés chimiques et thermiques et ils peuvent être mis en œuvre sur le lieu contaminé, ce qui évite les coûts associés au transport de matières dangereuses. Ces caractéristiques les rendent donc très attrayants pour les bailleurs de fonds et les industriels qui ont des obligations environnementales de décontamination. Mentionnons cependant que les procédés biologiques sont plus appropriés pour le traitement des polluants organiques que pour celui de polluants inorganiques (métaux lourds, cyanures, acides, etc.).

Il faut toutefois noter que les biotechnologies sont en développement et qu'elles ne peuvent pas encore être utilisées dans tous les cas de décontamination. Bien que le biotraitement des sols contaminés par des hydrocarbures pétroliers, comme l'essence et le diesel, soit maintenant reconnu, il est encore difficile de dégrader certains polluants, notamment les hydrocarbures aromatiques polycycliques (HAP) de haut poids moléculaire, les polychlorobiphényles (PCB) et d'autres substances organochlorées.

5.2.1 L'action des micro-organismes du sol

Les techniques biologiques peuvent être utilisées pour traiter l'ensemble des polluants présents dans les sols, les nappes d'eau souterraine adjacentes, les eaux de lixiviation, ou dans les émissions atmosphériques engendrées par le processus de décontamination. Les principes usuels du génie biochimique et de la microbiologie s'appliquent à la restauration des sols. De plus, les découvertes récentes en biologie moléculaire ont permis de modifier certains micro-organismes afin d'obtenir, d'une certaine manière, de nouvelles souches plus performantes et capables de s'attaquer à des composés considérés non biodégradables (réfractaires) il y a seulement quelques années.

Le traitement des polluants adsorbés sur les particules de sol, ou solubilisés dans les eaux souterraines, est d'abord fondé sur la mise en place de conditions permettant aux micro-organismes d'effectuer les réactions de biodégradation de manière optimale. Toutefois, ces réactions s'effectuent dans un environnement complexe où plusieurs phénomènes biologiques et physico-chimiques interviennent.

Le processus de biodégradation des contaminants organiques dépend d'abord de la présence des micro-organismes naturellement présents dans le sol et adaptés jusqu'à un certain point aux polluants. Les micro-organismes sont capables d'utiliser les polluants comme source de carbone, mais il leur manque souvent d'autres éléments nutritifs, principalement de l'azote et du phosphore; dans ce contexte, il faut habituellement ajouter des substances nutritives contenant ces deux éléments. De plus, il faut tenir compte du fait qu'une condition environnementale donnée favorise la présence d'une population microbienne plutôt qu'une autre, et pas nécessairement celle que l'on souhaite. Afin de comprendre la complexité de la situation, on décrit dans les paragraphes qui suivent les principales raisons pour lesquelles les micro-organismes ont de la difficulté à dégrader les polluants les plus récalcitrants (Samson *et al.*, 1990).

Manque de carbone et d'énergie permettant la croissance

Dans la plupart des sols contaminés, en absence d'ajout de substrats nutritifs, les principales sources de carbone disponibles pour la croissance sont les polluants. Or, ces composés se retrouvent généralement en quantité insuffisante pour maintenir les micro-organismes en phase exponentielle de croissance.

Manque de nutriments essentiels

Les sols sont généralement déficients en oligo-éléments essentiels à la croissance des micro-organismes. Par exemple, le magnésium sous forme soluble est essentiel à la phosphorylation oxydative (production d'ATP[3]), tout comme le sont le fer, le cobalt et le manganèse pour d'autres réactions enzymatiques. De plus, certaines espèces de bactéries anaérobies requièrent la présence de vitamine B, non disponible dans le sol.

Toxicité des substrats nutritifs (polluants) ou des métabolites secondaires

Certaines substances, lorsqu'elles se retrouvent en trop grande concentration, deviennent toxiques pour les micro-organismes. Par exemple, les chlorophénols et les aliphatiques chlorés ont des effets inhibiteurs à des concentrations supérieures à 100 ppm (parties par million). Certains détergents employés dans le traitement des sols peuvent réduire considérablement la croissance bactérienne, ce que peuvent aussi faire les métaux lourds, notamment le mercure dont le seuil de toxicité est faible (environ 50 ppm). Par ailleurs, les métabolites produits par les réactions biologiques peuvent être aussi des agents toxiques pour d'autres espèces de bactéries. Par exemple, la biodégradation aérobie des chlorophénols, des pesticides chlorés et des BPC produit des acides chlorobenzoïques qui sont très toxiques pour plusieurs espèces de bactéries du sol.

Inaccessibilité des substrats (polluants)

La nature du sol (sable, silt, argile, matière organique) rend difficile l'accessibilité du substrat et de l'oxygène aux micro-organismes. La figure 5.1 montre d'ailleurs la complexité des interactions entre les substrats (les polluants) et les micro-organismes dans le sol.

---

3. L'ATP, adénosine triphosphate, est le principal véhicule de l'énergie dans les organismes vivants.

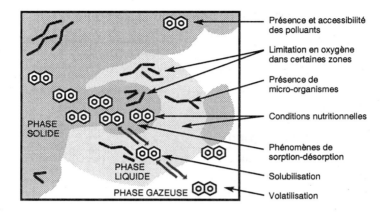

Présence et accessibilité
des polluants

Limitation en oxygène
dans certaines zones

Présence de
micro-organismes

Conditions nutritionnelles

Phénomènes de
sorption-désorption

Solubilisation

Volatilisation

FIGURE 5.1   PHÉNOMÈNES BIOLOGIQUES ET PHYSICO-CHIMIQUES IMPLIQUÉS
DANS LE TRAITEMENT DES SOLS ET DES EAUX SOUTERRAINES

La figure 5.1 montre que l'on peut regrouper les phénomènes limitant
l'accessibilité aux substrats en deux grandes catégories : les facteurs physico-
chimiques liés aux interactions entre le polluant, le sol, l'eau souterraine et
l'eau présente dans la phase gazeuse du sol, et les facteurs biologiques.
Parmi les principaux facteurs physico-chimiques en jeu, on note les phénomènes de sorption-désorption, c'est-à-dire la réversibilité de l'adsorption
et de l'absorption des polluants sur les particules sol, ainsi que la solubilité,
la densité et la volatilité des polluants. Par ailleurs, la présence d'une concentration suffisante en oxygène et de conditions environnementales
appropriées (pH, température, substances nutritives) sont requises pour
réaliser le biotraitement. En ce qui concerne les facteurs biologiques, l'accessibilité du polluant aux micro-organismes, communément appelée
biodisponibilité, constitue l'un des principaux facteurs responsables du
succès ou de l'échec du traitement.

Dans les interstices du sol, on retrouve habituellement une phase liquide ou gazeuse (figure 5.1). Dans la phase gazeuse, l'oxygène est accessible aux micro-organismes, mais les polluants sont rarement présents
dans cette zone. Les polluants qui se désorbent de la fraction solide (les
particules de sol) se solubilisent habituellement dans la phase liquide. Dans
certains cas, la solubilisation est réversible et on peut assister à une nouvelle absorption ou adsorption des polluants aux particules du sol (c'est le
phénomène de sorption, par opposition à la désorption), ce qui les rend

moins biodisponibles. Dans la phase liquide, où les polluants sont habituellement dissous, l'oxygène est moins facilement accessible aux micro-
organismes, compte tenu des limites de solubilité de ce gaz dans l'eau ou
dans divers liquides. On peut donc comprendre la complexité des processus physico-chimiques et biologiques impliqués, qui favorisent ou non la
biodégradation des polluants.

Liaison du substrat (polluant) avec des composés organiques résistant à la biodégradation

Dans la majorité des sols, les hydrocarbures et les autres polluants se
retrouvent adsorbés sur les diverses particules. Dans certains cas, les interactions chimiques entre les molécules rendent impossible l'action des
micro-organismes; la majorité des biotransformations se réalisent en effet
à l'intérieur des cellules microbiennes et un polluant adsorbé à une particule de sol ne peut pas entrer dans le micro-organisme et être dégradé.

Empêchement des molécules de pénétrer dans les micro-organismes

On sait que les réactions biologiques de biodégradation, comme la
déhalogénation, se réalisent à l'intérieur des cellules. Or, le haut poids moléculaire de certains composés, et leur nature généralement lipophile, ralentissent le transport de ces composés au travers de la paroi cellulaire vers
l'intérieur de la cellule.

Nécessité d'une flore hétérogène

Les réactions de biodégradation des composés complexes nécessitent
la présence de plusieurs espèces de micro-organismes. Si la contamination
est récente, il est évident que toutes les espèces nécessaires à la biodégradation ne seront pas présentes. Cela conduit inévitablement à une décontamination partielle. Par contre, un sol contaminé depuis plusieurs années
aura probablement la flore microbienne appropriée pour effectuer une
biodégradation plus complète.

Prédation des bactéries par des organismes supérieurs

Les bactéries ne sont pas les seuls organismes vivant dans les sols. Des
champignons, des algues et des protozoaires y sont aussi présents, les
derniers se nourrissant essentiellement de bactéries. Ainsi, il a été démontré qu'un seul protozoaire peut consommer plusieurs dizaines de milliers

de bactéries à l'heure. Une augmentation rapide du nombre de bactéries dans un sol est généralement suivie d'une augmentation rapide du nombre de protozoaires. Il peut donc être difficile de maintenir une population élevée de bactéries pour réaliser une décontamination rapide si la population de protozoaires est trop importante.

L'énumération de ces facteurs indique donc que les conditions rencontrées dans le sol ne sont pas nécessairement favorables à l'acclimatation des micro-organismes aux polluants récalcitrants. D'ailleurs, dans des sols ne contenant que des polluants récalcitrants, on note toujours une faible activité biologique, compte tenu de la difficulté des micro-organismes de s'y adapter.

5.2.2 Limitations des biotechnologies d'assainissement

Jusqu'à maintenant, le développement des technologies de biorestauration des sols contaminés a été fondé sur l'application de connaissances empiriques relativement peu documentées du point de vue scientifique. Cette constatation explique l'incertitude et le manque apparent de fiabilité de plusieurs procédés de biorestauration. En effet, les expériences industrielles font état de cas de succès éclatants mais aussi d'insuccès. Cette variabilité indique qu'il y a plusieurs aspects techniques qui ne sont pas entièrement maîtrisés.

Malgré le succès des biotechnologies pour le traitement des sols contaminés, certaines entreprises font face à des difficultés insoupçonnées. Par exemple, la concentration résiduelle en polluants obtenue à la fin d'un traitement ne rencontre pas toujours les critères de restauration fixés par les gouvernements, ces critères constituant habituellement l'objectif visé par les entreprises de décontamination. Dans d'autres cas, on s'est aperçu que le traitement était souvent beaucoup plus long que prévu, quelquefois jusqu'à trois ans plutôt que les quelques mois ou l'année prévus. Ces phénomènes sont encore peu documentés, car on connaît mal les paramètres influant sur la biodégradation des polluants dans un sol contaminé. Cela est dû à plusieurs facteurs, dont :
- le peu de connaissance des facteurs précis contrôlant l'activité des micro-organismes dans les sols;
- l'hétérogénéité des lieux, des types de sols et des polluants qui sont traités;

- l'absence d'études systématiques concernant l'application des procédés de biotraitement (biotraitabilité) d'un sol préalablement au traitement;
- le manque de données fiables sur les essais à grande échelle.

Malgré l'apparente simplicité des procédés de dépollution, ceux-ci ne sont pas applicables à toutes les situations. Par exemple, dans le cas des huiles et des graisses minérales, une concentration dépassant 50 000 mg/kg inhibe la biodégradation. Par ailleurs, la présence de métaux lourds en forte concentration a le même effet. De plus, il est possible que le sol à traiter ne possède pas une population microbienne bien adaptée aux polluants. Dès lors, des essais de biotraitabilité sont souvent la seule manière de vérifier l'applicabilité réelle d'un bioprocédé de restauration.

5.2.3 Les essais de biotraitabilité, une composante essentielle du procédé de traitement des sols

La mise en place de protocoles de biotraitabilité et de monitorage standardisés permettant de déterminer les performances des micro-organismes est essentielle (Samson *et al.*, 1993a; Saber et Crawford, 1985). Jusqu'à tout récemment, la majorité des tests effectués ne permettaient pas de déterminer si les polluants étaient effectivement biodégradés et si le processus microbien se maintenait. Une approche multiniveaux, permettant de mesurer le taux de biodégradation de polluants témoins, de mesurer l'activité respiratoire du sol et d'identifier la présence de micro-organismes ayant les propriétés recherchées est nécessaire pour améliorer la mise en place de procédés de biotraitement. Ce type de méthodologie doit être validé à la fois au laboratoire et sur le terrain.

La figure 5.2 présente une méthodologie type qui permet d'évaluer avec précision la capacité d'un sol à subir un traitement biologique. Un premier niveau regroupe cinq étapes applicables avant le traitement alors qu'un deuxième niveau intervient après la décontamination. Dans un premier temps, l'analyse des caractéristiques physiques du sol donne des renseignements sur son pouvoir d'adsorber les contaminants ainsi que sur la difficulté qu'auront les bactéries d'accéder aux polluants (biodisponibilité). La deuxième étape consiste en une analyse de la composition du sol. Il est ainsi possible de déterminer si la présence de certains polluants (par exemple des métaux lourds et des solvants chlorés) peut créer des conditions inhibitrices.

Niveau 1 : Biotraitabilité des contaminants

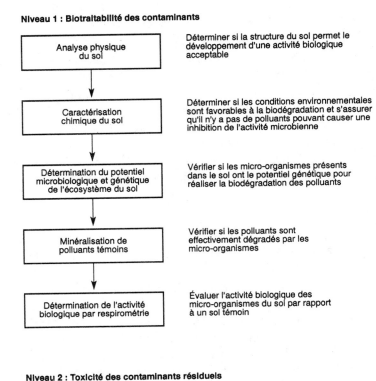

Analyse physique du sol	Déterminer si la structure du sol permet le développement d'une activité biologique acceptable
Caractérisation chimique du sol	Déterminer si les conditions environnementales sont favorables à la biodégradation et s'assurer qu'il n'y a pas de polluants pouvant causer une inhibition de l'activité microbienne
Détermination du potentiel microbiologique et génétique de l'écosystème du sol	Vérifier si les micro-organismes présents dans le sol ont le potentiel génétique pour réaliser la biodégradation des polluants
Minéralisation de polluants témoins	Vérifier si les polluants sont effectivement dégradés par les micro-organismes
Détermination de l'activité biologique par respirométrie	Évaluer l'activité biologique des micro-organismes du sol par rapport à un sol témoin

Niveau 2 : Toxicité des contaminants résiduels

Évaluation écotoxicologique	Déterminer si le biotraitement a réussi à détoxiquer le sol et vérifier la possibilité de transfert de la toxicité vers les eaux souterraines

FIGURE 5.2   PROCESSUS À SUIVRE POUR ÉVALUER LA BIOTRAITABILITÉ D'UN SOL CONTAMINÉ

Si l'analyse chimique indique la présence de polluants reconnus bio-dégradables, les chances de succès d'un procédé biologique s'en trouvent augmentées. De plus, l'analyse du pH, de l'humidité, des ions majeurs (comme le calcium, le potassium et le magnésium) et du rapport C/N per-mettent de mieux savoir si le sol possède un environnement favorable à la croissance des micro-organismes.

La troisième étape consiste à vérifier la présence de micro-organismes hydrocarbonoclastes, c'est-à-dire capables de métaboliser les hydrocarbures, à l'aide de tests microbiologiques et de sondes biomoléculaires. Ces sondes ont l'avantage de donner des résultats rapidement et elles permettent d'éviter toute ambiguïté sur la nature des micro-organismes répondant positivement (Barkay et Sayler, 1988; Steffan, 1991). Une caractéristique unique de ce test est qu'il est utilisable à la fois avec des micro-organismes isolés du sol et cultivés en laboratoire ou directement à partir de l'ADN microbien extrait du sol. Ces sondes existent pour la détermination de plusieurs types de micro-organismes, notamment les dégradeurs d'aliphatiques à courte chaîne, les dégradeurs de BTEX (benzène, toluène, éthylbenzène et xylène), de HAP (hydrocarbures aromatiques polycycliques), de pentachlorophénol (PCP) et même des polychlorobiphényles (PCB). Par exemple, les sondes *xylE* et *alkB* ont été utilisées pour suivre la biodégradation des hydrocarbures pétroliers dans des sols contaminés (Samson *et al.*, 1993a, 1993b). Le gène *xylE* permet la formation de l'enzyme catéchol 2,3-dioxygénase responsable du bris du noyau aromatique du catéchol, qui est un métabolite central des voies de biodégradation des composés aromatiques tels que le toluène, le xylène, le naphtalène et certains autres composés aromatiques. Pour sa part, le gène *alkB* permet la formation de l'enzyme alcane-hydroxylase qui est impliqué dans la biodégradation des courtes chaînes paraffiniques depuis l'hexane jusqu'au dodécane (C_6 à C_{12}). Ces réactions enzymatiques sont essentielles pour la biodégradation et leur présence est indicatrice de la capacité potentielle de biodégradation d'un consortium de micro-organismes.

La quatrième étape consiste à évaluer s'il y a effectivement eu biodégradation des polluants visés. Dans ce test, appelé test de minéralisation, on ajoute à des échantillons de sol des polluants marqués au carbone 14 et on mesure la production de CO_2 marqué. Sachant que le CO_2 marqué provient du carbone du polluant témoin, on obtient une certitude concernant la présence de micro-organismes capables de réaliser la biodégradation. Selon la nature de la contamination, on utilise des composés représentatifs de la contamination, comme les BTEX.

La dernière étape consiste à évaluer l'activité respiratoire des micro-organismes du sol. Ce test est réalisé en mesurant la consommation d'oxygène par les micro-organismes provenant d'un échantillon de sol par une technique appelée respirométrie; elle mesure la consommation d'oxygène de micro-organismes enfermés dans un contenant scellé. Sans ajouter de substances nutritives ou une source de carbone supplémentaire, il est possible de connaître la respiration réelle des micro-organismes du sol. Ce test est un excellent indicateur de l'activité biologique du sol.

Le deuxième niveau du processus d'évaluation consiste à vérifier si le biotraitement a éliminé la toxicité associée aux polluants. Dans ce cas, l'utilisation d'une méthodologie incorporant des données sur la performance du traitement est d'une grande importance, car on doit établir une distinction entre décontamination et détoxification[4] et démontrer que les procédés sont efficaces du point de vue environnemental (Renous *et al.*, 1993). On utilise donc toute une série de biotests, dans le sol et dans les eaux de lixiviation, afin de déterminer la réduction ou le transfert de la toxicité. Le cas échéant, un échantillonnage provenant de la nappe d'eau souterraine permet de déterminer s'il y a eu déplacement de la toxicité vers celle-ci.

Dans les sections qui suivent, on décrit les principales approches biotechnologiques actuellement utilisées pour le traitement des sols contaminés. Ce sont d'abord les traitements *ex situ*, que l'on utilise après avoir excavé le sol à traiter, et les traitements *in situ*, qui consistent à « ensemencer » le sol à traiter avec les micro-organismes; ces derniers se reproduisent et migrent dans le sol, ce qui leur permet d'effectuer leur travail de décontamination sur de grandes surfaces ou dans de grands volumes. Précisons aussi que, jusqu'à maintenant, le biotraitement est surtout employé pour traiter les sols contaminés par des hydrocarbures, principalement des terrains de raffineries de pétrole ou de stations d'essence, ou encore des terrains adjacents à des réservoirs de substances pétrolières localisés dans divers secteurs industriels.

---

4. La décontamination consiste à enlever les polluants du sol, mais le métabolisme microbien peut engendrer des produits intermédiaires plus toxiques (par exemple la décontamination d'un sol contenant des HAP produit des époxy, beaucoup plus toxiques). La détoxification suppose l'enlèvement de toute forme de substances toxiques en s'assurant, par exemple, que le métabolisme bactérien soit complet et mène à la formation de bioxyde de carbone et d'eau (en conditions aérobies). La détoxification est donc plus difficile à réaliser.

5.3 La mise en place d'un biotraitement *ex situ* (après excavation)

Plusieurs types d'industries ou d'organismes publics peuvent être intéressés par la restauration *ex situ* des terrains contaminés. Parmi ceux-ci, on note les industries chimiques et pétrochimiques, l'industrie des mines et de la métallurgie, l'industrie de la préservation du bois et celle de l'électronique (utilisation de solvants chlorés). Mentionnons aussi l'application du traitement *ex situ* aux stations-service, aux réservoirs souterrains des édifices publics et des installations agricoles, aux voies ferrées désaffectées ainsi qu'aux lieux d'enfouissement de déchets dangereux ou sanitaires.

Le traitement *ex situ* est avantageux, car il permet d'accélérer la vitesse de dégradation des polluants dans des conditions environnementales contrôlées. Toutefois, il n'est habituellement applicable que dans les cas où la nappe phréatique (eau souterraine) n'est pas susceptible d'être contaminée par l'excavation du sol; l'excavation implique un brassage du sol et, éventuellement, le creusage dans des « veines » d'eau, ce qui risque de disséminer la pollution.

Lors des premiers essais de biotraitement, la nature des sols constituait l'une des principales limites à la biodégradation et seuls des sols très sablonneux étaient traités avec succès. La « biodisponibilité » des polluants dans les sols de nature argileuse est très limitée, parce qu'un tel type de sol emprisonne plus facilement les polluants, ce qui empêche les micro-organismes de s'y attaquer. À l'heure actuelle, la nature des sols ne constitue cependant plus une difficulté insurmontable. Toutefois, si la concentration en argile est supérieure à 30 %, l'ajout d'une quantité importante d'agent structurant sera nécessaire pour modifier les propriétés mécaniques du sol et l'aérer. Par exemple, l'addition de bran de scie, de tourbe, de copeaux de bois, de paille ou d'aiguilles de pin à des concentrations atteignant 10 % (vol./vol.) est nécessaire pour améliorer la porosité des sols. De cette façon, la biodisponibilité des polluants, le transfert de l'oxygène et l'accès aux substances nutritives sont favorisés. Il est aussi possible d'ajouter des agents tensioactifs qui permettent le déplacement des polluants fortement adsorbés sur les particules de sols (désorption). Toutefois, ces agents tensioactifs doivent être biodégradables et non toxiques pour les micro-organismes.

Comme nous l'avons mentionné précédemment, les polluants qui sont biodégradés par les micro-organismes doivent être organiques. En règle générale, les hydrocarbures de faible poids moléculaire sont biodégradés plus facilement, mais la vitesse de biodégradation dépend du degré de ramification de la molécule, comme on l'a vu à la section 4.4.1 (voir la figure 4.6). Ainsi, les constituants de l'essence et du diesel sont métabolisés plus rapidement que les substances comme les huiles lourdes de transformateurs.

Les biotechnologies de traitement *ex situ* sont aussi efficaces pour le traitement des hydrocarbures aromatiques de faible poids moléculaire tels que les BTEX (benzène, toluène, éthylbenzène et xylène) et plusieurs HAP (hydrocarbures aromatiques polycycliques). De plus, la restauration des sols contaminés par le pentachlorophénol (PCP), un produit utilisé pour la préservation du bois, a été réalisée avec succès. Toutefois les HAP ayant plus de cinq anneaux, comme le benzo[a]pyrène, les hydrocarbures de haut poids moléculaire et les polluants halogénés (par exemple les PCB, les chlorodioxines, les chlorofurannes et les solvants chlorés) sont encore considérés comme réfractaires à la biodégradation *ex situ*.

Le biotraitement de ces composés nécessite des souches microbiennes particulièrement bien adaptées ainsi que des conditions environnementales favorables à l'expression de leur activité de biodégradation. Dans ce contexte, des champignons produisant des enzymes extracellulaires sont quelquefois utilisés, plutôt que des bactéries ayant des enzymes intracellulaires, pour le traitement des sols contaminés par des hydrocarbures lourds ou des HAP récalcitrants (voir aussi section 5.2.1).

Contrairement à ce que l'on pensait il y a quelques années, les technologies de biotraitement des sols sont efficaces en toutes saisons, même en hiver, grâce à la présence d'isolants thermiques. Des essais, réalisés en 1991 dans une raffinerie de Montréal, ont montré que l'activité métabolique des micro-organismes était suffisante pour maintenir une température moyenne de 10 °C en janvier et en février alors que la température moyenne est de -10 °C dans le sud du Québec (Samson *et al.*, 1993a, 1993b). De plus, dans le cas où les sols contaminés contiennent de fortes concentrations de matière organique, on choisit habituellement de démarrer le traitement en automne.

De cette façon, on évite l'effet de compostage associé à la forte production de chaleur en été; la température générée par le compostage des sols, qui peut atteindre 65 °C, ayant pour effet de détruire une bonne proportion des micro-organismes actifs dans la biodégradation des hydrocarbures.

5.3.1 Les principaux procédés de biotraitement après excavation

Plusieurs procédés existent pour traiter des sols excavés et les techniques utilisées sont toutes fondées sur le principe de l'augmentation de l'activité microbienne par l'amélioration des conditions environnementales. Dans le cas de sols contaminés par des polluants reconnus comme facilement biodégradables, on se contente cependant de fournir de l'oxygène et des substances nutritives. Les sols à traiter sont placés en pile ou traités par épandage, mais dans le cas où les polluants sont très volatils, on effectue le traitement par bioventilation. Quant aux polluants fortement adsorbés aux particules de sol ou réfractaires à la biodégradation, ils sont traités dans des bioréacteurs.

Traitements en biopiles

Actuellement les traitements *ex situ* en biopiles sont parmi les procédés les plus économiques connus pour le traitement des sols contaminés par des hydrocarbures pétroliers biodégradables comme le diesel. Le coût de traitement en biopile se situe entre 30 $ et 70 $ la tonne selon la nature de la contamination. Lorsque les sols sont de nature sablonneuse et silteuse, les biopiles permettent d'atteindre relativement rapidement, en un ou deux mois, une décontamination acceptable. Dans le cas de sols plus argileux, le traitement est beaucoup plus long, de 4 à 6 mois, et un soin particulier doit être porté à la préparation du sol (Samson *et al.*, 1993b; Desrochers *et al.*, 1993). Le traitement en biopile peut fonctionner 12 mois par année, à condition toutefois de prévoir l'isolation thermique en hiver. De plus, l'application des biopiles en milieu très nordique (le Grand Nord canadien par exemple) permet de résoudre, à coût modique, des problèmes de contamination dans des environnements sensibles et difficiles d'accès.

Le traitement en biopile est réalisé en excavant le sol contaminé et en le plaçant sur une surface imperméable aménagée dans une cuvette de rétention avec des drains de récupération pour les contaminants lixiviables (figure 5.3). Afin de limiter la lixiviation, on place habituellement une toile imperméable ou semi-perméable sur la pile. De plus, la hauteur des piles de sol ne doit pas dépasser 1,5 mètre afin de ne pas limiter le transfert d'oxygène qui résulterait de la compaction. L'aération est fournie en aspirant l'air qui circule alors à travers la biopile (pression négative). Le débit d'aération se situe habituellement entre 80 et 120 m^3 d'air par heure et par 1 000 m^3 (tonne) de sol. Il est aussi possible d'installer des conduites d'aération à la base de la biopile, à environ 0,6 m de profondeur, ce qui permet aussi le contrôle des composés organiques volatils provenant de la biodégradation. Ces substances sont alors captées par des filtres au charbon activé ou par des biofiltres. L'humidité est maintenue à environ 80 % et les éléments nutritifs, sous forme de sels d'azote, de phosphore et de potassium, sont introduits par arrosage du sol contaminé ou par ajout d'engrais à dissolution lente. Afin de favoriser le développement des micro-organismes, le rapport C/N/P est ajusté autour de 100/10/1. Généralement, il n'y a pas de lixiviat, mais dans le cas où des membranes perméables à l'eau (permettant le passage de l'eau de pluie ou de l'humidité atmosphérique) sont utilisées pour recouvrir la biopile, l'eau de lixiviation est récupérée par les drains et recyclée dans la pile (figure 5.3).

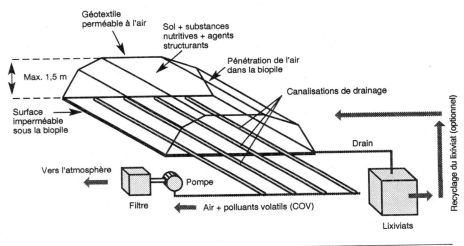

FIGURE 5.3   BIOPILE UTILISÉE POUR LE BIOTRAITEMENT *EX SITU*

L'une des méthodes utilisées pour améliorer les performances du traitement en biopile est l'enrichissement du sol par l'addition de micro-organismes spécialisés et adaptés aux polluants. On a habituellement recours aux bactéries pour effectuer la biodégradation de polluants récalcitrants, mais la majorité des réactions de biodégradation des bactéries sont réalisées par des enzymes intracellulaires impliquant le transport du polluant à l'intérieur des cellules. Or, comme nous l'avons déjà mentionné (section 5.2.1), cette situation ne convient pas lorsque le sol contient des polluants fortement adsorbés sur les diverses particules ou à poids moléculaire élevé. Dans de telles conditions, on devrait plutôt utiliser des champignons microscopiques qui ont la capacité de produire des enzymes extracellulaires. De récents essais ont montré que l'addition de champignons microscopiques du type « pourriture blanche » permettait de diminuer de 50 à 75 % le temps de biodégradation des huiles lourdes, en plus de permettre la dégradation des HAP de haut poids moléculaire tel le benzo[a]pyrène.

Les avantages du traitement en biopile sont les suivants :
- il est économique (entre 30 $ et 70 $ la tonne);
- ils permet de traiter tous les types de sols;
- il peut être utilisé 12 mois par année;
- il permet le contrôle des émissions atmosphériques et celui des eaux de lixiviation.

Par contre, au chapitre des désavantages, on note que :
- le traitement est spécifique au lieu et doit être adapté chaque fois;
- les résultats du traitement sont variables;
- le temps de traitement est long pour les hydrocarbures lourds et peu éprouvé pour les HAP de plus de quatre anneaux ainsi que pour les PCB;
- les performances sont difficiles à prédire;
- la chaleur engendrée par le processus (qui s'apparente au compostage) peut provoquer un effet de pasteurisation et tuer un certain nombre de micro-organismes, si le processus débute au printemps ou à l'été.

Bioventilation

Le procédé préféré pour le traitement des sols excavés, provenant notamment du remplacement des réservoirs souterrains de stations-service, est appelé bioventilation *ex situ* (Bohn, 1992; Apel *et al.*, 1992; Hodge *et al.*, 1991). Ce procédé consiste à extraire les BTEX et les hydrocarbures légers à l'aide d'un puissant courant d'air passant au travers du sol placé en biopiles. Ces dernières ont une hauteur maximale de un mètre afin de favoriser l'extraction des composés volatils; si la hauteur est supérieure à un mètre, la compaction du sol réduit la volatilisation des polluants qui est souhaitée dans ce cas. Les composés volatilisés sont ensuite acheminés vers un biofiltre dans lequel les réactions de biodégradation se produisent (Windsperger *et al.*, 1990; Lesson *et al.*, 1991). L'essentiel du traitement est donc réalisé dans un biofiltre placé à la surface du sol, à côté de la biopile (figure 5.4).

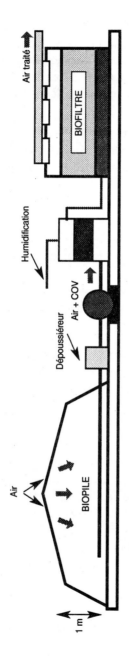

Note : Le biofiltre est surdimensionné.

FIGURE 5.4   REPRÉSENTATION SCHÉMATIQUE DE LA BIOVENTILATION *EX SITU* POUR LE TRAITEMENT DES SOLS
CONTAMINÉS PAR DES HYDROCARBURES VOLATILS

Les biofiltres de type film bactérien fixé sont très performants et permettent d'atteindre des taux de biodégradation d'hydrocarbures de l'ordre de 85 à 95 % pour des charges organiques aussi élevées que 20 à 60 grammes de carbone par mètre cube de milieu filtrant et par heure, et le temps de rétention dans le biofiltre peut être aussi court que 90 secondes. Parallèlement au traitement des polluants volatils dans le biofiltre, les hydrocarbures moins volatils sont biodégradés dans la pile même.

Le biofiltre a généralement un volume de 30 m^3, et on y place un support permettant l'adsorption des polluants et l'attachement des microorganismes. Un bioréacteur de cette dimension (30 m^3) est utilisé pour traiter les vapeurs d'essence provenant d'une ou plusieurs biopiles pouvant atteindre un volume de 1 000 m^3. Le milieu filtrant utilisé dans le biofiltre est habituellement composé de tourbe, de fumier, de compost ou de mélanges incluant du plastique et de la mousse de polyuréthane. Dans le but d'assurer de meilleures performances, on humidifie l'air à l'entrée et on s'assure que le support ne s'assèche pas. L'humidification peut se faire à partir d'une tour d'humidification ou en arrosant directement le support. Afin de maintenir les performances de la tour d'humidification et de la pompe d'aspiration, on ajoute normalement un dépoussiéreur en amont du biofiltre afin d'enlever les particules (voir la section 5.4).

Bien que l'utilisation des biofiltres pour le traitement des émissions gazeuses contenant des BTEX soit de plus en plus répandue, il existe encore peu de données sur les critères de conception. Les utilisateurs de ces biofiltres rencontrent donc plusieurs problèmes opérationnels; on note ainsi la perte d'efficacité pour la biodégradation du benzène, le faible taux de biodégradation du xylène et les problèmes mécaniques associés à l'assèchement du support (Seed *et al.*, 1993). De plus, ces biofiltres n'étant pas agités ou mélangés, il en résulte de sérieux problèmes de distribution du gaz (chemins préférentiels ou *channeling*) et, conséquemment, une perte de performance à long terme. Lorsque l'on désire modéliser et prévoir les performances de tels biofiltres, on doit s'assurer du respect de certaines conditions, notamment (Ottengraf *et al.*, 1983) :
– que le transport des polluants à travers le support soit de type piston;
– que la composition et la densité de la biomasse soient uniformément réparties dans le biofilm;
– que la distribution des substances nutritives soit uniforme.

Les conditions réelles existantes dans un biofiltre ne permettent pas toujours de respecter ces trois conditions, surtout à cause de l'impossibilité de maintenir, à long terme, les propriétés mécaniques du support. Ainsi, l'assèchement d'une partie du support, dû à un mauvais contrôle de l'humidité, ou le colmatage dû à la production de polymères microbiens extracellulaires, rendent quasi impossible l'obtention d'un écoulement piston parfait. Dans les faits, à l'intérieur du biofiltre on observe plutôt un écoulement de type mélangé avec une présence importante de chemins préférentiels et des sections non irriguées par les polluants.

Ces phénomènes réduisent considérablement les performances en augmentant artificiellement la charge polluante dans certaines portions du biofiltre, d'où l'inhibition des micro-organismes dégradant les hydrocarbures (à cause d'une trop forte concentration de ces substances, qui deviennent alors toxiques, ou d'un manque de substrats nutritifs dans la zone mal irriguée). Ces problèmes peuvent cependant être résolus par le retournement de la biopile (de manière similaire à un tas de compost), ce qui permet d'homogénéiser le sol à traiter.

Épandage contrôlé

La technique de l'épandage contrôlé, aussi appelée *land farming*, est la plus ancienne des méthodes utilisées pour la décontamination des sols (voir aussi la section 4.4.2). Il s'agit essentiellement d'épandre le sol contaminé en une couche de moins d'un mètre sur une surface imperméable en pente, afin de permettre notamment la récupération des eaux de lixiviation. On travaille généralement à l'air libre, mais il est possible de faire le travail à l'intérieur d'un abri ou d'une serre (figure 5.5). Dans ce dernier cas, il est possible de récupérer les polluants volatils qui seront ultérieurement traités à l'aide d'un filtre au charbon actif, par exemple. À l'instar d'autres procédés de biotraitement, on stimule l'activité naturelle des micro-organismes en favorisant des conditions propices à leur croissance. Les micro-organismes indigènes, naturellement présents dans le sol, dégradent les contaminants, mais pour accélérer le processus et accroître le rendement du traitement, il est nécessaire de créer les conditions optimales pour les micro-organismes et favoriser la biodisponibilité des polluants. Cela est réalisé en contrôlant l'humidité, le pH et l'oxygène du milieu. L'humidité est maintenue à environ 80 % et, afin de maintenir un rapport C/N entre 10 et 20, on ajoute des éléments nutritifs, généralement des engrais azotés et phosphorés. Ces engrais sont sous forme liquide, mais ils peuvent aussi être sous forme granulaire à dissolution lente. L'aération et le mélange des substances nutritives sont effectués à intervalles réguliers au moyen d'un équipement mécanique approprié (un rotoculteur par exemple).

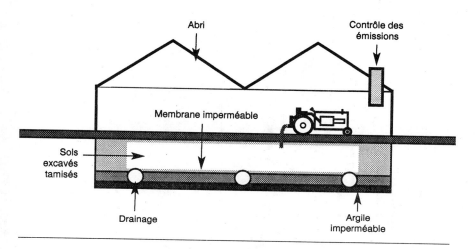

FIGURE 5.5   TRAITEMENT DES SOLS PAR ÉPANDAGE CONTROLÉ

Parmi les avantages de cette technique, on note qu'elle est économique, entre 40 et 100 dollars par tonne de sol, et efficace pour les hydrocarbures pétroliers non volatils. Un confinement minimal de sols à traiter permet aussi de contrôler les émissions atmosphériques et les eaux de lixiviation. De plus, si on travaille dans des serres, on peut l'utiliser 12 mois par année, ce qui en fait une technique idéale pour les régions nordiques. Un bon exemple d'épandage contrôlé est le traitement de sols contaminés par des huiles lourdes et des HAP à *Canada Place* à Vancouver, en milieu urbain.

Avec l'épandage, il est toutefois difficile de contrôler la dispersion atmosphérique des composés organiques volatils (COV) qui se dégagent lors de la manipulation du sol. Mentionnons aussi que la qualité du traitement est inégale et que la dégradation des hydrocarbures lourds ou des composés réfractaires est très longue ou presque impossible à réaliser à cause d'un contrôle moins efficace des conditions de croissance des micro-organismes.

Bioréacteur de type boues activées

L'utilisation de bioréacteurs pour le traitement *ex situ* est avantageuse, car elle permet d'accélérer considérablement la vitesse de dégradation des polluants dans des conditions environnementales relativement bien contrôlées. À l'échelle industrielle, ces bioréacteurs sont essentiellement fondés sur le concept des boues activées (voir la section 2.3.3); la figure 5.6 schématise un tel type de traitement pour des sols contaminés.

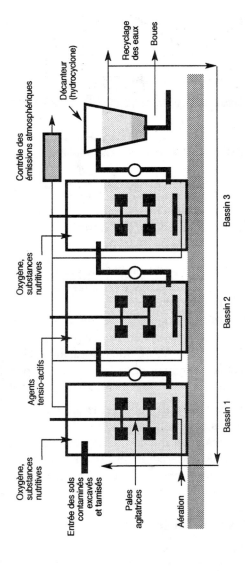

FIGURE 5.6   TRAITEMENT DES SOLS ET DES BOUES CONTAMINÉS DANS DES BIORÉACTEURS DE TYPE BOUES ACTIVÉES

Dans un premier temps, le sol contaminé est excavé puis mélangé avec de l'eau. Après avoir enlevé les grosses particules ou les roches (qui en général ne sont pas contaminées, les polluants adhérant plutôt aux particules fines), les boues sont conduites dans un premier bassin d'aération, où sont introduits de l'air et des éléments nutritifs. À cette étape, il est aussi possible d'ajouter des micro-organismes adaptés en laboratoire aux polluants ciblés. Ces micro-organismes peuvent être des souches pures de bactéries ayant des propriétés particulières ou mieux encore des consortiums bactériens spécialement développés pour la biotransformation des polluants. À cette étape du procédé, les composés facilement accessibles aux micro-organismes sont rapidement dégradés. Dans un deuxième bassin, il est possible d'ajouter des agents tensioactifs afin de libérer les polluants fortement adsorbés aux particules de sol. Par la suite, dans un troisième bassin, la biodégradation est complétée par un nouvel ajout d'oxygène et de substances nutritives.

L'optimisation possible des conditions environnementales dans les bioréacteurs de type boues activées permet de décontaminer les sols pollués par les produits réfractaires. Cette technique repose en effet sur l'amélioration de la biodisponibilité des polluants et sur le contrôle rigoureux des paramètres environnementaux, ce qui permet un meilleur contrôle du procédé et une vitesse de réaction accrue. Cette technique permet aussi de faire de la « bioaugmentation », c'est-à-dire ajouter une importante biomasse microbienne composée d'organismes spécialement adaptés en laboratoire pour la biodégradation des polluants. Parmi les avantages majeurs de ce procédé, mentionnons aussi son insensibilité aux conditions climatiques, la température à l'intérieur des bioréacteurs pouvant être contrôlée.

De tels avantages ne vont toutefois pas sans quelques inconvénients. Ainsi, le coût de traitement est plus élevé, entre 100 et 200 dollars la tonne, notamment à cause de la nécessaire préparation du sol et du coût associé à l'aération ainsi qu'au mélange mécanique. De plus, il est nécessaire d'ajouter en aval du traitement un séparateur solide/liquide (décanteur) et, dans certains cas, un système de traitement des eaux usées puisque des polluants peuvent être entraînés dans l'effluent. Les normes pour les rejets liquides dans l'environnement étant habituellement sévères, il est donc nécessaire d'effectuer un traitement complet des eaux issues des sols traités. Finalement, mentionnons que l'opération du système est complexe et qu'elle demande une attention et un suivi rigoureux.

Bioréacteur à sol statique

Les bioréacteurs permettant le traitement de sol en l'absence d'une phase liquide libre sont peu utilisés au Canada. Toutefois, ce type de réacteur a déjà été employé avec succès en Allemagne et en Hollande pour le traitement des sols contaminés par d'importantes concentrations d'hydrocarbures (van den Munckhof et Veul, 1991). Ces systèmes offrent des avantages indéniables, surtout en climat nordique. Le fait qu'il n'y ait pas d'eau ajoutée, contrairement aux bioréacteurs de type boues activées, constitue un atout, compte tenu du fait que les effluents éventuellement engendrés doivent être ultérieurement traités.

Dans les systèmes existants, on utilise habituellement des fours rotatifs, comme des fours à ciment (voir la section 4.3.3), à titre de bioréacteur (figure 5.7). Des substances nutritives sont ajoutées au sol alors que des agents structurants, comme la tourbe et le bran de scie, permettent de contrôler l'agglomération des particules de sol. Le mélange augmente la biodisponibilité des polluants, ce qui permet de réduire la durée de biodégradation des composés plus récalcitrants. La rotation du bioréacteur sur lui-même favorise l'aération, mais aussi la libération des composés volatils qui doivent être traités avant leur rejet dans l'atmosphère. Des recherches récentes ont montré que ces réacteurs permettent de réduire considérablement la durée du traitement de sols contaminés par le pentachlorophénol, un agent de préservation du bois largement utilisé depuis 50 ans et qui a contaminé plusieurs sols industriels, notamment ceux des fabriques de pâte à papier qui ont longtemps utilisé ce produit pour traiter les tas de grumes (billes de bois) entreposés à l'extérieur et soumis aux intempéries.

Les principaux désavantages de ce procédé sont un coût plus élevé, entre 100 et 200 dollars la tonne, et une séquence d'opération plus complexe comparativement aux biopiles et aux réacteurs de type boues activées. De plus, afin d'éviter l'agglomération des sols très argileux, la quantité d'amendement qui doit être ajoutée peut être importante; les applications de cette technique se limitent donc aux sols faiblement argileux.

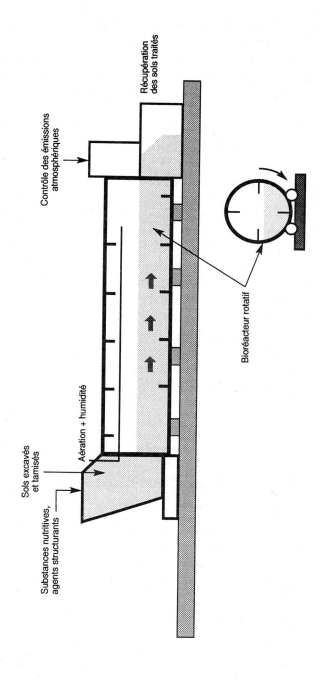

Substances nutritives, agents structurants

Sols excavés et tamisés

Aération + humidité

Contrôle des émissions atmosphériques

Récupération des sols traités

Bioréacteur rotatif

FIGURE 5.7   TRAITEMENT DES SOLS DANS UN BIORÉACTEUR STATIQUE

Utilisation conjointe de biotraitements et de technologies chimiques[5]

Il peut se révéler avantageux de faire une combinaison de traitements chimiques et de biotraitements afin d'optimiser ces derniers. On crée alors une chaîne de traitements qui permet de tirer le maximum de chacun des procédés utilisés. On utilise une telle approche dans le cas où la contamination résulte de plusieurs types de polluants, notamment des substances organiques réfractaires ou des éléments inorganiques comme les métaux lourds.

Dans un premier temps, on effectue un lavage du sol, ce qui permet d'enlever les métaux lourds. Cette opération permet notamment de sélectionner les portions les plus contaminées, qui peuvent représenter entre 20 et 30 % de la masse totale de sol à traiter. Dans un deuxième temps, une oxydation chimique favorise la destruction des composés réfractaires à l'attaque microbienne. Le sol ainsi traité est ensuite acheminé dans un bioréacteur afin de procéder à la biodégradation des substances les plus facilement utilisables par les micro-organismes.

Une telle séquence de traitements a été utilisée pour décontaminer les sédiments du port de la ville de Toronto. On a d'abord procédé à l'extraction des métaux, et ensuite à une oxydation chimique des hydrocarbures et des HAP de haut poids moléculaire. Finalement, les sédiments ont été acheminés dans un bioréacteur de type boues activées pour compléter le traitement.

5.4 La mise en place d'un biotraitement *in situ* (sans excavation)

Les traitements *in situ*, c'est-à-dire sans déplacement des sols, pour la restauration des lieux contaminés offrent un potentiel intéressant et, dans un avenir proche, il est probable qu'ils seront de plus en plus utilisés. En effet, le biotraitement *in situ* est probablement le seul système de traitement économiquement viable qui permettra de traiter des volumes importants de sols et de sédiments contaminés. De plus, les traitements *in situ*

---

5. D'après Samson, 1994a.

doivent nécessairement être utilisés lorsqu'il y a risque de contamination de la nappe phréatique ou lorsqu'il est impossible d'excaver le sol.

Il faut toutefois préciser que la majorité de ces techniques sont encore au stade du développement. En effet, la complexité reliée à la délimitation des zones de contamination ainsi qu'à la caractérisation physico-chimique et microbiologique des eaux souterraines, et des diverses unités géologiques, rend l'efficacité des traitements difficile à prédire (Madsen, 1991). De plus, la mise en place de l'ingénierie nécessaire pour procurer aux micro-organismes l'oxygène et les éléments nutritifs requis est beaucoup plus complexe que dans le cas des procédés *ex situ*.

Contrairement aux systèmes de traitement *ex situ*, les biotechnologies *in situ* peuvent difficilement être perfectionnées en laboratoire. La mise au point doit donc se faire le plus possible sur les lieux mêmes du traitement, ce qui rend la recherche, le développement et la démonstration plus ardus.

5.4.1 **Principe du traitement biologique *in situ***

Le traitement *in situ* signifie essentiellement que l'action des micro-organismes s'effectue dans le sol même, sans que ce dernier soit déplacé ou excavé. On peut donc favoriser la croissance microbienne dans le sol, en injectant de l'air ou des substances nutritives, mais on peut aussi injecter directement dans le sol des souches microbiennes préalablement adaptées en laboratoire. La mise en place d'un système de traitement *in situ* dépend en grande partie de la nature du sol à traiter. Il est donc essentiel de connaître la géologie et l'hydrogéologie du milieu, la composition du sol, le profil de contamination, les conditions de pH et de potentiel redox de l'eau souterraine ainsi que la capacité de biodégradation des micro-organismes présents dans des zones saturées et non saturées en eau[6] (Dupont *et al.*, 1991; Sims, 1990). La première étape à tout projet de décontamination *in situ* consiste donc en une caractérisation approfondie du lieu à traiter.

---

6. Dans la zone saturée en eau, dont la profondeur varie grandement, le sol est saturé et gorgé d'eau et il peut être adjacent à une nappe phréatique qui est essentiellement une poche d'eau souterraine. Dans la zone non saturée, que l'on appelle aussi la zone *vadoze*, il peut y avoir de l'eau mais en quantité moindre.

En ce qui concerne plus particulièrement le principe du traitement *in situ*, théoriquement, tous les polluants organiques pouvant être traités par des procédés utilisant une approche *ex situ* peuvent aussi l'être *in situ*. Cependant, la complexité associée à la mise en place et à la validation des biotechnologies *in situ* limite leur utilisation à des cas précis. À l'heure actuelle, le traitement biologique *in situ* s'applique principalement à la restauration des lieux contaminés par des produits pétroliers légers tels que l'essence, le diesel et les composés mono-aromatiques comme le benzène, le toluène, l'éthylbenzène et le xylène (BTEX).

Outre le cas des hydrocarbures pétroliers, des applications pour des lieux contaminés par des HAP, du pentachlorophénol et des solvants chlorés ont été réalisées, mais les données sont encore fragmentaires. Généralement, il est reconnu que les fractions plus lourdes des hydrocarbures ainsi que les HAP de plus de quatre anneaux benzéniques sont faiblement dégradés par les traitements *in situ*. Parce que ces composés sont très peu solubles dans l'eau et parce qu'ils s'adsorbent fortement sur les particules de sol, ils sont moins accessibles pour les micro-organismes.

5.4.2 Facteurs importants pour la mise en place d'un biotraitement *in situ*

Les spécialistes en restauration estiment que l'utilisation du traitement *in situ* nécessite des conditions géologiques, hydrogéologiques, chimiques et biologiques tout à fait particulières. Parmi les principaux facteurs devant être considérés on note les suivants :
– Propriétés physico-chimiques de l'aquifère :
  • nature de la formation géologique,
  • composition minéralogique,
  • hétérogénéité et stratification.
– Propriétés hydrogéologiques :
  • conductivité hydraulique,
  • profondeur de la nappe phréatique,
  • vitesse d'écoulement des eaux souterraines.
– Caractéristiques chimiques :
  • concentration et toxicité des contaminants,
  • solubilité, volatilité et viscosité des contaminants,
  • concentration en métaux lourds,
  • oxygène dissous,

- potentiel d'oxydoréduction,
- pH,
- température.
- Caractéristiques biologiques :
  - nombre de micro-organismes,
  - activité de biodégradation,
  - présence de substances nutritives.

Le traitement *in situ* a plus de chance de réussir si le nombre de contaminants est réduit et s'ils sont présents en concentration appropriée pour favoriser l'action des micro-organismes. Par exemple, dans le cas des hydrocarbures totaux, on considère qu'une concentration dans les sols non saturés en eau dépassant 10 000 mg de polluants par kg de sol est inhibitrice pour les micro-organismes. De plus, des concentrations supérieures à 20 000 mg/kg auront pour effet de réduire l'écoulement de l'eau et la diffusion des substances nutritives. Les hydrocarbures lourds n'étant pas assez solubles, l'injection de surfactants devient donc nécessaire pour accroître leur solubilité et leur biodisponibilité.

Le matériel géologique doit aussi être suffisamment perméable pour permettre l'injection de solutions nutritives ou d'air. Un sol ayant une conductivité hydraulique supérieure à 10^{-4} cm/s a beaucoup plus de chance d'être traité par des techniques *in situ* qu'un sol ayant une conductivité plus faible; les sols sablonneux sont donc idéals pour le traitement *in situ*. Par opposition, les sols argileux ne sont pratiquement pas traitables. La composition chimique du sol est aussi d'une grande importance; ainsi, la présence d'importantes concentrations de fer, de calcium et de magnésium fait précipiter les substances nutritives, ce qui occasionnera le colmatage des pores du sol et un accès réduit aux polluants pour les micro-organismes.

Tout comme les caractéristiques chimiques des sols sont importantes, celles des eaux souterraines sont aussi déterminantes pour le succès du traitement *in situ*. Ainsi, le biotraitement est beaucoup plus facile lorsque la concentration en oxygène dissous dans l'eau est suffisante pour permettre la croissance des micro-organismes aérobies; une concentration en oxygène dissous d'environ 1 mg/L suffit habituellement à maintenir une activité de biodégradation mesurable. De plus, le pH de l'eau souterraine devrait se situer entre 5,5 et 7,5, le potentiel d'oxydoréduction devrait idéalement être supérieur à +50 millivolts et une température supérieure à 10 °C est souhaitable. Par ailleurs, la nappe d'eau souterraine ne doit pas être trop près de la surface à cause du risque d'entraînement des composés volatils vers la surface.

Du point de vue biologique, un sol possédant une microflore déjà adaptée à la présence des polluants a toutes les chances d'être décontaminé efficacement. Des essais de biotraitabilité en laboratoire permettent cependant de quantifier rapidement l'activité biologique d'un aquifère contaminé (section 5.2.3). Par ailleurs, on peut réaliser des essais permettant de mesurer la consommation d'oxygène par les micro-organismes indigènes en installant des respiromètres directement dans le sol. Ces appareils sont introduits dans des puits de forage et un mécanisme permet l'injection contrôlée de nutriments et la détermination de l'oxygène consommé (Ong *et al.*, 1992).

5.4.3 **Difficultés inhérentes au biotraitement *in situ***

Chaque projet de décontamination *in situ* représente un défi technologique. En effet, la complexité des formations géologiques et le mouvement des eaux souterraines complexifient la conception d'un procédé de traitement. De plus, les polluants organiques ont des propriétés chimiques qui les rendent difficilement accessibles aux micro-organismes. Par exemple, la majorité des hydrocarbures de l'essence sont plus légers que l'eau et ils se retrouvent donc à la surface des nappes d'eau souterraine. Ces substances sont désignées comme étant des liquides légers non aqueux (LNAPL en anglais) (figure 5.8a). Par ailleurs, la majorité des HAP et des solvants chlorés sont plus denses que l'eau et se retrouvent sous l'aquifère, sur la roche mère, ou emprisonnés dans ce que l'on appelle des lentilles de contamination. Ces composés plus lourds que l'eau sont communément appelés liquides lourds non aqueux (DNAPL en anglais) (figure 5.8b)

La présence de fractures dans le roc modifie habituellement la migration d'un contaminant de type DNAPL en milieu souterrain. Lors du déversement de DNAPL, ces derniers s'enfoncent par gravité à travers la zone non saturée d'eau souterraine, située au-dessus de la nappe phréatique, traversent la nappe phréatique pour aller rejoindre le socle rocheux sur lequel ils s'accumulent dans des dépressions. Lorsque le roc est fracturé, le contaminant s'enfonce dans le réseau de fractures et il forme alors des poches. Compte tenu de la nature souvent hétérogène de tels réseaux de fracturation, une caractérisation précise de l'étendue de la contamination est pratiquement impossible.

Contamination d'un aquifère homogène   **Contamination d'un aquifère hétérogène**

a) Liquides non aqueux lourds (DNAPL)

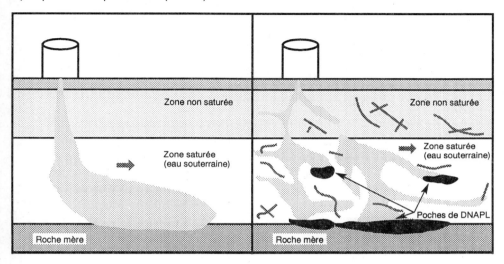

b) Liquides non aqueux légers (LNAPL)

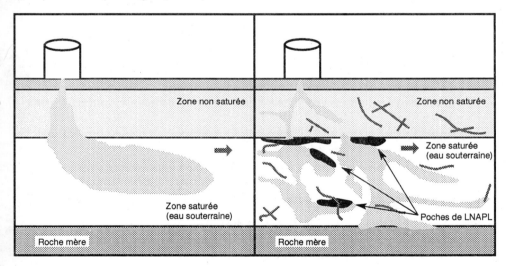

FIGURE 5.8   CARACTÉRISTIQUES D'UNE CONTAMINATION SOUTERRAINE PAR DES LIQUIDES NON AQUEUX

Lors de l'élaboration d'un programme de décontamination des eaux souterraines, il est donc essentiel de tenir compte de la présence possible de DNAPL dans les fractures du roc, car des contaminants piégés se dissolvent lentement dans les eaux souterraines, ce qui peut nuire aux efforts de décontamination; dans l'état actuel du développement technologique, il est impossible de déloger les contaminants de type DNAPL piégés dans de telles fractures. Les efforts de recherche se poursuivent cependant pour développer des techniques permettant de déloger les contaminants de telles fractures. On pense, entre autres, à l'utilisation d'agents tensioactifs pour forcer la solubilisation des polluants.

La nature des LNAPL et des DNAPL rend inefficace l'injection d'oxygène et de solutions nutritives. Il est donc essentiel de déloger la fraction non solubilisée du contaminant avant de mettre en place un scénario de traitement. Dans le cas des LNAPL, il est possible de récupérer, par pompage, la phase libre qui flotte à la surface de la nappe phréatique. Dans certains cas, il y a toutefois lieu de désorber les polluants résiduels adsorbés sur la matrice géologique avec des agents tensioactifs ou avec de la vapeur et de les traiter par des procédés *ex situ*.

5.4.4 **Démonstration de la décontamination**

Contrairement au traitement *ex situ* des sols en bioréacteurs, il est difficile de prouver qu'un sol traité *in situ* a bel et bien été décontaminé, sauf dans le cas de la bioventilation de la zone non saturée (section 5.4.5). Afin de prouver que le biotraitement a bien fonctionné, il faut démontrer l'enlèvement des contaminants par un bilan de matière avant, pendant et après le traitement (dosage de la concentration des contaminants); il faut aussi démontrer que le site possède les micro-organismes capables de dégrader les polluants présents et il faut prouver qu'ils sont actifs sur le site. Obtenir des réponses à ces questions implique la mise en place d'une stratégie de monitorage sur le terrain et en laboratoire ainsi qu'une interprétation fondée sur l'utilisation de modèles mathématiques (Anonyme, 1993).

Les principaux essais qui devraient être réalisés sont les suivants :
– mise en place d'une méthodologie d'échantillonnage statistiquement valable;
– évaluation, sur place, de l'importance des phénomènes abiotiques tels que l'adsorption, la volatilisation et la dilution des polluants, par l'utilisation de traceurs;

– évaluation, sur le terrain, du devenir d'un polluant témoin (par exemple un polluant marqué au carbone radioactif);
– détermination des paramètres démontrant la biodégradation, par exemple le taux de respiration *in situ*;
– quantification, au laboratoire, du nombre de micro-organismes présents et de la cinétique de biodégradation;
– prédiction du devenir des contaminants dans l'aquifère à partir d'une série de modèles mathématiques.

Évidemment, la mise en place de cette méthodologie est relativement complexe et elle entraîne des coûts représentant une portion importante de l'enveloppe budgétaire globale d'un projet de décontamination; c'est cependant la seule façon actuellement utilisable pour évaluer l'efficacité d'un biotraitement.

5.4.5 Les principaux procédés de traitement *in situ*

Les procédés *in situ* sont regroupés en quelques grands groupes de traitement, les deux premiers étant similaires; il s'agit de la bioventilation de la zone non saturée d'eau (zone vadoze) et de l'aération de la zone saturée, aussi appelée aération de l'aquifère. Le troisième groupe fait appel à l'extraction de l'eau présente dans un sol pollué; c'est l'extraction de contaminants et le traitement en bioréacteurs. Une dernière sous-section fait état d'une technologie en développement, soit les filtres biologiques *in situ*.

Bioventilation de la zone non saturée d'eau (zone vadoze)

Cette technique consiste essentiellement à injecter de l'air dans la zone vadoze à un débit suffisant pour stimuler l'activité microbienne (Dupont *et al.*, 1991; Hinchee *et al.*, 1991; Miller *et al.*, 1992). Un système de pompage introduit de l'air dans le sol, plus précisément dans la zone contaminée, alors qu'un autre système injecte parallèlement des substances nutritives dans cette zone (figure 5.9). Par ailleurs, une partie de l'air injecté est évacuée vers l'extérieur par des canalisations couplées à un filtre permettant de retenir les polluants.

Le débit d'injection d'air doit être assez faible pour ne pas provoquer la volatilisation des BTEX, c'est-à-dire empêcher qu'ils soient évacués trop rapidement avant d'être dégradés (US EPA, 1990). Afin de bien comprendre les facteurs en cause, la figure 5.10 montre qu'il existe une zone optimale quant à la quantité d'air à injecter dans le sol. Si la quantité d'air fournie par le système d'alimentation n'est pas suffisante, le besoin en oxygène des micro-organismes reste insatisfait et l'activité microbienne est alors ralentie. Dans la zone optimale, les besoins en oxygène sont satisfaits et le volume d'air ne permet pas l'entraînement des polluants vers l'extérieur avant qu'ils soient dégradés. Au delà de cette zone, le volume d'air est trop important et il entraîne les polluants hors du sol à une vitesse qui excède leur biodégradation.

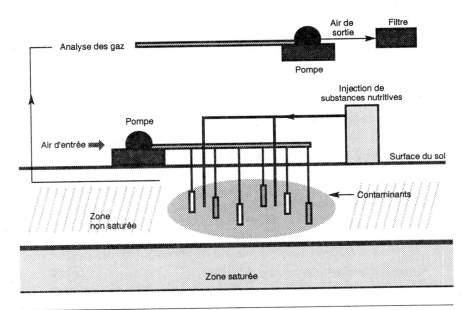

FIGURE 5.9   TRAITEMENT *IN SITU* DE LA ZONE VADOZE

Le taux d'aération optimale est déterminé à partir d'essais respiromé-triques. Ces tests peuvent être effectués en laboratoire, à partir d'échantillons prélevés sur le terrain, mais il est aussi possible d'utiliser des respiromètres sur place, dans le sol. Ces appareils permettent de déterminer la consommation d'oxygène des micro-organismes indigènes sans perturber le milieu environnant. En règle générale, le débit d'air requis pour stimuler l'activité de biodégradation est assez faible, de l'ordre de 1 m^3 d'air par jour par m^3 de sol.

La bioventilation est la technique idéale pour le traitement de sols non saturés en eau et contaminés par de l'essence. La nature du sol a cependant une influence considérable dans le succès de la bioventilation. Afin de fournir suffisamment d'air aux micro-organismes, on préfère habituellement appliquer ce traitement aux sols possédant une grande perméabilité (par exemple les sols à haute teneur en sable et en gravier). Des rendements de biodégradation se situant entre 2 et 20 mg d'hydrocarbures/kg de sol par jour ont été mesurés dans plusieurs endroits (Norris et al., 1993). Cependant, à cause de la très grande volatilité de certains composés de l'essence, des filtres sont presque toujours utilisés à la sortie des puits de récupération. De plus, la bioventilation est encore peu éprouvée pour la biodégradation des sols contaminés par les HAP et les hydrocarbures lourds.

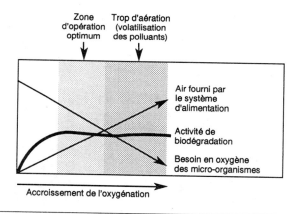

FIGURE 5.10   REPRÉSENTATION SCHÉMATIQUE DE LA ZONE D'AÉRATION OPTIMALE POUR LE TRAITEMENT PAR BIOVENTILATION

La bioventilation de la zone vadoze offre cependant plusieurs avantages. En plus de pouvoir être utilisée sans déplacer le sol, c'est une technique relativement peu coûteuse nécessitant une infrastructure légère. Malgré le fait qu'elle soit peu utilisée en hiver, elle est peu sensible aux variations climatiques, la température étant relativement constante aux profondeurs où ont lieu les réactions microbiennes.

Comme pour tous les procédés in situ, la bioventilation de la zone vadoze possède cependant certains désavantages, notamment la durée de décontamination qui peut atteindre, dans certains cas, de un à deux ans. De plus, si le traitement est mal appliqué, il y a un danger de contamination de la nappe phréatique et de l'atmosphère. Il est donc nécessaire de contrôler régulièrement la présence des contaminants dans les émissions atmosphériques et dans les eaux souterraines adjacentes au site. Finalement, cette technique est peu éprouvée pour le traitement des DNAPL et ses performances sont difficiles à prédire.

Aération de la zone saturée en eau (aération de l'aquifère)

Le biotraitement de la zone saturée en eau consiste à fournir l'oxygène nécessaire aux micro-organismes adsorbés sur les particules de sol et présents dans les eaux souterraines. L'oxygène est introduit dans la nappe phréatique (zone saturée) principalement par injection d'air (figure 5.11a), mais aussi par injection d'eau oxygénée (peroxyde d'hydrogène) (figure 5.11b) (Häggblom, 1990). Il est aussi possible d'accélérer le processus de biodégradation par l'injection de solutions nutritives et d'agents tensioactifs.

L'injection d'air dans la zone saturée (figure 5.11a) est très intéressante, car elle permet d'utiliser deux mécanismes responsables de l'enlèvement des polluants, la biodégradation et la volatilisation. Dans un premier temps, l'air fourni permet d'accélérer la biodégradation aérobie des polluants, à la fois dans la zone saturée et dans la zone vadoze, et, dans un deuxième temps, les hydrocarbures volatils entraînés par l'air sont récupérés et traités en surface, au-dessus du niveau du sol. Quant à l'ajout d'eau oxygénée, il permet d'accélérer le processus, compte tenu du fait que l'oxygène est déjà dissous dans l'eau (une molécule de peroxyde, ou d'eau oxygénée, est un composé instable qui tend à perdre graduellement un atome d'oxygène). Le traitement se fait dans des conditions similaires à l'injection d'air, à l'exception de quelques différences techniques.

Le traitement de la zone saturée par biodégradation ne s'applique pas à toutes les conditions. Afin de favoriser le transfert de l'oxygène et l'accessibilité des substances nutritives dans toute la zone contaminée, une formation géologique ayant une conductivité hydraulique supérieure à 10^{-5} cm/s est souhaitable (Häggblom, 1990). De plus, la mise en place optimale du système d'injection d'air exige de connaître avec une certaine précision la distribution de la pollution et la stratigraphie du matériel géologique.

a) Injection d'air dans l'eau souterraine

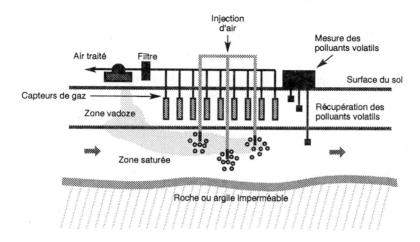

b) Injection d'eau oxygénée ou de peroxyde d'hydrogène

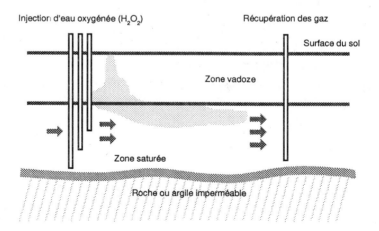

FIGURE 5.11   PRINCIPE DU BIOTRAITEMENT DE LA ZONE SATURÉE

Une des méthodes préconisées pour réduire la durée de traitement est l'introduction de micro-organismes adaptés. Bien que cette approche soit encore peu répandue, son efficacité a été démontrée pour le traitement *in situ* de lieux contaminés par le pentachlorophénol et la créosote. Toutefois, c'est une avenue qui doit être étudiée avec soin, car il y a certains problèmes potentiels. Ainsi, il est probable que l'ajout d'importantes concentrations de micro-organismes provoque un colmatage des pores du sol au point d'injection.

Les principaux avantages de cette méthode sont un coût peu élevé, la nécessité d'une infrastructure légère, son insensibilité aux conditions climatiques et le peu de temps requis pour traiter certains types de polluants; un aquifère contaminé par de l'essence peut être dépollué en moins d'un an. En ce qui concerne les désavantages, on peut notamment mentionner le danger de contamination de la nappe phréatique ainsi qu'une performance difficile à modéliser et à prédire.

Extraction des contaminants et traitement en bioréacteur

Dans les cas où les conditions environnementales sont trop défavorables, par exemple lorsque la concentration des contaminants est trop importante pour que la biodégradation *in situ* puisse être effectuée convenablement, il y lieu de désorber les polluants et de les traiter dans des bioréacteurs installés à la surface. Dans ce contexte, les systèmes d'extraction utilisant la vapeur ou des solutions de surfactants sont de plus en plus utilisés (Vigon et Rubin, 1989). Par exemple, une entreprise offre la technique dite des pointes filtrantes qui permet d'effectuer un lavage des sols avec des solutions de surfactants. Cette technique consiste à bâtir un réseau très serré de puits d'injection et de récupération où il est possible d'atteindre la majorité des zones de contamination.

Dans le cas où l'on doit traiter les eaux souterraines, le pompage continu de l'eau et son traitement subséquent avec des bioréacteurs est l'approche la plus communément utilisée (Mercer *et al.*, 1990). Toutefois, afin de limiter la contamination de l'aquifère et l'entraînement de l'eau souterraine contaminée hors du lieu à traiter, plusieurs approches peuvent être considérées. L'une d'elles est la modification de l'écoulement de l'eau souterraine par l'utilisation de barrières physiques (murs de confinement) (Boscardin et Ostendorf, 1993) (figure 5.12). Cette approche tire son origine des travaux de géotechnique réalisés lors de l'exécution de grands

ouvrages de génie civil. Il existe plusieurs matériaux pouvant être employés pour le contrôle des eaux souterraines et, parmi les plus utilisés,
mentionnons la bentonite, le ciment Portland, l'asphalte, le ciment plastifié, et plusieurs types de membranes synthétiques dont le PVC et le polyéthylène. Les matériaux doivent avoir une perméabilité à l'eau très faible,
de l'ordre de 10^{-12} à 5×10^{-8} cm/sec.

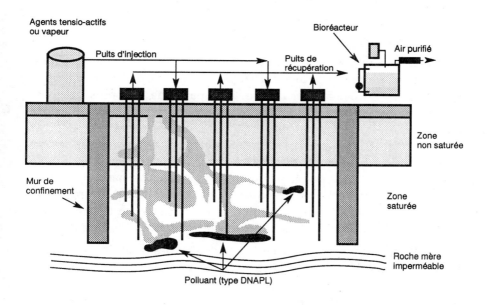

FIGURE 5.12   EXTRACTION DES CONTAMINANTS ET TRAITEMENT
EN BIORÉACTEUR

Les bioréacteurs utilisés en surface sont de plusieurs types et leurs caractéristiques dépendent de la nature des polluants à traiter. Par exemple, le
traitement d'hydrocarbures peut se faire par des bioréacteurs agités
mécaniquement fonctionnant en continu alors que des eaux contaminées
par le pentachlorophénol seront plutôt traitées dans un réacteur à film
fixe. Une biomasse, en l'occurrence des boues activées provenant d'une
usine de traitement des eaux, peut servir d'inoculum microbien dans le
bioréacteur. Dans le cas de substances très difficiles à traiter, par exemple

un solvant chloré comme le trichloroéthylène (TCE), il est possible d'utiliser des réacteurs biologiques séquentiels fonctionnant en cycles anaérobie/ aérobie (voir section 2.3.3). L'enlèvement des atomes de chlore dans des conditions anaérobies strictes (par exemple dans un environnement méthanogénique) produit de l'éthane et de l'éthylène, deux substances considérées non toxiques. Cette approche comporte cependant un risque, car on peut produire un intermédiaire extrêmement toxique, le chlorure de vinyle; l'addition d'une étape aérobie permet cependant d'éliminer cette substance qui est biodégradée en présence d'oxygène.

Biofiltres in situ[7]

Ce dernier procédé, qui est actuellement en développement et n'est pas employé sur une base industrielle, permet, en quelque sorte, de modifier le sol en un bioréacteur *in situ*. Une partie de la zone saturée est transformée en biofiltre de manière à favoriser l'accroissement de l'activité microbienne des organismes présents dans la nappe phréatique. Pour ce faire, on creuse une tranchée dans le sol et on la remplit de gravier qui sert de support à la colonisation microbienne; le gravier peut être contenu par une membrane géotextile afin de répartir plus uniformément l'écoulement de l'eau contaminée qui passe à travers le biofiltre (figure 5.13). Pour activer la croissance microbienne, et la maintenir, on injecte dans le biofiltre de l'air ou de l'eau oxygénée ainsi que des substances nutritives.

Un tel procédé permet de limiter la migration des polluants dans le sol. L'eau souterraine qui traverse la zone biologiquement active, le biofiltre *in situ*, est décontaminée par l'action des micro-organismes. Notons que cette approche pourrait être utilisée dans un mode séquentiel aérobie/ anaérobie, de manière à traiter les eaux contaminées par des polluants réfractaires qui sont plus facilement dégradés dans des conditions anaérobies. Mentionnons, en terminant, que les coûts d'installation et d'exploitation d'un tel filtre sont théoriquement faibles, compte tenu des investissements modestes requis pour le concevoir (gravier et membrane géotextile).

7. D'après Samson, 1994b.

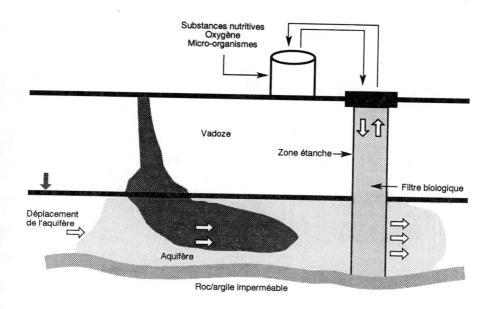

FIGURE 5.13   TRAITEMENT DE LA ZONE AQUIFÈRE CONTAMINÉE À L'AIDE
D'UN FILTRE BIOLOGIQUE *IN SITU*

Références bibliographiques

ANONYME (1993). *In Situ Bioremediation. When Does It Work?*. Committee on In Situ Bioremediation, Water Science Technology Board, Commission on Engineering and Technical System, Washington, National Research Council.

APEL, W.A., DANT, W.D., COLWELL, F.S., SINGLETON, B., LEE, B.D., ESPINOSA, A.M., et JOHNSON, E.G. (1992). « Removal of gasoline vapors from air streams by biofiltration ». Dans *E&EC Special Symposium American Chemical Society*. Atlanta Ga., American Chemical Society, p. 70-73.

BARKAY, T. et SAYLER, G.S. (1988). « Gene probes as a tool for the detection of specific genomes in the environment ». Dans W.J. Adams, G.A. Chapman et W.G. Landis (éditeurs), *Aquatic Toxicology and Hazard Assessment*. Philadelphia, American Society for Testing and Materials, p. 29-36.

BOHN, H. (1992). « Consider biofiltration for decontaminating gases ». *Chemical Engineering Progress*, p. 34- 40.

BOSCARDIN, M.D. et OSTENDORF, D.W. (1993). « Barrier walls to contain contaminated soil ». Dans E.J. Calabrese et P.T. Kostecki (éditeurs), *Principles and Practices for Petroleum Contaminated Soils*. Chelsea, USA, Lewis Publishers, p. 433-452.

BUMPUS, J.A., Tien, M., Wright, D. et Aust, S.O. (1985). « Oxidation of persistent environmental pollutants by a white rot fungus ». *Science*, 228 : 1434-1436.

DESROCHERS, R., SAMSON, R., MICHAUD, J.R., HAWKE, T., NELSON, C.H. et ST-CYR, M. (1993). « Biodégradation aérobie dans un sol argileux contaminé aux hydrocarbures en conditions nordiques ». Dans *3rd Annual Symposium on Groundwater and Soil Remediation*. Ville de Québec, Environnement Canada, Conseil national de recherche du Canada, p. 539-564.

DUPONT, R.R., DOUCETTE, W.J. et HINCHEE, R.E. (1991). « Assessment of in situ bioremediation potential and the application of bioventing at a fuel-contaminated site ». Dans R.E. Hinchee et R.F. Olfenbuttel (éditeurs), *In Situ Bioreclamation*. Stoneham Mass., Butterworth-Heinemann, 539 p.

HÄGGBLOM, M. (1990). « Mechanisms of bacterial degradation and transformation of chlorinated monoaromatic compounds ». *Journal of Basic Microbiology*, vol. 30, n° 2 : 115-141.

HINCHEE, R.E., DOWNEY, D.C., DUPONT, R.R., AGGARWAL, P.K. et MILLER, R.N. (1991). « Enhancing biodegradation of petroleum hydrocarbons through soil venting ». *Journal of Hazardous Materiels*, 27 : 315-325.

HODGE, D., MEDINA, V.F., ISLANDER, R.L. et DEVINNY, J.S. (1991). « Treatment of hydrocarbon fuel vapors in biofilters ». *Environmental Technology*, vol. 12, n° 8 : 655-662.

HOFFMAN, A.J. (1995). « An uneasy rebirth at Love Canal ». *Environment*, vol. 57, n° 2 : 4-9, 25-31.

LESSON, G., WINER, A.M. et HODGE, D.S. (1991). « Application of biofiltration to the control of air toxics and other VOC emissions ». Dans Proc. Annu. Meet. – Air Waste Management Association. Santa Monica Calif., RMT inc., Paper 91/103.17, 11 p.

MADSEN, E.L. (1991). « Determining in situ biodegradation : Facts and challenges ». Environmental Science and Technology, vol. 25, n° 10 : 1663-1673.

MERCER, J.W., SKIPP, D.C. et GIFFIN, D. (1990). Basics of Pump and Treat Groundwater Remediation Technology. US Environmental Protection Agency (EPA). Report EPA/600/8-90/003.

MILLER, R.N., VOGEL, C.C. et HINCHEE, R.E. (1992). « A field-scale investigation of petroleum hydrocarbon biodegradation in the vadose zone enhanced by soil venting at Tyndall AFB, Florida ». Dans R.E. Hinchee et R.F. Olfenbuttel (éditeurs), In Situ Bioreclamation. Applications and Investigations for Hydrocarbon and Contaminated Site Remediation. Columbus Ohio, Butterworth-Heinemann, p. 283-302.

NORRIS, R.D., HINCHEE, R.E., BROWN, R., McCARTY, P.L., SEMPRINI, L. et WILSON, J.T. (1993). In Situ Bioremediation of Groundwater and Geological Material : A Review of Technologies. US Environmental Protection Agency (EPA). Report EPA/600/R-93/124.

ONG, S.K., HINCHEE, R., HOEPPEL, R. et SCHOLZE, R. (1992). « In situ respirometry for determining aerobic degradation rates ». Dans R.E. Hinchee et R.F. Olfenbuttel (éditeurs), In Situ Bioreclamation. Applications and Investigations for Hydrocarbon and Contaminated Site Remediation. Columbus Ohio, Butterworth-Heinemann, p. 541-545.

OTTENGRAF, S.P.P. et van den OEVER, A.H.C. (1983). « Kinetics of organic compound removal from waste gases with a biological filter ». Biotechnology and Bioengineering, 25 : 3089-3102.

RENOUX, A., ROY, Y., TYAGI, R.D. et SAMSON, R. (1993). « Ecotoxicological evaluation of soil biotreatment : Comparison with the inherent toxicity of non-contaminated soil ». Dans 3rd Annual Symposium on Groundwater and Soil Remediation. Ville de Québec, Environnement Canada, Conseil national de recherche du Canada, p. 377-394.

SABER, D.L. et CRAWFORD, R.L. (1985). « Isolation and characterization of Flavobacterium strains that degrade pentachlorophenol ». Applied and Environmental Microbiology, 50 : 1512-1518.

SAMSON, R. (1994a). Biorestauration des sites contaminés : 1. Les technologies ex situ. Québec, Cahier technique du Centre québécois de valorisation de la biomasse (CQVM), 18 p.

SAMSON, R. (1994b). Biorestauration des sites contaminés : 2. Les technologies in situ. Québec, Cahier technique du Centre québécois de valorisation de la biomasse (CQVM), 16 p.

SAMSON, R., CSEH, T., HAWARI, J., GREER, W. et ZALOUM, R. (1990). « Biotechnologies appliquées à la restauration de sites contaminés avec l'exemple d'application d'une technique physico-chimique et biologique pour les sols contaminés par les BPC ». *Sciences et techniques de l'eau*, vol. 23, n° 1 : 15-23.

SAMSON, R., GREER, C.W., HAWKES, T., DESROCHERS, R., NELSON, C.H. et ST-CYR, M. (1993a). « Monitoring an aboveground bioreactor at a petroleum refinery site using radio-respirometry and gene probes : Effect of winter conditions and clayey soil ». Dans *Second International In Situ and On-site Bioreclamation Conference*. San Diego.

SAMSON, R., HAWARI, J. et GREER, C.W. (1993b). « Demonstration of the new BRI biotreatability protocol to monitor a 1500 m³ soil bioreactor. Dans *3rd Annual Symposium on Groundwater and Soil Remediation*. Ville de Québec, Environnement Canada, Conseil national de recherche du Canada, p. 565-575.

SEED, L., HARPER, B., PARKER, W. et CORSI, R.L. (1993). « Biofiltration of BTEX in soil remediation off-gas ». Dans *Third Soil and Groundwater Remediation Symposium*. Ville de Québec, Environnement Canada, Conseil national de recherche du Canada, p. 297-314.

SIMS, R.C. (1990). « Soil remediation techniques at uncrolled hazardous waste sites ». *Journal of Air and Waste Management Association*, vol. 40, n° 5 : 704-732.

STEFFAN, R.J., (1991). « Polymerase chain reaction : Applications in environmental microbiology ». *Annu. Rev. Microbiol.*, vol. 45 : 137-161.

US EPA (1990). *International Evaluation of In Situ Biorestoration of Contaminated Soil and Groundwater*. US Environmental Protection Agency (EPA).

VAN DEN MUNCKHOF, G.P.M. et VEUL, M.F.X. (1991). « Production-scale trials on the decontamination of oil-polluted soil in a rotating bioreactor at field capacity ». Dans R.E. Hinchee et R.F. Olfenbuttel (éditeurs), *On-Site Bioreclamation*. Stoneham Mass., Butterworth-Heinemann, p. 443-451.

VIGON, B.W. et RUBIN, A.J. (1989). « Practical considerations in the surfactant-aided mobilization of contaminants in aquifers ». *Journal of Water Pollution Control Federation*, Feb., vol. 61, n° 7 : 1233-1240.

WINDSPERGER, A., BUCHNER, R. et STEFAN, K. (1990). « Use of biofilters for the purification of the gases containing solvents. Results of lab-scale and pilot investigations ». *Staub – Reinhaltung der Luft*, vol. 50, n° 12 : 465-470.

Chapitre 6

Les émissions atmosphériques

Raynald Brulotte, ing.
Ministère de l'Environnement et de la Faune du Québec (sections 6.1 à 6.6)
Denis Rho
Institut de recherche en biotechnologie (section 6.7) et
Pierre Chevalier (section 6.7)

B ien que l'atmosphère contienne des quantités appréciables de contaminants d'origine naturelle, ceux-ci ne causent généralement pas de
problème, sauf lors de cataclysmes comme l'éruption du mont St-Helens
en 1980 ou, plus récemment, du mont Pinatubo (1991). Par contre, dans
nos sociétés industrielles l'utilisation de grandes quantités d'énergie et le
développement des procédés industriels ont engendré un accroissement
considérable d'émissions de contaminants dans l'atmosphère. Une grande
partie du problème de la pollution atmosphérique est donc liée à la concentration des activités polluantes sur des espaces géographiquement
restreints; c'est la pollution de l'air à l'échelle locale. Toutefois, les effets
des contaminants atmosphériques se font sentir bien loin de leur lieu
d'origine et on parle alors de problèmes de pollution atmosphérique à
l'échelle continentale (les précipitations acides) ou encore à l'échelle planétaire (le réchauffement global).

Ce chapitre est d'abord consacré aux technologies physico-chimiques
d'assainissement des émissions atmosphériques polluantes. Après une
brève revue des principaux types de polluants, on fait état des actions
préventives visant à limiter la pollution à la source et on présente ensuite
les techniques d'épuration des particules (dépoussiérage), puis celles d'épuration des gaz, avant de présenter des technologies qui font conjointement
appel à ces deux démarches. Dans un dernier temps, on présente l'essentiel des procédés de biotraitement des émissions polluantes (biofiltration).

6.1 Les types de contaminants

Selon leur nature physique, on classe généralement les contaminants
atmosphériques en deux groupes : les matières particulaires (particules ou
poussières) et les gaz. On peut aussi distinguer entre des contaminants

primaires ou secondaires, selon qu'ils sont émis directement à partir de sources identifiables ou qu'ils résultent de réactions chimiques ou photochimiques entre certains contaminants primaires ou, encore, entre des contaminants primaires et les constituants normaux de l'atmosphère. L'ozone troposphérique, dans les basses couches de l'atmosphère, est un exemple de contaminant secondaire. Le contrôle de ces derniers dépasse cependant le cadre de cet ouvrage et ne sera donc pas abordé.

6.1.1 Les matières particulaires

Les matières particulaires qui résultent des activités humaines comprennent les particules d'origine mécanique, thermique ou chimique. Les premières proviennent de l'effritement de la matière à la suite d'opérations faisant appel à divers moyens mécaniques (broyage, tamisage, manutention des minéraux, etc.). Ces particules sont généralement d'une taille supérieure à 5 microns (μm)[1] et elles sont susceptibles de se déposer sur le sol (par sédimentation) à une distance plus ou moins rapprochée de leur point d'émission. Les activités industrielles, comme l'extraction des minéraux et de la roche (mines et carrières) ou les activités reliées à la manutention de matériaux plus ou moins fins (dans l'industrie du charbon, du ciment ou encore dans les installations portuaires) en constituent les principales sources. Quant aux particules d'origine thermique ou chimique, elles proviennent de la condensation de vapeurs, notamment lors de l'élaboration de matériaux à haute température (poussières d'oxyde de fer issues de la fabrication de l'acier au four électrique, par exemple); elles peuvent aussi se former aux températures ambiantes (de 20 à 30 °C) lors de réactions gaz-gaz (par exemple $HNO_{3(g)} + NH_{3(g)} \rightarrow NH_4NO_{3(s)}$ généré par la fabrication d'engrais azotés). Ces particules sont de dimension inférieure au micron et elles ont la propriété de pouvoir retenir par adsorption des contaminants gazeux comme les dioxines, les furannes et les hydrocarbures aromatiques polycycliques (HAP) qui sont, pour la plupart, générés par les processus de combustion. Parce que ces particules sont les plus fines, donc inhalables, et parce qu'elles sont beaucoup plus susceptibles de retenir certains éléments ou composés toxiques tels que les HAP ou les métaux lourds (Pb, Zn, Cd, Hg, etc.), elles font l'objet d'une attention particulière.

---

1. 1 μm = 10^{-6} m.

6.1.2 **Les contaminants gazeux**

Les contaminants gazeux couramment émis par les émissions industrielles (y compris l'incinération) sont les oxydes de soufre, d'azote et de carbone, les hydrocarbures, les composés halogénés et les odeurs.

Les *oxydes de soufre* (SO_2 et SO_3) sont émis principalement sous la forme de dioxyde de soufre (SO_2) par la combustion de combustibles fossiles et par certains procédés industriels comme les fonderies de métaux non ferreux (cuivre et zinc). Les *oxydes d'azote* (NO et NO_2) sont essentiellement présents dans les gaz de combustion à la suite de l'oxydation de l'azote de l'air ou des composés azotés du combustible. Les *oxydes de carbone* (CO et CO_2) résultent principalement des processus de combustion. Le monoxyde de carbone (CO) est le produit d'une combustion incomplète des matières organiques. Certaines activités industrielles comme le raffinage du pétrole, la sidérurgie et la production d'aluminium émettent aussi des quantités non négligeables de CO.

Les *hydrocarbures* (HC) et leurs dérivés halogénés ou oxygénés émis dans l'atmosphère regroupent un grand nombre de composés organiques constitués d'atomes de carbone et d'hydrogène auxquels peuvent se greffer des atomes d'halogènes (par exemple le chlore) ou d'oxygène en combinaisons variées. On y retrouve notamment les composés organiques légers et gazeux appelés composés organiques volatils (COV). Ceux-ci comprennent plusieurs variétés d'hydrocarbures ou leurs dérivés qui peuvent réagir dans l'atmosphère et contribuer à la formation du smog photochimique. Ils sont associés aux divers processus de combustion (y compris, bien sûr, ceux reliés aux moyens de transport), à divers procédés industriels, à la production, au stockage et au transfert de produits pétroliers ainsi qu'à l'usage de solvants. Dans la classe des hydrocarbures, on inclut également les composés organiques semi-volatils (COSV), ainsi désignés parce qu'aux température et pression ambiantes, ils peuvent se retrouver à l'état gazeux ou particulaire. Les hydrocarbures aromatiques polycycliques (HAP) font partie de cette catégorie ainsi que les dioxines et les furannes. L'électrolyse de l'alumine, la production de coke métallurgique et le craquage catalytique (raffinage du pétrole) sont des sources industrielles importantes de HAP atmosphériques.

Les *composés halogénés*, principalement le fluor et le chlore, sont le plus souvent rencontrés sous la forme acide, HF et HCl. Le premier est émis en grande majorité par les usines d'électrolyse de l'alumine alors que l'acide chlorhydrique (HCl) est surtout associé à l'incinération de matières à base de chlorure de polyvinyle. Enfin, les *odeurs* constituent une nuisance souvent peu toxique mais très gênante. Elles résultent généralement de la présence, en très faible concentration, de produits organiques ou non, dans l'air environnant (par exemple les mercaptans ou le H_2S). Les usines d'équarrissage, les usines de pâtes et papiers de type kraft particulièrement, et les raffineries de pétrole génèrent des odeurs nauséabondes.

Sans nier l'importance de la pollution atmosphérique provoquée par les véhicules automobiles et les installations de combustion pour le chauffage domestique, nous ne traiterons ici que de la pollution de l'air associée au secteur industriel et, plus précisément, des moyens permettant de la prévenir ou surtout de la contenir. Il est à noter que nous classons dans la catégorie industrielle les installations de combustion de moyenne ou de forte puissance, allant des chaudières industrielles aux centrales thermiques. Nous y incluons également les installations d'incinération de déchets domestiques, biomédicaux ou industriels.

6.2 Les actions préventives

Dans la lutte à la pollution atmosphérique, l'attitude la plus rationnelle à adopter consiste à prévenir à la source la formation ou l'entraînement des contaminants. Dans certains cas, cela peut constituer la seule façon d'éliminer l'émanation de contaminants dans l'atmosphère. Les actions à la source s'exercent toutefois de plusieurs façons qui peuvent aller de la mise en place de codes de bonnes pratiques au changement radical dans les procédés de fabrication.

L'arrosage ou mieux le recouvrement d'un tas de matériaux en vrac (comme des agrégats fins) à l'aide de bâches, empêche le soulèvement de poussières par le vent. De même, l'utilisation d'un abrasif humide pour le nettoyage au jet de sable de structures ou d'immeubles prévient l'entraînement de poussières par le vent, phénomène qui est inévitable avec l'utilisation d'un sable sec. La récupération des vapeurs d'essence lors du remplissage de réservoirs de petite ou de moyenne capacité (ce qu'on appelle le retour en boucle) est un autre exemple d'une façon simple et efficace de prévenir l'émission d'un contaminant dans l'atmosphère.

Le remplacement d'une source d'énergie polluante, comme le charbon ou une huile à haute teneur en soufre, par une autre qui l'est moins (le gaz naturel, par exemple) permet d'éliminer presque complètement toute émission de SO_2 et une bonne proportion des émissions de matières particulaires associées. Dans le même ordre d'idées, l'utilisation d'une peinture à base d'eau ou d'une peinture en poudre au lieu d'une peinture à base de solvants organiques dans les procédés de revêtement de surface (chaîne de montage d'appareils électro-ménagers, par exemple) réduit de façon importante les émissions de composés organiques volatils.

L'optimisation des conditions de fonctionnement d'un processus de combustion ou d'un procédé industriel, y compris le changement d'additifs introduits dans le procédé de fabrication, constitue une autre façon de prévenir ou, à tout le moins, de réduire l'émission de contaminants dans l'atmosphère. Par exemple, les nombreuses modifications apportées au fil des années au procédé d'électrolyse de l'alumine ont permis de réduire sensiblement les émissions de certains contaminants. Quant aux processus de combustion, on note l'avantage d'exploiter les divers appareils sous des conditions adéquates de température, de temps de séjour et de turbulence des gaz (règle des trois T) pour assurer une combustion la plus complète possible (moins de CO et moins de matières particulaires).

Enfin, un dernier type d'action consiste à modifier de façon radicale certains équipements. C'est ainsi qu'on a remplacé, dans plusieurs fonderies de fonte, les cubilots utilisés pour la fusion par des fours électriques chauffés par induction. Mentionnons également l'utilisation de brûleurs à faible émission de NO_x dans les installations neuves de combustion ou en remplacement des vieux modèles dans les installations anciennes.

6.3 Les techniques de dépoussiérage et d'épuration des gaz

Même si elle est bénéfique, l'action à la source est rarement suffisante pour amener les émissions à un niveau acceptable ou en deçà des normes gouvernementales. Il faut alors avoir recours à l'épuration, c'est-à-dire au traitement continu des émissions afin d'en éliminer les particules et les gaz nocifs qu'elles contiennent.

La figure 6.1 représente les principales étapes du processus d'épuration. Les émissions particulaires ou gazeuses sont d'abord captées à leur source par un dispositif approprié, sont prétraitées si nécessaire (il peut s'agir simplement d'un système de refroidissement des gaz), puis sont acheminées jusqu'à l'appareil d'épuration proprement dit. L'air épuré est par la suite rejeté dans l'atmosphère par une cheminée ou un conduit d'évacuation. Un ventilateur placé généralement après l'épurateur assure le déplacement de l'air à travers tout le système.

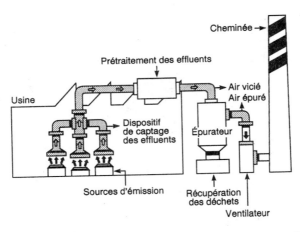

Source : Bisson, 1986.

FIGURE 6.1   SCHÉMA GÉNÉRAL DU PROCESSUS D'ÉPURATION DES ÉMISSIONS ATMOSPHÉRIQUES

L'importance et le coût d'un système d'épuration dépendent généralement du débit d'air mesuré en mètres cubes par heure (m^3/h). Le rendement de l'épurateur est évalué en pourcentage (%) et s'exprime comme suit :

$$\eta = \frac{C_e - C_s}{C_e} \times 100$$

[6.1]

où η est l'efficacité d'épuration en %
C_e est la concentration des polluants à l'entrée
C_s est la concentration des polluants à la sortie

Les principaux types d'épurateurs industriels se répartissent en deux groupes : les épurateurs de particules, ou dépoussiéreurs (section 6.4), et les épurateurs de gaz (section 6.5).

290

6.4 L'enlèvement des matières particulaires

L'enlèvement des matières particulaires (poussières) se fait à l'aide d'appareils appelés dépoussiéreurs, qui sont classés selon la force mise en jeu pour agir sur les poussières et les séparer du gaz porteur. On distingue quatre grandes catégories :

- les dépoussiéreurs mécaniques, dans lesquels la force appliquée est soit la gravité, soit l'inertie ou la force centrifuge;
- les dépoussiéreurs humides (*scrubbers*) qui provoquent, par des moyens variés, le transfert des particules solides de la phase gazeuse à la phase liquide;
- les dépoussiéreurs à couche poreuse, où l'air passe à travers une couche poreuse qui retient les particules;
- les dépoussiéreurs électriques, ou électrofiltres, dans lesquels la force appliquée aux particules est de nature électrique.

Plusieurs facteurs influent sur le choix d'un appareil destiné au dépoussiérage industriel. C'est pourquoi il importe, au préalable, de bien caractériser le contaminant particulaire aussi bien que le fluide porteur afin que l'appareil choisi soit le plus performant possible. Il peut être avantageux d'examiner le procédé industriel ou l'opération dont on veut réduire les émissions dans le but d'optimiser les principales variables, comme le débit gazeux et la charge en poussières, qui ont une incidence directe sur le dimensionnement et la complexité du matériel d'épuration.

La masse volumique, la viscosité, la forme, mais surtout la distribution granulométrique des particules, doivent être connues afin de déterminer la catégorie de dépoussiéreurs requise. Les particules fines étant plus difficiles à éliminer que les grosses, leur concentration a donc une influence importante sur le rendement d'épuration; la capture efficace des particules fines (plus petites que 5 μm) exige un équipement plus complexe.

La concentration des particules dans le gaz porteur (exprimée en g/m^3) et sa fluctuation sont des facteurs importants qui peuvent avoir une influence sur le rendement de certains dépoussiéreurs. Dans le même ordre d'idées, les brusques changements dans la vitesse du gaz à l'entrée de l'appareil peuvent affecter le rendement d'épuration. Certains dépoussiéreurs, comme les électrofiltres, sont en effet conçus pour fonctionner à des vitesses de gaz précises.

Certaines propriétés physiques et chimiques des émissions particulaires doivent être déterminées pour compléter l'étude technique du dépoussiérage. Ainsi, la résistivité des particules (qui est une mesure de la résistance d'une couche de poussières au passage d'un courant électrique) est un paramètre très important dont il faut tenir compte lors de la conception d'un électrofiltre. Les particules hygroscopiques (absorbant facilement l'eau) nuisent à la performance des dépoussiéreurs mécaniques en favorisant l'accumulation de poussières sur les surfaces internes. La présence de particules toxiques a aussi une influence sur le choix de l'appareil (qui devra avoir un rendement élevé) et sur la localisation du ventilateur qui assure le déplacement de l'air à travers tout le système. On opte alors pour un système dit à pression négative, c'est-à-dire que le ventilateur est situé en aval du dépoussiéreur par rapport à la source d'émission afin de contenir les fuites possibles (figure 6.1).

Le dimensionnement d'un dépoussiéreur dépend, dans une certaine mesure, de la température du gaz porteur puisque le volume de gaz à traiter est plus grand à haute température. On a donc intérêt à réduire cette température; toutefois, elle doit être maintenue au-dessus de la température du point de rosée des gaz (température à laquelle une vapeur, sous une pression donnée, se condense) afin de prévenir toute condensation d'eau et la formation d'acides à l'intérieur de l'appareil, ce qui causerait inévitablement de la corrosion. Des températures élevées limitent aussi l'utilisation de manches filtrantes, car à des températures supérieures à 300 °C, la plupart des matériaux filtrants se détériorent. Mentionnons également que si le gaz porteur ou les particules possèdent des propriétés explosives, l'électrofiltre n'est absolument pas recommandé; on choisira plutôt un dépoussiéreur humide.

Il faut se rappeler que les équipements « antipollution » représentent dans bien des cas des investissements non productifs, au sens économique du terme (sauf s'ils sont incorporés à un procédé de fabrication). Aussi, doivent-ils être conçus de façon à rencontrer les normes d'émission à un coût minimum tout en étant d'une grande fiabilité. C'est pourquoi, en plus des considérations techniques mentionnées précédemment, la décision quant au choix de l'équipement d'épuration repose très souvent sur un compromis entre l'efficacité d'épuration exigée et les coûts d'investissement et d'exploitation; les coûts afférents à la demande en énergie sont ici très importants. Finalement, dans le cas de procédés existants, il faut aussi tenir compte de l'espace disponible.

6.4.1 **Les dépoussiéreurs mécaniques**

Dans cette classe, on regroupe les dépoussiéreurs à gravité, à inertie et à force centrifuge (cyclones). Avec ces appareils, on profite du fait que la masse volumique des poussières est environ mille fois supérieure à celle des gaz pour assurer leur séparation.

Pour séparer les poussières, les *dépoussiéreurs à gravité*, ou chambres de sédimentation, utilisent la masse des particules dans un courant gazeux à faible vitesse; cela signifie qu'en ralentissant la vitesse de déplacement des particules, leur masse les fera tomber par gravité. Ces chambres, disposées horizontalement dans le trajet des gaz à épurer, sont généralement constituées d'un simple élargissement de la conduite, de façon à provoquer une réduction de la vitesse du gaz et, de ce fait, favoriser le dépôt des particules. Le rendement de ces dépoussiéreurs n'est satisfaisant que pour les particules grossières de diamètre supérieur à 50 µm; de plus, il diminue rapidement lorsque la vitesse du gaz augmente. Ces appareils sont conçus pour des vitesses de gaz allant de 0,3 à 3,0 m/s. Ils sont aujourd'hui pratiquement abandonnés, étant donné leur faible rendement d'épuration.

Les *dépoussiéreurs à inertie* provoquent la séparation des poussières par simple effet d'inertie, conjugué à l'effet de la gravité. Des chicanes disposées aux endroits appropriés entraînent un changement de direction des gaz que les particules grossières ne suivront pas, dû à leur inertie. À cela s'ajoute l'effet d'impact des particules sur ces chicanes. L'efficacité de ces appareils n'est satisfaisante que pour les particules de plus de 30 µm de diamètre. Ce type de dépoussiéreur peut être utilisé comme préséparateur d'une installation plus efficace tels un électrofiltre, un épurateur humide ou un filtre à couche poreuse.

Dans les *dépoussiéreurs à force centrifuge* (cyclones), la séparation des matières particulaires d'un courant gazeux se fait par l'action de la force centrifuge. Le cyclone transforme la vitesse d'un flux gazeux entrant en un double tourbillon (ou double vortex), un tourbillon extérieur descendant et un tourbillon intérieur ascendant, tous deux renfermés dans le cylindre et le cône du cyclone. La rotation rapide du courant descendant projette les poussières lourdes sur les parois du cyclone sous l'action de la force centrifuge et les précipite dans la trémie, d'où elles sont périodiquement extraites. Le tourbillon intérieur ascendant du gaz épuré s'échappe au sommet par un tube cylindrique coaxial au corps du cyclone (figure 6.2).

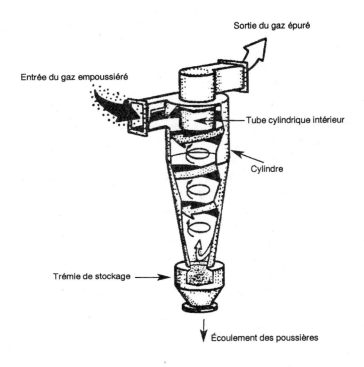

Source : Ross, 1974.

FIGURE 6.2   SCHÉMA D'UN DÉPOUSSIÉREUR À FORCE CENTRIFUGE
                    (CYCLONE)

La force de séparation d'un cyclone est égale à la force centrifuge à laquelle sont soumises les particules. Plus cette force est grande, plus le cyclone précipite les petites particules. Elle s'exprime comme suit :

$$F_s = \frac{M_p V_i^2}{R}$$ [6.2]

où F_s est la force de séparation (en Newtons)

M_p est la masse de la particule (en kilogrammes)

V_i^2/R est l'accélération centrifuge (m/s²) où V_i représente la vitesse tangentielle de la particule et R le rayon du cyclone.

L'efficacité du cyclone augmente donc proportionnellement avec le carré de la vitesse tangentielle et en raison inverse du rayon du cyclone. Les accélérations centrifuges courantes dans les appareils modernes peuvent varier de 5 à 2 500 fois la gravité terrestre selon le diamètre du cyclone. Les dimensions du cyclone influant sur le rendement d'épuration, on a intérêt à augmenter la vitesse du gaz à épurer et à réduire le diamètre de l'appareil. C'est pourquoi on utilise, pour le traitement de débits de gaz importants, des multicyclones constitués d'un ensemble de cyclones de faible dimension (diamètre variant entre 10 et 40 cm) travaillant en parallèle.

Les cyclones conventionnels ne peuvent efficacement capter les particules inférieures à 10 μm. Par contre, les multicyclones ont un rendement d'épuration pouvant atteindre 90 % pour les particules de 10 μm de diamètre, avec une perte de charge variant entre 100 et 150 mm d'eau (voir encadré 6.1).

ENCADRÉ 6.1   LA PERTE DE CHARGE

La perte de charge représente la perte de pression subie par un fluide (par exemple l'air) s'écoulant dans un élément de tuyauterie ou, encore, à travers un filtre. C'est donc une mesure de la résistance à l'écoulement d'un fluide. Cette différence de pression est exprimée en millimètres d'eau et se situe, dans les systèmes utilisés en dépollution de l'air, à des valeurs plus ou moins proches de la pression atmosphérique et généralement inférieures à celle-ci (conditions de « vide »). Rappelons que la pression atmosphérique normale est celle d'une colonne de mercure de 760 mm de hauteur ou d'une colonne d'eau de 10 330 mm de hauteur. De manière à fournir l'énergie nécessaire pour entretenir l'écoulement de l'air dans un système d'épuration, on installe habituellement entre le dépoussiéreur et le conduit d'évacuation des gaz un ventilateur dont la pression équilibre (contrebalance) la perte de charge du circuit.

Les dépoussiéreurs à force centrifuge sont des appareils d'un emploi simple et sûr puisqu'ils n'ont aucune pièce mécanique. Ils sont les moins chers de tous les dépoussiéreurs et leur entretien peut être exécuté par le personnel régulier de l'usine après une formation rapide. Par contre, le rendement d'épuration des cyclones conventionnels est inférieur à 50 % pour les particules plus petites que 5 μm. De plus, il y a un risque d'abrasion et de bouchage des ailettes dans le cas du multicyclone.

Les cyclones sont habituellement utilisés en amont d'installations plus efficaces. L'industrie du boulettage du fer fait usage de multicyclones afin de protéger les ventilateurs de la poussière abrasive engendrée par les procédés de transformation du minerai. Les multicyclones sont aussi utilisés pour capter les poussières de coke provenant de la fabrication d'électrodes de carbone alors que dans l'industrie des pâtes et papiers et de la transformation du bois on les retrouve souvent accouplés aux chaudières à copeaux de bois. Mentionnons que les cyclones peuvent faire partie d'un procédé de production industrielle. On les utilise notamment dans l'industrie de l'amiante où ils servent de classificateurs pour la fibre. Les fibres d'amiante, qui peuvent être assimilées à des poussières, passent dans un transporteur pneumatique et un classificateur qui les regroupe en fonction de leur longueur. Cette classification est importante dans la mesure où elle influe sur le prix de vente de l'amiante et sur son utilisation industrielle.

6.4.2 Les dépoussiéreurs humides *(scrubbers)*

Le principe de fonctionnement de ce type d'appareils repose sur le choc entre une particule de poussière et une goutte d'eau de taille plus importante, ce qui provoque la capture des poussières par l'eau. Pour la plupart des dépoussiéreurs humides, ce type de collision a pour origine les mécanismes suivants : l'*interception* et l'*impact* (ou la collision) sur les gouttes d'eau pour des particules de diamètre supérieur à 1 μm et la *diffusion* pour la capture des particules submicroniques (particulièrement celles de diamètre inférieur à 0,3 μm). La figure 6.3 illustre à l'aide d'un modèle simple la différence entre ces trois principaux mécanismes. L'*impact* se produit lorsque des particules de taille relativement importante dévient de leur trajectoire, c'est-à-dire les lignes de courant autour de l'obstacle (qui est ici une goutte d'eau), et entrent en collision avec l'obstacle (figure 6.3a). Les particules plus petites suivent les lignes de courant mais elles sont « *interceptées* » lorsqu'elles frôlent l'obstacle (figure 6.3b). Finalement, les particules submicroniques peuvent être capturées par *diffusion*, phénomène causé par leur mouvement désordonné (mouvement Brownien) (figure 6.3c). Le résultat de ces interactions est d'associer les particules à des gouttes d'eau afin d'accroître la masse et la taille des poussières ainsi capturées.

La pulvérisation d'eau ou d'un autre liquide de lavage dans le dépoussiéreur peut se faire à l'aide de buses conçues pour fonctionner sous basse ou sous haute pression. La direction de la pulvérisation peut être perpendiculaire ou parallèle au flux gazeux, dans la même direction ou à contre-courant. La dispersion du liquide peut également être obtenue par l'effet mécanique d'un courant d'air à haute vitesse sur le liquide introduit par simple gravité.

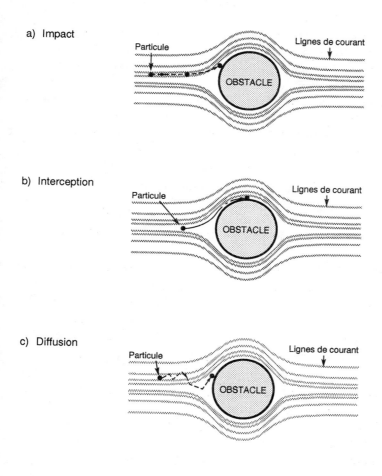

a) Impact

b) Interception

c) Diffusion

FIGURE 6.3   MÉCANISMES FONDAMENTAUX DE CAPTURE DES PARTICULES DE POUSSIÈRES

Le rendement d'épuration des dépoussiéreurs humides dépend directement de l'énergie totale mise en œuvre pour favoriser le contact entre les particules en suspension dans le courant gazeux et les gouttes d'eau. Cette énergie est égale à la somme de l'énergie apportée par la phase liquide et de l'énergie apportée par la phase gazeuse. En pratique, dans la plupart des dépoussiéreurs humides industriels, presque toute l'énergie est apportée par la phase gazeuse et elle peut être exprimée par la perte de charge (en millimètres d'eau) mesurée à travers l'appareil. Les laveurs à basse énergie ont une perte de charge inférieure à 120 mm d'eau, les laveurs à énergie moyenne une perte de charge variant de 120 à 400 mm d'eau et les laveurs à haute énergie ont des pertes de charge supérieures à 400 mm d'eau. Avec les premiers, il est possible d'atteindre une efficacité d'épuration de 95 % pour les particules plus grandes que 5 µm de diamètre; avec les seconds, il est réaliste de s'attendre à une efficacité de 90 % pour les particules supérieures à 2 µm; enfin, les systèmes à très haute énergie (de l'ordre de 1 000 à 1 500 mm d'eau) peuvent capter plus de 90 % des particules de diamètre plus grand que 0,5 µm.

Il existe une gamme variée de dépoussiéreurs humides et on peut les classer selon que l'énergie est apportée par la phase gazeuse, par la phase liquide, par les deux ou par un dispositif externe (par exemple un rotor). Toutefois, chaque laveur peut être divisé en trois zones fondamentales selon le principe de fonctionnement. Il y a d'abord la zone où le gaz est humidifié; celle-ci s'étend jusqu'à ce que le gaz soit saturé de vapeur d'eau. La seconde zone (la plus importante) est celle où la mise en contact du gaz et du liquide s'effectue; c'est là qu'a lieu le transfert des particules de la phase gazeuse à la phase liquide. Enfin, les gouttelettes d'eau sont séparées du courant gazeux dans la zone de séparation gaz-liquide à l'aide de dévésiculeurs (aussi appelés séparateurs de brouillards).

Les dépoussiéreurs humides ont l'avantage de pouvoir traiter les émissions gazeuses en même temps que les émissions particulaires. Il serait cependant plus juste de dire que certains sont plus aptes à capter un type de contaminant plutôt qu'un autre. En effet, pour obtenir un haut rendement d'épuration des particules submicroniques, le dépoussiéreur doit fonctionner avec des pertes de charge élevées, ce qui se traduit par un temps de séjour très court de la particule. Certains types d'appareils sont donc beaucoup mieux adaptés au dépoussiérage, comme la tour à pulvérisation, le laveur cyclonique et le laveur Venturi. Quant à la tour à garnissage et la tour à plateaux, elles sont plutôt réservées à l'absorption des gaz polluants (voir section 6.5.1).

La *tour à pulvérisation* est le type de laveur le plus simple; une fine pulvérisation d'eau lave le gaz et précipite la poussière sous forme de boue dans un bac de récupération (figure 6.4a). On peut améliorer le rendement du piégeage des particules en augmentant la pression du liquide à la buse ou en ajoutant des chicanes dans la course du courant gazeux. Toutefois, le rendement de ces dépoussiéreurs reste faible car la perte de charge y est minime (10 à 75 mm d'eau). Ils sont surtout efficaces pour capter les particules supérieures à 10 µm de diamètre. Ces tours sont souvent utilisées pour le conditionnement des gaz, soit pour en réduire le volume, en abaisser la température ou encore les humidifier, préalablement à un traitement ultérieur plus performant.

Dans un *laveur cyclonique*, le gaz empoussiéré est injecté tangentiellement dans la partie inférieure d'un cylindre vertical et la force centrifuge projette les poussières sur les parois mouillées. L'eau est introduite sous pression au moyen de buses montées sur une tuyauterie au centre du laveur, suivant une trajectoire radiale à travers le courant gazeux. Le gaz épuré sort au sommet alors que l'eau et les poussières piégées sont recueillies au fond d'un réservoir cylindrique. Un mécanisme installé dans le conduit d'entrée des gaz permet de conserver de grandes vitesses internes qui maintiennent une force centrifuge élevée et un rendement d'épuration de l'ordre de 90 % pour les particules de diamètre supérieur à 5 µm. La perte de charge à travers l'appareil varie entre 40 et 250 mm d'eau et la capacité de traitement est d'environ 85 000 m^3 d'air pollué par heure.

Parce qu'il est flexible, simple et efficace, le *laveur Venturi* (du nom du physicien italien qui a construit la tuyère à cônes divergents) est le type de dépoussiéreur humide le plus largement utilisé. Dans cet appareil, le gaz empoussiéré traverse à vitesse élevée un tube Venturi à section rectangulaire ou cylindrique (figure 6.4b). Il s'agit d'un tube à col étroit qui accroît la vitesse du fluide qui le traverse. Le liquide de lavage est injecté au col du Venturi par de grosses buses. Les gaz, dont la vitesse au col peut varier de 60 à 250 m/s, provoquent l'atomisation du liquide injecté dans le courant gazeux, en même temps qu'une extrême turbulence. Ici, la vitesse élevée des particules accroît leur probabilité de capture par effet d'impact sur les gouttes d'eau, dont la vitesse augmente jusqu'à atteindre celle du gaz. Généralement, divers mécanismes permettent d'ajuster la section rétrécie au col du Venturi de façon à maintenir une perte de charge appropriée et une efficacité constante, étant donné les variations possibles de débit de gaz. La figure 6.4b montre un laveur Venturi vertical à écoulement vers le bas. On note aussi un dévésiculeur centrifuge qui complète l'installation.

Ces appareils ont un rendement d'épuration supérieur à 90 % pour les particules submicroniques, mais avec des pertes de charge élevées, de l'ordre de 1 500 mm d'eau. Ils peuvent cependant s'accommoder de forts débits allant de 60 000 m^3/h à 200 000 m^3/h. De tous les dépoussiéreurs humides, le laveur Venturi est celui dont l'encombrement relatif est le plus faible. On peut retrouver des laveurs Venturi traitant les gaz des hauts fourneaux et des convertisseurs à oxygène employés en sidérurgie. Ils sont également utilisés dans les fabriques de pâte à papier au sulfate pour épurer les émissions des fours à chaux.

En conclusion, on peut dire que les dépoussiéreurs humides sont des appareils peu encombrants et de conception fort variée dont le rendement d'épuration global peut atteindre 99 % et qui peuvent s'accommoder de débits gazeux variant de 1 000 à 200 000 m^3/h. Malgré certaines réserves, ils sont efficaces aussi bien pour absorber les polluants gazeux que pour capter les polluants particulaires. De plus, ils sont pratiquement insensibles à l'humidité et à la température.

Au chapitre des inconvénients, on note le coût d'énergie élevé du laveur à haut rendement. Des problèmes de corrosion et de bouchage des buses pour la pulvérisation du liquide de lavage sont aussi à prévoir et leur utilisation en climat froid peut poser des problèmes. De plus, ils génèrent un panache blanc visible qui peut être assimilé à des émissions polluantes, bien qu'il ne s'agisse à toutes fins utiles que de vapeur d'eau. L'inconvénient majeur de ces systèmes est l'inévitable problème de l'élimination des boues engendrées; un traitement des eaux résiduaires s'ajoute donc à celui des émissions atmosphériques.

a)

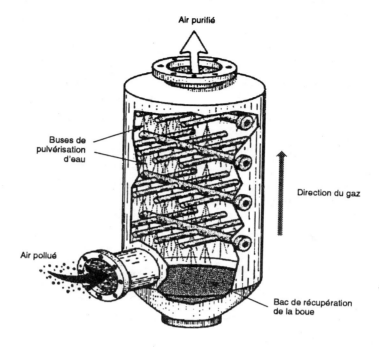

Air purifié

Buses de
pulvérisation
d'eau

Direction du gaz

Air pollué

Bac de récupération
de la boue

b)

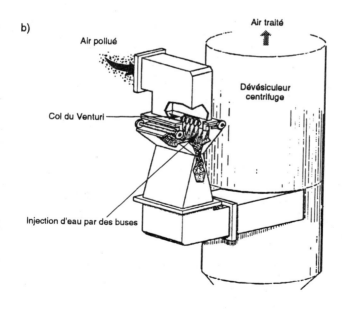

Air traité

Air pollué

Dévésiculeur
centrifuge

Col du Venturi

Injection d'eau par des buses

Source : EPA, 1981a.

FIGURE 6.4   a) TOUR À PULVÉRISATION
              b) LAVEUR VENTURI

6.4.3 Les dépoussiéreurs à couche poreuse (filtres à manches)

Dans les dépoussiéreurs à couche poreuse, la poussière est piégée sur la face du filtre en contact avec le gaz contaminé, tandis que le gaz traverse ce filtre. Bien que la taille des pores du support filtrant atteigne parfois 100 microns, un tel dépoussiéreur peut arrêter des particules aussi petites que 0,3 µm grâce à la formation d'une couche de poussières sur la face exposée à l'arrivée du gaz pollué. Cette couche, appelée « gâteau », bouche les pores les plus gros et permet donc d'arrêter des particules plus petites (c'est l'effet de tamis). L'accumulation de la poussière à la surface du matériau filtrant occasionne cependant un accroissement de la perte de charge à travers le système. Avant que cette perte ne devienne trop importante, le filtre doit être débarrassé de cette couche de poussières, ou plutôt d'une bonne partie de celle-ci.

Les effets d'impact, d'interception et de diffusion qui permettent d'expliquer la capture des particules dans les dépoussiéreurs humides (voir 6.4.2) sont également à l'origine de la formation du gâteau filtrant dans les dépoussiéreurs à couche poreuse. Ici l'obstacle n'est pas sphérique, comme dans le cas d'une goutte d'eau, mais plutôt cylindrique, puisqu'il s'agit des fibres du tissu filtrant.

Ces filtres possèdent les caractéristiques suivantes :
- des éléments filtrants, dont les plus courants ont une forme cylindrique (manches filtrantes aussi appelées sacs filtrants), fabriqués d'un matériau tissé ou feutré; les dimensions des manches peuvent varier entre 3 et 12 mètres de longueur et entre 15 et 45 centimètres de diamètre. La filtration peut se faire de l'intérieur vers l'extérieur de la manche ou inversement;
- dans les gros systèmes, les manches sont généralement assemblées en plusieurs compartiments;
- un dispositif de nettoyage des manches, soit à secouement mécanique, soit par flux d'air à contre-courant, soit par jets d'air pulsé;
- des trémies pour recueillir la poussière;
- un système d'admission des gaz permettant d'uniformiser la distribution du flux gazeux dans les systèmes multicompartimentés.

Le rendement optimal d'un dépoussiéreur à manches filtrantes dépend principalement de trois variables qui doivent être évaluées lors de sa conception. Ce sont le support filtrant, la méthode et le cycle de nettoyage des manches ainsi que le rapport air/tissu.

Le choix du type de *filtre* doit se faire en tenant compte des caractéristiques de la poussière et du gaz (température, humidité, propriétés abrasives), de la résistance aux acides ou aux alcalins ainsi que de la résistance à la déformation. La perméabilité est aussi une caractéristique importante du tissu filtrant. Elle correspond au débit d'air propre, exprimé en mètre cube/minute, capable de traverser une surface d'un mètre carré du tissu filtrant sous une perte de charge n'excédant pas 25 mm d'eau.

La sélection de la *méthode de nettoyage* repose sur le support filtrant utilisé, les propriétés des particules à capter et sur l'expérience du constructeur. Les méthodes par secouement mécanique et par flux d'air à contre-courant vont de pair avec l'utilisation de matériaux filtrants tissés, qui offrent une moins bonne résistance mécanique, car ces nettoyages sont peu violents. De plus, une couche résiduelle de poussières demeure en place, ce qui permet de maintenir une efficacité constante.

La première méthode consiste à secouer énergiquement les manches pour en détacher le gâteau qui s'est formé sur leur face interne. Avec la méthode par flux d'air à contre-courant, les manches à nettoyer sont d'abord isolées du circuit d'air de filtration et on inverse ensuite l'entrée d'air, ce qui a pour effet d'écraser les manches et de désagréger le gâteau qui s'est formé à l'intérieur des manches.

Avec ces méthodes, le nettoyage peut être intermittent, comme dans le cas des systèmes à un seul compartiment associés à des procédés discontinus qui peuvent être stoppés pour permettre le nettoyage des manches. Il peut être périodique, c'est-à-dire à intervalles réguliers et prédéterminés, comme c'est le cas avec les systèmes multicompartimentés; lorsqu'un compartiment du dépoussiéreur est hors d'usage, le gaz empoussiéré est dirigé vers les autres compartiments.

Dans le cas des systèmes à nettoyage par jets d'air pulsé, les poussières sont arrêtées sur la face externe de la manche filtrante (qui est supportée par une structure interne); le nettoyage des manches est obtenu en les déformant rapidement par l'injection, pendant un temps très court, d'une quantité importante d'air à contre-courant. Le sac filtrant se gonfle rapidement, ce qui provoque le décollement des poussières qui tombent dans la trémie de récupération. Ce nettoyage est très efficace, car il enlève toute la poussière déposée sur la surface du matériau filtrant de type feutré. Il se fait en continu, c'est-à-dire qu'il n'est pas nécessaire de mettre les manches hors service pour les nettoyer.

Le *rapport air/tissu*, qui est le rapport du débit d'air filtré (m³/min) sur la surface filtrante (m²), représente la vitesse de filtration (m/min) et varie selon le dispositif de nettoyage utilisé. Ainsi, pour un système à secouement mécanique, le rapport air/tissu est compris entre 0,6 et 1,8 (m³/min)/m²; pour un système à flux d'air à contre-courant, il est de 0,3 à 0,9 (m³/min)/m²; enfin, pour un système à jets d'air pulsé, ce rapport varie de 1,5 à 4,5 (m³/min)/m². Il faut noter que ce rapport n'est pas dérivé d'expressions théoriques ou empiriques, mais qu'il est plutôt fondé sur l'expérience des constructeurs. Les systèmes à nettoyage par jets d'air pulsé sont préférés, lorsque cela est possible, car ils exigent moins d'espace du fait qu'ils acceptent des vitesses de filtration élevées.

Parmi les principaux avantages de ces dépoussiéreurs, on note :

- un rendement d'épuration supérieur à 99 % pour les particules de plus de 0,3 µm de diamètre, quelle que soit la charge en poussières à l'entrée du filtre;
- une perte de charge relativement peu élevée, de l'ordre de 75 à 150 mm d'eau;
- un vaste choix de supports filtrants (naturels ou synthétiques), ce qui en fait pratiquement des dépoussiéreurs universels;
- une insensibilité relative aux fluctuations du débit gazeux;
- une aptitude particulière de ces filtres à traiter efficacement autant les faibles débits (quelques centaines de m³/h) que les débits élevés (plusieurs centaines de milliers de m³/h);
- leur facilité d'exploitation.

Les inconvénients se résument ainsi :

- un coût d'investissement élevé;
- un encombrement appréciable;
- une utilisation limitée à des températures de gaz inférieures à 300 °C;
- une certaine inefficacité si la teneur en humidité des gaz est élevée.

On peut retrouver des filtres à manches pratiquement partout où l'air ou le gaz à traiter est dans les limites d'application imposées par la température et l'humidité. L'industrie de l'amiante, la sidérurgie et l'industrie des ferro-alliages (refroidissement préalable des gaz), les alumineries, le traitement mécanique de la pierre et la manutention du grain sont quelques industries ou procédés utilisant les filtres à manches comme appareils de dépoussiérage.

6.4.4 **Les dépoussiéreurs électriques (électrofiltres)**

Dans un électrofiltre, la matière particulaire est séparée du courant gazeux selon la séquence suivante : 1) chargement de la poussière à un potentiel négatif, 2) précipitation (migration) de la poussière chargée vers des électrodes collectrices (positives), 3) neutralisation de la charge à l'électrode collectrice et 4) enlèvement de la poussière collectée.

Dans un électrofiltre à plaques à un étage, le gaz empoussiéré est dirigé vers plusieurs passages (aussi appelés rues), chacun étant borné par des plaques collectrices reliées à la terre (électrodes positives) et au centre desquels sont suspendus les fils sous haute tension (électrodes émissives négatives) (figure 6.5). Le bombardement des molécules de gaz près des fils forme des ions positifs et négatifs dont la présence est mise en évidence par un halo bleu (l'effet couronne). Sous l'influence du champ électrique intense, les ions positifs reviennent sur les fils négatifs et récupèrent leurs électrons perdus, alors que les ions négatifs se dirigent vers l'électrode reliée à la terre. Lorsque les poussières traversent les passages, elles se heurtent aux ions gazeux négatifs et se chargent ainsi négativement. Elles sont alors attirées vers les plaques collectrices sur lesquelles elles sont retenues par des forces électrostatiques. Les poussières forment sur les électrodes une couche qui va en s'épaississant; lorsque la couche de poussières atteint une épaisseur de 125 à 250 mm, elle est détachée de la plaque par secouement (frappage par un marteau) et elle tombe dans une trémie.

On distingue principalement deux types d'électrofiltres :

– Les électrofiltres à deux étages, sous basse tension, dans lesquels une phase ionisante précède une phase de précipitation des poussières. Ils ne conviennent pas au traitement de gros débits de gaz à forte teneur en poussières; ils sont plutôt utilisés pour capter des brouillards d'huile provenant par exemple d'opérations de laminage de métaux. Ce sont également ces électrofiltres qui assurent l'épuration de l'air dans les installations de conditionnement d'air.

– Les électrofiltres à un étage, sous haute tension, dans lesquels les phases d'ionisation et de précipitation sont simultanées. Ils sont classés en deux modèles, les précipitateurs à tubes et les précipitateurs à plaques (les plus répandus). Les premiers sont généralement utilisés pour capter les brouillards acides et ils sont dits à parois humides, car la partie supérieure est alimentée en continu par de l'eau qui lave les parois des électrodes collectrices.

Dans un électrofiltre à plaques collectrices, ces dernières sont généralement espacées de 20 à 25 cm et elles sont hautes de quelque 9 mètres. Le rapport surface de collection/débit volumique de gaz (ou surface de collection spécifique) est en moyenne de l'ordre de 70 à 80 $m^2/(m^3/s)$. C'est le paramètre qui permet de comparer les électrofiltres entre eux et d'estimer leur efficacité (voir plus loin). La tension appliquée varie entre 40 et 110 kV (courant continu) selon les caractéristiques des particules (concentration, granulométrie, résistivité, etc.) et l'efficacité désirée.

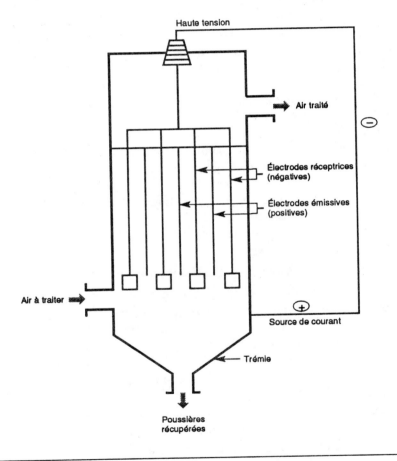

Source : Uniclima, 1987.

FIGURE 6.5   SCHÉMA D'UN ÉLECTROFILTRE

L'efficacité d'un électrofiltre est donnée par l'équation de Deutsch-Anderson :

$$\eta = 1 - e^{(-wA/Q)}$$

[6.3]

où η est l'efficacité d'épuration
   A est la surface de l'électrode collectrice (m^2)
   Q est le débit gazeux (m^3/s)
   w est la vitesse de migration (c'est-à-dire la vitesse de la particule vers l'électrode collectrice (cm/s))
   e est la base des logarithmes naturels

La vitesse de migration (w) d'une particule d'un diamètre donné peut être calculée à partir d'équations théoriques. Toutefois, lors de la conception d'un électrofiltre, le manufacturier utilise généralement une valeur de vitesse de migration fondée sur l'expérience plutôt que sur la théorie. On fera donc référence à la vitesse de migration effective. De façon générale, celle-ci varie directement avec l'intensité du champ électrique, la grosseur de la particule, et inversement avec la résistivité de la poussière. Elle se situe, selon les cas, entre 3,0 et 30 cm/s.

Plusieurs paramètres peuvent avoir une influence sur l'efficacité des électrofiltres, les principaux étant le temps de séjour, une variation de la résistivité des particules et une variation du flux gazeux. Un des premiers facteurs à considérer est le temps de séjour de la particule dans le champ électrique. Plus ce temps est long, plus une particule fine aura la chance d'acquérir une charge appropriée. La résistivité des particules est un paramètre qui influe de façon particulièrement importante sur l'efficacité d'épuration. Pour diminuer la résistivité élevée de certaines poussières, on peut pulvériser de l'eau ou un ion inorganique comme le SO_3^- dans le gaz avant qu'il ne pénètre dans le dépoussiéreur. De plus, il faut noter que toute variation de température ou d'humidité du flux gazeux a une influence déterminante sur la résistivité des particules et, donc, sur l'efficacité de l'électrofiltre.

Finalement, des défauts dans la répartition du débit de gaz sont à l'origine de tourbillons et de zones où des vitesses élevées de gaz sont atteintes, ce qui modifie le flux gazeux. Cela réduit le rendement de l'électrofiltre de deux façons : d'abord le temps de séjour des particules dans le champ électrique n'est pas suffisant pour leur permettre d'être chargées adéquatement et, ensuite, il peut en résulter un réentraînement des poussières accumulées dans la trémie. Pour y remédier, les gaz passeront d'abord par un diffuseur ou chambre d'expansion ayant des plaques perforées.

Les principaux avantages des électrofiltres sont :
- un rendement d'épuration de plus de 99 % pour les particules supérieures à 0,3 μm de diamètre (pour obtenir un rendement élevé des particules fines, il faut avoir recours à un électrofiltre à plusieurs champs (sections alimentées à des tensions électriques différentes) qui permet une répartition optimale du courant d'ionisation);
- une faible consommation énergétique;
- la capacité de traiter des volumes de gaz importants à des températures relativement élevées (contrairement aux filtres à manches).

On note, au chapitre des inconvénients, que les électrofiltres :
- sont encombrants;
- sont sensibles aux fluctuations du débit gazeux et de la charge en poussières à l'entrée;
- sont coûteux;
- requièrent un personnel d'entretien spécialisé.

Les électrofiltres à plaques sèches trouvent de nombreuses applications dans les industries productrices de poussières fines, qu'il s'agisse de centrales thermiques alimentées au charbon, d'incinérateurs de déchets domestiques, de fours à clinker de cimenteries, d'installations d'agglomération (boulettage) du minerai de fer, d'installations d'extraction de minerais de cuivre et de zinc, de chaudières de récupération ou de fours à chaux d'une fabrique de pâte au sulfate. Enfin, mentionnons que les électrofiltres humides pouvant capter les brouillards acides (où toutes les pièces exposées au courant gazeux sont en plomb) sont essentiels pour de nombreux procédés de production d'acides.

6.5 Le traitement des polluants gazeux

À l'exception de certains équipements conçus pour le lavage des gaz, les appareils d'épuration des polluants gazeux sont généralement différents de ceux utilisés pour le dépoussiérage. Les méthodes employées pour le traitement des polluants gazeux varient selon les propriétés physiques et chimiques du gaz à traiter et selon sa concentration. Elles sont généralement fondées sur les technologies de combustion, d'absorption, d'adsorption ou de condensation.

6.5.1 **La combustion**

Les techniques de combustion sont fréquemment utilisées dans l'épuration des émissions gazeuses lorsque les substances à détruire sont oxydables, comme les composés organiques volatils ou le monoxyde de carbone. À une température et un temps de séjour appropriés, tout composé organique peut être oxydé en bioxyde de carbone (CO_2) et en vapeur d'eau (H_2O) par un processus de combustion où suffisamment d'oxygène est présent; c'est l'incinération. Il existe trois techniques de base pour les équipements d'incinération des gaz résiduaires : à flamme directe (torches), thermique et catalytique. Le choix de la technique tient compte de plusieurs facteurs dont la concentration des substances combustibles et le débit de gaz, la présence de contaminants particulaires ou autres dans l'effluent gazeux à traiter, le degré d'efficacité requis et les considérations économiques.

L'*incinération directe dans une flamme* (torches) est la méthode normalement employée lorsque l'on doit traiter des gaz résiduaires dont les concentrations sont à des valeurs comprises à l'intérieur des limites d'inflammabilité du mélange. La réaction « gaz combustible + air » a lieu directement au brûleur et, puisqu'il n'y a pas de chambre de combustion, la réaction d'oxydation doit être instantanée. Dans certains cas, il sera nécessaire d'ajouter un combustible auxiliaire ou de l'air afin d'amener le mélange dans les limites d'inflammabilité. En règle générale, la combustion directe dans une flamme ne devrait être employée que lorsque la quantité de combustible auxiliaire nécessaire pour entretenir la combustion est faible et lorsque le gaz à incinérer fournit au moins 50 % de la valeur calorifique du mélange. Les torches hautes sont essentiellement des tuyaux de plus de 100 mètres qui amènent le gaz polluant jusqu'au brûleur où suffisamment d'air est mélangé à ce gaz.

Le monoxyde de carbone (CO), sous-produit de nombreuses réactions de combustion partielle, est un exemple de gaz qui peut être épuré par combustion directe dans une flamme. Le sulfure d'hydrogène (H_2S) est un autre exemple, mais dans ce cas la réaction de combustion produit toutefois du bioxyde de soufre (SO_2) comme gaz secondaire. On trouve généralement les torches dans les raffineries de pétrole et les usines pétrochimiques qui doivent détruire de grands volumes de gaz de combustion.

L'*incinération thermique* (combustion en chambre close) est utilisée lorsque la concentration des gaz polluants est plus faible que la limite inférieure d'inflammabilité du mélange. Les gaz résiduaires à traiter, qui sont généralement un mélange de substances organiques et d'air, sont entraînés dans un brûleur habituellement alimenté au gaz naturel où ils sont portés au-dessus de leur température d'autocombustion. Les gaz chauds traversent ensuite une chambre de combustion où ils séjournent suffisamment longtemps pour assurer une combustion presque complète. Si la réaction est autogène dans la chambre de combustion, on peut couper l'alimentation en combustible auxiliaire.

L'incinération thermique convient pour le traitement de gaz résiduaires dont la teneur maximale en substances combustibles correspond à 25 % ou moins de la limite inférieure d'inflammabilité du mélange (norme imposée par les compagnies d'assurances). L'efficacité de l'oxydation thermique dépend de trois variables qui sont étroitement liées : la turbulence, la température et le temps de séjour (les trois T de la combustion). Le mélange entre le combustible auxiliaire et le gaz résiduaire doit être turbulent afin d'assurer un bon contact entre l'oxygène et les contaminants gazeux organiques. La température dans la chambre de combustion doit être suffisamment élevée afin d'assurer l'oxydation continue des substances organiques et elle varie en fonction du contaminant à oxyder (les composés halogénés sont détruits à plus haute température) et de l'efficacité de destruction désirée; elle se situe généralement entre 650 °C et 875 °C. Enfin, le temps de séjour dans la chambre de combustion doit permettre de compléter l'oxydation; il peut aller, selon les cas, jusqu'à 0,75 seconde. Le type de brûleur constitue un élément important dans le design d'un incinérateur thermique, car il influe directement sur les variables précédentes. Les brûleurs « en ligne » munis de plaques de mélange et les brûleurs « multijet » sont parmi les plus performants (figure 6.6). Les gaz résiduaires y sont chauffés plus rapidement tout en étant complètement brûlés à plus basse température et avec moins de combustible auxiliaire.

L'incinération thermique de gaz résiduaires est intéressante pour la récupération d'énergie. Dans un système avec échangeur de chaleur conventionnel, il est possible de récupérer jusqu'à 60 % de l'énergie des gaz d'échappement, qui sert à préchauffer les gaz résiduaires avant leur arrivée au brûleur. Par ailleurs, l'incinération dite régénérative permet de récupérer une part encore plus importante de l'énergie produite lors de l'incinération. Grâce à des lits de céramique ou de pierre, on arrive à récupérer de 80 % à 95 % de la chaleur dégagée.

L'*incinération catalytique* est particulièrement adaptée à la suppression de faibles quantités de polluants combustibles présents dans les effluents gazeux à des teneurs bien au-dessous de la limite inférieure d'inflammabilité du mélange. Le catalyseur permet l'oxydation des polluants organiques à des températures inférieures à celles d'autocombustion et dans des temps plus courts. Ainsi, un incinérateur catalytique fonctionnant à des températures de l'ordre de 400 °C à 500 °C offrira le même rendement d'oxydation qu'un incinérateur thermique qui fonctionnerait à des températures variant entre 700 °C et 800 °C. Le catalyseur est disposé dans la chambre de combustion de telle manière qu'il offre une grande surface de contact aux gaz à épurer. Les principaux catalyseurs utilisés sont de nature métallique, le plus efficace et le plus largement utilisé étant le platine. Il est très actif à basse température, stable à température élevée et chimiquement inerte; le palladium est un autre métal noble utilisé en catalyse.

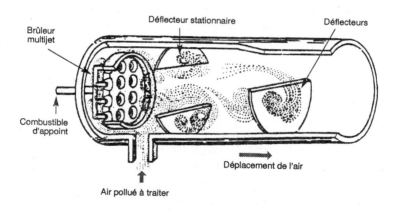

Source : EPA, 1981b.

FIGURE 6.6   COUPE D'UN BRÛLEUR MULTIJET

Le rendement du procédé catalytique est d'au moins 85 % à 92 %. Il dépend surtout de la température d'opération à l'entrée du lit catalytique et de la vitesse de passage du gaz. Utilisant moins de combustible auxiliaire que le procédé thermique, il est par le fait même moins coûteux à exploiter (ce qui peut représenter des économies d'énergie de 40 % à

60 %). De plus, puisque ce type d'incinérateur fonctionne à plus basse température, les coûts de construction s'en trouvent réduits, étant donné qu'il n'est pas nécessaire d'utiliser des matériaux hautement réfractaires et très coûteux.

Le procédé catalytique représente certains désavantages, dont le coût du catalyseur et la perte possible de son activité due à la présence de contaminants particulaires dans le gaz à traiter, ou d'éléments indésirables tels certains métaux ou métalloïdes (zinc, plomb, phosphore, bismuth, etc.), de soufre ou de certains composés halogénés. Enfin, tous les catalyseurs doivent être remplacés à cause du vieillissement thermique.

Les systèmes catalytiques sont utilisés, entre autres choses, pour l'oxydation des vapeurs organiques issues de l'application industrielle de peintures à base de solvants, la suppression des odeurs associées aux fabrications de produits chimiques ou aux fours utilisés en imprimerie (lithographie). Mentionnons également que l'épuration des gaz des véhicules automobiles fait appel au procédé de postcombustion catalytique.

6.5.2 L'absorption

La solubilité de nombreux gaz dans les liquides peut être mise à profit pour le traitement des émissions gazeuses. Dans ce procédé, les molécules de gaz à absorber se séparent par diffusion de la phase gazeuse, traversent l'interface gaz-liquide, puis passent dans la phase liquide. Le mouvement des molécules est dû à la diffusion moléculaire naturelle, qui est un processus lent, ou à une diffusion turbulente générée, qui est un processus beaucoup plus rapide et qui s'applique à des quantités appréciables de gaz et de liquide. La force qui fait se déplacer les molécules de gaz, appelée « force agissante », résulte de la différence entre la concentration du gaz dans la phase gazeuse et celle dans la phase liquide.

L'eau est l'absorbant le plus fréquemment utilisé lorsque la solubilité des substances à absorber est grande. Cependant, cela donnera bien souvent une solution contaminée qu'il faut neutraliser ou traiter d'une façon quelconque avant de la rejeter. Par ailleurs, lorsque des solvants réactifs (acides ou bases, par exemple) sont utilisés, le phénomène de dissolution simple fait place à un phénomène de réaction chimique du type neutralisation (réaction acide-base) ou oxydo-réduction (pour les odeurs, en particulier).

Dans un procédé d'absorption, le liquide (solvant) ne peut pas absorber de gaz (soluté) au delà de l'équilibre thermodynamique. Rappelons qu'à de faibles concentrations, la solubilité d'un gaz dans un liquide est directement proportionnelle à la pression partielle du gaz au-dessus du liquide (loi d'Henry) et la relation d'équilibre prend l'allure d'une droite. La loi de Henry est exprimée comme suit :

$$p^* = Hc \tag{6.4}$$

où p^* est la pression partielle du gaz dissous à l'équilibre (en pascals)
    c   est la fraction molaire du gaz dissous dans le liquide
    H   est la constante de la loi d'Henry (en pascals/fraction molaire)

La conception d'un système d'absorption implique que l'on connaisse un certain nombre de paramètres qui sont préalablement fixés par les conditions de fonctionnement elles-mêmes et par les normes d'émission. Habituellement, le volume, la température et la composition du gaz sont connus et il en est de même de la concentration du gaz contaminant à la sortie de l'appareil de dépollution (fixée par règlement ou autres exigences gouvernementales), de la température et de la composition du liquide de lavage.

Les appareils fonctionnant sur le principe d'absorption sont conçus de façon à posséder une interface gaz/liquide importante facilitant la pénétration des molécules gazeuses dans la phase liquide. Ce transfert de masse est favorisé lorsque les deux phases sont en mélange turbulent et en contact pour un temps suffisant. Les principaux appareils utilisés pour l'absorption des gaz polluants sont la tour à garnissage et la tour à plateaux. Elles peuvent s'accommoder d'une faible charge en poussières et elles doivent être fabriquées de matériaux résistants à la corrosion.

La *tour à garnissage* est formée d'une colonne verticale ayant une ou plusieurs zones remplies d'un garnissage (qui peut être en céramique, en métal ou en matière plastique) permettant d'avoir une grande surface d'échange par unité de volume. Un distributeur est utilisé pour répartir la phase liquide à la surface supérieure du garnissage; la figure 6.7a montre un modèle conventionnel de tour à garnissage. On distingue les tours à lit fixe et les tours à lit mobile dans lesquelles le débit gazeux maintient les sphères de garnissage en agitation continue; ce design s'appelle le lit fluidisé (voir aussi la figure 4.2). Une concentration élevée de poussières dans le courant gazeux d'une tour à lit fixe peut provoquer le bouchage du lit de garnissage et rendre l'appareil inefficace. C'est pourquoi un laveur à lit mobile est préférable dans ces conditions, car l'agitation du lit en assure aussi l'autonettoyage.

Les tours à garnissage sont employées pour le traitement de débits importants de gaz ou pour le traitement de contaminants qui ont une faible solubilité ou qui réagissent lentement avec une solution réactive. Le modèle à contre-courant est généralement le plus utilisé et offre une efficacité supérieure lorsque le gaz à traiter est relativement peu chargé en matières particulaires. Le débit de gaz dans des installations types peut varier entre 17 000 et 51 000 m³/h. La perte de charge est généralement comprise entre 20 et 85 mm d'eau par mètre de garnissage.

a)

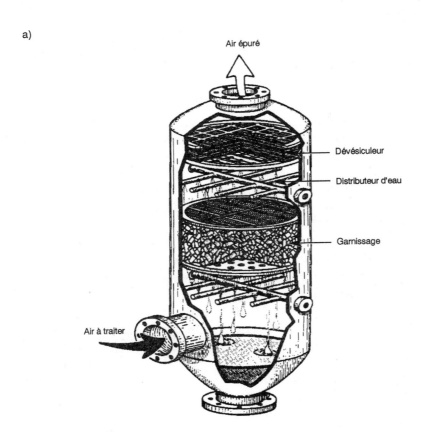

Air épuré

Dévésiculeur

Distributeur d'eau

Garnissage

Air à traiter

b)

TOUR À PLAQUES PERFORÉES

Trous ou fentes

Gaz à traiter

Gaz à traiter

Enveloppe

TOUR À PLATEAUX À CLOCHES

Cloche

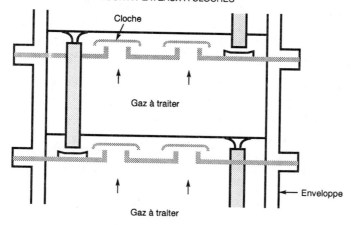

Gaz à traiter

Enveloppe

Gaz à traiter

Source : EPA, 1981b (a); Ross, 1974 (b).

FIGURE 6.7   a) TOUR À GARNISSAGE CONVENTIONNELLE
b) COUPES SCHÉMATIQUES DE DEUX MODÈLES DE TOURS À PLATEAUX

Les tours à garnissage à lit mobile sont utilisées pour traiter les émissions des vieilles alumineries qui utilisent des cuves Soderberg à goujons horizontaux, afin d'enlever les fluorures gazeux ainsi que les plus grosses particules de poussière. On les utilise aussi pour épurer les gaz malodorants issus d'usines d'équarrissage à l'aide de solutions réactives contenant du permanganate de potassium ou de l'hypochlorite de sodium; ce processus est en fait une oxydation chimique des matières organiques responsables de l'odeur nauséabonde.

La *tour à plateaux* est utilisée lorsque le gaz contient de faibles quantités de polluants très solubles et que l'on souhaite, en même temps, employer de faibles débits de liquide. Un tel système prend la forme d'une tour dans laquelle se trouvent un ou plusieurs plateaux sur lesquels s'écoule le liquide de lavage. Chaque plateau est constitué d'une tôle perforée de quelques centaines à quelques milliers de petits trous ou fentes par mètre carré de surface. Le flux gazeux entre au bas de la tour et poursuit son chemin en barbotant au travers du liquide de lavage surmontant chaque plateau. L'absorption s'opère lors du barbotage et elle est favorisée lorsque les bulles formées sont petites et nombreuses. Le nombre de plateaux requis dépend de la difficulté du transfert gaz-liquide et du rendement désiré. Les plateaux à cloches ou à plaques perforées sont les modèles couramment utilisés (figure 6.7b). La capacité type des laveurs à plateaux est de l'ordre de 85 000 m^3/h sous une perte de charge de 40 mm d'eau par plateau.

Parmi les avantages des tours à plateaux, on note d'abord qu'ils s'accommodent mieux d'une certaine fluctuation du débit et de la température du gaz à traiter de même que d'une certaine teneur en matières particulaires. Ils peuvent, de plus, traiter des débits de gaz importants sans le problème de passages préférentiels (*channeling*) susceptible d'être rencontré avec une tour à garnissage, particulièrement si le diamètre ou la hauteur de la tour à garnissage est le moindrement important.

Plusieurs procédés éprouvés existent pour absorber le SO_2 provenant des gaz de combustion de centrales thermiques alimentées au charbon. Ces procédés, que l'on peut regrouper sous le terme générique de désulfuration d'effluents gazeux par voie humide, peuvent, en outre, être classés selon qu'ils génèrent un produit récupérable ou non. Diverses solutions alcalines à base de chaux, de pierre à chaux, d'oxyde de magnésium ou de sulfite de sodium réagissent avec le SO_2 dans les laveurs qui peuvent être, selon les cas, des tours à garnissage à lit fixe ou à lit mobile, des tours à plateaux, des tours à pulvérisation ou même des laveurs Venturi. Dans tous les cas, un dépoussiéreur à haute efficacité précède les tours d'absorption afin de diminuer la charge en matières particulaires du courant gazeux. Quel que soit le procédé, l'efficacité d'enlèvement du SO_2 est d'au moins 90 %. Elle dépend en grande partie d'un contrôle rigoureux du pH de la solution alcaline et d'un rapport approprié liquide/gaz. Les sous-produits récupérés varient selon le procédé de désulfuration retenu. Ce peut être du soufre élémentaire, du SO_2 liquide ou du gypse ($CaSO_4$).

6.5.3 L'adsorption

Les techniques d'adsorption sont fondées sur des phénomènes physiques ou chimiques, notamment la rétention de substances à la surface de solides poreux à structure microscopique. C'est essentiellement un phénomène de surface mettant en jeu les forces de Van der Waals. La nature chimique du gaz adsorbé étant inchangée, l'adsorption physique est un processus facilement réversible.

Par ailleurs, l'adsorption est parfois facilitée par une transformation chimique des polluants à la surface de l'adsorbant; dans ce cas, on imprègne celle-ci d'une substance réactive. L'adsorption chimique est un processus irréversible.

Les adsorbants les plus utilisés sont le charbon actif[2] et des substances dites polaires. Le charbon actif est obtenu par chauffage du bois à une température de 600 °C, la distillation des matières volatiles lui conférant une structure poreuse. Il est utilisé de façon intensive pour enlever les vapeurs organiques des gaz résiduaires. Les principales applications sont l'élimination d'odeurs désagréables et la récupération de solvants organiques volatils présents dans un courant gazeux libre de matières particulaires et dont la concentration en composés organiques est supérieure à 700 parties par million en volume (ppmv) environ. Quant aux adsorbants polaires, ils sont habituellement composés d'un gel de silice ou d'alumine activée. Le gel de silice est utilisé surtout pour adsorber l'eau et certains gaz polaires tandis que l'alumine activée sert de support pour des catalyseurs.

---

2. Voir aussi la section 3.5.7.

Puisque le charbon actif est l'adsorbant non polaire le plus utilisé dans les équipements conçus pour l'adsorption des gaz (les adsorbants polaires ont une affinité accrue pour la vapeur d'eau qui est présente dans presque tous les flux gazeux pollués), il est à propos de rappeler ici les principales caractéristiques qu'il doit posséder. Il doit d'abord avoir une grande surface par unité de volume (appelée surface spécifique), qui peut varier entre 600 et 1 600 m²/g de charbon actif. Il doit aussi avoir une résistance minimale au passage de l'air et avoir une dureté suffisante pour limiter les risques de casse et d'usure rapide par attrition mécanique, ces risques augmentant avec l'accroissement de la vitesse du gaz à travers le lit de charbon actif. Il est important de noter que la quantité de gaz retenue sur le charbon actif augmente avec le poids moléculaire des molécules à adsorber. C'est pourquoi les composés organiques qui ont des poids moléculaires élevés sont retenus sélectivement par le charbon actif. Par contre, ils sont plus difficilement désorbés.

Si l'on considère l'équilibre du système formé par l'adsorbant (le charbon actif) et l'adsorbat, un certain nombre de facteurs ou variables peuvent influer sur l'efficacité de l'adsorption :

- la capacité de l'adsorbant diminue avec une augmentation de la température du système d'adsorption; on maintient habituellement la température du lit sous les 55 °C;
- pour atteindre des efficacités d'épuration de plus de 90 %, les systèmes d'adsorption sur charbon actif sont conçus pour des vitesses de gaz ne dépassant pas 30 m/min afin de permettre un temps de contact suffisant entre le courant gazeux et l'adsorbant;
- la teneur en humidité du gaz à traiter ne doit pas excéder 50 %; autrement la capacité d'adsorption du charbon actif s'en trouve réduite;
- les matières particulaires présentes dans le courant gazeux peuvent altérer l'efficacité de l'adsorption en réduisant la surface effective de l'adsorbant. Pour éviter une telle situation, la majorité des installations industrielles d'adsorption sont munies d'appareils de dépoussiérage préalable;
- l'épaisseur du lit de charbon est très importante, si l'on veut atteindre l'efficacité désirée.

La plupart des installations commerciales d'adsorption sont du type régénératif, c'est-à-dire qu'on reconstitue l'activité du charbon actif en renversant le processus d'adsorption, soit en augmentant la température, soit en diminuant la pression du système. La technique de régénération couramment employée consiste à faire passer de la vapeur surchauffée et à basse pression à travers le lit, à contre-courant du flux gazeux à traiter. Les polluants désorbés sont ensuite condensés pour permettre leur récupération, ce qui est le cas des solvants organiques. Avant d'être remis en service, le lit de charbon est refroidi puis séché par un courant d'air sec.

6.5.4 La condensation

La condensation est une technique par laquelle une vapeur ou un gaz est converti en liquide. Une des applications majeures de la condensation est la récupération de solvants organiques.

Un courant de gaz (air, gaz de combustion), chargé de vapeurs de solvants, est amené à une pression et à une température telles que la pression partielle des vapeurs de solvants dépasse leur pression de saturation. Ces vapeurs se condenseront jusqu'à ce que la pression partielle égale la pression de saturation. Cette condensation est notamment obtenue par un abaissement de la température et elle se poursuit jusqu'à l'équilibre du liquide et de sa vapeur.

La condensation des vapeurs de solvants est rarement employée seule; c'est une méthode de prétraitement qui est justifiée lorsque le gaz résiduaire contient des teneurs relativement élevées en solvants organiques qui peuvent être récupérés. En principe toutefois, la condensation ne peut pas assurer une épuration complète des gaz chargés en solvants; les gaz conservent une concentration résiduelle en solvants correspondant à la pression de saturation du solvant aux conditions de température et de pression de la condensation.

Les deux types d'équipements les plus fréquemment utilisés sont les condenseurs à contact direct et ceux à contact indirect, ces derniers étant les plus répandus. Les condenseurs à contact indirect (dits « à surface ») sont le plus souvent des échangeurs de chaleur à tubes et à enveloppe où l'eau (ou un autre liquide réfrigérant) circule dans des tubes, les vapeurs de solvants se condensant sur leur surface externe; elles forment alors un film qui s'écoule et qui est recueilli dans un bac de récupération. Dans les condenseurs à contact direct, les vapeurs de solvants sont refroidies par une pulvérisation d'eau ou d'un autre liquide réfrigérant directement dans le courant gazeux à contre-courant ou à co-courant.

L'efficacité d'enlèvement des condenseurs varie entre 50 % et 95 % et elle dépend de la pression partielle de la substance organique dans le courant gazeux, laquelle dépend de sa concentration et de la température à laquelle s'effectue la condensation. Pour une température donnée, les meilleures efficacités sont atteintes avec des gaz résiduaires fortement chargés en solvants. Par exemple, des efficacités d'enlèvement de 90 % sont observées lorsque les concentrations en substances organiques dans le flux gazeux sont supérieures à 10 000 ppmv. Le choix du liquide réfrigérant dépend de la température la plus basse requise; les rendements élevés mentionnés plus haut sont obtenus avec des réfrigérants tels que le fréon (ou l'équivalent) ou la saumure.

Étant donné ses limites, la condensation s'applique à des vapeurs de solvants pratiquement pures ou ayant des teneurs dépassant la limite supérieure d'inflammabilité. Rappelons qu'un système de condensation peut être placé en amont d'un électrofiltre à deux étages utilisé pour la récupération de composés organiques lourds sous forme de brouillards (huiles, solvants, plastifiants).

6.6 Les procédés (conjoints) de dépoussiérage et d'épuration des gaz

Il est de plus en plus fréquent qu'un seul appareil de dépoussiérage ou de lavage des gaz, comme ceux décrits précédemment, ne suffise pas à atteindre l'objectif de dépollution fixé, notamment en ce qui concerne le rendement d'épuration ou la qualité des résidus générés. L'installation de dépollution devient alors un véritable procédé faisant appel à plusieurs appareils élémentaires de dépoussiérage ou d'épuration des gaz, à des appareils accessoires tels que des échangeurs de chaleur ou des réacteurs (appareil dans lequel s'accomplit une opération de transfert physique ou chimique entre plusieurs phases) ainsi qu'à divers circuits. Conformément aux techniques mises en œuvre, on classe actuellement ces procédés de dépollution des gaz en procédés humides, secs ou semi-secs, selon le mode de travail du système principal.

6.6.1 Les procédés humides

Les procédés humides sont aussi nombreux et variés que les laveurs de gaz. Un dépoussiérage préalable permet de réduire la charge en poussières à l'entrée du laveur à l'intérieur duquel circule l'eau ou une liqueur de lavage appropriée. La désulfuration d'effluents gazeux est l'exemple d'application le plus courant (voir la section sur l'absorption). L'absorption suivie de la neutralisation du gaz acide (HCl – chlorure d'hydrogène) issu de la combustion de déchets domestiques dans les incinérateurs municipaux est un autre exemple d'un procédé humide. Cette installation permet aussi, lorsqu'elle est proprement conçue et exploitée, de capter le mercure avec une bonne efficacité et, par traitement des eaux résiduaires (incorporé au procédé), de fixer les métaux lourds sous forme insoluble.

6.6.2 **Les procédés secs et semi-secs**

Ces procédés, dont le développement a connu un essor assez considérable depuis le milieu des années 1970, sont utilisés pour neutraliser des gaz polluants à partir d'un réactif pulvérulent; les produits de réaction, sous forme solide, sont dirigés vers un dépoussiéreur sec. Ils engendrent comme sous-produit un résidu qui peut être recyclé ou récupéré selon le cas.

La figure 6.8 montre un *procédé sec* de dépoussiérage et d'épuration des gaz. On observe d'abord une tour de refroidissement des gaz par évaporation dont l'usage est nécessaire lorsque la température des gaz sortant du procédé est très élevée. La pulvérisation d'eau refroidit les gaz à une température assurant un rendement optimal des réactions chimiques subséquentes, en plus de protéger le matériau filtrant utilisé en aval. On note ensuite un réacteur, partie essentielle de l'installation, dont le type le plus couramment utilisé pour capter les gaz, par exemple le HF (fluorure d'hydrogène) provenant des alumineries ou le HCl (chlorure d'hydrogène) des incinérateurs de déchets domestiques, est constitué d'une colonne de contact gaz-réactif. Les gaz pénètrent par la partie inférieure et entrent en contact avec le réactif mis en suspension (la chaux, par exemple). La réaction est favorisée par la concentration du réactif, par sa distribution spatiale dans le réacteur et par le temps de contact. Les particules lourdes, dont celles résultant de la réaction, tombent dans la trémie du réacteur. Un dépoussiéreur, du type filtre à manches ou électrofiltre, sert à capter les particules entraînées dans le courant gazeux avant leur rejet dans l'atmosphère. L'avantage du filtre à manches est qu'il permet à la réaction de neutralisation de se poursuivre à la surface du support filtrant où s'est formé le gâteau. Le réactif ainsi capté est recyclé dans le réacteur.

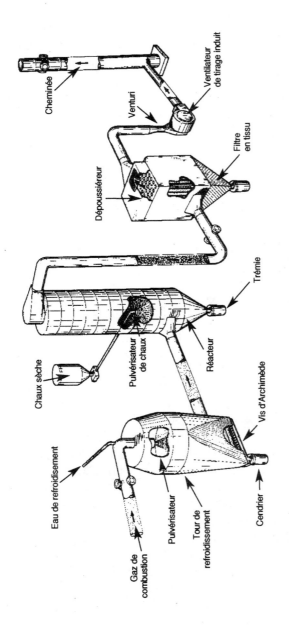

Source : Environnement Canada, 1986.

FIGURE 6.8   PROCÉDÉ DE DÉPOUSSIÉRAGE ET D'ÉPURATION PAR VOIE SÈCHE

À ces équipements, s'ajoutent les circuits d'alimentation en réactif neuf et réactif recyclé ainsi que le circuit d'évacuation des cendres (s'il s'agit d'un processus de combustion) et des particules résultant de la réaction.

Les *procédés secs* ont d'abord été développés pour l'absorption du fluorure d'hydrogène (HF) par l'alumine, qui est émis par les cuves d'électrolyse servant à la fabrication de l'aluminium. De nos jours, ils remplacent, dans une certaine mesure, les procédés humides pour la capture des gaz acides (HCl, SO_2), des métaux lourds et des poussières issus d'incinérateurs de déchets domestiques, en utilisant la chaux comme réactif.

Le *procédé semi-sec* diffère du procédé sec par le réactif utilisé qui est introduit dans le réacteur sous forme liquide. La ligne de traitement des gaz est analogue au procédé sec à l'exception de la tour de refroidissement proprement dite qu'on ne retrouve pas ici. En effet, le réacteur agit à la fois comme éliminateur des gaz polluants et comme sécheur de la solution pulvérisée (lait de chaux par exemple). Le gaz est introduit dans le réacteur à sa partie supérieure ou inférieure et le contact avec le réactif produit un résidu solide dont les particules les plus grosses sont recueillies à l'état sec dans la trémie du réacteur avec le réactif qui n'a pas réagi. La fraction fine est entraînée par le courant gazeux vers le dépoussiéreur sec. Pour compléter l'installation, on retrouve les circuits de préparation et d'alimentation du réactif liquide, le circuit d'évacuation des cendres et des particules résultant de la réaction.

Le procédé semi-sec doit surtout son développement à la désulfuration des gaz des centrales thermiques alimentées au charbon; le rendement d'enlèvement du SO_2 y est supérieur à 90 %. Le procédé semi-sec est aussi utilisé, comme le procédé sec, pour l'épuration des gaz provenant des incinérateurs de déchets domestiques ou industriels.

Ces procédés de dépollution offrent de multiples avantages, dont :
- un très haut rendement d'épuration (tableau 6.1);
- une élimination des résidus sous forme sèche, ce qui facilite leur transport et leur dépôt final;
- l'emploi de matériaux standards dans la construction des équipements;
- une émission de gaz de rejet chauds, ce qui en facilite la dispersion.

Cependant, au chapitre des inconvénients, on note les éléments suivants :
- un très grand volume des équipements de traitement, ce qui nécessite beaucoup d'espace;

- des coûts d'investissement et d'exploitation élevés;
- une limitation technique imposée par la température de point de rosée des gaz acides (voir section 6.4).

TABLEAU 6.1   RENDEMENT D'ÉPURATION D'UN PROCÉDÉ SEC OU SEMI-SEC POUR LES ÉMISSIONS D'UN INCINÉRATEUR DE DÉCHETS DOMESTIQUES

Polluants	Enlèvement
HCl	92 % à 98 %
SO_2	67 % à 96 %
Métaux lourds	> 99,9 %
Mercure (Hg)	91 % à 97 %
HAP	98 % à > 99 %
Dioxines et furannes	> 99,9 %
Poussières totales	> 99,9 %

6.6.3 La réduction catalytique sélective

Nous terminerons cette section avec un exemple particulier d'un procédé sec, soit la réduction catalytique sélective des oxydes d'azote (NO_x).

Parmi les options disponibles pour l'élimination des émissions d'oxydes d'azote liées aux processus de combustion dans les foyers fixes, il y a ce qu'on appelle les technologies de postcombustion. Rappelons que les oxydes d'azote résultent principalement de réactions à haute température entre l'oxygène et l'azote de l'air comburant. Près de 95 % des émissions sont constituées de monoxyde d'azote (NO) et environ 5 % sont sous forme de dioxyde d'azote (NO_2). La réduction catalytique sélective est le procédé le plus répandu pour le traitement des émissions d'oxydes d'azote associées aux chaudières industrielles ou aux centrales thermiques. Dans ce procédé, les oxydes d'azote sont réduits en azote et en vapeur d'eau après réaction avec de l'ammoniac (NH_3), en présence d'un catalyseur, selon les réactions suivantes :

$$4NH_3 + 4NO + O_2 \xrightarrow{\text{catalyseur}} 4N_2 + 6H_2O \qquad [6.5]$$

$$4NH_3 + 2NO_2 + O_2 \xrightarrow{\text{catalyseur}} 3N_2 + 6H_2O \qquad [6.6]$$

L'ammoniac a la propriété de réagir sélectivement avec les oxydes d'azote, ce qui n'est pas le cas d'autres agents réducteurs comme l'hydrogène, le monoxyde de carbone et le méthane. La figure 6.9 schématise ce procédé. Les gaz de combustion passent d'abord au travers d'un réacteur catalytique alors que l'ammoniac est injecté en amont de ce réacteur. Les gaz sont ensuite dirigés vers un échangeur de chaleur, puis vers le dépoussiéreur sec (généralement un électrofiltre) avant d'être rejetés dans l'atmosphère. Une unité de désulfuration peut compléter le processus d'épuration.

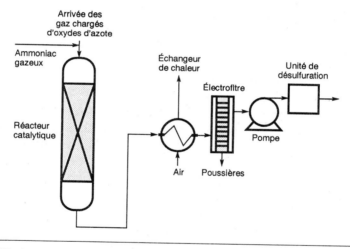

Source : EPA, 1986.

FIGURE 6.9   SCHÉMA D'UN PROCÉDÉ DE RÉDUCTION CATALYTIQUE DES GAZ CHARGÉS D'OXYDES D'AZOTE

La réaction chimique entre l'ammoniac et les oxydes d'azote se produit dans une plage de température qui dépend habituellement de la nature du catalyseur. La réduction optimale a lieu à des températures comprises entre 300 °C et 400 °C pour un catalyseur conventionnel à base d'oxyde de vanadium ou d'oxyde de titane, ou entre 230 °C et 250 °C pour un catalyseur à base de platine. Des températures trop basses entraînent des pertes d'ammoniac vers la cheminée alors qu'une température trop élevée cause la décomposition de l'ammoniac. Le rapport NH_3/NO_x est l'autre paramètre important à surveiller si l'on veut atteindre les rendements désirés tout en limitant les pertes d'ammoniac. Des efficacités d'élimination des NO_x de l'ordre de 80 % à 90 % sont possibles avec le procédé de réduction catalytique sélective, bien qu'à un coût relativement élevé.

6.7 Les technologies de biotraitement

Au cours des dix dernières années, la bioépuration des émissions atmosphériques a suscité beaucoup d'intérêt chez les industriels, principalement parce qu'elle est efficace et peu coûteuse, tant du point de vue de sa facilité de mise en œuvre que de son entretien. La biofiltration s'inspire d'une vieille idée vraisemblablement développée par des agriculteurs qui ont utilisé le sol comme milieu filtrant pour absorber les odeurs générées par le stockage du fumier. En 1953, un premier système industriel rudimentaire de biofiltration, composé de terre, a été utilisé pour le traitement des odeurs nauséabondes qui s'échappaient des égouts de Long Beach, en Californie. En Europe, les premiers essais de biofiltration des odeurs et de l'hydrogène sulfuré (H_2S) ont été réalisés au cours des années soixante. Toutefois, ce n'est que vers la fin des années 1970 qu'on a commencé à employer la biofiltration à des fins industrielles. Depuis ce temps, l'utilisation de cette technologie a progressé rapidement, principalement en Allemagne et aux Pays-Bas. Les Japonais et les Nord-Américains ne se sont intéressés que très récemment à la biofiltration des émissions atmosphériques. La contribution des chercheurs nord-américains aura été d'étendre le champ d'application de la biofiltration aux hydrocarbures mono-aromatiques tels le benzène, le toluène et les xylènes.

Les premiers systèmes étaient des biofiltres non confinés, c'est-à-dire soumis aux intempéries climatiques. Depuis quelques années on assiste cependant à la fabrication de systèmes fermés et plus complexes qui sont maintenant dotés de systèmes de contrôle automatique des conditions d'opération. Plus encore, le design de ces systèmes et le mode d'exploitation ont été adaptés afin de mieux répondre aux exigences imposées par la microbiologie et l'ingénierie.

Le champ d'application de la bioépuration est très vaste. Au début, elle était utilisée presque exclusivement pour l'enlèvement des odeurs générées par les activités industrielles et agricoles. Dans ce contexte, des biofiltres ont été utilisés dans des usines de traitement d'eaux usées, des centres de compostage, des usines d'équarrissage, ainsi que dans les industries agricoles, alimentaires et de la parfumerie. Le traitement biologique des émissions atmosphériques a cependant fait une percée dans les industries chimiques, pharmaceutiques, gazières, celles des plastiques, de l'impression et de la peinture. Finalement, ces technologies jouent maintenant un rôle important dans le contrôle des émissions atmosphériques engendrées par les traitements *in situ* et *ex situ* des eaux souterraines et des sols contaminés (voir le chapitre 5).

Mentionnons qu'à l'heure actuelle l'essentiel de la recherche sur la biofiltration des gaz se concentre sur le traitement des émissions contenant des composés organiques volatils (COV). Ces substances, au nombre de plusieurs centaines, se retrouvent dans presque tous les types d'industries. Mentionnons ici le nettoyage à sec, les ateliers de peinture, les imprimeries (flexographie, lithographie, rotogravure), les entreprises de transformation des aliments, les tanneries, les entreprises d'électronique et les fabricants de pesticides ou de produits organiques divers. En fait, le biotraitement des émissions atmosphériques s'étend à un ensemble fort varié de substances ou de composés tant organiques qu'inorganiques. La bioépuration des polluants atmosphériques n'est cependant efficace que si les composés sont biodégradables et hydrosolubles. En plus d'être biodégradables, les composés à éliminer doivent également être présents à des concentrations acceptables, car au delà d'un certain seuil, ceux-ci sont toxiques pour les micro-organismes.

La solubilité du polluant dans l'eau est un facteur déterminant de l'efficacité du traitement. En effet, les polluants à dégrader, de même que l'oxygène moléculaire nécessaire au catabolisme de ces produits, tous deux à l'état gazeux, doivent diffuser dans la phase liquide, là où s'activent les micro-organismes, plus précisément dans le biofilm (voir la figure 2.3). Il faut retenir que les techniques de biotraitement possèdent deux caractéristiques communes : les micro-organismes sont responsables de la dégradation des polluants et, quelle que soit la configuration du bioréacteur et de son mode de fonctionnement, le transfert de masse de la phase gazeuse à la phase liquide (vers le biofilm) est essentiel. Conséquemment, la cinétique apparente de la biofiltration, soit la vitesse d'enlèvement des polluants, dépend de la cinétique microbienne et des phénomènes de transfert gaz-liquide. Ainsi, en fonction des conditions environnementales (pression et température), mais surtout de la concentration des polluants à l'interface gaz-liquide, la cinétique sera limitée par la vitesse de la réaction enzymatique microbienne ou limitée par le transfert de masse. Rappelons que la vitesse des réactions microbiennes dépend des caractéristiques habituelles que sont principalement le taux spécifique de croissance des micro-organismes et la constante d'affinité de ceux-ci envers le polluant. Quant au transfert de masse, il dépend notamment de la constante de Henry (H ou coefficient de partition gaz-liquide – voir l'équation 6.4) propre à chaque composé. Précisons aussi que différents matériaux, organiques ou inorganiques, sont utilisés comme support aux micro-organismes. Ce support peut porter diverses appellations, notamment celles de lit filtrant, de matériau de garnissage ou de remplissage. Parmi les substances les plus couramment utilisées, mentionnons la mousse de tourbe, les copeaux de bois, un mélange de fumier et de tourbe compostée, du charbon actif, diverses structures de plastiques et même de la céramique.

6.7.1 Design des systèmes de biotraitement

En fonction de la solubilité des polluants dans l'eau et de certains aspects technico-économiques, différentes techniques de bioépuration ont été proposées pour traiter les émissions gazeuses. Les trois principales techniques sont la biofiltration, avec ou sans recirculation d'eau, et le biolavage. Dans un biolaveur, la biomasse microbienne est en suspension alors qu'en biofiltration elle est immobilisée. Une autre différence est qu'il y a une circulation constante d'eau dans un biolaveur et dans un biofiltre avec circulation; cette eau, apportée de l'extérieur du système de filtration, peut contenir des substances nutritives et des micro-organismes. Dans un biofiltre sans recirculation, le milieu est maintenu humide, mais il n'y a pas recirculation d'eau (on parle d'une phase liquide non mobile), les gaz à épurer circulant seuls dans le système. Dans les paragraphes qui suivent, on détaille les principes de fonctionnement de ces divers systèmes. Le tableau 6.2 résume les principales caractéristiques de chaque système.

La biofiltration sur lit filtrant sans recirculation d'eau

La biofiltration sur lit filtrant sans recirculation d'eau est la plus ancienne des méthodes de traitement des émissions atmosphériques. Les premières applications visaient l'enlèvement des odeurs, de l'hydrogène sulfuré (H_2S) et des mercaptans émanant des usines de traitement des eaux usées. Ce n'est que tout récemment que l'éventail des produits à traiter par les biofiltres s'est élargi aux composés organiques volatils.

Précisons que le design d'un biofiltre utilisé pour le traitement des gaz est similaire à celui des biofiltres employés pour le traitement des eaux usées (voir la section 2.5.1). Dans le cas du traitement des polluants atmosphériques, le gaz à traiter est poussé au travers d'un lit filtrant solide et poreux, sur lequel se développe le biofilm qui contient les micro-organismes aérobies responsables de la dégradation des polluants. Généralement, le lit filtrant est composé de matières organiques tels l'écorce de bois, la tourbe ou le compost.

Toutefois, afin d'augmenter les propriétés mécaniques de ces supports et de permettre un meilleur écoulement de l'eau, il est préférable d'ajouter un agent structurant inorganique (roches volcaniques, billes de polystyrène). Cet ajout permet aux couches inférieures du lit de supporter le poids des couches supérieures sans créer un tassement qui pourrait freiner le passage du gaz et créer des chemins préférentiels (*channeling*).

Le gaz à épurer est pompé, ou soufflé, puis canalisé vers le biofiltre où il est introduit dans le lit filtrant par le bas ou par le haut; l'écoulement du gaz peut donc être ascendant ou descendant. Le lit filtrant idéal devrait être conçu de façon à procurer une porosité appropriée à l'écoulement du gaz et offrir un environnement favorable au développement et au maintien de l'activité microbienne. Les conditions hydrodynamiques devraient tendre vers celles rencontrées dans un réacteur à écoulement piston (profil d'écoulement du gaz homogène sur toute la section du réacteur). La vitesse de circulation du gaz dans le biofiltre est variable; à titre d'exemple mentionnons que pour un lit de tourbe dont la perte de charge n'est que de quelques pouces d'eau, elle peut varier entre 25 et 100 mètres à l'heure.

Puisque la perte de charge augmente avec le débit gazeux, plus ce dernier est grand plus il faut accroître la puissance des soufflantes pour pousser le gaz, ce qui a pour effet d'augmenter les coûts d'exploitation, à cause d'une plus grande consommation énergétique.

L'humidité du lit filtrant doit être maintenue à un niveau acceptable, entre 40 % et 60 %, afin de préserver les performances biologiques du biofiltre. Toutefois, le véritable paramètre à mesurer et à contrôler est l'activité de l'eau (a_w), qui représente l'eau disponible pour les micro-organismes[3]. Puisque la circulation du gaz dans le biofiltre entraîne invariablement son assèchement, il est préférable de mettre en place un système d'humidification qui maintient l'humidité à une valeur compatible avec l'activité des micro-organismes. Mentionnons aussi que les lits filtrants organiques servent également de réservoir d'éléments essentiels à la croissance et au maintien du biofilm (azote, phosphore, potassium et oligo-éléments), une partie du support (lit filtrant) pouvant être consommée par les micro-organismes.

La composition du lit filtrant (garnissage) peut être très variable, mais les matériaux organiques fibreux ou fragmentés semblent particulièrement bien répondre aux exigences recherchées dans la biofiltration. Les travaux de recherche et de développement portent principalement sur l'emploi de la tourbe, en vrac ou conditionnée, allégée et structurée. D'autres matériaux organiques ou consommables par les micro-organismes sont également utilisés en biofiltration des émissions atmosphériques : copeaux de bois ou d'écorce et divers composts, par exemple. De nouveaux matériaux, pour la plupart inertes, font aussi leur apparition dans les nouveaux biofiltres tels le pouzzolane, les argiles et les polymères.

---

3. L'activité de l'eau varie en fonction de la concentration de substances comme des sels ou des sucres. Pour une humidité identique, l'a_w d'un milieu contenant 10 % de sel ou de sucre sera inférieure à celle d'un milieu sans sel ou sans sucre. La diminution de l'a_w réduit l'activité microbienne jusqu'à l'inhiber; cela explique notamment la conservation des aliments sucrés ou salés (confitures, sauces, etc.).

TABLEAU 6.2 PRINCIPALES CARACTÉRISTIQUES DES SYSTÈMES DE BIOTRAITEMENT DES ÉMISSIONS ATMOSPHÉRIQUES

	Biofiltre sans recirculation	Biolaveur	Biofiltre à lit ruisselant
Caractéristiques fondamentales	Biomasse immobilisée Phase liquide non mobile	Biomasse en suspension Phase liquide mobile	Biomasse immobilisée Phase liquide mobile
Champ d'application	Concentrations à traiter jusqu'à 1 000 mg/m³	Concentrations à traiter jusqu'à 5 000 mg/m³	Concentrations à traiter jusqu'à 500 mg/m³
Avantages	Rapport surface/volume élevé (env. 1 000m²/m³) Facilité d'opération et d'entretien Faible coût d'exploitation	Contrôle aisé des conditions d'opération (substances nutritives, pH, etc.) Prévient l'accumulation de produits inhibiteurs ou toxiques (circulation constante de la phase liquide) Unité compacte Faible perte de charge	Comparable au biolaveur Permet cependant de mieux retenir les micro-organismes (réduction du lessivage)
Désavantages	Difficulté de contrôle des paramètres d'opération (pH, humidité, etc.) Occupe une grande surface Réponse lente des micro-organismes à la suite d'une augmentation de la charge polluante	Nécessite deux unités (filtre et laveur) Faible surface d'échange Lessivage des micro-organismes ayant un faible taux de croissance Ne supporte pas un arrêt prolongé Il faut traiter les boues générées Démarrage difficile Coûts de conception et d'exploitation élevés Faible surface d'échange (< 300 m²/m³)	Faible surface d'échange (de 100 à 300 m²/m³) Il faut traiter les boues générées Démarrage complexe Coûts d'exploitation élevés

Le biolaveur : technologie des tours à garnissage[4]

Un biolaveur est formé de deux parties distinctes, soit le laveur lui-même (habituellement une colonne à garnissage) et le bassin de traitement des eaux (fonctionnant, en quelque sorte, dans un système en circuit fermé, avec toutefois un nouvel apport d'eau si nécessaire). Le rôle du laveur est de favoriser le transfert des polluants de la phase gazeuse vers la phase liquide, tandis que la biodégradation se réalise plutôt dans le bassin de traitement; les substances nutritives, le pH, la température et d'autres paramètres peuvent être contrôlés dans ce bassin. Toutefois, ce procédé a le désavantage d'offrir une faible surface d'échange (environ 300 m² par mètre cube de volume) comparativement à celle d'un biofiltre à lit de compost, qui peut atteindre 1 000 m²/m³. Conséquemment, le champ d'application des biolaveurs se limite aux polluants les plus solubles dans l'eau. Mentionnons aussi que la recirculation d'eau peut entraîner le lessivage (perte) de certains micro-organismes, particulièrement ceux dont le taux de croissance est faible et qui sont en petit nombre.

Le garnissage de la tour de lavage est l'élément essentiel et des critères tels l'efficacité, le coût de mise en œuvre et l'hydrodynamique de la colonne sont pris en compte dans le choix de ce garnissage. Il existe une multitude de garnissages (anneaux en plastique, en céramique ou en métal) qui se caractérisent par leur diamètre de 20 à 80 mm (millimètres), leur surface spécifique (de 70 m²/m³ à près de 300 m²/m³) et leur porosité. Dans le choix on tient compte du rapport entre le diamètre de la colonne et celui d'un élément du garnissage; idéalement, ce rapport des diamètres devrait varier de 12 à 60.

Pour assurer un bon fonctionnement de la colonne, le liquide doit former un film continu à la surface du garnissage, ce qui implique une bonne distribution du liquide par des buses. Le gaz peut circuler à contre-courant du liquide ou à co-courant, mais il faut faire attention au phénomène de l'engorgement, car dans certaines conditions la vitesse d'écoulement du gaz ascendant empêche le liquide de descendre. Il y a alors refoulement de l'eau et augmentation de la pression statique sur les parois de la colonne, ce qui peut conduire à son éclatement. La circulation du gaz peut également déplacer hors du filtre de fines gouttelettes d'eau. De l'air circulant à un mètre par seconde dans une colonne emporte des gouttes d'un diamètre inférieur à 300 µm. Il est donc essentiel de munir le système d'un dévésiculeur capable d'éliminer ces gouttes.

---

4. Voir aussi la section 6.5.2.

La biofiltration sur lit ruisselant avec recirculation d'eau

Les biofiltres à lit ruisselant (ou percolant) sont des systèmes hybrides dont le principe de fonctionnement se situe entre le biofiltre et le biolaveur. Comme dans le cas des biofiltres, le gaz circule à travers un lit filtrant poreux recouvert et, à l'instar des biolaveurs, la phase liquide circule continuellement. Rappelons que dans le cas des biofiltres le milieu est humide, mais sans circulation d'eau. Le design de ce type d'équipement est donc très semblable à celui d'un biolaveur, à l'exception de la composition du lit filtrant, qui se rapproche plus de celui du biofiltre (compost, tourbe, etc.) que de celui d'un biolaveur. Contrairement aux biofiltres, dans un biofiltre à lit ruisselant les éléments nutritifs essentiels au maintien de la microflore sont apportés par l'eau de ruissellement et non par le support lui-même. La circulation de l'eau permet d'éliminer certains métabolites qui, autrement, s'accumuleraient et inhiberaient l'activité de la microflore (par exemple, l'acide chlorhydrique formé à la suite de la dégradation de composés organiques chlorés). Les biofiltres à lit ruisselant fonctionnent habituellement à des vitesses de circulation de gaz variant de 100 à 1 000 m/h, ce qui est généralement plus élevé que dans un biofiltre sans recirculation. Compte tenu de la plus grande vitesse de circulation du gaz, de l'enlèvement des métabolites inhibiteurs et de l'ajout constant de matières nutritives, si nécessaire, l'unité de filtration avec recirculation d'eau est plus compacte que celle d'un biofiltre sans recirculation.

6.7.2 **Aspects microbiologiques de la biofiltration**

Selon la nature du polluant à traiter, celui-ci servira de source d'énergie, de carbone ou d'azote pour les micro-organismes. Il est habituellement assez aisé de préciser les conditions d'activité optimales (température, pH, etc.) d'un micro-organisme, mais la sélection de souches appropriées requiert un plan expérimental permettant divers ajustements. Lorsque la souche est sélectionnée, il convient aussi de déterminer les rendements de production. On s'appuie alors sur des modèles simples pour décrire l'utilisation du substrat et la formation de nouvelle biomasse (X) :

$$+ \; dX/dt = (\mu - b)X \qquad\qquad [6.7]$$

où   X   est la biomasse
      μ le taux de croissance des micro-organismes
      b   représente la mortalité microbienne

Le taux de croissance (μ) de la biomasse (X) varie considérablement d'une espèce bactérienne à l'autre, l'activité microbienne dépendant de l'état physiologique des micro-organismes, de leur adhésion à un support, du pH et de la température. Dans un procédé de bioépuration on vise d'abord l'obtention d'une biomasse dense et active ainsi que l'optimisation du taux de croissance en agissant sur la composition du flux gazeux à épurer. Par exemple, on a montré que l'ajout de CO_2 comme source de carbone favorise une élimination plus rapide de l'ammoniaque.

Les trois systèmes de biotraitement que nous avons décrits dans les pages précédentes sont caractéristiques des procédés fonctionnant en mode continu, c'est-à-dire qu'il y a un apport constant de polluants qui sont aussi, dans la grande majorité des cas, une source de carbone pour les micro-organismes se développant dans le biofilm. Les autres éléments essentiels à la croissance et au maintien de la microflore d'un biofiltre sont apportés soit par le support lui-même (dans le cas des biofiltres avec un support organique), soit par la phase liquide (dans le cas des biofiltres à lit ruisselant et des biolaveurs). La phase gazeuse apporte également aux micro-organismes du biofilm l'oxygène moléculaire nécessaire pour réaliser l'oxydation complète des polluants. La circulation du fluide gazeux permet également l'évacuation du gaz carbonique et des métabolites volatils produits par la dégradation des polluants.

Dans les biofiltres ou les biolaveurs, la flore microbienne est immobilisée sur la surface du support filtrant et est principalement constituée de micro-organismes unicellulaires tels les bactéries, les champignons filamenteux, les rotifères et les protozoaires. Selon la composition du gaz à traiter et les conditions physico-chimiques du lit filtrant, différentes populations de micro-organismes peuvent s'établir et se maintenir. À titre d'exemple, mentionnons que des bactéries du genre *Pseudomonas* ou *Bacillus*, des actinomycètes du genre *Streptomycetes* et certains champignons filamenteux sont généralement les principaux colonisateurs des lits filtrants organiques utilisés pour la dégradation des composés organiques volatils.

La microflore de certains biofiltres ou biolaveurs peut aussi être très spécialisée. Ainsi, *Thiobacillus thiooxydans* (voir le chapitre 7) est capable de métaboliser certains composés soufrés tel le disulfure de carbone (CS_2), une substance extrêmement toxique présente dans les émissions atmosphériques des usines de production de viscose et de rayonne. L'oxydation de ce composé conduit toutefois à la formation d'acide sulfurique, ce qui fait baisser le pH du milieu à environ 0,5.

Les polluants provenant de l'industrie agroalimentaire sont facilement dégradés par la microflore des lits filtrants composés de substrats dits naturels (tourbe, compost, copeaux de bois). C'est le cas des polluants malodorants provenant de la fermentation ou de la putréfaction de matière organique des usines d'équarrissage, les fondoirs de suif et les stations d'épuration des eaux usées. Toutefois, il en va autrement pour les composés xénobiotiques, car la concentration naturelle de micro-organismes capables de les dégrader est extrêmement faible, voire inexistante, dans les supports filtrants couramment utilisés. Il est alors préférable, et même essentiel, d'inoculer le support filtrant. Trois sources de micro-organismes peuvent être utilisées comme inoculum : les boues activées, un mélange de lit filtrant adapté et des cultures pures ou un consortium de micro-organismes spécialisés cultivés en laboratoire.

Le traitement biologique de l'air doit toujours se dérouler en condition aérobie stricte et, si possible, ne pas souffrir de variations excessives de température. L'alimentation constante de solutions aqueuses nutritives et de micro-organismes (réinoculation du système si nécessaire) permet de contrôler efficacement le fonctionnement du biofiltre. Si l'activité microbienne est telle que les micro-organismes se développent au point de colmater le système, il faut faire un lavage du filtre (comme en traitement des eaux usées sur les procédés à lit fixe) ou réduire l'humidité relative des gaz pour assécher partiellement le filtre, ce qui a pour effet de réduire l'épaisseur de la couche du biofilm. Il est également possible de filtrer l'eau de recirculation et d'éliminer les bactéries excédentaires dans le cas des biofiltres à lit ruisselant et des biolaveurs.

6.7.3 Contraintes de mise en œuvre de la biofiltration et mesure de l'efficacité des systèmes

D'un point de vue microbiologique, l'un des principaux défis de la biofiltration est de pouvoir traiter efficacement, et à des coûts raisonnables, des émissions gazeuses contenant un mélange de composés. Pour parvenir à construire un biofiltre performant, il faut comprendre les mécanismes de régulation bactérienne et développer des moyens de co-immobiliser des micro-organismes spécialisés.

Dans la majorité des procédés de bioépuration, la température optimale de traitement se situe entre 30 et 35 °C, et elle ne devrait jamais dépasser 40 °C afin de ne pas nuire à la croissance microbienne. Si la température du gaz est supérieure à 40 °C, il est nécessaire de le refroidir par évaporation, si la teneur initiale en vapeur d'eau le permet, ou par échange thermique avec un fluide froid. De plus, alors que les biolaveurs supportent la présence d'une certaine quantité de particules (poussières), il n'en est pas de même pour les biofiltres, qui peuvent se colmater; la perte de charge est alors un bon indicateur de ce phénomène.

Précisons également qu'à l'entrée d'un biofiltre l'air doit être humide, sinon le lit filtrant s'assèche; même avec une teneur en humidité relativement élevée à l'entrée (plus grande que 95 %), le lit filtrant s'assèche. En effet, les réactions cataboliques responsables de la dégradation des polluants sont exothermiques et, conséquemment, à l'intérieur du biofiltre la température augmente significativement, de 5 à 8 °C. Cette augmentation fait en sorte que le gaz qui circule dans le réacteur s'échauffe et le lit filtrant perd donc de l'eau au profit de la phase gazeuse. Il est donc essentiel d'humidifier adéquatement le lit filtrant, ce qui est l'un des principaux défis de la technologie de la biofiltration sans recirculation d'eau.

Ce problème est accru parce que l'on pousse l'utilisation de la biofiltration vers le traitement des effluents gazeux fortement pollués (ayant entre 2 et 5 grammes de polluant par mètre cube d'unité de traitement); en d'autres termes, ce problème survient particulièrement lorsque la charge organique est élevée, ce qui accroît l'activité microbienne et la chaleur dégagée par le métabolisme. Finalement, il importe de préciser que l'ajout d'eau pour fin d'humidification ne doit pas générer un effluent liquide, qui serait alors considéré comme un déchet à traiter.

Mentionnons toutefois que chaque cas et chaque technique ont leurs problèmes particuliers. Par exemple, l'utilisation de biofiltres à lit ruisselant et de biolaveurs sur de longues périodes conduit à une importante production de biomasse, ce qui peut colmater le système. Dans le cas du traitement du disulfure de carbone (CS_2) par biofiltration, il y a génération d'importantes quantités de sulfate dont il faut se débarrasser.

Afin d'évaluer la performance des systèmes de biotraitement, on mesure et on évalue un certain nombre de phénomènes ou de paramètres qui sont succinctement décrits dans les paragraphes qui suivent.

La *concentration* (C) du polluant est évaluée en milligramme par mètre cube d'air (mg/m^3), à une température et une pression données, ou encore en parties par million (ppm). Des échantillons de gaz sont prélevés sur toute la hauteur du réacteur afin de connaître la cinétique de dégradation des polluants en fonction du temps de séjour dans le biofiltre. Le *débit du gaz* (Q) circulant à l'intérieur du bioréacteur s'exprime en mètre cube d'air par unité de temps (m^3/h) alors que le *volume* (V) géométrique du lit filtrant peut se calculer en multipliant la surface du lit filtrant ou de la colonne de garnissage (A) par sa hauteur (H) et s'exprime en mètre cube. C'est ce volume qui est important et non le volume total du contenant. À partir de ces paramètres on peut déterminer l'efficacité d'enlèvement d'un polluant donné et la capacité d'élimination du système.

L'*efficacité d'enlèvement* (E) représente le pourcentage de polluant dégradé entre l'entrée et la sortie du système. L'efficacité n'est rien de plus que le rapport de la concentration à l'entrée et à la sortie sur la concentration à l'entrée multipliée par 100.

La *capacité d'élimination* (CE) d'un lit filtrant est une valeur critique fort importante qui permet d'évaluer la performance réelle d'un système. Elle se calcule à partir de l'équation suivante :

$$CE = [C_{entrée} - C_{sortie}] \times \frac{Q}{V} \qquad [6.8]$$

On évalue la CE en milligramme de polluant dégradé par mètre cube de lit filtrant par heure ($mg/m^3.h$); cette valeur représente le taux de dégradation du polluant par unité de volume de lit filtrant et par unité de temps.

Mentionnons, en terminant, que la vitesse de circulation des gaz polluants dont il a été question plus haut est en fait la *vitesse superficielle* qui est obtenue par le rapport Q/A (m^3 d'air/m^2 de lit filtrant par heure).

6.7.4 **Quelques applications de biotraitements**

Les polluants atmosphériques, qu'ils aient ou non une odeur, sont de provenances et d'origines chimiques très diversifiées. Les activités industrielles et les collectivités urbaines émettent des polluants odorants, tels les amines, les mercaptans, l'hydrogène sulfuré et les aldéhydes, ou inodores, comme les composés chlorés, les hydrocarbures et les oxydes d'azote et de soufre (NO_x et SO_x). La source des odeurs peut être diffuse (élevages, bassins, décharges) ou localisée (cuiseurs d'atelier d'équarrissage, séchage de boues de station d'épuration, entreposage). Dans les paragraphes qui suivent on décrit très succinctement quelques cas types de traitement d'émissions polluantes.

Le traitement des odeurs : usine d'équarrissage

La transformation des sous-produits d'animaux morts (déshydratation et raffinage des os, du suif et des tripes) génère des polluants atmosphériques malodorants. Afin de lutter contre ce problème, une firme allemande a installé au Québec un biofiltre d'une surface de plus de 3 500 mètres carrés, soit la plus grande surface de biofiltration au monde. L'unité de biofiltration permet de traiter des débits gazeux pouvant aller jusqu'à 400 000 m³/h. C'est en passant l'air de l'usine au travers d'immenses filtres à base de copeaux de bois, de 25 m sur 45 m, que le procédé biologique élimine les odeurs. Pour le traitement d'un volume de gaz aussi important, plus de 100 000 litres d'eau sont nécessaires pour refroidir et dépoussiérer les gaz. Il est intéressant de noter que ce type de biofiltre fonctionne efficacement toute l'année, même durant l'hiver rigoureux du Québec.

Industrie chimique : la flexographie et les COV

Les émissions gazeuses des ateliers d'imprimerie et de flexographie (impression sur pellicule de plastique) chargées d'alcools et d'acétates à des concentrations de 1 à 5 g/m³ d'air peuvent être filtrées sur un lit de tourbe. Les solvants couramment utilisés sont plus ou moins hydrosolubles et réfractaires comme le propanol, l'acétate d'éthyle, la propionaldéhyde, etc. Les émissions gazeuses des usines de flexographie traitées par biofiltre sur lit de tourbe favorisent le développement de souches bactériennes telles que *Rhodococcus sp.*, *Corynebacterium sp.*, *Micrococcus luteus* et *Pseudomonas fluorescens*. Les trois premières souches sont capables de dégrader la propionaldéhyde tandis que *P. fluorescens* dégrade des substrats tels que le butanol, l'isopropanol, l'acétate d'éthyle et la propionaldéhyde.

La biofiltration des polluants volatils issus du biotraitement in situ et ex situ des sols

La bioremédiation des sols contaminés par des hydrocarbures se fait par une combinaison de divers traitements décrits au chapitre 5. Dans plusieurs cas, on fait appel à l'aération afin de favoriser la biodégradation aérobie des contaminants, ce qui provoque la contamination de l'air par la fraction volatile des hydrocarbures; on doit alors traiter cet air afin d'éviter un transfert des polluants du sol vers l'atmosphère. Les substances types traitées par cette méthode sont les composés de l'essence pour automobile (principalement le benzène, le toluène et les xylènes), l'essence pour avion à réaction, le diesel et d'autres composés dérivés des hydrocarbures pétroliers. Des micro-organismes hétérotrophes aérobies colonisant les biofiltres sont habituellement utilisés pour la biodégradation des hydrocarbures.

On a précédemment mentionné qu'un lit filtrant (support de fixation des micro-organismes) peut être composé de tourbe, de compost ou de matières inorganiques. Toutefois, dans la pratique, on utilise un mélange de plusieurs matériaux et on ajoute habituellement différents substrats servant à « inoculer » le support. À titre d'exemple, voici une « recette » servant à préparer le support filtrant (lit filtrant) d'un biofiltre utilisé pour le traitement d'hydrocarbures :

- 44,5 litres de gazon composté (support et source d'inoculum);
- 11,5 litres de boues municipales compostées (source d'inoculum);
- 4,5 litres de boues activées (source d'inoculum);
- 0,5 litre d'eaux usées industrielles (source d'inoculum);
- 0,25 % de gypse (pour prévenir la formation d'agrégats si le support filtrant est accidentellement asséché);
- perlite, ajoutée dans une proportion de 50 % du volume final, utilisée comme amendement afin de permettre l'aération du milieu.

En terminant, mentionnons que de nombreux critères doivent être considérés au cours du processus décisionnel devant conduire au choix d'une technologie d'épuration des gaz : la localisation de l'activité industrielle, la concentration des gaz et leur débit, la nature et la biodégradabilité des polluants. Les procédés biologiques sont utilisables, en règle générale, jusqu'à une concentration de 2 à 5 grammes de polluant par mètre cube d'air; au delà, l'incinération est sans doute préférable à la bioépuration, surtout si les composés à traiter sont inflammables.

La biofiltration des émissions gazeuses requiert aussi des connaissances sur la composition des gaz, les voies métaboliques et la cinétique de croissance des micro-organismes impliqués, mais aussi sur l'ingénierie des procédés. Concevoir et dimensionner des bioprocédés nécessitent des compétences assez diverses. La simplification du maintien et du suivi des opérations est l'une des facettes à améliorer. D'un point de vue économique, les biofiltres sont intéressants, car ils ont habituellement l'avantage de ne pas générer de sous-produits dont la gestion serait complexe.

Références bibliographiques

BETHEA, R.M. (1978). *Air Pollution Control Technology*. New York, Van Nostrand Reinhold, 449 p.

BISSON, M. (1986). *Introduction à la pollution atmosphérique*. Québec, Les publications du Québec, 135 p.

BUONICORE, A.J. et DAVIS, W.T. (édit.) (1992). *Air Pollution Engineering Manual*. Air and Waste Management Association, New York, Van Nostrand Reinhold, 918 p.

CECCALKI, P., MARTIN, G. et LEBEAULT, J.M. (1993). « Dossier : la dépollution de l'air ». *Biofutur*, 9 : 20–31.

ENVIRONNEMENT CANADA (1986). *Le programme national d'essais et d'évaluation des incinérateurs : sommaire des techniques de dépollution des gaz de combustion*. Rapport SPE3/UP/2F.

EPA (1981a). *Control of Particulate Emissions*. Course 413 Student Manual, North Carolina, Air Pollution Training Institute, Environmental Protection Agency (EPA), pagination multiple, n° EPA 450-2-80-066.

EPA (1981b). *Control of Gaseous Emissions*. Course 415 Student Manual, North Carolina, Air Pollution Training Institute, Environmental Protection Agency (EPA), pagination multiple, n° EPA 450-2-81-005.

EPA (1986). *Nitrogen Acid Control for Stationary Combustion Sources*. Environmental Protection Agency (EPA). Report EPA/625/5-86/020.

EPA (1991). *Control Technologies for Hazardous Air Pollutants : Handbook*. Cincinnati, Office of Research and Development, Environmental Protection Agency (EPA), pagination multiple.

GALTZIS, B.C. et SHAREEFDEEN, Z. (1993). « Modeling and preliminary design criteria for packed-bed biofilters ». Dans *86th Annual Meeting & Exhibition*. Denver Colo., USA, June 13-18.

KUTER, G.A., HARPER, J.E., NAYLOR, L.M. et GORMSEN, P.J. (1993). « Design, Construction and Operation of Biofilters for Controling Odors at Composting Facilities ». Dans *86th Annual Meeting & Exhibition*. Denver Colo., USA, June 13-18.

LAPLANCHE, A. et BESSON, G. (1991). « Traitement des odeurs par lavage et oxydation ». Dans G. Martin et P. Laffort (coordonnateurs), *Odeurs et désodorisation dans l'environnement*. Paris, Technique et documentation Lavoisier, p. 265-311.

LECLOIREC, P., DAGOIS, G. et MARTIN, G. (1991). « Traitements avec transfert gaz-solide : l'adsorption ». Dans G. Martin et P. Laffort (coordonnateurs), *Odeurs et désodorisation dans l'environnement*. Paris, Technique et documentation Lavoisier, p. 312-357.

LEI, J., SANSREGRET, J.-L. et CYR, B. (1994). « Biopiles and biofilters combined for soil cleanup ». *Pollution Engineering,* vol. 26, n° 6 : 56-58.

ROSS, R.D., (1974). *La pollution atmosphérique et l'industrie.* Paris, Entreprise moderne d'édition, 406 pages.

UNICLIMA (1987). *Dépoussiérage, épuration des gaz : guide des techniques françaises.* Paris, Pyc Édition, 163 pages.

VAN GROENESTIJN, J.W. et HESSELINK, P.G.M. (1993). « Biotechniques for air pollution control ». *Biodegradation,* 4 : 283-301.

Chapitre 7

Les résidus miniers

Roger Guay
Université Laval

André Paquet
Ministère des Ressources naturelles, Québec

Pierre Chevalier

L'industrie minière produit une grande diversité de déchets à la suite de l'extraction du minerai. Ces déchets se composent d'une grande variété de substances minérales et leur élimination pose un problème pour l'ensemble de l'industrie qui doit, notamment, faire face à une diminution du nombre de terrains appropriés à leur entreposage. De plus, l'imposition de lois de plus en plus sévères régissant la protection de l'environnement doit inciter les entreprises minières à mieux gérer leurs résidus.

Il importe donc de trouver des solutions à la fois saines sur le plan environnemental et réalisables sur le plan économique. La solution la plus souhaitable est, évidemment, la réduction du volume de déchets. Toutefois, d'un point de vue pratique, les quatre grandes possibilités qui s'offrent aux industries minières sont, par ordre de préférence : la réduction, la réutilisation, le recyclage et le récupération. En dernier recours, les technologies d'assainissement s'offrent lorsqu'il est impossible de récupérer ou de valoriser de quelque manière que ce soit les déchets. Dans ce chapitre, on traite à la fois de la gestion préventive et de la gestion correctrice des rejets miniers, principalement ceux qui sont générateurs d'eau de drainage acide. On aborde aussi la question du traitement des effluents miniers ainsi que des possibilités de réexploitation (réutilisation) des résidus.

7.1 Nature du problème et types de résidus

Une masse de roc contenant des minéraux de valeur en quantité suffisante pour en justifier l'exploitation est appelée *minerai* et l'exploitation minière est l'activité ayant pour but l'extraction et la concentration des substances minérales contenues dans un gisement minier. Les rejets issus de l'exploitation commerciale du gisement se composent des résidus miniers, des stériles et, dans un sens large, de tout ce qui n'a pas de valeur économique immédiate. Les *résidus miniers* regroupent les substances minérales de fine granulométrie rejetées, les boues et les eaux issues des procédés de traitement du minerai ainsi que les scories provenant des opérations de pyrométallurgie. Quant aux *stériles*, ils sont constitués de la roche en place ou extraite, qui ne contient pas de minéraux de valeur en quantité suffisante pour en permettre une exploitation économique rentable : ils sont donc rejetés sans être travaillés. Mentionnons que les rejets représentent généralement une fraction très élevée du matériel extrait : plus de 99 % dans les exploitations minières aurifères et environ 96 % dans le cas des mines de cuivre; c'est donc dire que le pourcentage du minerai valorisable est très faible (entre 1 et 4 %).

Le drainage minier acide est sans aucun doute le problème environnemental le plus important auquel l'industrie minière doit faire face. On définit le *drainage minier acide* (DMA) comme un écoulement d'eau acide contenant des métaux lourds dissous (par exemple du cuivre, du zinc, du fer ou de l'aluminium) et résultant de l'oxydation naturelle des stériles, du minerai ou des résidus miniers exposés à l'air et à l'eau. Le DMA est habituellement engendré par les *minéraux sulfurés* qui sont des substances cristallines contenant du soufre combiné à un métal (le fer, par exemple) ou à un métalloïde (tel l'arsenic).

La charge polluante véhiculée par le drainage minier acide provient essentiellement de l'oxydation de minéraux sulfurés, comme la pyrite (FeS_2) et la pyrrhotite ($Fe_{1-x}S$; x varie de 0 à 0,2 dans ce minéral), habituellement présents dans les minerais cuprifères (chalcopyrite, $CuFeS_2$; chalcocite, Cu_2S; covellite, CuS; et bornite, Cu_5FeS_4), les minerais de zinc (sphalérite, ZnS) et les minerais aurifères. Ces minerais sont quelquefois associés à de l'arsénopyrite ($FeAsS$) qui, elle aussi, peut être oxydée en étant exposée à l'air et à l'eau.

La présence d'un acide minéral comme l'acide sulfurique (H_2SO_4) et de métaux lourds comme le cuivre, le fer et le zinc dans des effluents qui proviennent d'exploitations minières ou de charbonnages est habituellement révélatrice d'un problème de drainage minier acide. Ces effluents ont typiquement une coloration rougeâtre, en raison des fortes concentrations de fer ferrique (Fe^{+3}) en solution et ils véhiculent d'importantes quantités d'aluminium, de magnésium, de calcium et de sulfates.

7.1.1 **Oxydation chimique**

Les sulfures métalliques sont majoritairement représentés par la pyrite et la pyrrhotite, les sulfures de cuivre et de zinc ne comptant que pour une faible proportion des minéraux qui se retrouvent dans les résidus miniers non utilisés. Ces sulfures sont sujets à l'oxydation selon les équations 7.1 et 7.2, où M représente un métal ou un métalloïde lié à un sulfure. Le soufre est d'abord dissocié du métal pour se retrouver à l'état ionique (S^{-2}), puis il est oxydé en présence d'oxygène pour former l'ion sulfate (SO_4^{-2}), qui engendre de l'acide sulfurique (H_2SO_4) en présence d'eau.

$$MS \rightarrow M^{2+} + S^{2-} \tag{7.1}$$

$$S^{2-} + 2O_2 \rightarrow SO_4^{2-} \tag{7.2}$$

Ces réactions chimiques décrivent les phénomènes de modification abiotique des sulfures métalliques tels qu'ils se produisent lorsqu'ils sont exposés aux agents atmosphériques. La cinétique d'oxydation chimique des sulfures dans les résidus miniers est cependant très lente dans des conditions ambiantes de pH et sous une pression atmosphérique normale.

7.1.2 **Oxydation microbiologique**

Bien que la chose surprenne, la matière minérale est sensible aux attaques microbiennes au même titre que la matière organique (sucres, protéines, acides gras, etc.). Certains micro-organismes utilisent les minéraux comme éléments nutritifs ou comme substrats énergétiques tout en produisant des déchets qui engendrent la formation d'acide qui, en retour, modifie le substrat minéral. La transformation microbienne du minerai se fait essentiellement selon deux processus : attaque directe et attaque indirecte.

L'*attaque directe* découle des propriétés particulières que possèdent quelques familles de bactéries capables d'oxyder les sulfures métalliques. Ces bactéries, qui appartiennent principalement au genre *Thiobacillus*, utilisent des sulfures métalliques, du soufre élémentaire et certains composés du soufre (thiosulfate, $S_2O_3^{2-}$; tétrathionate, $S_4O_6^{2-}$; thiocyanate, SCN^-; hydrogène sulfuré, H_2S) comme source d'énergie. Ces bactéries sont principalement représentées par les espèces *Thiobacillus ferrooxidans* et *Thiobacillus thiooxidans* et elles utilisent, comme substrat oxydable, le soufre élémentaire (S^0), le thiosulfate ($S_2O_3^{2-}$) et le soufre réduit (S^{2-}) sous des conditions d'aérobiose. Il faut cependant noter que la bactérie

Thiobacillus ferrooxidans est, de plus, capable d'oxyder le fer ferreux (Fe^{2+}) en fer ferrique (Fe^{3+}); c'est la seule espèce de ce genre microbien à pouvoir oxyder le fer, en absence de soufre. Il importe ici de préciser que ces deux espèces bactériennes sont des organismes acidophiles qui ont besoin d'un milieu de croissance très acide, dont le pH doit être inférieur à 3,0.

Il est peu probable de retrouver dans des résidus miniers fraîchement extraits des conditions de croissance favorables aux espèces thio-oxydantes et ferro-oxydantes; celles-ci doivent apparaître au terme d'une succession écologique de micro-organismes qui devront tour à tour coloniser les rejets sulfurés. Des travaux de recherche récents ont démontré que des espèces bactériennes comme *Thiobacillus thioparus*, *Thiobacillus novellus* et *Thiobacillus neapolitanus* pouvaient oxyder les sulfures métalliques à pH neutre, contrairement aux espèces mentionnées précédemment, et contribuer à l'acidification initiale du milieu. Elles sont aidées par des bactéries fixatrices d'azote qui ont la propriété de minéraliser l'azote gazeux atmosphérique et le mettre ainsi à la disposition des thiobacilles.

Il existe donc toute une hiérarchie et une synergie entre les différentes espèces bactériennes qui se manifeste par une activité oxydatrice biologique de 500 000 à 1 000 000 fois plus rapide que l'activité chimique dans des conditions environnementales similaires. Toutefois, à la différence des mécanismes chimiques, l'activité biologique se renouvelle constamment et s'amplifie rapidement en fonction de l'accroissement des populations bactériennes.

L'attaque directe des sulfures métalliques et du soufre élémentaire nécessite l'adhérence des bactéries aux surfaces minérales, ce qui se fait dans un premier temps par attraction électrostatique; en effet, les bactéries ont habituellement des charges nulles ou légèrement électropositives alors que les surfaces minérales sont électronégatives dans les conditions initiales de contact. Après ce premier contact relativement instable, les bactéries produisent des muco-polysaccharides, appelés glycocalyx, qui sont des substances mucilagineuses permettant de consolider leur contact avec les surfaces minérales. Il se constitue donc un biofilm au sein duquel se poursuit l'oxydation microbiologique.

L'activité métabolique et physiologique des différentes souches bactériennes apparentées aux thiobacilles est liée à un apport suffisant d'éléments nutritifs (phosphore, azote et oligo-éléments), à la présence d'une source d'énergie (oxydation aérobie de composés soufrés et de fer ferreux) et d'une source de carbone (CO_2 atmosphérique). Toutefois, les agents externes comme la température, le pH et l'aération influent considérablement sur l'activité microbiologique. La température optimale de croissance de ces bactéries se situe aux environs de 25 °C à 30 °C pour ce qui est des espèces mésophiles; elle peut cependant être de 55 °C pour les bactéries thermophiles.

L'*attaque indirecte* est plus particulièrement liée à la propriété de *T. ferrooxydans* d'oxyder le fer en absence de soufre. Dans ce cas, l'oxydation du fer ferreux (Fe^{+2}) en fer ferrique (Fe^{+3}) induit l'oxydation des sulfures métalliques. Les sulfures ne sont donc pas oxydés directement par la bactérie, mais plutôt par l'un de ses métabolites, l'ion ferrique :

$$MS + 2Fe^{+3} \rightarrow M^{+2} + 2Fe^{+2} + S^0 \qquad \text{[7.3]}$$

où MS est un sulfure métallique et S^0 le soufre élémentaire.

La figure 7.1 schématise l'ensemble des réactions chimiques et biologiques dans lesquelles sont impliqués les thiobacilles acidophiles. L'oxydation chimique de la pyrite (sulfure de fer) (équation 7.4) engendre du sulfate ferreux et de l'acide sulfurique, ce qui favorise le début de la colonisation bactérienne des sulfures métalliques. Le sulfate ferreux ($FeSO_4$) est à son tour oxydé par des bactéries ferro-oxydantes, comme *T. ferrooxidans*, en milieu acide et en présence d'oxygène, pour former du sulfate ferrique [$Fe_2(SO_4)_3$] (équation 7.5). Le sulfate ferrique (en fait les ions ferriques) réagit ensuite avec des sulfures métalliques (comme la pyrite, FeS_2) selon l'équation 7.5, pour oxyder davantage de fer. De plus, cette réaction chimique d'oxydation s'accompagne d'une production de soufre élémentaire. Comme les thiobacilles ont une affinité particulière pour le soufre, ils l'oxydent rapidement en acide sulfurique (équation 7.7). L'équation 7.8 montre enfin qu'une partie du sulfate ferrique est transformée en hydroxyde ferrique [$Fe(OH)_3$] avec une production significative d'acide sulfurique. Donc, au terme du processus d'oxydation de la pyrite, une quantité appréciable d'acide sulfurique est engendrée (équations 7.4, 7.5 et 7.7) pour former le drainage minier acide (DMA); dans ce dernier, on retrouve des ions ferriques en solution de même que divers ions métalliques (cuivre, zinc, etc.) selon la nature du gisement minier.

L'ensemble des effets environnementaux des activités de l'industrie minière est donc particulièrement lié à la production du drainage minier acide qui trouve son origine dans l'oxydation chimique, mais surtout microbiologique, des sulfures présents dans les résidus et les stériles miniers.

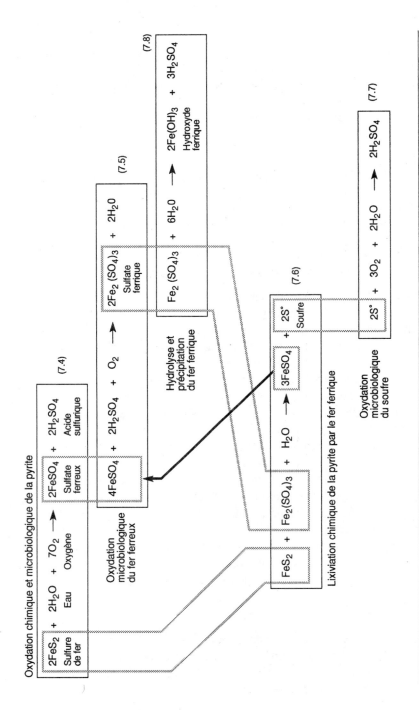

Oxydation chimique et microbiologique de la pyrite

$$2FeS_2 + 2H_2O + 7O_2 \longrightarrow 2FeSO_4 + 2H_2SO_4 \qquad (7.4)$$

Sulfure de fer — Eau — Oxygène — Sulfate ferreux — Acide sulfurique

Oxydation microbiologique du fer ferreux

$$4FeSO_4 + 2H_2SO_4 + O_2 \longrightarrow 2Fe_2(SO_4)_3 + 2H_2O \qquad (7.5)$$

Sulfate ferrique

Hydrolyse et précipitation du fer ferrique

$$Fe_2(SO_4)_3 + 6H_2O \longrightarrow 2Fe(OH)_3 + 3H_2SO_4 \qquad (7.8)$$

Hydroxyde ferrique

Lixiviation chimique de la pyrite par le fer ferrique

$$FeS_2 + Fe_2(SO_4)_3 + H_2O \longrightarrow 3FeSO_4 + 2S° \qquad (7.6)$$

Soufre

Oxydation microbiologique du soufre

$$2S° + 3O_2 + 2H_2O \longrightarrow 2H_2SO_4 \qquad (7.7)$$

Source : Groupe-conseil Roche Ltée, 1991.

FIGURE 7.1   OXYDATION CHIMIQUE ET MICROBIOLOGIQUE DE LA PYRITE ET DES COMPOSÉS SOUFRÉS

La granulométrie des rejets miniers influe considérablement sur la cinétique des réactions d'oxydation des sulfures exposés. Comme la réactivité des sulfures métalliques dépend de la surface exposée, tous les phénomènes qui contribuent à accroître le degré d'exposition augmentent dès lors la production de drainage minier acide. Ainsi, le concassage et le broyage du minerai augmentent d'une manière significative l'oxydation des minéraux. Les procédés de traitement métallurgique par voie humide, qui permettent de concentrer les minéraux de valeur commerciale, génèrent aussi de grandes quantités de résidus qui s'oxydent rapidement.

La différence entre les résidus (entreposés dans des parcs) et les stériles miniers (formant des haldes) repose donc sur leur granulométrie et la résistance mécanique de la roche. Par exemple, pour une même teneur en pyrite (FeS_2), une roche dont la résistance mécanique est élevée sera beaucoup moins sensible à l'oxydation qu'une roche plus friable. L'indice de friabilité de la roche peut être mesuré expérimentalement en laboratoire par des essais physiques de type Micro-Deval (test qui évalue la résistance de la roche à l'abrasion) ainsi que par des essais à l'imprégnation au sulfate de magnésium ($MgSO_4$) qui simulent les cycles de gel/dégel auxquels sont soumis les rejets miniers.

Les stériles miniers sont constitués de roc non broyé et accumulé sur des aires adjacentes au site minier appelées *haldes de stériles*. La taille des roches varie considérablement, de particules de quelques millimètres à des blocs ayant plus d'un mètre de diamètre. La variabilité de leur taille fait en sorte qu'ils ont toutefois une porosité importante (les vides représentant jusqu'à 30 % du volume total des amoncellements); cette caractéristique facilite donc l'accessibilité de l'oxygène atmosphérique ou la percolation des eaux de pluie et de fonte des neiges. L'hétérogénéité de ces haldes favorise aussi l'apparition de chenaux préférentiels d'écoulement où certaines zones sont régulièrement délavées; l'eau s'y accumule et entraîne un accroissement du processus d'oxydation des minéraux sulfurés.

7.2 Caractérisation des sites miniers et planification minière

La caractérisation d'un site minier regroupe toutes les actions nécessaires à l'identification de la source de contamination, des risques et des effets liés à cette contamination. Les travaux à réaliser afin de rencontrer les objectifs de la caractérisation dépendent toutefois de l'ampleur de la contamination; ils peuvent aller d'un simple échantillonnage jusqu'à la réalisation de sondages et l'aménagement de puits d'observation.

Dans le cas des nouvelles mines, les études prédictives sur la production potentielle de drainage minier acide sont réalisées dans le but de connaître l'acidité potentielle et la concentration maximale de contaminants éventuellement engendrés; il s'agit de déterminer la nature des mesures de contrôle qui devront être appliquées. L'établissement de l'inventaire des rejets miniers et de leur localisation revêt donc, de ce fait, un caractère essentiel.

7.2.1 **Représentativité de l'échantillonnage**

La représentativité de l'échantillonnage est l'élément critique commun à toute démarche correctrice ou préventive d'une situation pouvant nuire à l'environnement. Certaines mines situées dans un contexte géologique relativement simple (où l'on ne retrouve que quelques types de roches), sont faciles à caractériser. Par contre, la caractérisation de certains sites miniers nécessite la collecte de milliers d'échantillons pour en déterminer le potentiel acidogène (potentiel de génération de DMA). Il est donc important de bien comprendre la géologie de la mine et de l'associer à un programme d'échantillonnage permettant de faire des essais de prédiction du caractère acidogène et réactif des roches.

La classification des roches doit reposer sur un certain nombre de propriétés clés, dont le type de sulfures et leur réactivité, l'exposition et la libération des minéraux sulfurés, le type de matériel neutralisant naturellement présent dans la roche et la dimension des particules. Des caractéristiques géotechniques particulières telles que la susceptibilité de la roche au délitage (propriété que possèdent certaines roches de se diviser en feuillets) et sa résistance mécanique sont des facteurs à considérer pour évaluer, avec un maximum de fiabilité, le risque de génération d'acidité. Les conditions climatiques doivent également être connues, car elles ont un effet déterminant.

Les programmes d'échantillonnage doivent être adaptés à chaque site minier. Le premier niveau d'échantillonnage peut ne comporter que quelques centaines d'échantillons, afin d'évaluer la variabilité spatiale du minerai. Les informations recueillies lors de cette première campagne d'échantillonnage constituent un niveau de caractérisation suffisant pour près de la moitié des mines, car elles permettent d'évaluer la nécessité de poursuivre un échantillonnage complémentaire. Il est cependant très difficile de caractériser précisément des millions de tonnes de roches. C'est pourquoi la question relative à l'échantillonnage doit donc se poser dès la phase de préexploitation et se poursuivre durant toute la vie active de la mine.

En règle générale, les diverses méthodes de prédiction utilisées ne se sont pas révélées fiables à long terme, principalement parce que l'on ne prélève généralement pas un nombre suffisamment représentatif d'échantillons à l'intérieur de chaque unité géologique. Une autre faiblesse des essais de prédiction proviendrait d'une certaine tendance à regrouper artificiellement les échantillons à analyser (échantillons composites). Afin de simplifier le processus, il arrive souvent que l'on prélève, par exemple sur une surface d'un hectare (100 mètres par 100 mètres), plusieurs dizaines d'échantillons que l'on remettra ensemble (pour former un « pool » lors de l'analyse). Par ailleurs, à partir du prélèvement de roc dans une colonne stratigraphique de 10 mètres, on pourra choisir d'analyser le roc à tous les mètres seulement en supposant que cela est représentatif.

Certaines règles arbitraires ont été élaborées et permettent de définir plus précisément le nombre d'échantillons à prélever. Si les résultats des essais en laboratoire indiquent qu'il n'y aura pas de génération de DMA, le processus d'échantillonnage peut alors être interrompu. Par contre, s'il subsiste une incertitude quant à la possibilité de génération d'acidité, un échantillonnage plus exhaustif sera sans doute nécessaire, de même que la réalisation d'essais dynamiques de prédiction (voir section 7.3.1).

Lors de l'élaboration d'un programme d'échantillonnage, les points suivants doivent être considérés : le statut de la mine (nouveau site ou site ancien), l'accessibilité du site, la composition des roches, leur variabilité et leur localisation tridimensionnelle dans le gisement à échantillonner ainsi que la nécessité de maintenir un programme d'assurance et de contrôle de la qualité des résultats. L'échantillonnage est conséquemment une préoccupation majeure pour les organismes responsables de la réglementation des opérations minières. Toutefois, il n'existe pas de recette toute faite dans ce domaine et la prédiction à long terme n'est pas aisée.

Gauthier (1991) préconise cependant une méthodologie d'échantillonnage impliquant le respect des principes fondamentaux suivants :
- une bonne représentativité de l'échantillon (nature de l'échantillon, mode de prélèvement, traitement, etc.);
- le prélèvement systématique d'un nombre suffisant d'échantillons;
- une logistique d'échantillonnage, par étape, comportant :
  - un échantillonnage préliminaire permettant de dresser le portrait global de l'ensemble du site minier pour définir des sous-groupes ou des sous-ensembles plus restreints;
  - un échantillonnage des sous-groupes ou des sous-ensembles définis;
- des analyses fiables et pertinentes permettant une caractérisation adaptée aux besoins spécifiques du projet et appuyée par un programme d'assurance et de contrôle de la qualité.

Des corrélations statistiquement significatives ont d'ailleurs été obtenues entre les contenus relatifs en certains minéraux et les mesures effectuées par la suite. Bien que les coûts résultant d'un programme d'échantillonnage détaillé puissent d'abord paraître élevés, un mauvais échantillonnage pourrait conduire à une interprétation incorrecte des résultats mettant en péril la survie même du projet minier.

7.2.2 Planification minière

Lors de la planification d'un projet d'exploitation minière, un programme d'échantillonnage doit donc être établi pour la durée de vie de la mine; c'est d'ailleurs le seul remède contre l'incertitude. En élaborant dès le début du projet un programme de suivi de la variation de la concentration en sulfures des roches et de leur potentiel acidogène, l'exploitant minier aura ainsi toute la latitude nécessaire pour prévenir ou diminuer les impacts sur l'environnement découlant de l'exploitation du gisement. Pour mieux contrôler les conséquences négatives sur l'environnement, les entreprises minières doivent donc réaliser un échantillonnage et des séries d'analyses de prédiction du caractère acidogène des minéraux aussi complets que ceux qu'elles emploient pour définir les zones économiquement rentables d'un gisement.

Dans le cas d'une exploitation minière existante, l'organisme réglementaire ou le législateur, qui doit faire face à une situation de non-conformité, se heurte bien souvent à l'incapacité de l'exploitant de modifier le mode de gestion de ses rejets miniers à cause des volumes considérables de matériel qui sont impliqués. En fait, le ministère de l'Environnement ne peut pas intervenir avant qu'il y ait eu violation du règlement ou de la directive environnementale. Il est alors bien souvent trop tard. On devrait plutôt être en mesure d'évaluer le niveau d'incertitude avant d'émettre un permis d'exploitation. D'abord considérée comme une dépense inutile, l'intégration de la protection de l'environnement dans le processus de planification et d'exploitation d'une entreprise minière conduit bien souvent à une plus grande efficacité industrielle, à cause d'une gestion plus « serrée » des opérations visant à minimiser la production de résidus capables d'engendrer du DMA.

Pour évaluer convenablement le risque environnemental lié à l'exploitation d'un gisement minier, il est nécessaire, dès l'étape de la préfaisabilité du projet, d'identifier et de caractériser adéquatement les sources potentielles de danger. On doit, par la suite, pouvoir évaluer correctement les risques (risque = probabilité x conséquences) et mettre en place les divers dispositifs ou les pratiques de gestion qui permettront de contrôler les impacts anticipés. Cette « gestion » du risque doit s'effectuer avant, pendant et après la restauration des lieux.

7.3 Prévision et prévention de la génération du drainage minier acide (DMA)

La prévention repose sur l'utilisation de techniques permettant de prévenir ou de minimiser le drainage minier acide dans les résidus et les stériles miniers. La gestion dite préventive dépend en grande partie d'une connaissance précise des propriétés des rejets et elle se révèle d'autant plus nécessaire que le processus d'acidification, lorsqu'il est déclenché, est très difficile à contrôler. Dans cette section, on décrit les principales méthodes de prévision de la génération de drainage minier acide, soit les essais statiques et dynamiques ainsi que l'ennoiement, qui pourraient permettre de prévenir l'oxydation des minéraux sulfurés et qui méritent une sérieuse considération.

7.3.1 Méthodes de prévision de la génération de DMA

Il importe d'évaluer correctement le potentiel « acidogène » des millions de tonnes de minerai qui sont extraites du sous-sol, dont une partie importante se retrouve sous forme de stériles, de roche encaissante (aussi appelée la gangue) et de rejets des procédés miniers.

La prévision de la production de drainage minier acide est indispensable pour l'approbation des plans d'exploitation minière et la gestion des parcs à résidus (aussi appelés terrils miniers) ou des haldes de stériles. Plusieurs essais chimiques et biologiques ont été mis au point afin de prédire, le plus fidèlement possible, les impacts sur l'environnement.

Essais statiques

Les tests statiques sont des essais simples, rapides et peu coûteux qui permettent de déterminer le potentiel net de production d'acidité grâce à l'analyse du soufre, sous ses diverses formes, et des minéraux neutralisants contenus dans le gisement minier. Ces essais fournissent une indication *qualitative* de la possibilité que le matériau testé produise de l'acide sulfurique (H_2SO_4).

La méthodologie de prévision de la production de DMA par des tests statiques repose essentiellement sur des considérations d'ordre chimique en s'assurant que tout le soufre des sulfures contenus dans une roche sera transformé en acide sulfurique en respectant des règles de stochiométrie simples; c'est la mesure du *potentiel de génération d'acidité* (PGA).

Les tests statiques s'accompagnent généralement d'une mesure de la concentration de certains constituants minéraux susceptibles de neutraliser une partie ou encore la totalité de l'acide sulfurique potentiellement produit (*potentiel de neutralisation d'acidité* ou PNA). Le résultat de ces analyses est habituellement exprimé sous forme de kilogrammes de H_2SO_4 produit par tonne de minerai ou de roches stériles (tests *Acid/Base Accounting*) ou encore en termes de *potentiel net de neutralisation* d'un échantillon (ou PNN). Le PNN est calculé en soustrayant le potentiel de neutralisation d'acidité (PNA) du potentiel de génération d'acidité (PGA).

Bien que la validité des tests statiques fasse présentement l'objet d'un débat, il n'en reste pas moins qu'ils sont particulièrement utiles pour détecter les problèmes potentiels de génération de DMA. La figure 7.2 présente un cheminement critique (algorithme) utilisable dans l'interprétation des résultats d'essais statiques de prédiction de DMA.

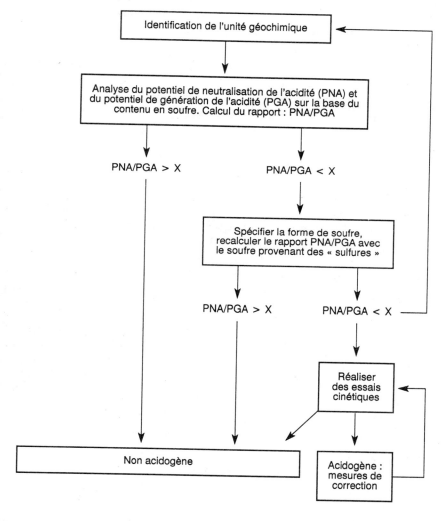

Note : x varie de 1 à 3.

Source : Steffen *et al.*, 1992.

FIGURE 7.2 CHEMINEMENT CRITIQUE À UTILISER POUR L'INTERPRÉTATION DES RÉSULTATS D'ESSAIS STATIQUES À EFFECTUER À PARTIR D'UNE UNITÉ GÉOCHIMIQUE

Il importe de noter qu'un potentiel réel de neutralisation n'existe qu'au laboratoire, car aucun des tests utilisés ne reflète adéquatement les situations de terrains, la disponibilité des minéraux neutralisants et leur cinétique de dissolution pouvant influer sur la précision de ces tests. Ainsi, les feldspaths calciques ($CaSi_{12}O_2$) et les minéraux ferromagnésiens (un groupe de minéraux ayant comme principaux éléments le fer et le magnésium) se dissolvent plus lentement que les carbonatis tels que la calcite ($CaCO_3$) et la dolomite [$CaMg(CO_3)_2$]; leur action se fera donc sentir à plus longue échéance. Dans ce contexte, la cinétique de neutralisation de l'acidité peut se révéler un facteur encore plus crucial que la disponibilité des minéraux neutralisants.

Essais dynamiques

En raison des limitations que présentent les essais statiques, des essais dits dynamiques (aussi appelés cinétiques) ont d'abord été élaborés pour considérer le facteur temps ainsi que les conditions physico-chimiques dans lesquelles est engendré le DMA dans le milieu récepteur (écosystème naturel terrestre ou aquatique), où sont émis ou déposés les liquides et les solides générés par l'exploitation minière.

Aucun protocole n'est encore « normalisé » et la majorité de ceux qui sont proposés ont le désavantage d'être coûteux, de requérir de longues périodes d'exécution (fréquemment plus de trois mois) et de conduire à des prévisions sommaires quant à la production réelle d'acidité. Toutefois, parmi ces essais cinétiques, deux protocoles se sont révélés plus représentatifs : ce sont les essais de type *B.C. Research Confirmation Test* et les cellules humides.

Dans l'essai de type *B.C. Research Confirmation Test*, l'échantillon est pulvérisé et mis en contact avec une suspension active de cellules bactériennes de *Thiobacillus ferrooxidans* dans un milieu nutritif dont le pH a été ajusté à 2,5. La situation idéale veut que la culture bactérienne soit préalablement adaptée au substrat, habituellement du sulfure métallique, avant de réaliser ces essais. L'évaluation de la croissance des bactéries se mesure par l'acidification du milieu et par la solubilisation des métaux lourds (cuivre, fer et zinc). Si, au terme de la période normale de croissance des bactéries le pH s'élève et se maintient à une valeur supérieure à 3,5, l'échantillon n'est pas considéré comme acidogène. Si, au contraire, le pH diminue à 2,5 et conserve cette valeur, le spécimen minéral est à coup sûr acidogène. La durée de la période de croissance normale de

T. ferrooxidans est déterminée dans un essai témoin où les bactéries croissent sur un substrat pyriteux standardisé à leur température optimale de croissance de 30 °C. Un essai témoin, stérile et non inoculé, est aussi effectué simultanément.

Une *cellule humide* est une enceinte fermée dans laquelle on simule la lixiviation chimique ou microbiologique du matériel en contrôlant les facteurs qui influent sur la cinétique d'oxydation des sulfures métalliques. Expérimentalement, les essais sont effectués en ajustant la température, le pourcentage d'humidité et en alternant des cycles d'arrosage et de séchage. La granulométrie du matériel est rendue homogène et l'addition d'une suspension bactérienne de *T. ferrooxidans* permet d'accroître la représentativité de l'épreuve. La durée de ces essais s'étend habituellement sur une vingtaine de semaines, période pendant laquelle des analyses chimiques et physico-chimiques sont réalisées sur des lixiviats provenant du site minier ou sur l'échantillon minéral oxydé.

L'essai *B.C. Confirmation Research Test* requiert que l'échantillon minéral à analyser soit pulvérisé (dimension des particules < 50 µm) afin de libérer et d'exposer tous les minéraux sulfurés à l'oxydation biologique. Par contre, le test en cellule humide s'effectue avec des échantillons dont la granulométrie est plus grossière (dimensions des particules comprises entre 2-3 mm et 2-3 cm).

En règle générale, l'interprétation des essais statiques et dynamiques est complexe et requiert des informations complémentaires sur le contexte géologique d'où est tiré le matériel soumis à l'analyse, plusieurs facteurs ayant un effet marqué sur l'interprétation des divers essais statiques et cinétiques. Tous ces tests doivent être qualifiés de « théoriques » puisqu'ils ne représentent pas toujours une situation réelle. Ils ne tiennent pas compte, par exemple, de la présence d'unités géologiques ayant des propriétés chimiques et physiques particulières, comme la résistance mécanique, souvent fort différente d'un échantillon à un autre.

7.3.2 Ennoiement des rejets miniers non oxydés

Comme nous l'avons mentionné précédemment, la production de drainage minier acide découle plus particulièrement de l'action microbienne, qui est beaucoup plus « violente » que l'action chimique. Puisque l'oxydation microbienne s'effectue dans des conditions aérobies strictes, toute action réduisant le contact avec l'oxygène réduira considérablement ou inhibera totalement l'oxydation biologique. Dans ce contexte, l'immersion, ou l'*ennoiement*, des résidus miniers frais (non oxydés) dans un lac naturel ou artificiel peut prévenir la formation de DMA[1]. Cette approche a cependant été peu utilisée jusqu'à maintenant parce que les exploitants miniers n'étaient pas conscients des mécanismes impliqués dans la génération du drainage minier acide ni de leur ampleur. Il est cependant logique de croire que l'ennoiement de résidus miniers frais, qui préservera ceux-ci de l'oxydation en raison de la diminution de l'apport d'oxygène aux bactéries, et un pH près de la neutralité sont des conditions qui limitent l'activité microbienne et, conséquemment, la production de DMA. On ne peut évidemment pas nier que l'ennoiement risque d'engendrer certains problèmes environnementaux. Ainsi, l'utilisation d'un petit lac comme réservoir d'ennoiement va irrémédiablement entraîner la mort de ce lac. C'est pourquoi il importe de faire une analyse rigoureuse des avantages et des désavantages de cette technique.

Le maintien des résidus miniers non oxydés sous un couvert hydrique approprié, au moins un mètre d'eau et un pH maintenu près de la neutralité, prévient donc l'oxydation microbienne des sulfures, grâce au manque d'oxygène. L'oxydation chimique du sulfate ferreux ($FeSO_4$) se fait très lentement, contrairement à l'oxydation microbienne qui est très rapide. Par exemple, une dizaine d'années sont nécessaires pour oxyder 50 % d'une solution d'ions ferreux (Fe^{2+}) à pH⁻ 2,0 alors que moins de 5,0 mg de bactéries acidophiles (*T. ferrooxidans*) y arrivent en quelques minutes seulement. Les associations synergiques et mutualistes des microorganismes ont donc un rôle très important dans le déclenchement et le maintien de la génération de DMA. On a donc intérêt à limiter plus spécifiquement l'oxydation microbienne.

---

1. Il ne faut pas confondre l'arrêt de l'oxydation des sulfures métalliques sous l'eau avec l'oxydation du fer métallique qui peut être favorisée sous l'eau; dans ce dernier cas, le fer (Fe) est transformé en oxyde de fer (FeO ou FeO_3) dans l'eau.

7.4 Gestion correctrice des rejets miniers

Les méthodes qui permettent de prévenir la production de DMA ne peuvent pas garantir, à elles seules, qu'il n'y aura pas formation et libération d'eaux acides dans l'environnement. Il n'existe actuellement que quelques méthodes permettant de limiter l'infiltration de l'oxygène jusqu'aux résidus miniers, dont celle de l'ennoiement des résidus miniers frais. Toutefois, lorsque l'oxydation a débuté, mais avant qu'il y ait une production trop importante de DMA, on peut mettre en place des stratégies visant à ralentir ou éliminer l'oxydation.

Une approche permettant de limiter l'infiltration de l'oxygène et de l'eau consiste à ériger divers types de barrières de recouvrement à la surface des rejets miniers, ou des parcs à résidus, de manière à contrôler ou limiter l'oxydation des minéraux sulfurés. Les principaux types de recouvrement utilisés sont décrits dans les pages qui suivent. Il sera question, en dernier lieu, de l'inondation de résidus miniers déjà oxydés.

7.4.1 Établissement de barrières sèches à la surface des dépôts de résidus miniers

Les concepts théoriques pouvant être appliqués pour prévenir, voire réduire, le drainage minier acide des résidus à l'aide de barrières sèches sont maintenant bien connus. Les recherches les plus récentes ont été axées sur le potentiel des divers matériaux pouvant être employés dans la fabrication de ces barrières, qu'ils soient appliqués uniquement à la surface des rejets ou incorporés dans la couche des résidus, soit jusqu'à 20 cm de profondeur.

Les divers types de couvertures sèches ont été classifiés selon que les couvertures freinent le passage de l'oxygène en retenant l'humidité (sols naturels, sols naturels modifiés avec de l'argile ou des cendres, résidus miniers désulfurés et membranes synthétiques), selon qu'elles « consomment » de l'oxygène (résidus de bois et boues de papetières) ou encore qu'elles préviennent les réactions d'acidification des résidus miniers (chaux, roches phosphatées, cendres volantes, sels). La principale fonction des couvertures sèches est de former une barrière prévenant le transfert de l'oxygène atmosphérique vers les composés sulfurés contenus dans les résidus sous-jacents. Les couvertures sèches peuvent aussi servir à réduire les infiltrations d'eau dans la masse de résidus et limiter, par le fait même, la lixiviation.

Les couvertures sèches constituent une approche intéressante pour les parcs à résidus miniers où la génération d'acidité ne peut pas être efficacement contrôlée par des méthodes préventives comme la déposition sub-aquatique (ennoiement). Pour être efficaces, ces couvertures doivent toutefois conserver une saturation optimale en eau, phénomène qui permet de freiner le transport de l'oxygène. Le maintien d'un niveau élevé de saturation en eau dépend cependant des propriétés du matériel de couverture et de l'hydrologie du lieu. La rétention d'eau dans la couverture est améliorée par la présence de matériaux fins alors qu'elle décroît rapidement avec l'augmentation de la granulométrie. Des questions subsistent cependant quant à l'efficacité à long terme des couvertures sèches. La faible disponibilité locale des matériaux utilisés et les coûts parfois prohibitifs du transport des matériaux et de la construction de ces couvertures doivent aussi être considérés.

Recouvrement avec du sol naturel

L'utilisation de matériaux naturels est actuellement l'approche la plus répandue pour des raisons aussi bien techniques qu'économiques. Les matériaux recherchés doivent posséder des caractéristiques avantageuses qui sont : une faible perméabilité, une bonne capacité de rétention d'eau, une grande résistance mécanique et, surtout, une disponibilité abondante et une accessibilité dans les régions minières (argile, till, sédiments de fond de lac, etc.).

Ces barrières de recouvrement peuvent être simples ou complexes, comme le système multicouche proposé par Aubertin *et al.* (1993). Une telle barrière est composée des couches suivantes (figure 7.3) :
- une couche humide (de 15 à 90 cm d'épaisseur) servant à la croissance des plantes et à la rétention d'eau. L'épaisseur de cette couche varie selon le type de végétation et doit assurer une protection suffisante aux racines et empêcher un contact avec les résidus sous-jacents;
- une couche de matériaux grossiers (de 30 à 50 cm d'épaisseur);
- une couche drainante non capillaire (de 15 à 40 cm d'épaisseur) servant à évacuer rapidement l'eau d'infiltration et à empêcher la montée de l'eau de la couche de matériaux fins vers la surface. Cette couche doit avoir une conductivité hydraulique supérieure à celle de la couche imperméable sous-jacente;
- une couche imperméable (de 30 à 150 cm d'épaisseur) faite de matériaux fins qui a pour but de limiter l'infiltration de l'eau et d'empêcher le passage de l'oxygène;

– une couche drainante non capillaire pour empêcher la montée du lixiviat minier.

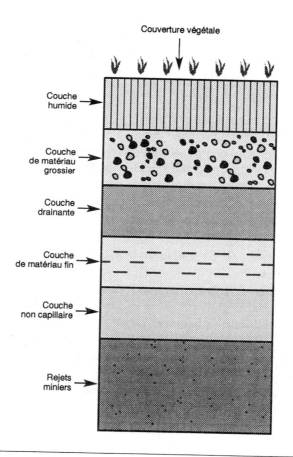

Source : Aubertin *et al.*, 1993.

FIGURE 7.3   CONFIGURATION TYPIQUE D'UNE BARRIÈRE DE RECOUVREMENT MULTICOUCHE À LA SURFACE DES RÉSIDUS

La construction de barrières simples à partir d'une couche de sol imperméable (argile, silt ou till), bien qu'elle offre un meilleur rendement que le simple recouvrement végétal et soit moins coûteuse que les barrières multicouches, est d'une efficacité limitée compte tenu de la difficulté d'assurer son intégrité. Une couche composée de sols fins, d'une épaisseur minimale de 2 mètres et recouverte d'une couche de protection contre l'érosion, est habituellement nécessaire pour obtenir une protection acceptable. Certaines interrogations subsistent toutefois quant à leur efficacité à long terme (fendillement de la couverture, résistance aux cycles de gel/dégel, etc.). Cependant, les couvertures simples ou multicouches faites de sols naturels constituent la référence à laquelle les barrières sèches doivent être comparées.

Recouvrement avec du sol naturel modifié

De telles barrières sont composées de sols naturels dont on a effectivement modifié certaines propriétés. Plusieurs additifs sont utilisés, parmi lesquels la bentonite, des polymères et des cendres de bois. Ces additifs permettent d'améliorer la rétention de l'humidité des sols naturels ou de les rendre moins sensibles aux dommages résultant des cycles de gel et de dégel.

Les résultats obtenus avec l'utilisation de divers résidus miniers comme additifs semblent aussi très encourageants, dans la mesure, cependant, où ils ne contiennent que de très faibles quantités de sulfures oxydables. Des barrières sèches construites à partir de résidus miniers alcalins ou non générateurs d'acidité font présentement l'objet de travaux de recherche au Québec (Aubertin, 1993). On n'entrevoit aucune difficulté technique particulière pour leur construction et les bénéfices potentiels pour l'industrie minière sont énormes. Il faut toutefois tenir compte des coûts de transport de tels résidus, si cela est nécessaire, car dans certains cas ces coûts pourraient être prohibitifs.

Autres types de recouvrement

Les membranes synthétiques ou géomembranes (voir la section 4.6) ont souvent été utilisées et elles sont encore proposées comme barrières imperméables. Les membranes synthétiques étant virtuellement imperméables (perméabilité hydraulique inférieure à 10^{-10} cm/s) et résistantes à l'attaque chimique ou microbienne, elles constituent d'excellents matériaux pour la construction de barrières sèches à la surface des parcs à résidus miniers. On croit que ces membranes pourraient avoir une durée de vie variant entre 50 et 100 ans. D'autres types de membranes synthétiques ont été employées comme barrière à l'infiltration; elles sont fabriquées de composés asphaltiques, de ciment ou encore de biopolymères.

Bien que les sols naturels et les membranes synthétiques aient démontré leur efficacité, la disponibilité et le coût de construction de ces barrières obligent à examiner d'autres options. Dans ce contexte, des substances naturelles, organiques ou inorganiques et peu coûteuses, sont préférables. Dans les paragraphes qui suivent, on examine donc l'utilisation de résidus ligneux, comme le bois ou la tourbe, ainsi que celle de matériaux de chaulage.

Résidus de bois et résidus forestiers

Les résidus de bois, comme les sciures, les planures et les écorces, de même que d'autres matériaux ligno-cellulosiques peuvent être employés efficacement dans la mise en place de barrières pouvant « consommer » de l'oxygène. La diminution de l'apport d'oxygène dans les résidus miniers sous-jacents dépend de la croissance de micro-organisme capables de dégrader la cellulose et les hémicelluloses contenues dans le matériel de recouvrement. Cette biodégradation se faisant en aérobiose, l'oxygène est donc consommé par les micro-organismes.

L'emploi de ces matériaux, abondants et renouvelables, soulève cependant certaines questions quant à leur hétérogénéité physique et chimique, leur stabilité à long terme, les critères de conception à employer et la possibilité de formation de lixiviats indésirables[2]. Les résidus forestiers sont très hétérogènes, tant du point de vue de leur composition physique que chimique, et leur utilisation pour « consommer » l'oxygène dépend de plusieurs propriétés comme la surface spécifique (surface totale des particules/unité de masse exprimée en cm^2/g), le contenu en eau et en matière organique dissoute ainsi que la température et le pH de l'environnement au sein duquel ils seront employés.

Comme les résidus de bois se dégradent, ces couvertures ont une durée de vie limitée. On estime en effet à 10 ans la durée de vie efficace d'un recouvrement d'un mètre de ces matériaux; au fur et à mesure que la matière organique biodégradable est épuisée, la concentration en oxygène dans les résidus miniers pourrait s'accroître. Pour augmenter leur durée de vie à plus de 50 ans, ce type de couverture devrait avoir une épaisseur

---

2. La biodégradation des composés ligno-cellulosiques peut donner lieu à l'accumulation d'acides organiques ainsi qu'à des concentrations significatives de méthane (CH_4) et de bioxyde de carbone (CO_2).

minimale variant entre 2 et 3 mètres. La performance obtenue dépendra alors du niveau d'humidité, du degré de compaction et de la capacité des résidus forestiers de favoriser une consommation d'oxygène.

En raison de la variabilité physique et chimique des matériaux, la conception de ces couvertures ne s'effectue que par essais et erreurs, sans barème précis. En l'absence de prévisions fiables, les estimations quant à l'épaisseur optimale de la couverture, à la dimension des particules (copeaux ou sciures) et au mode d'application (en une seule application ou période) sont conjoncturelles.

Tourbe et matériaux organiques

On a suggéré l'utilisation de la tourbe comme solution de rechange aux sols naturels pour contrer le phénomène d'acidification des résidus miniers sulfureux. La consommation d'oxygène engendrée par ce type de recouvrement semble cependant trop faible pour avoir un effet significatif. Toutefois, comparée aux résidus de bois, la tourbe est plus uniforme comme matériau d'appoint et elle peut être utilisée pour retenir l'humidité ou pour absorber et fixer les métaux lourds solubilisés.

Les boues d'usines d'épuration, les composts, les boues d'usines de pâtes et papiers et les fumiers, bien que représentant souvent de faibles volumes, peuvent aussi être utilisés dans la confection de barrières consommatrices d'oxygène. Ces matériaux renferment en effet des microflores microbiennes capables de consommer beaucoup d'oxygène. Parmi les matériaux utilisés, les boues alcalines de pâtes et papiers, qui ont la propriété de retenir l'humidité, pourraient aussi neutraliser l'acidité accumulée dans les résidus miniers déjà oxydés. Leur caractère alcalin en ferait un atout précieux pour leur épandage et leur incorporation à des résidus miniers oxydés, à la condition qu'elles ne contiennent pas de composés soufrés oxydables comme les sulfures (S^{-2}), le sulfite (SO_3^{2-}) et le thiosulfate ($S_2O_3^{2-}$).

La biodégradation et la biotransformation de la masse organique donne toutefois lieu à la formation de composés dissous dans les eaux interstitielles. Les acides organiques (principalement les acides acétique, propionique et butyrique) sont des produits du métabolisme anaérobie qui peut se dérouler dans certaines barrières lorsque l'oxygène disponible est épuisé. Ces acides forment rapidement des complexes avec les ions métalliques, accroissant ainsi la mobilité des métaux dans l'eau. Des composés phénoliques et aromatiques polycycliques peuvent également être produits lors de la biodégradation des lignines. Bien que ces dernières soient plus stables que la cellulose, leur dégradation par les champignons microscopiques est susceptible d'avoir une influence négative sur la qualité des eaux contenues dans les résidus miniers.

Matériaux de chaulage

Les minéraux calcaires (matériaux de chaulage) constituent un autre type d'additif. Les matériaux de chaulage les plus communément utilisés sont les composés de calcium et de magnésium, tels que les oxydes et les hydroxydes, ainsi que les sels de calcium et de magnésium d'acides faibles, tels que les carbonates. Ces composés, parfois appelés « chaux agricole », contiennent cependant une teneur en calcium et en magnésium très variable.

La pierre à chaux est le matériel de chaulage le plus employé dans la catégorie des carbonates de chaux. La pierre à chaux contient principalement deux composés, la calcite ($CaCO_3$) et la dolomite [$CaMg(CO_3)_2$]. En fonction de la proportion de ces deux composés, on parle de pierre à chaux calcitique, contenant peu ou pas de magnésium, et de pierre à chaux dolomitique ou de dolomite. De façon générale, la pierre à chaux dolomitique se décompose plus lentement que la pierre à chaux calcitique.

Les matériaux de chaulage sont incorporés aux résidus miniers frais (non oxydés) ou oxydés où ils peuvent neutraliser les réactions d'acidification des composés sulfurés. L'efficacité de l'incorporation du matériel neutralisant à la surface des résidus miniers dépend de plusieurs facteurs. Il faut tenir compte de la profondeur de la zone d'oxydation, de la géochimie des résidus miniers, de la méthode d'incorporation et du taux d'application du matériel calcaire. Dans les parcs à résidus miniers où la nappe phréatique se situe sous le niveau de base des rejets, l'addition de ce type de matériel ne constitue pas une méthode appropriée à long terme parce que le matériel neutralisant n'est efficace que dans la mesure où il y a de l'eau pouvant le lier aux résidus oxydables.

L'addition de matériel calcaire est une technique efficace et économique qui devrait toujours être considérée. Un désavantage potentiel de la barrière faite de matériel de chaulage est toutefois qu'elle ne prévient pas l'oxydation des sulfures, mais permet plutôt de contrôler la vitesse d'oxydation. Ainsi, la production d'acide pourrait se poursuivre et des concentrations élevées de sous-produits ($CaSO_4$, $MgSO_4$) pourraient se retrouver dans les eaux de drainage ou de lixiviation.

Couverture végétale (revégétation)

Lorsqu'on a complété la mise en place d'un recouvrement, il est souhaitable de ne pas laisser le sol à nu, ni le substrat employé. En effet, une telle situation peut être à l'origine d'érosion éolienne ou hydrique en plus d'être très inesthétique. Afin d'éviter ces inconvénients, on peut favoriser la mise en place d'une couverture végétale, action que l'on appelle revégétation.

L'emploi de graminées (avoine, blé, orge, ivraie, fétuque, agrostis, etc.) ou de légumineuses (trèfle, luzerne, mélilot, etc.) constitue un moyen de lutte très efficace contre l'érosion puisque les herbages offrent une protection presque complète à cause de leur densité et d'un système radiculaire très serré qui empêche l'érosion éolienne ou hydrique.

En plus de protéger le sol exposé, les graminées et les légumineuses apportent aussi au milieu minéral de croissance (le sol ou l'amas de résidus) des fibres et de la matière organique qui peuvent se transformer en humus, lier les particules minérales et empêcher l'érosion. L'établissement d'un couvert végétal dense peut aussi, à long terme, contribuer à restreindre la pénétration de l'eau et de l'oxygène dans les résidus miniers et ainsi réduire la possibilité de réactions chimiques d'acidification.

On peut revégéter des résidus miniers en semant des graines de plantes telle la féole des prés (mil), divers trèfles, du pâturin du Kentucky, du raygrass et du mélilot; on peut aussi employer des mélanges commerciaux contenant diverses proportions de ces végétaux. Lors des premières semences il est évidemment obligatoire de fertiliser les résidus qui ne contiennent pas les éléments nutritifs essentiels à la croissance végétale (principalement l'azote et le phosphore). De plus, il est souhaitable de herser le sol afin de permettre aux graines d'être recouvertes.

Après plusieurs décennies, la revégétation devrait être suffisante pour ne plus laisser de sol à nu. L'accumulation de matière organique et d'humus dans le sol devrait permettre la croissance de petites plantes ligneuses, de la famille des éricacées, ou de végétaux un plus haut comme l'aulne. Les expériences de revégétation étant trop récentes, on ne sait pas s'il est possible qu'une forêt de feuillus ou de conifères de grande taille puisse s'implanter. Théoriquement, on pourrait penser que cela est possible, mais une période de près d'un siècle serait nécessaire.

7.4.2 Inondation de parcs à résidus miniers oxydés

Comme nous l'avons mentionné à la section 7.3.2, l'immersion des résidus et des stériles miniers *non oxydés* représente probablement le mode de disposition le plus efficace dans la mesure où les caractéristiques géographiques, environnementales et économiques du site minier le permettent. Toutefois, les problèmes reliés à l'ennoiement de résidus et de stériles miniers *oxydés* sont bien différents.

Les processus d'altération des rejets miniers sulfurés sont régis par plusieurs facteurs tels que la pluviosité, la température, le cycle de sécheresse et d'humidification du roc, le cycle de gel et de dégel, la concentration de l'oxygène dissous, la géochimie (pH, potentiel redox, etc.) ainsi que la présence des bactéries ferro- et thio-oxydantes. Les parcs à résidus miniers oxydés sont caractérisés par une surface fortement colorée en brun-orangé par les sulfates ferriques. Ces précipités sont les produits de réactions de l'oxydation chimique et microbiologique des sulfures métalliques et on les retrouve fréquemment adsorbés aux particules des sulfates de métaux lourds solubilisés.

Le mouvement de la nappe phréatique pendant la saison estivale favorise habituellement l'activité microbiologique aérobie à cause d'une alternance de périodes sèches et humides dans la couche superficielle des rejets miniers. Si des rejets sulfureux oxydés sont recouverts d'eau sur une épaisseur significative (plus d'un mètre), il se produit un lessivage des substances chimiques solubles et de l'acide sulfurique vers la nappe phréatique sous-jacente. Dans ce cas, une neutralisation de l'acide sulfurique immobilisée dans les résidus miniers oxydés est obligatoire avant de procéder à l'ennoiement des résidus. Cette neutralisation se fait habituellement par un apport considérable de matériel de chaulage pour s'assurer de la neutralisation complète de l'acidité des résidus miniers déjà oxydés.

L'efficacité de l'inondation des résidus miniers oxydés est aussi déterminée par le maintien de l'intégrité des conditions physico-chimiques des eaux de recouvrement. L'objectif est de soustraire les rejets oxydés aux groupes microbiens acidophiles et à l'oxygène atmosphérique. Il a été démontré, en laboratoire, que l'ennoiement de résidus miniers oxydés sous deux mètres d'eau, maintenue à un pH compris entre 6,5 et 7,5, n'affectait pas la viabilité des bactéries acidophiles, mais uniquement leur activité oxydatrice vis-à-vis du fer ferreux (Fe^{2+}). Il suffirait donc que les bactéries inactives se retrouvent dans des conditions de croissance normales pour qu'elles se remettent à croître et à oxyder les sulfures (Karam et Guay, 1994). C'est pourquoi la destruction de ces bactéries ou le maintien d'un pH près de la neutralité est essentiel et demande un suivi régulier.

7.5 Le traitement des effluents miniers acides

Malgré la mise en œuvre d'une gestion préventive ou correctrice, la contamination du milieu naturel est possible. De plus, il existe actuellement de très nombreux parcs à résidus miniers laissés à l'abandon où aucune mesure particulière n'a été prise. Dans ce cas, la production de DMA peut être importante et l'élaboration de méthodes de gestion correctrice ne saurait, à court terme, éliminer les effets néfastes de la pollution du milieu, particulièrement les eaux de surface (lacs, ruisseaux, rivières). Dans ce contexte, on doit appliquer diverses mesures de traitement de l'eau. On peut notamment tenter de contrôler la formation d'acide sulfurique, contrôler la migration des contaminants, comme les métaux lourds solubilisés, ou encore recueillir et traiter les eaux de drainage. Rappelons ici que durant l'exploitation des gisements miniers, les eaux de mine sont généralement captées et traitées ou, lorsque la qualité de ces dernières le permet, elles sont rejetées directement dans le milieu récepteur. L'interception et le traitement de ces eaux permettent, dans la plupart des cas, le rejet d'un effluent final de qualité acceptable pour le maintien de l'équilibre des écosystèmes naturels adjacents aux installations.

Plusieurs types de contaminants ont été identifiés dans les eaux issues de l'exploitation de gisements miniers sulfureux, mais le plus souvent on retrouve des métaux lourds (aluminium, cuivre, fer, zinc, etc.) et des sulfates. Les opérations de préparation du minerai peuvent aussi donner lieu à une contamination par des éléments comme l'arsenic et l'antimoine, des cyanures, des complexes métallo-cyanurés et des thiosels (thiosulfate) dont la présence résulte de l'oxydation partielle du sulfure dans des cellules de flottation (la flottation est un procédé de traitement hydrométallurgique de certains minerais) et dans le circuit de broyage des minerais. Précisons ici que la solubilité des métaux lourds est directement proportionnelle au degré d'acidité de l'eau et du potentiel redox (Eh); plus la solution est acide, plus les métaux se solubilisent.

Le pH est le descripteur le plus souvent utilisé pour évaluer la qualité d'un effluent minier, mais d'autres descripteurs sont également mesurés et réglementés, tels le sulfate, le fer total, le manganèse et l'aluminium ainsi que les solides en suspension ou dissous.

L'acidification des eaux d'exhaures (les eaux pompées d'une excavation minière afin de maintenir les tunnels au sec), de ruissellement et d'infiltration se poursuit même après la fin de l'exploitation de la mine, ce qui oblige les compagnies minières à entretenir des installations pour recueillir et traiter ces effluents.

On distingue habituellement deux types de traitement des eaux minières acides : les *systèmes actifs*, qui mettent en jeu des technologies nécessitant des frais d'exploitation relativement élevés et une capitalisation importante pour les installations de traitement elles-mêmes, et les *systèmes passifs*, comme les marécages naturels ou artificiels, qui permettent de réduire les coûts de traitement des eaux à la fin de l'exploitation de la mine. Étant donné la capacité limitée des traitements passifs, ceux-ci sont utilisés pour traiter les effluents acides à faible débit dans le contexte de mesures préventives ou pour le contrôle du drainage minier acide sur des sites restaurés. On les utilise aussi pour traiter ce que l'on appelle les résurgences, qui sont des eaux de drainage minier acide suintant à travers les digues de confinement et qui peuvent migrer sous la surface du sol à bonne distance des lieux où elles sont produites; bien souvent, elles sortent du sol à la manière d'une eau de source.

7.5.1 Traitement actif des effluents acides

Il existe essentiellement deux types de procédés utilisés pour le traitement actif des eaux acides : les procédés chimiques et physico-chimiques.

Les *procédés chimiques* reposent sur la neutralisation de l'acidité et la précipitation des métaux solubilisés avec des matériaux alcalinisants comme la chaux vive (CaO), la chaux hydratée [$Ca(OH)_2$], l'hydroxyde de magnésium [$Mg(OH)_2$], le calcaire moulu ($CaCO_3$), l'ammoniaque (NH_4OH), la soude caustique (NaOH) et le sulfure de sodium (Na_2S).

La neutralisation des eaux acides conduit à la précipitation des métaux sous forme d'hydroxydes. Bien que ces derniers doivent tous précipiter à un pH de 9,0, on observe en pratique qu'il faut souvent atteindre un pH de 12, donc très alcalin, pour compléter la précipitation. Les réactifs les plus couramment utilisés sont la chaux hydratée [$Ca(OH)_2$] et la chaux vive (CaO), qui ont l'avantage de préserver l'alcalinité (pouvoir tampon) de l'eau, voire de l'augmenter, et de produire une eau de qualité acceptable. On peut procéder à la neutralisation d'un effluent minier par addition de matériel de chaulage au déversoir du parc à résidus miniers en mode d'ajustement manuel ou automatisé. Les eaux dont l'acidité a été neutralisée sont ensuite acheminées vers des étangs de sédimentation pour permettre le dépôt des matières en suspension. Les boues générées et des dépôts de matières fines gorgées d'eau peuvent être codéposés avec les résidus miniers.

On peut aussi effectuer la neutralisation des eaux acides avec du matériel de chaulage dans des enceintes où le pH est maintenu constant. On introduit généralement de l'air pour assurer l'oxydation du fer ferreux (Fe^{2+}) en fer ferrique (Fe^{3+}), seuls les ions ferriques précipitant sous forme d'hydroxydes. L'addition de floculants peut aussi accélérer la sédimentation des matières en suspension. Une séparation liquide/solide est ensuite effectuée dans un clarificateur/épaississeur ou dans un bassin de sédimentation. Ces boues, qui contiennent généralement entre 1 et 5 % de matières solides, peuvent ensuite être codéposées avec les résidus miniers ou encore entreposées dans des bassins de confinement spécialement conçus à cette fin. Une variante de cette technologie consiste à agglomérer des boues à haute densité de solides (*High Density Sludges* ou HDS) par une recirculation partielle des boues vers la première enceinte. Ces boues contiennent habituellement plus de 20 % de matières solides, ce qui permet notamment une réduction significative du volume à manipuler et à entreposer de manière sécuritaire; elles peuvent aussi être stabilisées avec des ciments.

Le traitement à la chaux des effluent miniers est avantageux si l'on considère le faible coût des réactifs, la facilité de contrôler le procédé, l'atteinte des valeurs de pH acceptables et la facilité de la séparation liquide/solide. Toutefois, bien que ces procédés de traitement soient efficaces, ils nécessitent une surveillance et un entretien constants. De plus, comme les décharges de rejets miniers peuvent être la source d'eaux de drainage acide pendant des décennies, le traitement à la chaux se révèle à la fois onéreux et peu pratique.

Un autre procédé, utilisant des composés sulfurés, comme le Na_2S, pour le traitement des effluents miniers, consiste à faire réagir les ions S^{2-} avec les métaux lourds solubles et à les précipiter en tirant profit de la très basse solubilité des sulfures métalliques. Ce procédé, qui n'est pas affecté par la présence de produits organiques, permet de précipiter certains éléments comme le mercure, l'arsenic, le cadmium, le zinc et le cuivre en plus de permettre la récupération subséquente des sulfures de cuivre (CuS) et de zinc (ZnS). La précipitation par les sulfures est par contre difficile à contrôler et elle peut provoquer des émanations d'hydrogène sulfuré (H_2S) lorsque le pH n'est pas bien contrôlé. Les précipités ont aussi une granulométrie très faible, comme la plupart des précipités chimiques, et ils sont donc très difficiles à séparer. De plus, s'ils ne sont pas entreposés adéquatement dans des cellules étanches, les sulfures métalliques peuvent à nouveau être oxydés (oxydation chimique ou microbiologique) et engendrer du DMA.

Le traitement actif des effluents miniers enlève principalement par précipitation le fer et le manganèse, alors que les sels calciques, magnésiens et sulfatiques ne sont pas enlevés. Pour obtenir une eau de bonne qualité, il faut donc recourir à des techniques plus élaborées. Dans ce cas, les *procédés physico-chimiques* sont recommandés. On retrouve dans cette catégorie les procédés utilisant les résines échangeuses d'ions (voir la section 3.5.8), l'adsorption sur charbon activé (sections 3.5.7 et 6.5.3), la coprécipitation avec les ions ferriques (Fe^{3+}), l'ultrafiltration, la microfiltration et l'osmose inverse (section 3.5.11). Plusieurs de ces techniques offrent de bons rendements d'enlèvement des métaux, mais leur utilisation n'est pas fréquente dans l'industrie minière, compte tenu des volumes considérables et des charges en métaux à traiter.

7.5.2 Traitement passif des effluents acides

Des systèmes de traitement passif, en grande majorité des marais épurateurs, ont été construits pour une grande variété de rejets liquides; toutefois, la majorité de ces systèmes ont été conçus pour traiter des eaux de rejets domestiques qui contiennent des composés organiques (voir la section 2.5.3).

On peut toutefois utiliser de tels systèmes pour traiter les eaux de drainage minier acide. Cinq catégories de systèmes passifs de traitement sont décrites ici : les drains calcaires anoxiques, les marais aérobies, les marais de roseaux, les marais à base de compost et les systèmes de biosorption.

Les *drains calcaires anoxiques* sont constitués de tranchées remplies de copeaux de calcaire ($CaCO_3$) placés sur une membrane imperméable;

on les dit anoxiques parce que l'oxygène atmosphérique n'y pénètre pas et qu'il peut y avoir des composés azotés (voir la section 2.4.3). Les effluents acides y circulent habituellement par gravité sous une couche d'argile (figure 7.4). Le caractère anoxique des drains calcaires empêche l'oxydation du fer et de l'aluminium tout en favorisant la précipitation des métaux sous forme d'hydroxydes. Ces systèmes artificiels ont été construits surtout aux États-Unis dans le but d'augmenter l'alcalinité des eaux de drainage et élever leur pH avant leur passage dans un marais épurateur. Après une période de quelques années, on doit cependant enlever les hydroxydes ferriques et d'aluminium précipités, ce qui soulève le problème de la gestion des boues.

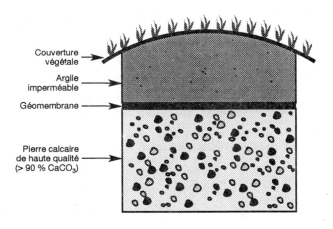

Couverture
végétale

Argile
imperméable

Géomembrane

Pierre calcaire
de haute qualité
(> 90 % CaCO$_3$)

FIGURE 7.4   COUPE D'UN DRAIN CALCAIRE ANOXIQUE

Les *marais épurateurs aérobies* sont des systèmes artificiels de traitement des eaux acides de drainage. Combinés aux drains calcaires anoxiques, ces marécages constituent l'un des systèmes les plus efficaces pour traiter les effluents acides des sites d'exploitation de charbon, puisqu'ils ont d'abord été développés et utilisés dans le charbonnage de Pennsylvanie, aux États-Unis.

Le rôle essentiel de ces marais est de précipiter le fer et le manganèse dans des conditions oxydantes. La formation de précipités de manganèse se produit principalement au niveau des surfaces aérées et dans les zones peu profondes du marais épurateur. Le manganèse, qui est un élément nutritif important pour les plantes, est abondamment utilisé par les quenouilles (*Typha latifolia*) dont la présence est presque systématique dans ces marais.

L'efficacité de ces systèmes est variable, mais elle est favorisée lorsque le pH de l'eau est supérieur à 5,0. De plus, une conception hydraulique appropriée augmente considérablement leurs performances. En effet, les eaux à traiter empruntent souvent un chemin d'écoulement préférentiel avec, comme résultat, des temps de rétention plus faibles que le temps nécessaire pour un traitement optimal. On doit aussi s'assurer d'un contact adéquat de l'effluent à traiter avec les sédiments et d'un temps de rétention suffisant, car c'est précisément au niveau des sédiments que se développent les conditions anaérobies garantes de l'efficacité des marais épurateurs. Le principe actif de l'épuration repose sur le développement de flores microbiennes constituées essentiellement de bactéries sulfato-réductrices qui réduisent les sulfates (SO_4^{-2}) en sulfure d'hydrogène (H_2S). Ce dernier composé, généré dans les sédiments profonds des marécages, réagit avec les métaux solubles (Cu^{2+}, Fe^{2+}, Zn^{2+}, etc.) pour les précipiter sous la forme de sulfures insolubles qui s'accumulent dans les sédiments.

Les *marais de roseaux* sont constitués d'un substrat (habituellement du gravier, du sable ou de la terre) dans lequel sont plantés des roseaux (*Phragmites australis L.*); ils sont conçus pour un écoulement horizontal des eaux sous la surface (HSS, voir la figure 2.12b) et ils ne sont généralement pas en mesure de traiter des débits importants.

Les marais de roseaux sont un moyen efficace pour enlever la pollution organique (mesurée en demande biologique en oxygène – DBO), mais ils se révèlent généralement inadéquats pour l'enlèvement de l'azote ammoniacal et du phosphore. Le rôle des plantes, qui favorisent l'accroissement de la perméabilité du substrat (par le développement des racines) et la libération d'oxygène qui permet de stimuler l'activité microbienne aérobie, n'a cependant pas été clairement établi. Quelques études ont en effet montré que de tels systèmes pouvaient fonctionner aussi bien avec que sans végétation.

Les *marais à base de compost* tirent leur origine des marais anaérobies. Ils sont d'abord conçus pour favoriser l'activité des bactéries sulfato-réductrices, lesquelles peuvent générer de l'alcalinité, augmenter le pH et faire précipiter les métaux lourds sous la forme de sulfures. La présence d'un substrat organique (la tourbe) recouvrant les zones profondes fournit le carbone organique et les éléments nutritifs requis par les bactéries sulfato-réductrices. Des marais construits pour traiter le DMA avec des charges en acidité et en fer plus élevées incorporent généralement un compost jeune, plus biodégradable, qui supporte une population microbienne plus importante et plus active. On peut ajouter du calcaire ($CaCO_3$) pour créer des conditions alcalinisantes.

On peut aussi perfectionner les marais à base de compost afin d'en faire des systèmes conçus pour favoriser au maximum les conditions optimales de croissance pour les micro-organismes. Dans ce cas, un apport continu de substances nutritives est nécessaire; cela peut se faire par un apport régulier d'un matériel biodégradable approprié ou, à plus long terme, par l'établissement d'une couverture de plantes dont la dégradation fournit les éléments nutritifs essentiels aux micro-organismes.

Ces systèmes fonctionnent mieux dans des conditions intermittentes d'écoulement, car les résultats expérimentaux suggèrent que des traitements en cuvée avec de longs temps de rétention sont nécessaires pour optimiser les conditions favorables à la réduction des sulfates.

Les *systèmes de biosorption* sont efficaces pour l'enlèvement des ions métalliques présents dans les eaux de mine. La biosorption est un phénomène permettant de retirer certains métaux lourds des effluents. De nombreuses études ont établi qu'une variété d'organismes (moisissures, bactéries, algues), vivants ou morts, peuvent enlever efficacement les ions métalliques par un processus de biosorption qui peut impliquer l'adsorption des ions métalliques à la surface des micro-organismes ou encore leur absorption à l'intérieur de la cellule microbienne. Ce procédé est généralement utilisé comme étape finale d'un traitement pour enlever les polluants résiduels avant leur décharge dans le milieu récepteur. Les supports microbiens, utilisés sous forme de granules, sont habituellement composés de tourbe finement moulue dans une matrice inerte à grande surface de contact (polysulfone); ils favorisent non seulement le rôle des micro-organismes, comme agent actif de biodégradation, mais aussi celui de la tourbe comme agent inerte d'adsorption permettant d'enlever des ions de métaux lourds. Ces systèmes engendrent cependant le problème du devenir des biomasses que l'on doit enlever périodiquement et qui sont inutilisables. Dans certains cas on a cependant démontré, en laboratoire, la possibilité de récupérer des métaux après leur concentration dans une biomasse microbienne ou algale.

Dans le groupe des systèmes de biosorption, mentionnons ici le polissage biologique des effluents, qui utilise des algues vivantes pour accumuler les métaux précipités. Le maintien des populations d'algues requiert cependant l'addition d'éléments nutritifs lorsque ces derniers ne sont pas présents en quantité suffisante dans les eaux à traiter (voir les sections 2.5.2 et 8.3.2).

En terminant ce point sur les systèmes passifs, mentionnons que tous requièrent un certain entretien afin de permettre un traitement efficace et continu des eaux polluées. En effet, dans tous les systèmes où la précipitation des métaux se produit, les boues générées s'accumulent et doivent être enlevées à terme, car elles peuvent altérer les caractéristiques hydrologiques des marais et recouvrir les matériaux organiques. Finalement, mentionnons que les boues chargées de métaux lourds peuvent être considérées comme toxiques ou comme des déchets dangereux, ce qui signifie que leur entreposage et leur traitement subséquent doivent répondre à des normes particulières (voir le chapitre 5).

7.6 Réexploitation des résidus miniers

La réexploitation commerciale de résidus miniers a depuis longtemps été envisagée afin de récupérer le minerai à valeur commerciale non extrait lors de l'exploitation initiale du gisement. Des considérations environnementales se sont par la suite greffées aux aspects économiques, l'objectif poursuivi étant de réduire au maximum les investissements requis pour la restauration des sites miniers. La réexploitation des rejets miniers ne peut cependant pas être toujours envisagée, en raison des coûts particulièrement élevés quand toutes les infrastructures de traitement ont été démantelées, et dans les cas où les gains environnementaux ne justifieraient pas de tels investissements. Une autre limitation vient aussi de la complexité relative des procédés métallurgiques envisagés pour la récupération; à cet effet, il faut considérer le degré d'altération des minéraux rejetés et le tonnage à traiter. Mentionnons finalement que le traitement préconisé pour un site minier dégradé est très spécifique et qu'il ne pourrait pas nécessairement servir de base à une application générale à d'autres sites, même similaires.

377

L'objectif de cette approche est d'abord de « retravailler » des résidus miniers afin d'en extraire les minéraux sulfurés les plus réactifs pour ce qui est du potentiel acidogène. Ce sont donc, en premier, les sulfures de fer (pyrite et pyrrhotine), lesquels sont les plus sensibles à l'oxydation biologique et chimique. Viennent ensuite les autres sulfures métalliques comme la sphalérite (ZnS) et la chalcopyrite ($CuFeS_2$); ces deux derniers composés ont cependant une bonne valeur commerciale, comparativement à la pyrite qui ne représente qu'un résidu, à moins qu'elle ne soit associée à des métaux précieux (or et argent). Parallèlement au retrait des sulfures, on vise l'extraction des métaux valorisables (cuivre, zinc, cobalt, fer, etc.) afin de les purifier.

La faisabilité de réexploitation de résidus miniers oxydés a été étudiée au Québec dans le cas des résidus du site Aldermac (ancienne exploitation de zinc et de cuivre) dans le Nord-Ouest québécois, en Abitibi. Deux études de caractérisation de ce site, réalisées en 1975 et en 1987, ont permis de déterminer que la valeur marchande potentielle des métaux contenus dans les rejets était d'environ 75 millions de dollar (en dollars de 1989). Une étude en laboratoire a donc été entreprise afin de déterminer une séquence d'opérations à réaliser pour obtenir la meilleure récupération possible du cuivre, du zinc, du cobalt, de l'or et de l'argent présents dans les résidus. Le procédé global comprenait cinq étapes de traitement des résidus miniers oxydés en vue d'une exploitation : 1) remise en suspension (pulpe); 2) attrition; 3) séparation magnétique; 4) classification; 5) flottation; et 6) lixiviation bactérienne.

1. La première étape du retraitement de résidus miniers est la remise en suspension des particules minérales dans de l'eau afin de constituer une « pulpe » d'une concentration variant de 30 à 50 % (poids de solides/unité de volume).

2. L'attrition est un procédé mécanique de désulfatage au cours duquel les particules solides sont agitées violemment de manière à ce que leur taille puisse être réduite et que leur surface soit décapée; il s'agit essentiellement d'enlever le sulfate (SO_4^{-2}). Ce traitement de désulfatage se fait dans de l'eau acidulée (acide sulfurique, 0,5 %) permettant de solubiliser les sulfates présents à la surface des particules de minerai (roches, roc). Dans le cas de résidus sulfureux très oxydés, on trouve aussi dans la couche superficielle du minerai une quantité importante d'hydroxydes métalliques que l'on peut enlever de la même manière que les sulfates métalliques.

3. Une séparation magnétique est ensuite effectuée afin de retirer et de rejeter le sulfure de fer le plus réactif pour ce qui est de la production potentielle de DMA, soit la pyrrhotine (Fel-x S)[3]. Dans le cas du site Aldermac, la pyrrhotine représentait près de 10 % de l'ensemble des sulfures métalliques présents dans les rejets, ce qui n'est pas négligeable, compte tenu de sa réactivité et de son oxydation rapide. Contrairement aux sulfates enlevés à l'étape 2, les sulfures de fer sont très réactifs et on doit les confiner de manière sécuritaire afin de les soustraire à l'oxydation chimique et microbienne.

4. Par la suite, une classification a permis de séparer des particules de diamètres différents en utilisant la force centrifuge. En effet, les particules de plus de 100 microns de diamètre ne recèlent habituellement pas de métaux valorisables, ces derniers étant majoritairement concentrés dans les particules de moins de 100 microns de diamètre. La classification, ou le tamisage, est une technique peu coûteuse et relativement efficace pour réduire le volume de résidus miniers à retraiter. Cette étape aurait permis d'éliminer un peu plus de 30 % du volume initial des 1 500 000 tonnes de résidus miniers sur le site. Ces quelque 450 000 tonnes de rejets ne contenaient pratiquement plus de métaux valorisables et on pouvait de plus les entreposer sans danger, compte tenu de leur faible potentiel de génération de DMA.

5. La flottation consiste à mettre les particules recueillies précédemment, ayant moins de 100 microns, dans un réservoir d'eau dans lequel l'injection d'air engendre des bulles. Habituellement, les particules métalliques que l'on désire conserver s'accrochent aux bulles d'air en présence de réactifs comme des agents moussants ou des acides gras et elles se retrouvent à la surface de l'eau, où elles sont recueillies alors que les particules indésirables restent au fond. Cette étape permet de recueillir près de 85 % des particules contenant les métaux valorisables.

6. La lixiviation bactérienne permet de récupérer les métaux sous une forme plus pure. En effet, à la fin de l'étape 5, on obtient des sulfures métalliques dont il est difficile de séparer le soufre du métal à purifier. L'attaque microbienne permet de transformer ces sulfures en sulfates (voir équation 7.4), qui sont des composés solubles dans l'eau, ce qui

---

3. Rappelons que la pyrrhotine est un sulfure métallique ayant des propriétés magnétiques, contrairement à l'ensemble des autres sulfures de métaux, qui ne possèdent pas de telles caractéristiques.

permet de séparer les métaux et le soufre. Ainsi, à partir de composés comme le $CuSO_4$, le $ZnSO_4$ ou le $CoSO_4$ on peut obtenir les métaux sous leur forme élémentaire (cuivre, zinc et cobalt). Dans le cas de la mine Aldermac, une souche de *Thiobacillus ferrooxidans* a été isolée dans les résidus rejetés depuis des décennies et elle a permis de transformer les sulfures métalliques en sulfates métalliques. Globalement, 100 % des minerais de cuivre et de zinc ainsi que 50 % du minerai de cobalt soumis à la lixiviation bactérienne ont été récupérés et purifiés après 25 jours de traitement biologique. Des étapes ultérieures de métallurgie extractive par voie humide (précipitation, flottation, etc.) ont permis d'obtenir des métaux presque purs.

Références bibliographiques

AUBERTIN, M., CHAPUIS, R.P., BUSSIERE, B., AACHIB, M., RICARD, J.F. et TREMBLAY, L. (1993). « Propriétés des rejets de concentrateur utilisés pour la construction de barrières de recouvrement multicouches ». *Comptes rendus du colloque sur le programme de neutralisation des eaux de drainage minier dans l'environnement minier.* Vol. 1 : 155-173.

AUBERTIN, M. (1993). « Évaluation des barrières sèches construites à partir de résidus miniers alcalins ou non générateurs d'acidité ». Dans *Rapport annuel 1992-1993 du Programme de recherche visant la neutralisation des eaux de drainage dans l'environnement minier.* Québec, NEDEM, p. 25-27

ENVIROMINE inc. (1991). *Plan directeur de l'épandage de résidus forestiers et de boues sur le parc à résidus de l'ancienne mine East-Sullivan, Val d'Or, Québec.* Rapport final remis au Service du développement minier, ministère des Ressources naturelles, Gouvernement du Québec, 30 p.

GAUTHIER, G. (1991). *Programme de contrôle de la qualité dans les carrières.* Sainte-Foy, Géosima inc.

GROUPE-CONSEIL ROCHE LTÉE (1991). *Assainissement des eaux et revitalisation des terrils : parc à résidus miniers Solbec et Cupra.* Étude commandée par le Centre de recherches minérales, ministère des Ressources naturelles, Gouvernement du Québec, 197 p.

KARAM, A. et GUAY, R. (1994). *Inondation artificielle du parc à résidus Soldec-Cupra : études microbiologique et chimique.* Rapport final, 69 p. (Contrat CANMET/NEDEM #23440-3-9244/01-SQ.)

STEFFEN, ROBERTSON & KIRSTEN (Canada) inc., en association avec FERGUSON, K. (1992). *Compilation of Acid Rock Drainage (ARD) Rules.* Rapport préparé pour B.C. AMD Task Force, Ministry of Energy & Petroleum Ressource, Mineral Ressources Division, Victoria, British Columbia, 68 p.

Chapitre 8

Les déjections animales

Pierre Chevalier

L'élevage du bétail et des animaux de ferme occupe une place importante dans l'alimentation humaine; en 1994 le commerce mondial de la viande de porc, de bœuf, de veau et de poulet fut de 155 millions de tonnes. Toutefois, l'élevage de ces animaux (incluant les vaches laitières et les poules pondeuses) génère annuellement des milliards de tonnes de déjections sous forme de fèces et d'urine. Il s'agit d'une masse dont les répercussions environnementales sont importantes dans plusieurs régions du monde. Ces déjections sont une source de pollution des eaux de surface et souterraines en plus de créer des nuisances olfactives; dans certaines régions, cette pollution animale est plus importante que celle causée par les autres activités humaines. L'eutrophisation des cours d'eau et des lacs, de même que la propagation de maladies, telles les salmonelloses, sont quelques conséquences de ce type de pollution.

Dans ce chapitre on présente une variété de moyens visant à diminuer les conséquences sur l'environnement des déjections tout en les valorisant d'une manière ou d'une autre. Dans un premier temps, on s'attarde plus particulièrement aux techniques de prévention à la source (au bâtiment d'élevage), lors de l'entreposage puis au moment de l'épandage. Dans un deuxième temps, les sections 8.2, 8.3 et 8.4 sont consacrées à différents types de valorisation des déjections. Il est d'abord question de la valorisation agricole, soit celle qui constitue l'emploi traditionnel des déjections, puis on traite des valorisations alimentaires et énergétiques.

8.1 Prévention ou réduction de la pollution et des odeurs

On fait d'abord un bref rappel du caractère polluant des déjections animales tout en décrivant de manière succincte une chaîne de gestion des déjections. Par la suite, il est question de méthodes et de techniques de prévention ou de traitement de la pollution applicables au bâtiment d'élevage, lors de l'entreposage, puis à l'épandage.

8.1.1 **Rappel du caractère polluant des déjections**

Il importe premièrement de faire une distinction entre les principales catégories de déjections animales en fonction de leur mode de gestion et de bien camper la terminologie employée pour les caractériser. Selon le mode d'élevage utilisé, il en résulte plusieurs types de fumiers : très liquides (95 à 100 % d'eau), liquides (90 à 95 % d'eau), semi-liquides ou pâteux (85 à 90 % d'eau), solides (75 à 85 % d'eau) et très solides (jusqu'à 75 % d'eau). Cette classification est toutefois simplifiée par l'utilisation de deux termes plus généraux, soit le fumier et le lisier. La régie des déjections sous forme solide génère des *fumiers*, qui sont un mélange de fèces, d'urine et de litière dont la teneur en eau est inférieure à 85 %. La litière (paille, bran de scie, tourbe, etc.) est utilisée afin de donner une nature solide ou semi-solide aux déjections. Précisons ici que le liquide qui s'écoule du fumier entreposé est appelé purin, qu'il ne faut pas confondre avec le lisier, décrit plus bas. Le purin est composé de l'eau contenue dans les fèces, de l'urine non absorbée par la litière ainsi que de l'eau de pluie lorsque le fumier est entreposé à l'extérieur et soumis aux intempéries. Le *lisier* comprend l'ensemble des déjections dont la teneur en eau est généralement supérieure à 85-90 % et qui se présentent sous forme liquide. La régie liquide résulte habituellement des nouveaux modes d'élevage industriels où les déjections ne sont pas additionnées de litière. La gestion liquide des déjections est très répandue dans l'élevage industriel du porc et des poules pondeuses (Chevalier, 1993; Consultants BPR, 1989; Fortier, 1982; Simard *et al.*, 1975).

La pollution générée par les fumiers et les lisiers

Les déjections animales sont riches en éléments minéraux (azote, phosphore, potassium, etc.) ainsi qu'en matières organiques diverses. Les composés azotés et phosphorés sont des substances nutritives qui favorisent la croissance des algues et des plantes aquatiques, alors que la matière organique provoque la prolifération de divers micro-organismes. La dégradation de cette matière organique accroît la demande biologique en oxygène (DBO) alors que sa minéralisation libère des substances nutritives (azote et phosphore).

L'azote ammoniacal (sous forme de NH_3 ou de NH_4^+) est habituellement la forme azotée prépondérante dans les déjections fraîches et sa présence résulte essentiellement d'une décomposition incomplète de la matière organique (voir figure 8.3). Les fumiers et les lisiers bruts ont des teneurs en azote ammoniacal importantes. À titre d'exemple, mentionnons qu'une vache adulte de 500 kg excrète quelque 275 g/jour d'azote total (sous formes organique, ammoniacale et de nitrate) et 44 g de phosphore, comparativement à 10 g et 2 g chez un humain (Chevalier, 1993).

La concentration de micro-organismes dans les déjections animales varie habituellement entre 10 et 100 millions par gramme (fumier) ou par millilitre (lisier) (Antoun *et al.*, 1987). On peut aussi ajouter que les déjections quotidiennes d'une vache sont équivalentes à 900 grammes de DBO_5, comparativement à 50 grammes chez l'humain. Globalement, un troupeau de 50 vaches laitières produit une pollution organique équivalente à celle d'environ 1 000 personnes (Chevalier, 1993).

Il faut préciser que la gestion liquide des déjections est celle qui a le plus de conséquences négatives sur l'environnement et qui est la plus susceptible d'engendrer des odeurs nauséabondes (Asselin, 1992; Consultants BPR, 1989). Le lisier est effectivement un liquide polluant, sa DBO_5 étant d'environ 40 000 mg/L, soit quelque 250 fois plus qu'une eau usée urbaine typique. Par ailleurs, le lisier brut est riche en substances nutritives, les concentrations typiques étant de 5 000 mg/L d'azote total, 3 500 mg/L d'azote ammoniacal et 2 500 mg/L de phosphate (Anonyme, 1986). Cette richesse nutritive peut notamment s'expliquer par le fait que jusqu'à 70 % du contenu azoté des aliments consommés par les animaux peut être perdu, soit par gaspillage, soit à cause d'une digestion incomplète (Lincoln et Hill, 1980).

Les odeurs[1]

Les odeurs produites par les animaux de ferme et leurs déjections peuvent provenir de plus de 75 composés divers, dont plusieurs sont identifiés dans les stations d'épuration des eaux usées urbaines (voir section 2.7). Bien que des nuisances émanent de l'odeur corporelle des animaux, des aliments ou de la litière, les déjections constituent sans équivoque la principale source de composés malodorants. Dans ce cas, les odeurs résultent

---

1. D'après Buelna, 1993 et LeCloirec *et al.*, 1991.

d'abord de l'activité microbienne intestinale (odeurs liées aux déjections fraîches), mais aussi de la fermentation ultérieure des aliments, de la litière, des fèces et de l'urine.

Comme nous l'avons mentionné aux chapitres 2 et 3, c'est la décomposition anaérobie de la matière organique qui crée le plus de nuisances olfactives. Théoriquement, la transformation anaérobie mène à la production de méthane et de gaz carbonique, qui sont cependant des gaz sans odeur. Toutefois, les conditions d'entreposage habituelles ne conduisent pas à la méthanisation complète et plusieurs composés intermédiaires malodorants, notamment des acides gras volatils, s'accumulent et concourent à la production de mauvaises odeurs. Ces composés se développent surtout dans le lisier puisque sa nature liquide empêche la diffusion de l'oxygène et favorise des conditions anaérobies. Lors du brassage, du pompage et de l'épandage du lisier on perçoit aisément les odeurs sur une distance pouvant atteindre un kilomètre et parfois plus.

Les acides gras volatils proviennent principalement de la dégradation du matériel végétal et des protéines. Les composés soufrés (comme l'hydrogène sulfuré – H_2S, le méthylmercaptan – CH_3SH, ou le diméthyl-sulfure – CH_3SCH_3) résultent en bonne partie de la transformation microbienne du sulfate et des acides aminés soufrés telles la méthionine, la cystéine et la cystine. Quant au phénol et à ses dérivés, ils proviennent principalement d'un acide aminé aromatique, la tyrosine. La production d'ammoniac résulte de la dégradation des protéines contenues dans les fèces ou dans les aliments, mais aussi de la transformation de l'urée.

Le fumier et le lisier entreposés et non brassés produisent un minimum d'odeurs, mais dès qu'ils sont agités il y a libération des composés volatils. Conséquemment, le plus fort dégagement se fait pendant la reprise des déjections entreposées, leur transport et l'épandage. Mentionnons aussi que la température ambiante a un effet déterminant sur la production d'odeurs. Ainsi, un accroissement de la température de 15,5 à 23 °C provoque le doublement de la production d'hydrogène sulfuré (H_2S).

8.1.2 Chaîne de gestion des déjections animales

Avant de préciser l'ensemble des traitements applicables aux fumiers et aux lisiers, il importe d'abord de décrire brièvement une chaîne de gestion conventionnelle des déjections animales, telle qu'elle apparaît à la figure 8.1.

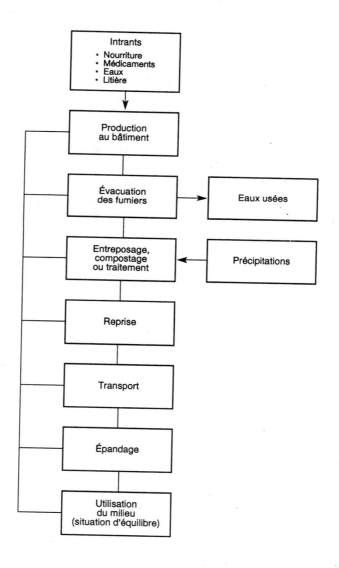

Source : Adapté de Chevalier, 1993.

FIGURE 8.1   COMPOSANTES D'UNE CHAÎNE DE GESTION DES DÉJECTIONS
              ANIMALES

Les fumiers et les lisiers sont constitués d'un ensemble de matières organiques que l'on peut ici assimiler à des intrants. Selon le type de régie adopté, le mélange de ces substances génère des fumiers ou des lisiers qui sont produits au bâtiment d'élevage (étable). L'entreposage est l'étape suivante alors que la reprise désigne essentiellement le pompage des lisiers dans des citernes d'épandage ou encore le chargement des fumiers dans les épandeurs. Cette étape est surtout génératrice de nuisances olfactives, mais elle peut également contribuer à la pollution de l'eau si le chargement ou le pompage ne sont pas correctement effectués. L'épandage au champ est une étape critique, car elle peut être une importante source de pollution et de nuisances olfactives. La pollution de l'eau de surface ou des nappes phréatiques peut en résulter, surtout en cas de surfertilisation. Par ailleurs, l'émiettage du fumier par l'épandeur et la dispersion en aérosol (aéroaspersion) du lisier constituent des sources de mauvaises odeurs.

C'est à l'analyse détaillée de la chaîne de gestion des fumiers et des lisiers que l'on peut déterminer les méthodes applicables pour la réduction de la pollution ou des nuisances olfactives (traitements correctifs). De plus, selon l'utilisation finale des déjections (fertilisation, source d'éléments nutritifs dans le contexte d'un procédé de recyclage biologique, etc.), les technologies retenues diffèrent.

On peut regrouper les traitements et les correctifs selon qu'ils s'appliquent directement à la ferme ou qu'ils sont collectifs. Les *traitements à la ferme* incluent des méthodes de prévention des odeurs de même que des approches visant à réduire la pollution durant l'entreposage et l'épandage. Dans tous les cas, l'utilisation finale prévue pour les fumiers ou les lisiers est habituellement la fertilisation des sols et, par conséquent, les méthodes de traitement doivent affecter le moins possible la valeur fertilisante. Les *traitements collectifs* impliquent la collecte à la ferme et le transport des fumiers ou des lisiers vers un centre de traitement régional. Cela ne peut se justifier que dans des situations exceptionnelles, compte tenu des coûts qui leur sont associés.

Mentionnons finalement que toute mise en place de procédures ou de techniques visant à réduire la pollution doit se faire dans le contexte d'une vision globale. Il serait futile de prévenir la pollution à l'une des étapes de la chaîne de gestion si, à une étape ultérieure, aucune mesure de protection n'est prise. De plus, cette vision globale doit s'étendre à l'ensemble des activités agricoles d'une région, voire d'un pays entier, les problèmes de surplus régionaux des déjections pouvant avoir des répercussions environnementales à des dizaines ou des centaines de kilomètres de leur lieu d'origine.

Une gestion qui tient compte d'une vision globale de l'environnement implique de plus en plus le contrôle de la pollution agricole du bassin versant, considérant celui-ci comme un ensemble regroupant les fermes et les terres agricoles de son territoire[2]. Ce type de gestion est intéressant pour mesurer l'effet des sources diffuses de pollution agricole que l'on ne peut pas localiser. La gestion du cas par cas est alors remplacée par une gestion globale et intégrée. La gestion par bassin versant peut comporter de nombreuses phases, chacune regroupant plusieurs étapes : la détermination des charges de pollution, la fixation des charges admissibles, le choix des technologies d'assainissement ainsi que leur mise en œuvre et, finalement, le suivi et le contrôle de la situation (Gangbazo *et al.*, 1994).

8.1.3 Prévention de la pollution et traitement des odeurs à la source (dans les bâtiments d'élevage)

On distingue les technologies utilisables dans les bâtiments existants et ne nécessitant habituellement que des modifications mineures, de celles exigeant la construction de nouveaux bâtiments. Précisons ici que la majorité des technologies décrites ici visent le traitement des lisiers, compte tenu de leurs effets négatifs importants sur l'environnement.

Bâtiments existants

Dans le cas d'une régie liquide, la prévention à la source de la pollution réside essentiellement dans une diminution du volume des eaux de dilution. Habituellement, les eaux de dilution représentent entre 30 et 50 % du volume de lisier à manipuler et elles proviennent principalement des précipitations, des eaux de lavage de l'étable, du système d'abreuvement et de l'urine des animaux. Afin de diminuer le volume de liquides à l'étable, on essaie de réduire la consommation d'eau par les animaux. À titre d'exemple, un porc pouvant s'abreuver *ad libidum* génère 0,6 litre de lisier par litre d'eau consommé. Il est donc souhaitable d'ajuster le débit du système d'abreuvement ou le temps d'accès des animaux aux

2. Un bassin versant est l'espace géographique qui reçoit l'eau des précipitations, qui est ensuite dirigée vers un cours d'eau principal.

abreuvoirs afin qu'ils n'ingèrent que la quantité réellement nécessaire à leur croissance. Des abreuvoirs bien dimensionnés permettent aussi d'éviter le gaspillage de l'eau. Par ailleurs, des recherches actuellement en cours visent à produire des aliments capables de réduire le volume des déjections en diminuant la soif chez les animaux.

Réduction à la source des odeurs

Compte tenu d'un accroissement considérable des unités de productions animales de type industriel depuis 1970, les problèmes d'odeurs ont pris une ampleur telle que des technologies de désodorisation doivent être mises en place, plus particulièrement en ce qui concerne la régie liquide[3]. Le choix d'une méthode de désodorisation se fait d'abord en fonction de son application dans le bâtiment d'élevage lui-même, selon qu'il est existant ou à construire. Dans le cas des bâtiments existants, les méthodes utilisables pour la désodorisation peuvent se diviser en deux groupes. Dans le premier cas, il n'y a pas de modification des bâtiments existants; l'action se porte sur la modification de l'alimentation, l'emploi de produits biologiques et la biofiltration de l'air. La deuxième approche nécessite des modifications importantes au système de récupération du lisier; on parle ici de la séparation des fractions solide et liquide ainsi que du séchage ou de l'essorage.

La *modification de l'alimentation* des animaux est la mesure la plus en « amont » qui puisse être appliquée. On peut réduire les odeurs en ajoutant des substances de masquage ou en réduisant l'excrétion des composés azotés. Dans le premier cas, mentionnons l'emploi de saponines, des substances glucosidiques extraites de certains végétaux et qui permettent de réduire de moitié l'odeur dégagée par les déjections. Les saponines agissent sur l'uréase microbienne, une enzyme responsable de l'hydrolyse de l'urée en ammonium ou en ammoniac (selon le pH).

De manière générale, on vise plutôt la réduction de l'excrétion des composés azotés, ce qui diminue la formation d'odeurs, mais aussi la concentration de substances pouvant affecter la qualité de l'eau, comme le nitrate et le phosphate (Lemelin et Fillion, 1992). Pour y arriver, on peut

---

3. Les informations présentées ici sont tirées d'une étude effectuée au début des années 1990 (Buelna, 1993; Buelna *et al.*, 1993). Le bilan olfactif de ces technologies repose sur une cote de référence de 10 attribuée à la gestion standard (aucune réduction des odeurs); c'est une valeur maximale (nuisance olfactive maximale), et la cote assignée à une méthode de désodorisation varie linéairement avec la réduction des odeurs.

donner aux animaux une alimentation spécifique à chaque âge, déterminer de manière plus précise leurs besoins en acides aminés ou encore remplacer les aliments naturels par des aliments synthétiques ayant une composition équilibrée en acides aminés. La formulation d'un aliment contenant les acides aminés les plus digestibles peut réduire de 25 % l'excrétion de l'azote dans les fèces ou l'urine.

Les *produits biologiques* utilisés pour réduire les odeurs sont constitués de bactéries auxquelles on peut ajouter un mélange d'enzymes ou d'extraits de plantes. Les produits biologiques s'utilisent comme suppléments alimentaires, s'incorporent dans la litière ou encore dans les déjections entreposées. À titre de suppléments, ces produits facilitent la réduction de l'excrétion de l'azote en favorisant une meilleure assimilation de la nourriture. Les produits ajoutés à la litière contiennent des bactéries qui modifient la structure des composés odorants, comme l'ammoniac et le sulfure d'hydrogène. Les enzymes ajoutées servent habituellement à décomposer les molécules carbonées non absorbées par l'animal (cellulose, amidon), prévenant ainsi leur transformation ultérieure en substances malodorantes. Quant aux extraits de plantes, principalement de yucca, ils se lient aux molécules odorantes et les empêchent de se volatiliser.

Bien que l'utilisation de produits biologiques permette de réduire de 15 à 50 % la présence de certaines molécules malodorantes, la cote d'odeur n'est réduite qu'à 8 (comparativement à 10 sans intervention). Le marché de ces produits est toutefois en pleine croissance et il est indéniable qu'ils représentent une solution intéressante.

La *biofiltration* de l'air est une technologie qui existe depuis les années 1960, mais elle ne connaît un réel développement que depuis le milieu des années 1980[4]. La biofiltration est fondée sur la capacité des micro-organismes de dégrader une multitude de polluants présents dans l'air. En fait, cette technique est similaire à celle employée pour le traitement secondaire des eaux usées (voir la section 2.3.3 sur la biomasse fixée et la section 2.5.1 sur les biofiltres). La biofiltration reproduit le processus normal de transformation et de dégradation habituellement effectué par les bactéries du sol. Le support (matériau filtrant) utilisé dans la biofiltration

---

4. La deuxième partie du chapitre 7 est consacrée à la biofiltration; on y trouvera de plus amples informations sur la question.

de l'air est surtout de nature organique. On utilise principalement du sol, de la tourbe ou du compost mûr, chacun ayant des propriétés physico-chimiques qui permettent l'adsorption des polluants tout en constituant un support approprié pour le développement des micro-organismes épurateurs. Les molécules malodorantes sont d'abord captées (adsorbées) par le support, puis elles sont absorbées par les micro-organismes qui les dégradent normalement en gaz carbonique (CO_2) et en eau. Les biofiltres sont faciles à entretenir et leur efficacité est comparable à celle des procédés de filtration physico-chimiques tels que l'emploi du charbon actif. La technologie est cependant encore trop coûteuse pour être installée dans les élevages de petite ou de moyenne dimension.

La *séparation liquide/solide* est une technique applicable aux bâtiments existants, mais elle nécessite un investissement beaucoup plus important que celles décrites jusqu'ici. Ce procédé implique la séparation du lisier, lors de son évacuation, en une phase dite solide, contenant encore environ 75 % d'eau (fumier), ainsi qu'en une phase liquide, contenant 97 % d'eau et représentant 80 % du volume initial du lisier. La portion solide est entreposée comme le fumier ordinaire et elle peut être ultérieurement valorisée par la fertilisation ou le compostage. Quant à la partie liquide, elle est entreposée dans un réservoir à lisier conventionnel et elle peut être traitée par aération (voir la section 8.1.4). Une chaîne de gestion comprenant la séparation liquide/solide suivie d'un compostage et d'une aération réduit les odeurs à une valeur de 2,8 (sur 10), ce qui en fait l'une des méthodes les plus performantes. L'investissement est cependant important, notamment pour l'achat du séparateur de phases, et peut accroître de six à neuf dollars (canadiens) par porc le coût de production.

Le *séchage* vise la réduction de la teneur en eau des déjections. Cette méthode de désodorisation est notamment utilisée avec les déjections des poules pondeuses. Les excréments de volailles étant très riches en éléments minéraux, le séchage permet une meilleure valorisation, notamment pour leur commercialisation comme fertilisant. En faisant circuler de l'air dans la fosse qui recueille les déjections, on peut obtenir un fumier ayant de 50 à 60 % de matière sèche, lui donnant ainsi un aspect granuleux qui favorise la manutention et réduit considérablement les odeurs. La concentration en éléments minéraux est accrue dans ce cas, mais il faut tenir compte des coûts énergétiques requis par le séchage. Cette méthode n'est pratiquement pas utilisable avec le lisier de porc, compte tenu des volumes générés, de la teneur en eau très élevée et d'une valeur fertilisante moindre.

Nouveaux bâtiments

La construction de nouveaux bâtiments permet de mettre en place des techniques d'élevage dont l'un des buts est la réduction de la pollution à la source. Il sera question ici de l'élevage sur litière biomaîtrisée.

L'élevage sur *litière biomaîtrisée*[5] a été mis au point au Japon au milieu des années 1980 et s'est graduellement implanté ailleurs depuis le début des années 1990. Cette méthode d'élevage représente une modification importante des techniques d'élevage et du mode de gestion des déjections qui est parfois présentée comme révolutionnaire. Cette technique s'applique plus particulièrement à l'élevage porcin où les animaux, au lieu de se déplacer sur un plancher de béton latté[6], le font sur un lit de paille ou de sciure de bois dont l'épaisseur est d'environ 70 cm. Cette litière est enrichie d'un produit (enzymes et bactéries) qui facilite la décomposition des déjections. C'est un activateur biologique qui augmente l'activité des bactéries naturellement présentes dans les déjections. Cette gestion fait en sorte que la température est portée à 30 °C à 10 cm sous la surface alors qu'elle varie entre 40 et 60 °C à 25 cm de profondeur (voir la section 8.2.2 sur la question du compostage). La chaleur engendrée permet donc l'évaporation de l'eau des déjections, ce qui élimine la formation de lisier. Étant donné les pertes d'eau et de matière organique qui sont évacuées dans l'atmosphère lors du compostage, c'est un volume de 0,2 m^3 de compost par porc-emplacement qui en résulte annuellement au lieu de plusieurs mètres cubes de lisier.

Puisque le compostage nécessite une bonne aération et une répartition uniforme des déjections, il est nécessaire de brasser la litière biomaîtrisée toutes les semaines. C'est un travail simple dans les petites porcheries, mais qui peut devenir fastidieux dans les grandes unités de production où plusieurs milliers d'animaux sont élevés; dans ce cas on doit faire le travail mécaniquement.

L'élevage sur litière biomaîtrisée comporte de nombreux avantages, notamment l'absence de production de lisier et une diminution considérable du volume de déjections à manipuler (tableau 8.1). Ce système permet

---

5. Informations supplémentaires tirées de Caouette *et al.*, 1992 et Lavoie *et al.,* 1994.

6. Dans l'élevage porcin standard, le plancher est généralement en caillebotis (latté); il est constitué de lattes de béton espacées de 38 à 44 mm, et les déjections passent par ces ouvertures et tombent dans des fosses sous-jacentes.

aussi de réduire les concentrations de certaines bactéries et de certains gaz toxiques. Mentionnons aussi l'absence d'un système d'entreposage des déjections, un confort accru pour les animaux, mais surtout une désodorisation presque complète, la cote d'odeur étant de 1,1 sur 10; c'est la note la plus basse parmi toutes les méthodes de désodorisation évaluées. Les coûts supplémentaires associés à ce mode d'élevage (comparativement à l'élevage standard) ne sont que de quelques dollars par animal.

TABLEAU 8.1   AVANTAGES ET INCONVÉNIENTS DE L'ÉLEVAGE PORCIN SUR LITIÈRE BIOMAÎTRISÉE

Avantages	Inconvénients
Réduction presque complète des odeurs au bâtiment, à l'évacuation et à l'épandage	Exige des quantités importantes de litière
Diminution des volumes à gérer par un facteur de 7 à 10	La litière doit être entretenue (humidité, aération, ajout de produits, etc.)
Confort accru des animaux et des individus	S'adapte difficilement aux bâtiments existants
Production d'un humus stabilisé pour l'épandage	Accumulation possible des métaux lourds dans la litière
Ne requiert pas de système d'entreposage pour les lisiers	Mécanisation des opérations
	Transmission possible de maladies

Source :   Caouette *et al.*, 1992.

Parmi les inconvénients, on cite notamment la possibilité que des micro-organismes pathogènes se développent dans la litière et se propagent à l'ensemble de l'élevage (tableau 8.1). On a aussi remarqué que les conditions sont favorables au développement de certains actinomycètes et de moisissures pouvant causer des problèmes (*Aspergillus* sp). De plus, l'emploi d'une importante quantité de litière et son entretien régulier exigent un peu plus de travail. Par ailleurs, une importante perte de la teneur en azote des déjections, jusqu'à 70 %, en réduit la valeur fertilisante. Finalement, dans le cas de l'élevage porcin, la litière biomaîtrisée s'adapte difficilement aux bâtiments existants, l'espace libre entre le plancher et le plafond n'étant habituellement que de 2,4 m (en Amérique du Nord), compte tenu du fait qu'avec le recours à la litière biomaîtrisée la litière seule occupe un espace de 70 cm; il est donc préférable de construire de nouveaux bâtiments avec un espace de dégagement plus important.

8.1.4 **Traitement de la pollution et des odeurs lors de l'entreposage**

Dans cette sous-section, après avoir très brièvement présenté les divers modes d'entreposage, il est question de plusieurs techniques visant à réduire la pollution ou les odeurs à cette étape de la chaîne de gestion des déjections. Les techniques présentées ici sont : l'utilisation de toitures, l'addition de produits chimiques, l'aération des lisiers, le traitement anaérobie et, finalement, la construction de caves à lisier avec oligolyse.

L'entreposage s'effectue habituellement dans des fosses ou des réservoirs à lisier ou sur des plates-formes à fumier. La nécessité de l'entreposage vient essentiellement du fait qu'il est impossible d'épandre au jour le jour les déjections produites. En conséquence, l'entreposage doit préserver la valeur fertilisante des déjections tout en éliminant les possibilités de contamination du milieu. Des structures d'entreposage appropriées préviennent la pollution des cours d'eau, des puits et de la nappe phréatique en empêchant notamment la fraction liquide (purin ou lisier) de s'écouler dans l'environnement. Une structure d'entreposage doit être capable d'emmagasiner un important volume de déjections. Dans les régions nordiques où l'hiver est long et froid, la période pendant laquelle le lisier et le fumier ne peuvent pas être épandus peut atteindre 180 jours (de la mi-octobre à la mi-mai) (Fortier, 1982).

Une *régie solide* implique l'évacuation des déjections à l'aide d'un évacuateur à fumier, soit par voie souterraine ou par l'intermédiaire d'une chaîne de nettoyage d'étable (montée d'écureur). La montée d'écureur est la technique la plus utilisée et elle produit un amas de fumier de forme conique qui doit habituellement reposer sur une plate-forme en béton armé munie de murs de 1,2 à 2,0 mètres de hauteur. On peut greffer à cette plate-forme une autre structure, le purot, destinée à recevoir le purin. L'existence d'un purot facilite aussi le chargement du fumier dans l'épandeur et limite la pollution lors du transport (il n'y a pas d'écoulement de purin à partir de l'épandeur) (Consultants BPR, 1989; Fortier, 1982).

Une *régie liquide* implique l'entreposage du lisier dans des réservoirs ou des fosses étanches habituellement situées à l'extérieur du bâtiment d'élevage. Pour évacuer le lisier vers cette structure d'entreposage on emploie des évacuateurs à piston ou des pompes. On ajoute de l'eau si le lisier n'est pas suffisamment liquide pour être pompé. Dans les années 1970 et 1980 on construisait presque exclusivement des réservoirs extérieurs circulaires d'environ trois mètres de profondeur. Toutefois, on estime maintenant qu'il peut être plus avantageux de prévoir une cave à lisier de forme rectangulaire située directement sous le bâtiment d'élevage (voir ce sujet à la fin de la présente sous-section) (Consultants BPR, 1989).

Toitures de réservoir[7]

Que l'on gère des fumiers ou des lisiers, il peut être désirable que la structure d'entreposage soit recouverte d'un toit. Le but principal d'une toiture est d'empêcher les précipitations (la pluie ou la neige) d'accroître le volume des déjections entreposées. Dans certains cas, les précipitations peuvent représenter jusqu'à 30 % du volume entreposé, ce qui n'est pas négligeable. La construction d'une toiture limite aussi la volatilisation de l'azote et réduit les odeurs. On peut construire des toitures de différentes formes fabriquées de contreplaqué et de bardeaux ou de poutrelles d'acier recouvertes d'une toile.

Ajout de produits chimiques

L'ajout de produits chimiques vise essentiellement à inhiber la croissance des micro-organismes responsables de la production des composés malodorants. Dans le passé on a utilisé des substances inhibitrices ou désinfectantes telle la formaldéhyde. Parce que plusieurs de ces substances représentent un danger pour la santé animale et humaine (par exemple, la formaldéhyde est cancérogène) leur emploi a été abandonné. On peut utiliser des substances oxydantes comme les peroxydes, les permanganates et les persulfates qui favorisent l'oxydation de la matière organique, empêchant ainsi la formation d'odeurs. Cependant, à l'heure actuelle, l'acidification du lisier semble être le procédé le plus utilisé. En acidifiant le milieu près de la neutralité (pH de 7,0) on empêche la volatilisation de l'azote sous forme ammoniacale (NH_3) à pH alcalin en favorisant plutôt la forme ammonium (NH_4^+) non volatile; la volatilisation est ainsi réduite de 80 % et le lisier conserve une bonne part de son azote, ce qui contribue à

---

7. D'après Lord, 1992 et Demers et Lord, 1992.

son efficacité fertilisante. L'acidification ne diminue cependant l'odeur qu'à 8,4 (sur une échelle de 10), indiquant ainsi qu'elle n'agit pas sur les composés malodorants autres que l'ammoniac. De plus, l'acidification est une technique coûteuse, compte tenu de la quantité d'acide requise, et elle peut accélérer la corrosion du béton et des métaux (Buelna, 1993).

On a aussi étudié l'emploi de la tourbe comme agent de réduction de la pollution et des odeurs. Des expériences ont montré que l'épandage d'une couche de 20 cm de tourbe blonde de texture fibreuse à la surface du lisier réduit d'environ 30 % la volatilisation de l'ammoniac. Cette réduction permet de conserver une bonne valeur fertilisante au lisier tout en réduisant les odeurs. De plus, l'ajout de tourbe ne nuit pas au pompage du lisier ni à son épandage par aéroaspersion (Rockfeler, 1991). Une autre étude a mis en évidence le rôle bénéfique de la tourbe quant à la réduction des odeurs par l'inhibition de certains composés malodorants contenant de l'azote et du soufre, notamment les amines (éthyl- et méthyl-amines), et quant à la réduction de la volatilisation de l'ammoniac (Al-Kanani *et al.*, 1992).

Aération du lisier[8]

L'aération du lisier peut n'être qu'un simple brassage du liquide afin de favoriser son oxygénation, mais on peut inclure sous cette rubrique des procédés complets de traitement aérobie. Quelle que soit la complexité du système, le but visé est identique à celui du traitement secondaire des eaux usées urbaines, soit l'enlèvement de la matière organique biodégradable (voir la section 2.3.3). L'aération favorise la dissolution de l'oxygène dans le lisier afin de répondre aux besoins physiologiques des micro-organismes aérobies et elle réduit la charge polluante des déjections pendant l'entreposage, tout en éliminant les odeurs. La charge polluante résiduelle est toutefois trop élevée pour permettre le rejet du lisier dans un cours d'eau; le lisier doit alors, par exemple, être épandu sur un champ agricole afin de subir une filtration par le sol.

Au cours de la réaction aérobie, les déjections sont principalement transformées en gaz carbonique (CO_2), en eau, en ammoniac ainsi qu'en biomasse microbienne. Selon les méthodes d'aération utilisées, on peut noter une réduction de 50 % à 80 % de la DBO, une diminution de

---

8. L'information de base de cette sous-section est tirée de Buelna, 1993, ainsi que de Simard *et al.*, 1975.

10 à 20 % du volume de liquide initial ainsi qu'une efficacité de désodori-sation d'environ 90 %. L'aération provoque cependant une réduction de 40 à 60 % de la teneur en azote des déjections. Dans ce contexte, il faut comprendre ici que si l'aération permet de réduire la pollution potentielle de l'eau par le lisier, cela se fait par l'intermédiaire d'un transfert de la pol-lution vers le milieu atmosphérique. En effet, l'azote volatilisé vers l'atmo-sphère sous forme de NH_3 retombe éventuellement sur le sol, sous forme de NH_4^+, ce qui accroît le problème de l'acidification des sols.

Le traitement aérobie du lisier peut se faire dans des étangs extérieurs (lagunes) spécifiquement conçus à cet effet ou dans la fosse de stockage du lisier. La méthode d'aération la plus simple est le recours aux lagunes, aérées ou non (voir section 2.3.3). En fonction de la charge maximale admissible des lagunes non aérées, on estime qu'il faut un étang d'environ neuf hectares pour traiter les déjections provenant d'un élevage de 2 000 porcs. Les étangs aérés mécaniquement permettent d'accroître cette charge, mais les superficies nécessaires sont importantes. On peut aussi utiliser des chenaux d'aération (voir section 2.3.3) pour traiter le li-sier. Dans ce cas, on estime qu'un chenal d'une surface d'un hectare pour-rait traiter les déjections d'environ 300 porcs. Ici encore, les surfaces requises sont importantes.

L'aération du lisier dans les structures d'entreposage conventionnelles (fosses à lisier) nécessite une plus grande consommation énergétique. Le rapport surface/volume étant habituellement moindre que celui des lagunes ou des étangs d'oxydation, un brassage mécanique plus efficace doit se faire. Pour assurer la bonne oxygénation (1 kg d'oxygène dissous par kg de DBO_5) d'une fosse pleine, une puissance de 20 à 25 watts/m^3 de lisier traité est nécessaire, soit une consommation énergétique variant entre 15 et 30 kilowatts-heure par porc charcutier produit (environ 70 kg).

Traitement anaérobie

La digestion anaérobie des fumiers et des lisiers offre certains avan-tages, notamment en ce qui concerne la diminution des odeurs où une réduction de 90 % est observée lorsque le procédé est effectué conformé-ment à certaines règles. Toutefois, le véritable intérêt du traitement anaérobie réside dans la valorisation énergétique des déjections par la production de gaz de fumier qui contient du méthane. La section 8.4 traite de cet aspect.

Cave à lisier avec oligolyse[9]

Une cave à lisier est une fosse d'entreposage construite sous le plancher du bâtiment d'élevage et dans laquelle les déjections tombent directement en passant à travers un plancher en caillebotis. Un tel système a l'avantage d'éliminer la nécessité de construire une structure d'entreposage extérieure de même que la mise en place d'un système d'évacuation du lisier vers cette structure. De plus, le lisier n'est pas dilué par l'eau des précipitations et, en hiver dans les pays froids, il n'y a pas de gel. Une cave à lisier doit cependant être pourvue d'un très bon système de ventilation afin d'expulser les gaz nocifs comme le H_2S et le NH_3, qui pourraient incommoder les animaux. Certains éleveurs craignent aussi des problèmes de contamination des animaux par l'intermédiaire des virus, des bactéries et des champignons pathogènes qui pourraient survivre dans la cave et remonter vers la surface.

Bien qu'elle possède des avantages, la gestion des déjections dans un bâtiment possédant une cave à lisier n'offre qu'une légère réduction des odeurs, soit une cote de 8,7 comparativement à 10 pour la gestion standard. Il est donc souhaitable de combiner à ce mode de gestion un procédé permettant une réduction plus substantielle des odeurs. On pense ici à l'oligolyse, une technologie mise au point en 1982 et utilisée surtout en Europe. L'oligolyse est un traitement électrolytique qui désodorise et qui rend homogène le lisier par l'introduction d'au moins deux électrodes de cuivre dans le bassin de stockage. Les ions métalliques générés par un courant électrique circulant entre ces électrodes détruisent les micro-organismes et inhibent la formation des composés malodorants.

L'oligolyse réduit les odeurs à une cote de 4,4 dans une fosse extérieure standard et à 2,7 si on effectue le traitement dans une cave à lisier. De plus, l'homogénéisation du lisier rend son pompage plus aisé. C'est une technologie dont la consommation énergétique est relativement faible, environ 2,0 watts-heure par porc par jour, comparativement à d'autres technologies qui sont plus énergivores. L'oligolyse permet aussi de réduire de 25 % la charge polluante du lisier.

Des interrogations subsistent cependant quant à son emploi hivernal dans des fosses extérieures des pays froids. De plus, la dissolution d'ions cuivre dans le lisier peut accroître la concentration de ce métal à des

---

9. D'après Buelna, 1993 et Buelna *et al.*, 1993.

valeurs potentiellement toxiques pour l'environnement. Les spécialistes ayant étudié ce procédé concluent que c'est une technologie intéressante et économique qui exige toutefois des efforts supplémentaires de recherche.

8.1.5 **Prévention de la pollution et des odeurs pendant l'épandage**[10]

Après avoir été stockées et subi quelques traitements, la grande majorité des déjections animales sont transportées vers un champ agricole où elles sont épandues. Comme nous l'avons mentionné précédemment, cette étape peut être génératrice de pollution ainsi que de nuisances olfactives. Certaines conditions climatiques (pluies abondantes, sol gelé) ou d'épandage (dans le sens des sillons de cultures sur une pente prononcée, par exemple) favorisent aussi la pollution du milieu.

Le fumier solide, normalement entreposé sur une plate-forme de béton, est habituellement repris par un tracteur équipé d'une fourche et déposé dans un épandeur; ce dernier, de forme rectangulaire et ouvert sur le dessus, est tiré par le tracteur qui fournit aussi l'énergie requise pour faire fonctionner le mécanisme d'épandage. Le plancher d'une telle machinerie est constitué de chaînes et de traverses en acier qui acheminent le fumier vers l'arrière où des batteurs le déchiquettent et le projettent au sol. Ce mode d'épandage du fumier solide engendre peu de pollution de l'eau si on respecte des normes élémentaires comme se maintenir à une certaine distance des cours d'eau ou ne pas épandre par temps très pluvieux ou orageux, etc. Quant aux odeurs, elles sont présentes, mais habituellement restreintes dans un rayon d'une centaine de mètres de l'épandeur ou du champ traité.

Le lisier, ou toute forme de déjections liquides comme le purin ou le fumier dilué, est classiquement épandu par aéroaspersion. Le lisier est d'abord pompé dans un réservoir cylindrique qui peut se vider par gravité ou sous pression à l'aide d'une pompe. Une telle citerne peut être munie d'une rampe qui permet de couvrir une largeur d'épandage de 5 à

---

10. D'après Buelna, 1993 et Côté, 1982.

10 mètres. Ce système fractionne le lisier en produisant de fines gouttelettes qui retombent au sol et des aérosols qui restent en suspension dans l'air. L'aéroaspersion peut engendrer des odeurs perceptibles pendant deux à trois jours jusqu'à un kilomètre du lieu d'épandage.

Parmi les méthodes susceptibles de réduire ces nuisances, on compte l'ajout de désinfectants, d'agents masquants ou de composés qui bloquent la biodégradation anaérobie. L'efficacité de ces substances est toutefois variable et elles ne contribuent pas à réduire les risques de pollution de l'eau par ruissellement ou par lessivage sur le sol.

Cependant, une technique permet de résoudre l'ensemble des problèmes reliés à l'épandage des lisiers : l'enfouissement (injection) du lisier dans le sol. L'incorporation dans le sol se fait à une profondeur variant entre 5 et 20 cm par l'intermédiaire de coutres injecteurs; ce sont des dents métalliques qui fendent (ouvrent) le sol, auxquelles sont fixées des canalisations qui injectent le lisier. Après le passage du coutre, le sol se referme naturellement et il en résulte une réduction considérable des odeurs, avec une cote de 4,8 comparativement à 10 pour l'aéroaspersion conventionnelle. Cette technique réduit aussi les pertes d'azote par volatilisation ainsi que le ruissellement du lisier sur le sol. On peut aussi employer cette méthode pour épandre le lisier sur une prairie en culture sans risquer de « brûler » les plantes ou de causer l'inappétence des animaux pour le pâturage.

Mentionnons finalement qu'il existe des technologies visant la réduction du compactage du sol par le passage répété des tracteurs ou des lourdes citernes de lisier. Parmi elles, on compte des rampes d'épandage automotrices et légères ou l'épandage par irrigation à l'aide d'un système de canalisations fixes ou mobiles.

8.1.6 Traitements collectifs (centres régionaux)

Si on veut procéder à une véritable épuration du lisier, sans utilisation agricole subséquente, il faut mettre en place un ensemble de procédés similaires à ceux utilisés pour le traitement des eaux usées urbaines. Toutefois, de telles installations ne peuvent exister que dans le cadre d'unités centralisées gérées par un personnel qualifié; il est impensable d'implanter une telle structure sur une ferme.

Un centre régional de traitement du lisier (CRTL) peut être mis en place dans des secteurs où l'élevage est concentré. Dans le cas de l'élevage porcin, une concentration de 30 000 à 50 000 bêtes pourrait justifier un investissement pour la construction d'un CRTL. Les déjections peuvent être acheminées par l'intermédiaire de conduites permanentes ou, plus vraisemblablement, par une collecte régulière dans des camions citernes. De plus, il serait souhaitable que les fermes soient équipées de séparateurs liquides/solides afin que la fraction solide soit valorisée à la ferme (fertilisation ou compostage) (Buelna, 1993).

Le traitement complet du lisier peut se faire de diverses manières. On peut viser un traitement classique en utilisant la séquence suivante : dégrillage → floculation et (ou) décantation → traitement secondaire aérobie ou anaérobie, avec ou sans nitrification/dénitrification → filtration (voir le chapitre 2 pour une description de ces traitements). Un traitement plus particulier au lisier peut inclure une séparation de phase liquide/solide préalablement au traitement classique, la phase solide étant traitée comme un fumier. Si une telle valorisation est impossible, on considère ce fumier comme une boue d'épuration; il est séché puis enfoui ou incinéré. Dans un autre contexte, il peut être souhaitable de procéder à une fermentation méthanique en début de traitement afin de retirer de l'énergie des déjections (Beerli, 1985; Buelna, 1993) (voir la section 8.4).

Diverses expériences ont été effectuées afin de tester ou de mettre en place des CRTL. Au Québec, un projet de recherche à l'échelle pilote a été effectué dans les années 1980 (Vallée et al., 1989). Un système complet de traitement a été installé à proximité d'une porcherie d'engraissement de 2 400 porcs-espace. Chaque animal générant environ 7,5 litres de lisier par jour, c'est un volume de 5 500 tonnes de lisier qui devait être traité annuellement. La chaîne de traitement comprenait un prétraitement, un traitement aérobie puis un lagunage aéré suivi d'un épandage. Pour diverses raisons techniques et économiques on a cependant mis fin à ce projet.

Plusieurs installations pilotes de traitement régional ont toutefois été mises sur pied, principalement en Hollande où les problèmes de surplus de lisier sont importants. Elles peuvent traiter de 100 000 jusqu'à 500 000 tonnes de lisier par an et elles font habituellement appel à un traitement anaérobie qui permet de valoriser énergétiquement les déjections (production de méthane). Outre la production de biogaz, les traitements peuvent inclure un séchage du lisier, ce qui permet notamment de le commercialiser comme fertilisant (Buelna, 1993).

C'est justement dans un contexte global qu'il est possible de procéder à une élimination des matières dissoutes contenues dans le lisier, après son passage dans un centre de traitement. Les matières dissoutes comprennent les chlorures, le potassium et des oligo-éléments (calcium, zinc, manganèse, etc.), le phosphore et l'azote résiduel ainsi qu'un certain nombre de molécules organiques qui n'ont pas été utilisées par les micro-organismes lors du traitement (sucres, acides aminés, lipides). Ces substances peuvent être extraites du lisier par séchage, mais aussi par filtration (ultrafiltration) ou par osmose inverse (voir la section 2.4.1 sur la question de l'osmose inverse). Un tel traitement permet d'obtenir un concentré de lisier et un perméat constitué essentiellement d'eau qui peuvent être rejetés directement dans un cours d'eau (Beerli, 1985; Pluritec, 1990). Le concentré de lisier peut être utilisé sous forme solide ou liquide pour diverses fins, tel que le montre la figure 8.2.

L'avantage économique d'un traitement régional du lisier devient évident dans une situation où il y a un surplus de déjections ne pouvant pas être utilisées comme matières fertilisantes. Dans un tel contexte, il devient nécessaire de transporter les surplus hors de la zone de production si l'on veut éviter la pollution de l'environnement. Or, le transport du lisier est coûteux (eu égard à sa faible valeur commerciale), surtout s'il n'a subi aucun traitement, compte tenu de sa teneur en eau. Au delà d'une certaine distance à parcourir, il est plus avantageux d'installer un CRTL, car les coûts d'exploitation sont moindres que l'installation d'unités de traitement individuelles. Un CRTL n'est utilisable qu'en dernier recours, dans des situations d'extrêmes concentrations de porcheries dans des secteurs non agricoles ou saturés en déjections animales.

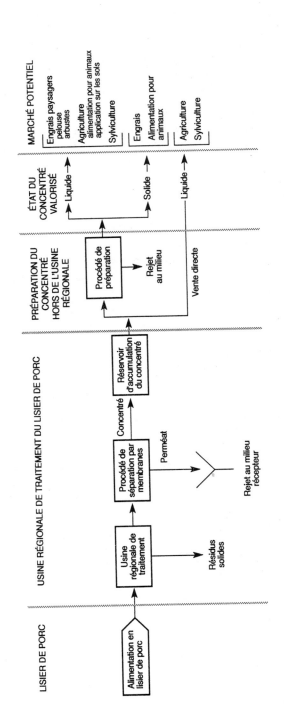

LISIER DE PORC   USINE RÉGIONALE DE TRAITEMENT DU LISIER DE PORC   PRÉPARATION DU CONCENTRÉ HORS DE L'USINE RÉGIONALE   ÉTAT DU CONCENTRÉ VALORISÉ   MARCHÉ POTENTIEL

Alimentation en lisier de porc

Usine régionale de traitement → Résidus solides

Procédé de séparation par membranes

Concentré → Réservoir d'accumulation du concentré

Perméat → Rejet au milieu récepteur

Procédé de préparation → Rejet au milieu

Vente directe

Liquide → Engrais paysagers / pelouse / arbustes / Agriculture / alimentation pour animaux / application sur les sols / Sylviculture

Solide → Engrais / Alimentation pour animaux

Liquide → Agriculture / Sylviculture

Source : Pluritech Assainissement Ltée, 1990.

FIGURE 8.2   SCHÉMA SIMPLIFIÉ DU TRAITEMENT DU LISIER DE PORC EN VUE D'EN FAIRE UN CONCENTRÉ COMMERCIALISABLE

8.2   Valorisation agricole des déjections

Traditionnellement l'élevage et la production végétale se faisaient de manière complémentaire au sein de la même unité agricole, les déjections animales étant retournées au sol, contribuant ainsi à la croissance des plantes. Toutefois, depuis le milieu du 20e siècle l'agriculture s'est industrialisée et spécialisée de telle sorte que les unités de productions animales sont de plus en plus séparées de la production végétale. Dès lors, les déjections animales sont perçues comme une nuisance plutôt qu'une source de substances nutritives pour les plantes. De plus, on produit depuis les années 1960 des fertilisants minéraux[11] à moindre coût. Compte tenu de la composition équilibrée et connue de ces fertilisants, ainsi que de leur manutention aisée, l'épandage des déjections a perdu son attrait auprès des agriculteurs et celles-ci sont malheureusement perçues comme des fertilisants de peu de valeur pouvant même être dommageables pour les plantes (Stonehouse et Narayanan, 1984; Younos, 1990).

Le retour des déjections animales à la terre se révèle cependant l'utilisation la plus appropriée, compte tenu de leur insertion dans le recyclage normal des éléments nutritifs au sein de la biosphère. Dans cette section, on discute de l'importance des déjections comme source de fertilisants.

8.2.1   Fertilisation des sols agricoles

Les déjections animales contiennent l'ensemble des éléments nutritifs essentiels à la croissance des plantes, que ce soit les éléments majeurs nécessaires en grande quantité (azote, phosphore et potassium) ou les éléments secondaires requis en plus petite concentration (magnésium, calcium, soufre). Les déjections contiennent également les oligo-éléments qui sont essentiels à la croissance végétale en quantité infime (fer, manganèse, bore, zinc, cuivre, etc.). Ces derniers sont habituellement absents des fertilisants de synthèse alors que les déjections les contiennent habituellement (Warman, 1990). Compte tenu de la quantité importante d'eau contenue dans les déjections, leur valeur fertilisante est toutefois diluée et moindre que celle des engrais de synthèse. Ainsi, la valeur fertilisante

---

11. Aussi appelés fertilisants de synthèse; dans le langage populaire on emploie aussi l'expression « engrais chimiques », qui est à proscrire.

d'un fumier de bovin typique, avec litière, serait approximativement 0,5-0,25-2,5 (N-P-K)[12] (Doucet, 1992). Mentionnons que les déjections de volailles sont plus concentrées en éléments nutritifs; la valeur fertilisante du fumier de poulet est d'environ 2,4-2,0-1,5 (N-P-K).

Malgré cela, l'apport de substances nutritives par les déjections n'est pas négligeable, car 25 tonnes de fumier de bovin laitier équivalent à environ une demie tonne d'engrais de formulation 10-6,5-15 (Simpson, 1986). Les quantités de fumiers ou de lisiers épandues varient habituellement entre 25 et 40 tonnes/hectare, ce qui correspond, dans le cas du fumier de bovin, à environ 170 kilogrammes d'azote, 80 kilogrammes de phosphore et 75 kilogrammes de potassium (Robert, 1991).

Contrairement aux engrais de synthèse qui sont des fertilisants inorganiques, les fumiers et les lisiers sont des engrais complets, car ils contiennent de la matière organique. L'*azote* contenue dans les déjections est en grande partie sous forme organique au moment de l'excrétion, soit sous forme d'urée (dans l'urine) ou de protéines et d'acides aminés contenus dans les fèces. Cet azote organique est toutefois minéralisé en ion ammonium (NH_4^+) par les micro-organismes présents dans les déjections (figure 8.3). Les réactions biochimiques entraînent habituellement une élévation du pH, ce qui transforme l'ion ammonium en ammoniac (NH_3) qui se volatilise facilement dans l'air comme on l'a mentionné à plusieurs reprises, phénomène responsable d'une importante perte de l'azote contenu dans les fumiers. Près de 100 % de l'azote ammoniacal est volatilisé 10 jours après son incorporation au sol. En Europe, cinq millions de tonnes d'ammoniac provenant des fermes sont volatilisées dans l'environnement à chaque année (Dewes *et al.*, 1990). Le dessèchement, les températures élevées, la congélation (en hiver) et la ventilation du fumier sont des conditions qui favorisent la volatilisation de l'ammoniac. Finalement, bien que l'ion ammonium soit utilisable par les plantes, en présence d'oxygène il est transformé en nitrate (NO_3^-) par les micro-organismes du sol, une forme stable de l'azote beaucoup plus facilement assimilable par les végétaux (figure 8.3) (ASCI-Biorex, 1993).

---

12. La valeur fertilisante est toujours donnée en fonction des trois principaux éléments, soit N-P-K (azote-phosphore-potassium). Dans l'exemple donné, cela signifie qu'il y a 0,5 % d'azote, 0,25 % de phosphore et 2,5 % de potassium.

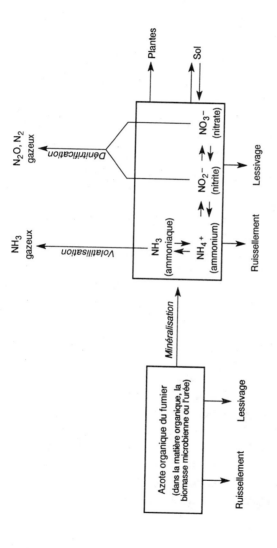

Note : On peut aussi se référer à la présentation du cycle de l'azote au chapitre 2 (figure 2.7).

Source : ASCH-Biorex, 1993.

FIGURE 8.3   SCHÉMATISATION DES TRANSFORMATIONS DE L'AZOTE CONTENU DANS LES FUMIERS

La plus grande partie de l'azote qui ne se volatilise pas est utilisée par les plantes au cours de la première ou de la deuxième saison de croissance. L'azote résiduel est cependant minime et il est préférable de procéder à des épandages annuels. Le *phosphore* des déjections animales est surtout présent dans les fèces, principalement sous forme inorganique (entre 70 et 80 %), donc immédiatement utilisable par les plantes. Le phosphore ne se volatilise pas et seule une faible proportion est perdue dans l'environnement. Quant au *potassium*, il est toujours sous forme inorganique et relativement stable (ASCI-Biorex, 1993; Robert, 1991).

En plus des éléments minéraux ayant une valeur fertilisante, l'incorporation du fumier au sol a un rôle bénéfique accru, à cause de l'apport de matière organique. Cette dernière favorise l'activité des micro-organismes du sol qui la transforme alors en *humus*, une forme stabilisée de matière organique constituée de macromolécules relativement résistantes à une dégradation ultérieure. L'humus, qui est la forme prépondérante sous laquelle la matière organique est présente dans le sol (environ 90 %), est aussi le pivot de la fertilité. Il améliore la structure des sols lourds en les rendant plus poreux et plus meubles alors qu'il favorise la rétention d'eau dans les sols légers ou sablonneux. De plus, l'humus est une réserve de substances nutritives. Sous l'action des micro-organismes, il se minéralise à un rythme annuel variant entre 1 et 3 % de sa masse (Doucet, 1992; Gagnon, 1990).

Les déjections animales favorisent donc la fertilité à moyen et long terme, ce que ne font pas les engrais de synthèse. Toutefois, à cause de la forte teneur en eau des déjections et parce qu'une partie importante de la matière organique humifiée est transformée en gaz carbonique (CO_2) qui se volatilise dans l'atmosphère, seule une faible proportion du fumier ou du lisier épandu dans le champ persiste après la transformation en humus; par exemple, des 40 tonnes de fumier de bovin (sur une base humide) épandues sur un hectare de sol, il ne reste que 2,5 tonnes sèches après humification (Simpson, 1986). Au Québec, on a constaté que l'épandage annuel de 20 tonnes/hectares (t/ha) de fumier de bovin permet tout juste de maintenir la concentration de matière organique dans le sol; il faut épandre 40 t/ha pour accroître cette teneur de manière significative (N'Dayegamiye, 1991).

La croissance végétale peut être plus ou moins stimulée par les fumiers ou les lisiers. Les cultures maraîchères sont habituellement plus stimulées par les propriétés fertilisantes des déjections appliquées à une dose de

25 à 30 t/ha. Par contre, les expériences effectuées avec des cultures de maïs, une plante exigeante, n'ont pas toujours mis en évidence un effet stimulant particulier. En ce qui a trait aux cultures fourragères (les prairies et les pâturages dans lesquels on retrouve du foin ou des céréales comme le blé, l'avoine, l'orge, etc.), on a noté que les fumiers et les lisiers peuvent suppléer 100 % de l'azote requis par ces plantes et accroître significativement les rendements (Marchand, 1991). On a toutefois remarqué des effets négatifs à la suite de l'épandage des fumiers peu décomposés sur les légumineuses (la luzerne, par exemple). Dans un tel contexte, il est souhaitable de ne pas épandre de déjections, car les légumineuses fixent naturellement l'azote atmosphérique.

La plupart des fumiers et des lisiers peuvent être épandus sur un sol agricole après quelques semaines ou quelques mois d'entreposage. On doit cependant surveiller la présence de résidus de pesticides dans les déjections. Dans certains cas, ces résidus sont suffisamment importants pour nuire à la croissance des végétaux. Par ailleurs, si les animaux sont traités avec des antibiotiques, les résidus de ces substances peuvent nuire à l'activité microbienne du sol.

Il faut noter ici que les déjections de porc peuvent avoir des conséquences néfastes sur les plantes. On qualifie les déjections porcines de fumier ou lisier « froid », parce que ces déjections se dégradent lentement et, à l'état frais, elles peuvent intoxiquer certaines plantes, notamment à cause de la présence de cuivre et de zinc en quantité excessive. De plus, on ne doit pas épandre du lisier de porc dans une prairie où broute le bétail, ce dernier risquant aussi d'être contaminé (Simpson, 1986).

Une autre contrainte liée à l'utilisation du fumier et du lisier comme fertilisant est la période d'épandage. Théoriquement, l'épandage à la fin de l'hiver ou au début du printemps (dans les pays tempérés) permet de réduire les pertes d'azote (Simpson, 1986). Toutefois, la majorité des agriculteurs préfèrent épandre en automne, puisque l'épandage printanier peut être responsable d'effets phytotoxiques chez les plantules. De plus, les semis printaniers hâtifs, visant à hâter ou favoriser la production, sont parfois incompatibles avec un épandage concomitant (ASCI-Biorex, 1993).

Afin d'optimiser l'utilisation des déjections animales, favoriser la fertilité des sols tout en protégeant l'environnement (éviter la surfertilisation) et réduire les coûts d'exploitation, on doit de plus en plus recourir à des outils spécialisés de gestion. On peut ainsi utiliser des logiciels qui permettent notamment des simulations et qui suggèrent des améliorations au plan de fertilisation. De tels outils tiennent compte de toutes les étapes de la chaîne de gestion des déjections. Les informations relatives à chacune de ces étapes sont évaluées en fonction de critères agronomiques, environnementaux, économiques et d'ingénierie. Ce type de logiciel donne toutes les informations pertinentes quant aux coûts, aux volumes de déjections à manipuler et à leur valeur fertilisante, aux doses applicables aux parcelles en culture, aux risques environnementaux et à la main-d'œuvre requise. Les critères environnementaux, agronomiques et économiques étant pris en compte, c'est à leur intersection que se situe la décision finale. Selon les objectifs spécifiques de chaque utilisateur, on peut toutefois donner un poids plus important à l'un ou l'autre de ces critères (Dutil et Gagné, 1991).

8.2.2 Compostage des fumiers et des lisiers[13]

Le compostage des fumiers est une méthode de valorisation agronomique qui connaît un certain essor, compte tenu des avantages qu'elle procure. Précisons ici que le compostage ne s'applique normalement qu'à des substrats solides, comme le fumier, le lisier étant trop liquide pour être composté seul. Il est cependant possible de transformer le lisier en fumier en ajoutant de la litière, comme de la paille ou de la sciure de bois, comme nous l'avons déjà mentionné. Toutefois, la quantité devant être ajoutée est très importante, le volume de litière à incorporer étant égal à environ 50 % du volume du lisier (Fortier, 1982). Il faut cependant préciser que sans l'utilisation de litière, le fumier (composé de fèces et d'urine) est lui aussi trop humide pour être composté, sa teneur en eau étant d'environ 85 %. Cette teneur doit être abaissée à environ 75 % par l'ajout de litière, sinon il peut être nécessaire de laisser reposer le fumier en tas afin de permettre l'écoulement du purin non absorbé pour obtenir un matériau dont la teneur en matières sèches est suffisante.

Le compostage est un procédé de bio-oxydation (processus aérobie) contrôlée de la matière organique conduisant à son humification et qui exclut toutes les réactions ne permettant pas l'obtention d'un matériau humifié et stabilisé. Le compostage repose essentiellement sur l'action des

---

13. Les principes de base de cette sous-section sont tirés de ASCI-Biorex, 1993; Potvin, 1992; Potvin et Bernard, 1994.

micro-organismes et conduit à la production de chaleur, de bioxyde de carbone (CO_2), d'eau, de matière organique stabilisée (le compost) ainsi qu'à la libération des éléments nutritifs (azote, phosphore et certains minéraux).

Une matière organique stabilisée (humifiée) permet d'améliorer la qualité des sols en modifiant ses caractéristiques physiques (rétention en eau, amélioration de la structure, etc.), sa fertilité (apport des éléments nutritifs essentiels à la croissance végétale) et son activité biologique (stimulation de certaines populations microbiennes). Le compostage permet aussi, dans le respect de certaines règles de fabrication, une hygiénisation du fumier, c'est-à-dire la destruction des micro-organismes pathogènes, des parasites (insectes) ainsi que des graines des mauvaises herbes. Finalement, une réduction du volume des déjections animales se produit lors du compostage, ce qui diminue la quantité de matière à transporter et à épandre.

Il faut rappeler ici les deux phases importantes du compostage qui sont à l'origine des propriétés du compost. Durant la première phase, la croissance microbienne est favorisée et la température résultant de cette activité peut atteindre 70 °C dans la partie la plus centrale du tas de compost. Cette température élevée est responsable de la destruction des micro-organismes pathogènes et des graines des plantes adventices. Après cette étape, le compost est qualifié de « jeune ». Durant la deuxième phase, dite de maturation, les températures sont plus basses; on assiste à l'humification et à la minéralisation finale de la matière organique. Au terme de cette phase qui peut durer quatre à cinq mois le compost est mature. Il acquiert alors une odeur de terre ou de sous-bois ainsi qu'une texture friable où l'on ne reconnaît plus les matériaux d'origine.

Durant chacune de ces phases, mais principalement pendant la première, on assiste à une perte d'eau ainsi qu'à une diminution de la matière sèche. Les pertes en eau sont principalement dues à l'évaporation résultant de la chaleur produite durant la période thermophile. Quant à la perte de matière organique (matière sèche), elle découle de sa transformation partielle en gaz carbonique (CO_2), un métabolite important de la respiration microbienne. Cette perte de matière organique représente entre 35 et 70 % de la masse initiale. Parallèlement, on assiste aussi à une perte d'azote, principalement à cause de la volatilisation de l'ammoniac (NH_3).

Parmi la dizaine de paramètres qui assurent un bon compostage, quatre sont à surveiller de près : le rapport carbone/azote, la teneur en oxygène, la porosité du milieu et l'humidité (teneur en eau). Le *rapport carbone/azote (C/N)* des matériaux à composter est d'une importance capitale et les valeurs optimales se situent entre 30 et 50. Une trop grande quantité de matières carbonées, qui découle surtout de l'ajout de litière riche en carbone (substances d'origine végétale qui contiennent de la cellulose), ralentit le processus de compostage. À l'inverse, un rapport C/N très bas, découlant notamment de la présence de fèces et d'urine avec peu de litière, provoque une perte excessive d'azote qui peut aller jusqu'à 60 % du contenu initial. À la ferme, on doit habituellement ajuster le rapport C/N en l'augmentant par l'ajout de matière végétale sous forme de litière. Toutefois, au cours du compostage la perte de matière organique sous forme de CO_2 abaisse le rapport C/N. Ce rapport n'est donc pas constant au cours du compostage et son contrôle n'est pas toujours facile à maîtriser.

La *teneur en oxygène* et la *porosité du milieu* sont deux paramètres qui vont de pair puisque le premier dépend du deuxième. On parle de l'espace lacunaire pour désigner la porosité (vides) existant dans la structure du compost et habituellement occupée par l'air dans le compost; cet espace devrait osciller entre 30 et 36 % au début du compostage. Par ailleurs, le taux d'oxygène lacunaire désigne la proportion d'oxygène présent dans l'air qui occupe l'espace lacunaire. Cet oxygène est indispensable au maintien de conditions aérobies afin d'éviter le développement de l'anaérobiose. Cette concentration d'oxygène devrait préférablement être supérieure à 8 %. En pratique, l'oxygénation se fait par diffusion passive entre chaque retournement de la masse de compost, ou par aération forcée en injectant de l'air par des tubulures posées sous le tas de compost. Afin de favoriser la diffusion d'oxygène, le tas de compost ne devrait pas avoir plus de 2 mètres de haut et 3 mètres de large.

En ce qui concerne l'*humidité* optimale du tas de compost, on la situe entre 40 et 65 %. Puisque l'eau et l'air doivent partager le même espace lacunaire, un excès d'eau limite la diffusion de l'oxygène et engendre des conditions anaérobies. De plus, trop d'eau conduit à la production de lixiviat, un liquide chargé de matière organique et d'éléments nutritifs qui s'écoule sous le tas de compost. Par ailleurs, si l'humidité excède 75 %, les températures élevées responsables de la destruction des micro-organismes pathogènes ne sont pas atteintes.

Le compostage du fumier ne se fait pas toujours sans difficulté et, dans certaines conditions, on peut remettre en cause son utilité. Parmi les interrogations fréquemment soulevées, on compte la quantité de litière à ajouter, même pour le compostage d'un fumier relativement solide. Ainsi, pour obtenir un rapport C/N de 30, on devrait théoriquement ajouter au moins 12 kilogrammes de paille par animal (unité animale) par jour (kg/ua-d). Or, l'ajout d'une telle quantité pose des problèmes pratiques, mécaniques et économiques. La majorité des systèmes d'évacuation du fumier (écureurs) ne permettent pas l'utilisation de plus de 6 kg/ua-d. À cause des manipulations requises, un ajout de 10 ou 12 kg/ua-d est considéré comme très contraignant par les agriculteurs.

En ce qui concerne la protection du milieu aquatique, la production de lixiviat constitue la contrainte majeure du compostage à la ferme. Lors d'expériences effectuées avec du fumier de bovin laitier, jusqu'à 30 litres de lixiviat par mètre carré (sous le tas de compost) ont été produits. Compte tenu de sa charge polluante très élevée, le lixiviat contamine l'environnement et, normalement, il devrait être collecté et traité comme une eau usée. Une grande partie du lixiviat étant produite par la pluie (ou la fonte de la neige au printemps), l'utilisation de toiles pour recouvrir le tas de compost permet une réduction significative de ce liquide polluant. Finalement, la perte de matières azotées est un autre aspect que certains invoquent à l'encontre du compostage du fumier. Les fumiers compostés ont malgré tout une valeur fertilisante, sur une base monétaire et agronomique, plus élevée que celle des fumiers non compostés à cause de la réduction de la masse globale des déjections (perte d'eau et de matière organique) qui se traduit par une concentration des éléments fertilisants.

Les déjections animales peuvent être compostées avec d'autres résidus, tels la sciure, des copeaux ou des écorces de bois ou de la tourbe, afin d'accroître le rapport C/N mais aussi pour éviter un gaspillage de ressources réutilisables. Par ailleurs, le compostage semble être une méthode permettant de gérer de façon hygiénique divers résidus animaux telles les carcasses de poulets à griller provenant des élevages industriels. Dans le sud-est étatsunien (Alabama, Georgie, Arkansas, Caroline du Sud), les cadavres des poulets qui meurent naturellement totalisent plus de 100 000 tonnes annuellement et peuvent représenter un danger pour la santé publique ou la qualité de l'environnement s'ils ne sont pas convenablement détruits. Le cocompostage des carcasses avec du fumier de poulet (avec ajout de matières carbonées) permet une décomposition « hygiénique » des animaux morts tout en permettant de les utiliser ultérieurement comme fertilisant (Cummins *et al.*, 1993). Un tel compostage nécessite cependant une connaissance approfondie du processus et il ne saurait être question de faire un mélange de fumier et de carcasses animales sans pouvoir travailler dans des conditions rigoureusement contrôlées.

Depuis le début des années 1990, le compostage des fumiers est une voie que choisissent de plus en plus de producteurs laitiers en Amérique du Nord. L'amélioration de la qualité agronomique des déjections par le compostage semble être la principale raison de ce choix. Toutefois, la majorité des producteurs se préoccupent peu du rapport C/N ou de la teneur en eau du compost; or, en l'absence de contrôle adéquat, il est difficile de parler d'un véritable compostage (Rynk, 1994). En dernier lieu on peut mentionner que le compostage des déjections devient populaire auprès des agriculteurs en transition, c'est-à-dire ceux qui passent d'une agriculture conventionnelle ou industrielle à une agriculture dite organique ou biologique (diminution de l'utilisation des pesticides, des fertilisants de synthèse, des antibiotiques, etc.) (Anonyme, 1994).

8.3   Valorisations alimentaires

On peut utiliser les déjections dans la préparation d'aliments pour animaux ou on peut les intégrer dans une chaîne de valorisation agroalimentaire.

8.3.1   Fabrication de nourriture animale[14]

Fabriquer de la nourriture avec des fèces ou de l'urine, ou les consommer de quelque manière que ce soit, peut paraître étonnant, mais il s'agit d'une forme de recyclage qui existe depuis toujours au sein du règne animal. La coprophagie est un comportement que l'on observe chez plusieurs espèces animales comme le rat, le porc ou le lapin. Ainsi, lorsque des porcs sont laissés libres de circuler sur une ferme, on peut les voir manger des déjections de volailles, de vaches ou d'autres porcs. Par ailleurs, un lapin peut manger jusqu'à 80 % de ses fèces dans certains cas. Ces comportements, qui s'expliquent par l'instinct de survie, peuvent dans certaines conditions environnementales permettre à l'animal d'échapper à la mort.

---

14. Sauf indications contraires, les informations de cette section sont tirées de Bod'a, 1990; Müller, 1980; NRC, 1981; Owen, 1980.

C'est à partir de ces observations que l'on a mis au point des procédés de transformation des déjections en nourriture. L'expression déjection est habituellement synonyme de déchets mais, à cet égard ou en ce qui concerne les déchets domestiques urbains, le qualificatif de résidu ou de déchet ne signifie pas qu'une substance ou un matériau soit inutilisable. Dans un contexte nutritionnel, l'utilisation des déjections animales repose sur le fait qu'elles contiennent une quantité non négligeable d'éléments nutritifs encore assimilables par les animaux.

Comme nous l'avons mentionné à la section 8.1.1, entre 25 et 70 % de la teneur en azote de la ration alimentaire des animaux de ferme se retrouve dans les fèces et l'urine. La proportion d'azote sous forme de protéines brutes, potentiellement assimilables, varie habituellement entre 13 et 40 % dans les fèces ou dans le mélange fèces-urine (déjections totales), le reste étant sous forme d'azote inorganique (ammoniac, nitrate, etc.). Les déjections contiennent également des éléments minéraux essentiels (calcium, potassium, sodium, etc.) ainsi que l'ensemble des vitamines du groupe B. On y retrouve aussi des fibres diverses, principalement sous forme de cellulose non digérée; les fèces des bovins peuvent contenir 40 % de fibres brutes. La teneur en fibres peut cependant limiter l'utilisation des fèces comme apport nutritionnel, car les animaux monogastriques (porc, volaille, cheval), tout comme les humains, ne peuvent pas hydrolyser les fibres et les absorber. Par contre, les ruminants (bovins, moutons, chèvres) ont un estomac compartimenté qui leur permet de transformer la cellulose en glucose ou en di- et tri-saccharides, ces sucres étant absorbés par l'intestin.

Outre les limitations nutritionnelles, on doit aussi porter une attention particulière à la présence de substances potentiellement toxiques. La présence de métaux en trop forte concentration peut se révéler toxique; on pense ici à certains métaux lourds (cuivre, zinc, plomb, mercure et cadmium) qui peuvent s'accumuler dans l'organisme. Des précautions s'imposent aussi envers les déjections d'animaux traités avec des médicaments, notamment des antibiotiques et des hormones, ou qui ont été exposés à certains pesticides. Finalement, il faut s'assurer de l'absence de micro-organismes pathogènes ou de leur destruction par un procédé approprié.

On ne donne jamais de déjections brutes aux animaux de ferme. Les déjections, surtout les fèces, ne constituent habituellement que 5 à 20 % de la ration alimentaire et elles subissent normalement un traitement avant d'être incorporées. Les traitements les plus utilisés sont la déshydratation (séchage), les traitements chimiques et l'ensilage.

La *déshydratation* vise essentiellement à réduire la teneur en eau des déjections afin de favoriser leur incorporation à d'autres matières nutritives. En plus de faciliter la manutention et le transport, la déshydratation limite également la croissance microbienne. Le séchage peut se faire mécaniquement (par pressage, par circulation d'air) ou thermiquement. Il est aussi possible d'avoir recours au séchage solaire dans les régions où l'ensoleillement le permet.

Les *traitements chimiques* ont plusieurs objectifs : destruction des micro-organismes pathogènes, préservation des substances nutritives ou accroissement de la digestibilité du contenu des fèces. Dans le dernier cas, le traitement le plus important vise à accroître la digestibilité des fibres, notamment par l'hydrolyse de la cellulose en unités plus petites (polysaccharides à courte chaîne) ou en glucose. Cette hydrolyse peut être provoquée par des substances alcalines, surtout l'hydroxyde de sodium (NaOH).

L'*ensilage* est traditionnellement une méthode de conservation des produits agricoles, spécialement des fourrages qui sont mis dans des silos. Durant l'ensilage on assiste au développement de micro-organismes qui fermentent le matériel entreposé. L'ensilage est habituellement une fermentation anaérobie qui nécessite une teneur en humidité d'environ 40 à 60 % et une teneur importante en matières organiques carbonées. Cette fermentation produit habituellement de l'acide lactique qui, en faisant diminuer le pH du milieu, peut provoquer la mort des micro-organismes pathogènes et empêcher le développement de micro-organismes qui pourraient provoquer une putréfaction des aliments entreposés.

L'ensilage est une méthode qui permet aussi un traitement approprié des déjections. Un mélange composé de 60 % de déjections et de 40 % de foin ou de fourrage mène typiquement à la formation d'acide lactique. Au terme du processus on observe une transformation de l'azote, une disparition des micro-organismes pathogènes et le produit ensilé a une meilleure apparence et prévient l'inappétence des animaux. Toutefois, l'ensilage n'accroît pas la digestibilité des fibres, l'hydrolyse chimique restant le meilleur traitement à cet égard.

L'utilisation des déjections de volailles comme supplément nutritif est bien connue et celles-ci constituent le type d'excrément le plus utilisé à cette fin. À cause de leur teneur en humidité moindre et de leur richesse tant en composés protéiques qu'en éléments minéraux, les déjections de volailles, principalement celles provenant de l'élevage des poulets à griller, peuvent être mélangées à la ration alimentaire des bovins (laitiers ou de boucherie). Ces excréments sont toutefois préalablement séchés ou ensilés. Lors de certaines expériences, on a incorporé à la ration alimentaire des bovins jusqu'à 30 % de déjections de poulets.

Les déjections de bovins peuvent aussi être utilisées comme supplément alimentaire; sous forme séchée elles peuvent représenter entre 12 et 20 % de la ration; dans certains cas exceptionnels, pour l'alimentation porcine, cette proportion peut être supérieure à 50 %. Les proportions que l'on peut donner aux animaux dépendent cependant de la qualité de l'alimentation des bovins dont on recueille les déjections. Les animaux recevant une nourriture riche et complète (moulée de qualité, par exemple) produisent des déjections utilisables en plus grande concentration que ceux nourris avec un fourrage médiocre. En ce qui concerne les déjections des porcs, elles peuvent être utilisées comme substrat nutritif, principalement pour les ruminants. Les déjections porcines ne peuvent cependant pas être utilisées sous forme liquide (lisier); c'est pourquoi il faut préalablement procéder à une séparation liquide/solide ou élever les animaux de manière à gérer les déjections sous forme de fumier.

Les déjections animales peuvent aussi être utilisées pour nourrir d'autres types d'animaux, notamment des poissons en pisciculture. Dans ce cas, les déjections peuvent être préalablement traitées, mais dans certaines fermes intégrées en Asie, on place le poulailler ou les enclos de porc directement au-dessus d'un étang de pisciculture. Le fumier peut aussi servir de milieu d'éclosion pour des larves d'insectes qui sont alors utilisés à l'état adulte comme nourriture animale. Il est aussi possible que le fumier serve de milieu de croissance pour des vers de terre. En plus de servir d'aliments, les vers favorisent l'humification de la matière organique du fumier et accroissent sa valeur comme amendement du sol.

Parmi d'autres utilisations possibles des déjections comme substrat nutritif, mentionnons la production de protéines d'organismes unicellulaires (POU). Les POU sont extraites de micro-organismes divers, notamment des champignons et des levures, qui peuvent croître sur divers substrats organiques. Dans les années 1980 on a testé des méthodes visant à produire des POU en utilisant le lisier de porc comme substrat. Certains procédés impliquent une séparation liquide/solide du lisier, mais d'autres approches font appel à une aération du lisier afin de maintenir des conditions aérobies favorisant la croissance des organismes choisis. La biomasse est récoltée par diverses méthodes, puis elle est séchée; par la suite, on peut briser les cellules microbiennes afin de récolter certaines fractions protéiques. La qualité de la biomasse microbienne brute peut être comparable à celle de la farine de soja, mais il est possible de faire croître des espèces microbiennes capables de synthétiser certains acides aminés ou certains métabolites désirés. En plus de produire une biomasse pouvant être utilisée en nutrition animale, ces procédés permettent une réduction substantielle de la charge polluante, notamment de la DBO, puisqu'une grande partie de la matière organique est convertie en biomasse microbienne (Aquatech, 1994; Chahal et Ishaque, 1994).

Idéalement, la production de suppléments alimentaires à partir de déjections animales devrait s'intégrer dans un processus de recyclage de la biomasse. Tout comme les procédés décrits dans la sous-section suivante, toute forme de valorisation des déjections doit être perçue comme une approche économique, dans le sens strict du mot, mais aussi dans le sens environnemental en ce qu'elle permet une économie de matières premières. Une telle approche imite les processus mis en œuvre par la nature, ces derniers obéissant habituellement à la loi de la moindre dépense énergétique.

8.3.2 Traitement par les microalgues

À la section 2.5.2 il a été question du traitement tertiaire des eaux usées urbaines par des algues microscopiques qui sont capables d'enlever efficacement les éléments nutritifs contenus dans l'eau tout en provoquant une réduction des micro-organismes pathogènes. On a aussi vu que les algues ainsi produites peuvent être intégrées au sein d'une chaîne alimentaire dont le maillon ultime peut être la production de poisson. Dans une certaine mesure, il est possible de mettre en place un traitement similaire pour la transformation des lisiers.

Des recherches ont été entreprises dès les années 1970 afin d'évaluer la possibilité de traiter le lisier de porc avec des microalgues. Compte tenu de la concentration des matières en suspension (environ 50 000 mg/L) et de la couleur du lisier brut, il apparaissait difficile de le traiter tel quel, la lumière solaire ne pénétrant pas suffisamment dans le liquide. Dans ce contexte on diluait le lisier avec de l'eau (dans une proportion de 1 pour 35, par exemple) ou on lui faisait subir préalablement une digestion aérobie. Les microalgues qui croissent dans du lisier dilué ou prétraité sont suffisamment actives pour éliminer de 95 à 99 % de la charge azotée ou phosphorée en quelques jours. On a estimé à un hectare la surface requise pour traiter le lisier provenant d'un établissement de 1 600 porcs-espace, utilisé pour produire 3 500 porcs par an (de la Noüe et Proulx, 1986; Doyle *et al.*, 1986; Martin *et al.*, 1985; Pouliot *et al.*, 1986).

Il faut toutefois évaluer le traitement du lisier de porc par les microalgues dans une perspective où les surfaces agricoles disponibles pour l'épandage sont limitées (la production de 1,5 à 3 tonnes de porc – poids vivant – nécessitant un hectare de sol agricole pour l'épandage). Les recherches sur le traitement du lisier par les microalgues ont donc été encouragées dans ce contexte. En Italie, on a construit une station de traitement pilote (expérimentale) où le lisier est d'abord clarifié et traité par voie anaérobie, ce qui permet de réduire considérablement la teneur en matière organique et en matières en suspension, sans modifier la concentration des éléments nutritifs (NPK) utilisables par les algues (Salomoni et Caputo, 1993). Après avoir subi une dilution d'environ 22 fois, le lisier est ensuite introduit dans un première série de bassins où croissent des microalgues; près de 7 kilogrammes (poids sec) d'algues sont récoltées par mètre carré par année. Les microalgues sont ensuite transférées dans une deuxième série de bassins où prolifèrent des daphnies (petits crustacés) et des plantes aquatiques. Les daphnies sont récoltées et transportées dans un dernier bassin contenant des poissons. Pendant la meilleure période de croissance, en été, près d'une tonne de poisson peut être produite en quelques mois.

Cette unité pilote démontre qu'il est possible de générer une biomasse alimentaire à partir de lisier de porc tout en effectuant un traitement adéquat. Cette unité permet de traiter 5 000 m^3 de lisier de porc par hectare, comparativement à une surface 20 à 40 fois plus importante qui serait requise pour l'épandage agricole.

Une installation pilote similaire est aussi installée à une centaine de kilomètres de Paris. Comprenant seulement 5 bassins, comparativement à 21 dans l'installation italienne, d'une superficie de 400 m^2, cette unité comprend deux bassins pour la culture des microalgues, deux autres pour la croissance des daphnies et un dernier pour la production de poisson. Le but de cette installation est de tester la conception d'un module de recyclage biologique et de valorisation du lisier qui pourrait être installé à proximité des élevages industriels.

Théoriquement, il serait possible de se contenter d'un traitement par les microalgues si l'on tient seulement compte de la protection de l'environnement. Toutefois, les coûts associés à la construction de l'installation de traitement, de même qu'à la récupération des microalgues (voir la sous-section 2.5.2), freinent cette voie. Pour éviter de récupérer les algues il est préférable de les faire manger par les daphnies alors que l'élevage du poisson permettrait de rentabiliser partiellement l'infrastructure (Hémond, 1994; McLaughlin *et al.*, 1993).

À l'instar des autres technologies présentées dans ce chapitre, le traitement du lisier par les microalgues n'offre pas une solution miracle permettant de résoudre tous les problèmes. Appliquée surtout dans les régions à climat chaud et à ensoleillement important, cette technologie permet toutefois d'atteindre des objectifs de production de biomasse utilisable en nutrition.

8.4 Valorisation énergétique[15]

Lors de l'augmentation brutale du prix du pétrole brut en 1973 les pays industrialisés réalisèrent que leur dépendance pétrolière risquait de leur coûter très cher. Conséquemment, au cours des années 1970, de nombreux projets de recherche visant à trouver ou à mettre au point des sources d'énergies alternatives ont été financés. Dans ce contexte, l'utilisation de la biomasse pour produire des combustibles a fait l'objet d'études, notamment la fermentation des déjections animales visant à produire du gaz de fumier contenant environ 60 % de méthane.

Le gaz de fumier est constitué d'un mélange de méthane (CH_4), de gaz carbonique (CO_2) ainsi que de faibles quantités d'hydrogène sulfuré (H_2S) et il résulte d'une digestion anaérobie des déjections animales. Des biogaz similaires peuvent être obtenus par la fermentation anaérobie des déchets domestiques, des boues d'épuration des eaux usées ou de toute autre matière organique fermentescible (résidus végétaux, par exemple). Durant

15. Sauf indications contraires, les informations de cette section sont principalement tirées de ITAVI, 1977; Lapp *et al.*, 1978; Lewis, 1983; Pedneault, 1979; Theoleyre, 1986. Des informations complémentaires sont puisées dans Cobb et Hill, 1990; Samson et Guiot, 1990.

la digestion anaérobie, on distingue trois phases distinctes et successives : hydrolyse (et solubilisation), fermentation acidogène (acétogénèse) et production de méthane (méthanogénèse) (figure 8.4).

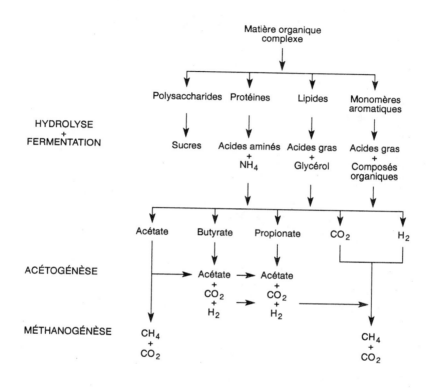

Source :   Samson et Guiot, 1990.

FIGURE 8.4   LES PRINCIPALES ÉTAPES DE LA DIGESTION ANAÉROBIE

La première phase implique l'hydrolyse enzymatique des composés organiques de haut poids moléculaire tels les polysaccharides (cellulose, hémicellulose, lignine, amidon, etc.), les protéines et certains lipides. Les molécules plus simples résultant de cette hydrolyse (sucres, acides aminés, acides gras et autres composés organiques) sont surtout utilisées comme substrat par les micro-organismes intervenant dans la deuxième phase pendant laquelle ces molécules plus petites sont transformées en acides acétique (acétate), butyrique (butyrate) et propionique (propionate), mais aussi en gaz carbonique et en hydrogène. Durant la dernière étape, des bactéries méthanigènes transforment principalement l'acétate en méthane (CH_4) ainsi qu'en gaz carbonique (CO_2); certaines bactéries peuvent cependant utiliser le CO_2 et l'hydrogène pour produire du méthane (figure 8.4).

Le processus anaérobie fait en sorte que l'énergie utilisée par les micro-organismes est principalement transformée en matière organique plutôt qu'en nouvelles cellules microbiennes. Conséquemment, ce type de traitement génère une biomasse microbienne moins importante que celle engendrée par un traitement aérobie. En anaérobiose, 90 % de la matière organique biodégradable est transformée en substances plus simples ou plus stables alors que pendant le processus aérobie cette proportion est de 50 % (Simard et al., 1975).

L'étape de la méthanisation se déroule habituellement sans problème mais elle est sensible aux conditions physico-chimiques. La température est le paramètre ayant le plus d'effet puisque le métabolisme des bactéries méthanigènes est pratiquement inhibé à des températures inférieures à 20 °C. D'un point de vue pratique, la méthanisation s'effectue habituelle-ment dans des conditions mésophiles (entre 20 et 45 °C) ou thermophiles (entre 45 et 60 °C). L'ensemble du processus est exothermique mais la chaleur générée est insuffisante pour maintenir le fermenteur à la tem-pérature voulue. Un apport énergétique extérieur est donc nécessaire, ce qui rend le processus moins rentable.

Dans les conditions standard de stockage du fumier ou du lisier, la fer-mentation anaérobie qui se développe de manière spontanée, à cause du manque d'oxygène, est incomplète. Il en résulte donc une utilisation de composés malodorants (produits lors de la première ou de la deuxième phase de la fermentation) qui survient dès que le milieu est agité ou brassé. Pour obtenir un processus sans odeur il faut que la phase de méthano-génèse s'accomplisse de manière à n'obtenir que du CH_4 et du CO_2, lesquels sont inodores.

Le biogaz généré à la ferme est habituellement saturé en vapeur d'eau et il contient des traces d'ammoniaque et d'hydrogène sulfuré (H_2S), ce qui rend le gaz de fumier corrosif; il est souhaitable de l'épurer ou d'utiliser des matériaux appropriés résistant à la corrosion (plastiques, acier inoxy-dable). Le fumier de volaille peut générer jusqu'à 1 % d'hydrogène sulfuré dans le biogaz alors que le fumier de bovin en produit moins de 0,3 %. Quant à la présence de CO_2, elle réduit le pouvoir énergétique du biogaz, mais elle n'a aucun autre effet.

Théoriquement, la fermentation de l'acide acétique produit trois fois plus de gaz carbonique que de méthane. Cependant, puisqu'une partie du CO_2 se dissout dans le liquide du fermenteur, ce que ne fait pas le CH_4, il en résulte des proportions différentes dans la portion gazeuse du fermenteur (biogaz), où le rapport CH_4/CO_2 est habituellement de 60/40. Cette concentration de méthane dans le biogaz lui donne un pouvoir calorifique d'environ 24 mégajoules/m^3 [16], soit 6,6 kilowatts-heure/mètre cube (kWh/m^3). À titre de comparaison, mentionnons qu'un litre d'essence a un pouvoir calorifique de 9,6 kWh/litre. Un calcul rapide permet donc de dire qu'un mètre cube de gaz de fumier contenant 65 % de méthane a un pouvoir calorifique équivalent à 70 % de celui d'un litre d'essence.

La quantité de biogaz produite et sa teneur en méthane dépendent de la composition du lisier ou du fumier et de la litière utilisée, s'il y a lieu. Sur la base de l'utilisation de composés organiques purs, ce sont les lipides qui produisent le plus grand volume de biogaz alors que les protéines génèrent la plus forte proportion de méthane (tableau 8.2). La présence de matière azotée est donc responsable d'une plus grande production de méthane; cela s'explique par la formation de carbonate d'ammonium, dans la phase liquide, un composé qui capte le CO_2 et laisse conséquemment une plus grande place au méthane dans la portion gazeuse du fermenteur, au-dessus de la phase liquide. Un fumier très pailleux, ayant un rapport C/N très élevé, produira donc moins de méthane.

La méthanisation des déjections d'une vache laitière fournit environ 1,7 kWh par jour (environ 0,6 litre d'essence). Des expériences faites aux États-Unis ont montré qu'une ferme de 300 vaches laitières produit environ 670 m^3 par jour de biogaz, soit 2,35 m^3/animal. Ce biogaz peut être utilisé à des fins domestiques ou industrielles, ce qui permet d'en tirer un certain revenu (Vetter et al., 1990).

---

16. Un mégajoule = 10^6 joules = 0,28 kilowatt-heure = 0,37 cheval-vapeur (hp) = 948 BTU (*British Thermal Unit*).

TABLEAU 8.2   QUANTITÉ DE BIOGAZ ET CONCENTRATION EN MÉTHANE
OBTENUES À PARTIR DE DIVERS SUBSTRATS

Substrat	Biogaz produit (m³/kg de substrat)	Pourcentage de méthane
Glucides	0,9	50
Lipides	1,5	70
Protéines	0,6	84
Lisier de porc	entre 0,2 et 0,63	entre 60 et 80
Fumier de vache	entre 0,2 et 0,4	entre 53 et 65
Fumier de volaille	entre 0,3 et 0,4	entre 65 et 70

Source :   Pedneault, 1979; Samson et Guiot, 1990; Theoreyle, 1986.

La quantité de biogaz dépend aussi des conditions physico-chimiques du fermenteur. Ainsi, on peut noter un accroissement de 100 % du volume produit, en faisant passer la température de 18 °C à 25 °C, ce qui montre la sensibilité des bactéries méthanigènes à la température; la troisième phase du processus de méthanisation est donc limitative.

Afin de maintenir des conditions anaérobies dans le fermenteur, les déjections doivent contenir le moins d'espace lacunaire possible, contrairement au compostage. Dans le cas du lisier, cela ne pose pas de problème, mais on doit augmenter la teneur en eau des fumiers. Cela se fait habituellement en « noyant » le fumier avec du lisier ou du purin que l'on ajoute dans le fermenteur.

La production de gaz de fumier implique aussi la prévention des dangers d'explosion, le méthane devenant inflammable et explosif à des concentrations variant entre 5 et 15 %. Bien que sur de nombreuses fermes paysannes d'Asie et d'Afrique on produise le gaz de fumier sans la mise en place de dispositifs technologiques complexes, il est quand même suggéré de prendre des précautions.

Après la méthanisation, le fumier ou le lisier possède des caractéristiques fertilisantes légèrement supérieures à celles d'un fumier frais. Le fumier perd une petite partie de son poids, entre 10 et 15 %, et sa valeur fertilisante est conséquemment améliorée. De plus, des formes azotées comme l'ammoniac sont stabilisées au lieu de se perdre par volatilisation.

La fermentation méthanique n'offre cependant que des perspectives limitées dans l'optique de l'amélioration de la valeur fertilisante des déjections. De plus, les déjections traitées de la sorte conservent leur caractère polluant.

Le gaz de fumier peut être utilisé de deux manières sur les exploitations agricoles. On peut d'abord l'employer directement, pour la cuisson, l'éclairage ou le chauffage. On peut aussi le transformer en énergie électrique avec des génératrices entraînées par des moteurs à gaz. Une partie du gaz doit cependant être utilisée pour maintenir le fermenteur à la température voulue. Dans les régions froides, jusqu'à 45 % du biogaz peut être utilisé à cette fin en hiver.

Des études européennes ont démontré que la fermentation anaérobie nécessite des investissements importants, variant entre 325 $ et 1 000 $ (canadiens, en 1993) par mètre cube de fermenteur. Il en résulte que ce procédé serait compétitif à partir du moment où le prix du combustible de chauffage serait supérieur à 45 cents (canadiens) le litre (Buelna, 1993).

Bien que des milliers de fermes produisent et utilisent ce biogaz en Asie et en Afrique, c'est une technologie qui souffre d'un déphasage technique à plusieurs égards. Sa généralisation ne résoudra évidemment pas le problème des surplus de fumiers ou de lisiers, mais il s'agit d'une forme de valorisation que l'on doit étudier de concert avec les autres solutions. La méthanisation demeure valable et intéressante dans les pays à climat plus chaud ou dans les régions où l'approvisionnement énergétique est difficile ou onéreux.

En terminant ce chapitre il est souhaitable de se livrer à une brève réflexion. Actuellement, on ne peut pas remettre facilement en cause la consommation de viande, compte tenu du fait qu'elle fait partie du régime alimentaire de l'espèce humaine depuis bien longtemps. On peut toutefois s'interroger sérieusement sur la pertinence de l'élevage intensif de bétail dans certains pays, compte tenu des avantages relatifs ou des désavantages certains qui en découlent. Ainsi, aux États-Unis, on a mis en évidence une relation probable entre une forte consommation de viande et le cancer du côlon. Dans un autre ordre d'idées, on sait que l'utilisation de fourrages ou de céréales pour nourrir les animaux représente une perte énergétique importante comparativement à une consommation humaine de ces sources nutritives végétales. L'espèce humaine ne deviendra pas subitement végétarienne, mais on peut raisonnablement croire qu'une diminution de la consommation de viande dans certains pays ne pourrait qu'être bénéfique à ses habitants tout en libérant une source additionnelle de nourriture (sous forme de cultures non utilisées par les animaux) pour d'autres régions du monde.

Références bibliographiques

AL-KANANI, T., MACKENZIE, A.F. et BARRINGTON, S. (1992). *Réduction des odeurs du lisier de porc à l'entreposage par l'addition de produits.* Rapport final, Collège MacDonald, Université McGill, préparé pour le ministère de l'Environnement du Québec, 82 p. (rapport QEN/AE93-1-13/6).

ANONYME (1986). « Un colloque qui témoigne du dynamisme de la recherche sur le traitement et la valorisation du fumier au Québec ». *Sciences et techniques de l'eau,* vol. 19, n° 1 : 36-37.

ANONYME (1994). « Transitional farmers expand compost markets ». *BioCycle,* vol. 35, n° 4 : 54-55.

ANTOUN, H., JOYAL, P., PARENT, L.E., KARAM, A., LAVERDIERE, M.R., CESCAS, M.P., COUTLÉE, D. et LACHANCE, R.A. (1987). *Caractérisation chimique et microbiologique du fumier de bovin et détermination des doses optimales et maximales à utiliser pour le maïs et la fléole des prés.* Rapport de recherche #LA-84-C-1118, Sainte-Foy, Université Laval, Département des sols, 28 p.

AQUATECH (1994). *Valorisation du lisier de porc par le procédé Epco de production de protéines.* Rapport EN940229 préparé pour le ministère de l'Environnement du Québec par Aquatech Société de gestion de l'eau inc., 75 p. + annexes.

ASCI-BIOREX, (1993). *Le compostage du fumier à la ferme : étude de faisabilité technico-économique et évaluation des impacts agronomiques et environnementaux.* Ministère de l'Environnement, Gouvernement du Québec, 275 p. document n° QEN/AE93-9/6.

ASSELIN, R. (1992). « Problématique à l'échelle de la ferme ». *Cahier de conférences du colloque sur la gestion des fumiers.* Québec, Conseil des productions végétales du Québec, p. 11-27.

BEERLI, M. (1985). « Conception de l'usine pilote régionale de traitement et de valorisation du lisier de porc ». *Compte rendu du premier colloque sur la recherche et le développement en traitement et valorisation du fumier au Québec.* Rapport RD-2, Envirodoq 850671, p. 188-208.

BOD'A, K. (1990). *Nonconventionnal Feedstuffs in the Nutrition of Farm Animals.* Elsevier Science Publishers, 258 p.

BUELNA, G. (1993). *Inventaire et étude comparative des technologies de désodorisation et autres méthodes et pratiques d'atténuation des odeurs de lisier.* Rapport final préparé par le Centre de recherche industrielle du Québec pour le ministère de l'Environnement du Québec. Rapport RDQ-92-657(R1).

BUELNA, G., CAOUETTE, P. et PIGEON, S. (1993). « Désodorisation des lisiers : étude comparative des principales technologies existantes à l'aide des bilans et selon une approche intégrée ». *Sciences et techniques de l'eau,* vol. 26, n° 4 : 243-252

CAOUETTE, P., DUTIL, C. et GINGRAS, G. (1992). « Le point sur les élevages sur litière biomaîtrisée ». *Cahier de conférences du colloque sur la gestion des fumiers.* Québec, Conseil des productions végétales du Québec, p. 176-182.

CHAHAL, D.S. et ISHAQUE, M. (1994). *Valorisation et traitement du lisier de porc par la production de protéines d'organismes unicellulaires pour l'alimentation animale.* Rapport n° EN940231 préparé pour le ministère de l'Environnement du Québec par l'Institut Armand-Frappier, 37 p.

CHEVALIER, P. (1993). *Gestion des ressources renouvelables : secteurs agricole et forestier.* Sainte-Foy, Télé-université et Sainte-Foy, Presses de l'Université du Québec, 558 p.

CONSULTANTS BPR (1989). *Entreposage des fumiers, lisiers et purins.* Cahier d'information préparé pour le ministère de l'Environnement du Québec et le ministère de l'Agriculture du Québec, 17 p.

COBB, S.A. et HILL, D.T. (1990). « Maximum specific methane productivity of animal wastes and the effect of non-steady-state conditions on anaerobic fermenters ». *Proceedings of the Sixth International Symposium on Agricultural and Food Processing Wastes.* American Society of Agricultural Engineers, p. 115-123.

COTÉ, D. (1982). « Épandage des fumiers ». *Rapport du colloque sur les fumiers.* Québec, ministère de l'Agriculture, des Pêcheries et de l'Alimentation du Québec et Conseil des productions végétales du Québec, p. 35-43.

CUMMINS, C.G., WOOD, C.W. et DELANEY, D.P. (1993). « Co-composted poultry mortalities and poultry litter : composition and potential value as a fertilizer ». *Journal of Sustainable Agriculture,* vol. 4, n° 1 : 7-19.

DE LA NOÜE, J. et PROULX, D. (1986). « Intérêt des biomasses d'algues et d'invertébrés obtenues par recyclage ». *Entropie* (revue internationale de science et techniques nouvelles en énergétique, génie chimique, génie biologique), n° 130/131 : 17-32.

DEMERS, L. et LORD, D. (1992). « Mise au point et évaluation d'une toiture flottante pour recouvrir des réservoirs à lisier ». Dans MENVIQ, *Symposium sur la recherche et le développement en gestion environnementale des effluents d'élevage au Québec : textes des conférences.* Ministère de l'Environnement, Gouvernement du Québec, p. 267-280.

DEWES, T., SCHMITT, L., VALENTIN, U. et AHRENS, E. (1990). « Nitrogen losses during the storage of liquid livestock manures ». *Biological Wastes,* 31 : 241-250.

DOUCET, R. (1992). *La science agricole.* Québec, Éditions Berger, 699 p.

DOYLE, Y., GUAY, R., DE LA NOÜE, J. et ASSELIN, J. (1986). « Traitement aérobie du lisier de porc : aspects microbiens ». *Canadian Journal of Microbiology*, 32 : 679-686.

DUTIL, C. et GAGNÉ, G. (1991). « Un outil performant à la disposition des conseillers agricoles ». *Agriculture*, vol. 48, n° 1 : 9-13.

FORTIER, M. (1982). « L'entreposage et reprise du fumier ». Dans *Rapport du colloque sur les fumiers*. Québec, ministère de l'Agriculture, des Pêcheries et de l'Alimentation du Québec et Conseil des productions végétales du Québec, p. 10-32.

GAGNON, Y. (1990). *La culture écologique*. Québec, Éditions colloïdales, 239 p.

GANGBAZO, G., CLUIS, D. et BERNARD, C. (1994). « Contrôle de la pollution diffuse agricole à l'échelle du bassin versant ». *Sciences et techniques de l'eau*, vol. 27, n° 2 : 33-39.

HÉMOND, E. (1994). « Du purin de porc pour nourrir les poissons ». Journal *Le Devoir*, Montréal, 9 février, page B-1.

ITAVI (1977). *Le gaz de fumier*. Paris, Institut technique de l'aviculture (ITAVI), 19 p.

LAPP, H.M., SCHULTE, D. et STEVENS, M.A. (1978). *Le fumier... c'est de l'énergie*. Winnipeg, Canada, Biomass Energy Institute, 22 p.

LECLOIREC, P., GUEUX, M., PAILLARD, H. et ANSELME, C. (1991). « Sources de composés organiques volatils et examen des pollutions odorantes ». Dans G. Martin et P. Laffort (coordonnateurs), *Odeurs et désodorisation dans l'environnement*. Paris, Technique et documentation Lavoisier, p. 195-245.

LEMELIN, M. et FILLION, R. (1992). « La gestion de l'alimentation du porc : un moyen efficace de réduction des effluents et du volume de lisier ». *Cahier de conférences du colloque sur la gestion des fumiers*. Québec, Conseil des productions végétales du Québec, p. 3-77

LEWIS, C. (1983). *Biological Fuels*. UK, Edward Arnold Publishers, 56 p.

LINCOLN, E.P. et HILL, D.T. (1980). « An integrated microalgae system ». Dans G. Shelef et C.J. Soeder (éditeurs), *Algae Biomass : Production and Use*. Amsterdam, Elsevier/North-Holland Biomedical Press, p. 229-243.

LORD, D. (1992). « Toitures de réservoirs à lisier circulaires : évaluation, adaptation, démonstration ». Dans MENVIQ, *Symposium sur la recherche et le développement en gestion environnementale des effluents d'élevage au Québec : textes des conférences*. Ministère de l'Environnement, Gouvernement du Québec, p. 249-265.

MARCHAND, C. (1991). « Régie et stratégie d'utilisation des déjections animales ». *Agriculture*, vol. 48, n° 1 : 35-38.

MARTIN, C., PICARD, G. et DE LA NOÜE, J. (1985). « Épuration biologique du lisier de porc par production de biomasses d'algues unicellulaires ». *MIRCEN Journal*, 1 : 173-184.

MCLAUGHLIN, L., PROULX, D., SEVRIN-REYSSAC, J. et DE LA NOÜE, J. (1993). « Biotreatment of swine slurry coupled with production of microalgae and daphnids ». Dans J. de la Noüe et G. Laliberté (éditeurs), *Compte rendu du colloque « Microalgae : From the Laboratory to the Field »*, octobre, Département de sciences et technologie des aliments, Sainte-Foy, Université Laval, p. 111-124.

MÜELLER, Z.O. (1980). *Feed from Animal Wastes : State of Knowledge.* Rome, Food and Agriculture Organization of the United Nations (FAO), 190 p.

N'DAYEGAMIYE, A.B. (1991). « Le fumier de bovins comme source d'alimentation organique et plus... » *Agriculture,* vol. 48, n° 1 : 30-34.

NRC (1981). *Food, Fuel, and Fertilizer from Organic Wastes.* National Research Council (NRC), Washington D.C., National Academy Press, 154 p.

OWEN, E. (1980). « Agricultural wastes as feedstuffs ». Dans M.W.M. Bewick (éditeur), *Handbook of Organic Waste Conversion.* USA, van Nostran Reinhold Company, 419 p.

PEDNEAULT, D. (1979). *Le fumier de porc source d'énergie, considérations techniques.* Ministère de l'Énergie et des Ressources, Gouvernement du Québec, 78 p.

PLURITECH ASSAINISSEMENT LTÉE (1990). *Étude sur le traitement de polissage par osmose inverse de l'effluent de la station pilote de Saint-Elzéar pour le traitement du lisier de porc.* Document EN940143 produit pour le ministère de l'Environnement du Québec, 140 p, + annexes.

POTVIN, D. (1992). L'heure juste sur le compostage du fumier à la ferme. Conférence présentée dans le cadre du colloque « Du bâtiment d'élevage aux champs », Saint-Flavien, Québec, février, 7 p.

POTVIN, D. et BERNARD, Y. (1994). *Recherche de techniques de compostage adaptées à une gestion optimale des fumiers.* Sainte-Foy, Centre de recherche industrielle du Québec, 240 p. + annexes. Rapport n° RDQ-94-042.

POULIOT, Y., TALBOT, P. et DE LA NOÜE, J. (1986). « Biotraitement du purin de porc par production de biomasse de *Spirulina* ». *Entropie* (revue internationale de science et techniques nouvelles en énergétique, génie chimique, génie biologique), n° 130/131 : 73-77.

ROBERT, L. (1991). « La valeur fertilisante des déjections animales ». *Agriculture,* vol. 48, n° 1 : 22-29.

ROCKFELER, M., SCHUEPP, P. et BARRINGTON, S. (1991). *Utilisation de tourbe pour la gestion des odeurs et la conservation de la valeur fertilisante des lisiers de porc.* Rapport préparé pour le ministère de l'Agriculture, des

Pêcheries et de l'Alimentation du Québec, projet 2A2-62515440-085, Chicoutimi, Université du Québec à Chicoutimi (UQAC), 50 p.

RYNK, R. (1994). « Status of dairy manure-composting in North-America ». *Compost Science & Utilization,* vol. 2, n° 1 : 20-26.

SAMSON, R. et GUIOT, S. (1990). *Les nouveaux secteurs à fort potentiel de développement en digestion anaérobie.* Québec, Centre québécois de valorisation de la biomasse (CQVM), 147 p.

SIMARD, R.E., BUTEAU, C., BOUTIN, G.R. et KRISHNAPRASAD, M.N. (1975). *Recherche de solutions à l'utilisation des fumiers animaux : aspects écologique, nutritif et énergétique.* Département des vivres, faculté des Sciences de l'agriculture et de l'alimentation, Sainte-Foy, Université Laval, 199 p.

SIMPSON, K. (1986). *Fertilizers and Manures.* U.K., Longman, 254 p.

SALOMONI, C. et CAPUTO, A. (1993). « Pig slurry biotreatment by integrated trophic chains ». Dans J. de la Noüe et G. Laliberté (éditeurs), *Compte rendu du colloque « Microalgae : From de Laboratory to the Field »,* octobre, Département de sciences et technologie des aliments, Sainte-Foy, Université Laval, p. 73-83.

STONEHOUSE, D.P. et NARAYANAN, A.V.S. (1984). « The contributions of livestock manure to profitability and to self-sufficiency in plant nutrients on mixed farms ». *Canadian Journal of Agricultural Economics,* mars, 32 : 201-210.

THEOREYLE, M.A. (1986). *La méthanisation des fumiers.* France, Groupement interinstituts pour la valorisation des déjections animales, 96 p.

VALLÉE, P., GARIÉPY, S., EMOND, C. et AZZOPARDI, J.P. (1989). « Un système de gestion du lisier pour un élevage de 2 400 porcs-espaces : étude à l'échelle pilote ». Version française d'un article présenté au *Congrès conjoint des sociétés canadienne et américaine de génie rural,* juin, 25 p. (communication personnelle, P. Vallée, ministère de l'Environnement du Québec).

VETTER, R.L., FRIEDERICK, D.J. et HUNTINGTON, P. (1990). « Full scale anaerobic digester and waste management system for a 300 cow dairy ». *Proceedings of the Sixth International Symposium on Agricultural and Food Processing Wastes.* American Society of Agricultural Engineers, p. 226-249.

WARMAN, P.R. (1990). « Fertilization with manures and legume intercrops and their influence on *Brassica* and tomato growth, and on tissue and soil copper, manganese and zinc ». *Biological Agriculture and Horticulture,* 6 : 325-335.

YOUNOS, T.M. (1990). « Integrated manure management ». *Agricultural Engineering,* vol. 71, n° 1 : 8-10.

Index général

Imprimé avec de l'encre à base végétale et sur du papier contenant plus de 50 % de fibres recyclées dont 10 % de fibres post-consommation.

**Achevé d'imprimer en juin 1997
sur les presses de l'imprimerie
Veilleux impression à demande inc.
à Boucherville**